新型城镇化建设工程系列丛书

西部农村基础设施设计建造指南

李慧民　吴思美　李　勤　编著

科学出版社

北　京

内 容 简 介

本书是《西部农村基础设施建设》一书的姊妹篇。该书根据农村需求特点将基础设施建设过程中常见的技术问题进行了缜密的梳理，并针对基础设施建设中须解决的抗震问题进行了研究。全书共9章，分别为道路工程设计建造、桥梁（涵洞）工程设计建造、给水工程设计建造、排水工程设计建造、垃圾处理工程设计建造、卫生工程设计建造、电气工程设计建造、能源工程设计建造、景观工程设计建造。全书基本涵盖了宜居农村建设过程中的常用基础设施，并根据各类基础设施的特点提出了对应的抗震方式。

本书既可供从事农村基础设施规划和设计、建造人员及农村基层技术人员学习与参考，也可供广大读者阅读。

图书在版编目(CIP)数据

西部农村基础设施设计建造指南/李慧民，吴思美，李勤编著. —北京：科学出版社，2017.11

（新型城镇化建设工程系列丛书）

ISBN 978-7-03-053454-5

Ⅰ. ①西… Ⅱ. ①李… ②吴… ③李… Ⅲ. ①农村-基础设施建设-西南地区-指南 ②农村-基础设施建设-西北地区-指南 Ⅳ. ①F327-62

中国版本图书馆 CIP 数据核字（2017）第 135112 号

责任编辑：张丽花 任 俊 / 责任校对：郭瑞芝

责任印制：吴兆东 / 封面设计：迷底书装

科学出版社 出版

北京东黄城根北街 16 号

邮政编码：100717

http://www.sciencep.com

北京建宏印刷有限公司印刷

科学出版社发行 各地新华书店经销

*

2017 年 11 月第 一 版 开本：787×1092 1/16

2017 年 11 月第一次印刷 印张：16 3/4

字数：397 000

定价：88.00 元

（如有印装质量问题，我社负责调换）

前　言

本书以西部农村基础设施建设作为立足点，是一本系统阐述西部农村基础设施设计与建造的指导性书籍，是《西部农村基础设施建设》的姊妹篇。本书的撰写得到了国家自然科学基金项目“基于生态宜居理念的保障房住区规划设计与评价方法研究”、住房和城乡建设部科技项目“西部农村基础设施建设适用技术与评价体系研究”及“西部宜居乡村基础设施研究”等课题的支持。

本书结合农村的实际状况，对各类基础设施的工程特点、设计原则、材料要求、施工过程、抗震隔震、质量检验等进行了阐述，并对实用技术提供了翔实的图例，旨在引导西部农村基础设施建设向生态、节能、适用、高效、有序、科学的方向发展，是一部具有实用性、科学性与环保性的基础设施建造实用技术书籍。全书共 9 章，分别为道路工程设计建造、桥梁（涵洞）工程设计建造、给水工程设计建造、排水工程设计建造、垃圾处理工程设计建造、卫生工程设计建造、电气工程设计建造、能源工程设计建造、景观工程设计建造等，基本涵盖了宜居农村建设过程中的常用基础设施，并根据各类基础设施的特点提出了对应的防震措施。

本书主要由李慧民、吴思美、李勤编著，各章编写分工如下：第 1 章由李慧民、黄培荣、李勤编写；第 2 章由吴思美、刘怡君、李慧民编写；第 3 章由米力、李勤、吴思美编写；第 4 章由牛波、李勤、吴思美编写；第 5 章由吴思美、钟慧娟、王莉编写；第 6 章由高明哲、尹志国、李勤编写；第 7 章由米力、黄培荣、钟慧娟编写；第 8 章由刘怡君、吴思美、李慧民编写；第 9 章由梁晓农、刘怡君、黄培荣编写。

本书的编写得到了陕西省建筑标准设计办公室、西安建筑科技大学、北京建筑大学、长安大学、西安石油大学、宁夏大学、鄂尔多斯职业学院等单位的技术与管理人员的帮助。编写过程中还参考了许多专家的研究成果与资料，在此对他们表示衷心的感谢！

由于作者水平有限，书中难免存在不足之处，敬请广大读者批评指正。

作　者

2017 年 3 月于西安

前　言

目　录

第1章　道路工程设计建造

1.1 水泥混凝土路面

1.特点：

与其他路面相比，水泥混凝土路面强度高，有很高的抗压强度和抗磨耗能力；稳定性好，不存在沥青路面的“老化”现象；耐久性好，一般可使用20～40年；能见度好，有利于夜间行车。但是水泥混凝土路面也具有开放交通较迟（28天养护）、有接缝、修复困难、对水泥和水需求量大等缺点。修筑0.2m厚、7m宽的混凝土路面，每千米需水泥400～500t，水250t，尚不包括养生的水，所以水泥供应不足和缺水地区不适宜修筑水泥混凝土路面。

2.设计原则：

在路面设计中，通过设计计算和实践经验的积累，形成适合不同自然条件（包括气候、水文、地质、土质等）和使用要求（包括交通量、轴载等）的路面典型结构。

路面结构层所选材料满足强度、稳定性和耐久性的要求，并结合当地自然条件、地产材料和工程投资等情况确定。各种结构层厚度应根据道路使用功能、施工工艺、材料规格和强度形成原理等因素综合考虑确定。

3.设计、施工与验收规范及标准：

（1）《公路水泥混凝土路面设计规范》JTG D40—2011。

（2）《公路工程技术标准》JTG B01—2014。

（3）《公路路基施工技术规范》JTG F10—2006。

（4）《公路路面基层施工技术规范》JTJ 034—2000。

（5）《城镇道路工程施工与质量验收规范》CJJ 1—2008。

（6）《简明公路施工手册》。

（7）《市政工程施工手册》（第二卷）。

4.主要设计参数：

（1）道路等级。

（2）设计行车速度。

（3）路面结构设计标准轴载。

（4）设计使用年限。

5.材料要求：

（1）水泥：应采用强度高、收缩性小、耐磨性强、抗冻性好的水泥，其物理性能和化学成分应符合国家有关标准的规定。农村公路一般采用标号为32.5以上的普通硅酸盐水泥。

（2）砂：天然砂或人工砂。砂应质地坚硬、耐久、洁净。

（3）碎(砾)石：分碎石、碎砾石和砾石等，石料应质地坚硬、耐久、洁净，符合规定的级配要求。

（4）水：混凝土搅拌和养生用水应清洁，宜采用饮用水。

6.施工工艺与要点：

（1）基层的检查和整修。对基层应进行弯沉、平整度、高程、横坡、宽度等项检测。

（2）进行原材料检验和混凝土配合比检测，进而确定水泥混凝土施工配合比。

（3）安装的模板受力后应变形小，模板的高度应与混凝土板厚相同，模板的顶面应与路面设计高程一致，以确保混凝土的厚度。

（4）混凝土运输、装料时，混合料从出料口的下落高度不应超过1.5m，否则应采用溜槽；应尽量缩短运输时间，夏季时应对运输的混凝土进行遮盖，冬季应采取保温措施；卸料时应防止混凝土离析。

图名	水泥混凝土路面	页次	1

（5）混凝土的摊铺。卸料时应根据需要将混凝土卸成几小堆，以便于摊铺。摊铺时应预留一定的松铺厚度，松铺厚度通过现场试验确定，一般为设计厚度的1.1～1.5倍。用铁锹摊铺时，应采用"扣锹"的方法，严禁抛掷和搂耙。

（6）混凝土的振捣。对摊铺好的混凝土，先采用插入式振捣器振捣。同一位置的振捣时间不宜少于20s，直到拌和料停止下落，不再冒气泡并泛出水泥砂浆为止。插入式振捣器振捣过后，接着用平板振捣器在混凝土表面全面振捣，振捣时应重叠1000～2000mm，以表面不再下沉并泛出水泥浆为止。平板式振捣器振捣后，用带有振动器且底面平直的振动梁做进一步拖拉振实和初步整平。最后用平直无缝钢管进一步滚揉表面，使表面进一步提浆和整平。

（7）接缝处理。横向缩缝一般采用锯缝，从混凝土浇筑到锯缝开始的间隔时间与气温的乘积，是250～300温度小时(先试锯，以不拉毛为准)。锯缝深度一般为板厚的1/3。

（8）混凝土浇筑时，当每个台班完成后或因故停工，应设施工缝。施工缝宜设于胀缝或缩缝处，施工缝和胀缝要设置传力杆，纵缝要设置拉杆。

（9）灌缝。提倡采用水泥混凝土专用灌缝料，在开放交通前及时灌缝。灌缝前必须保持缝内干燥、清洁，灌缝深度一般为3～4cm，其下部可填入多孔柔性衬底材料。夏季时，嵌缝料的灌注高度宜与板面齐平；冬季时，宜稍低于板面。

（10）混凝土表面处理。在混凝土提浆和整平后，应多次抹面至表面无泌水为止，刮平和抹面操作要适当，一般以混凝土表面浆保持3～5mm为宜。抹面结束后，应采用压纹器压纹；如果采用刻纹机刻纹，一般应在混凝土强度达到设计强度70%后(约7天)进行。

（11）养护。一般在混凝土抹面2h后(气温高时可适当提前)，用手指轻压不出现痕迹时，即可开始养护。养护时可用湿麻袋、湿草帘或用2000mm厚的湿砂、锯木屑等覆盖于混凝土板表面，每天均匀洒水数次，确保其经常保持湿润状态。养护期一般为21天，混凝土在养护期间禁止车辆通行，达到设计强度40%后(约3天)，才能允许行人通行。

7.质量检验：

（1）混凝土板无断裂，表面无脱皮、印痕、裂纹、缺边掉角等病害。

（2）路面侧面直顺、曲线圆滑。

（3）接缝填筑饱满密实，胀缝无明显缺陷。

8.水泥混凝土路面附图：

图名	水泥混凝土路面	页次	2

类型	水泥混凝土路面（1）	水泥混凝土路面（2）	水泥混凝土路面（3）
交通量	150×10^4～2000×10^4	15×10^4～350×10^4	60×10^4～700×10^4
路面结构	水泥混凝土（20～24cm） 二灰水泥稳定集料（18～25cm） 水泥稳定砂砾(20～30cm) 调平层1：6灰土(10～15cm) 土基	水泥混凝土（20～24cm） 水泥稳定砂砾/水泥土（18～25cm） 调平层1：6灰土(10～15cm) 土基	水泥混凝土（20～24cm） 二灰（水泥）稳定砂砾（18～25cm） 山砂/石灰土 土基

类型	水泥混凝土路面（4）	水泥混凝土路面（5）	水泥混凝土路面（6）
交通量	3×10^4～75×10^4（4.5）	1×10^4～35×10^4（4.5）	1300～10×10^4（4.0）
路面结构	水泥混凝土（18～23cm） 二灰水泥稳定集料（18～25cm） 旧路设调平层 1：6灰土(10～15cm) 土基	水泥混凝土（18～23cm） 石灰稳定集料/石灰土（18～25cm） 旧路设调平层 1：6灰土(10～15cm) 土基	水泥混凝土（18～23cm） 砂砾/碎石（18～22cm） 旧路设调平层 1：6灰土(10～20cm) 土基

图名	水泥混凝土路面	页次	3

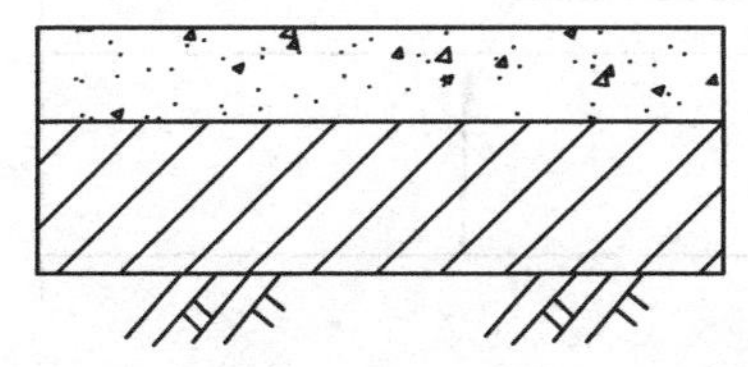

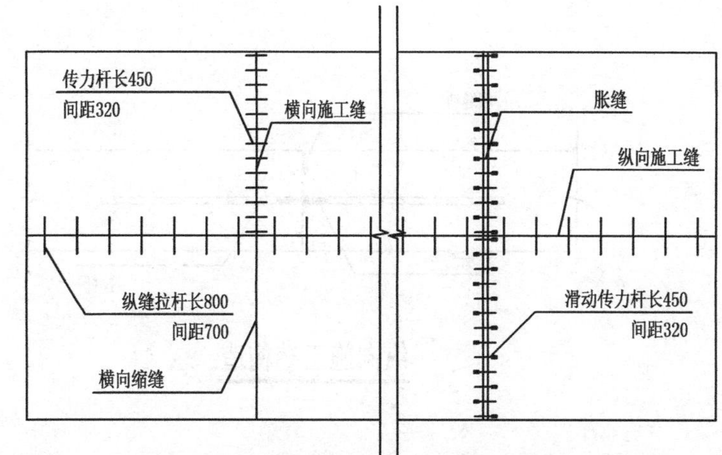

板块接缝平面布置图

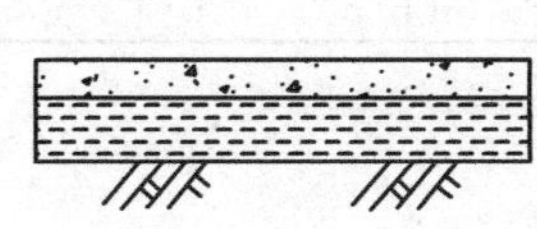

注：
1. 图中单位以毫米计。
2. 横向施工缝应尽量留在缩缝处，并且两条施工缝不能设在一个横断面上。
3. 在临近胀缝的三条横向缩缝内加设传力杆。

图名	水泥混凝土路面	页次	4

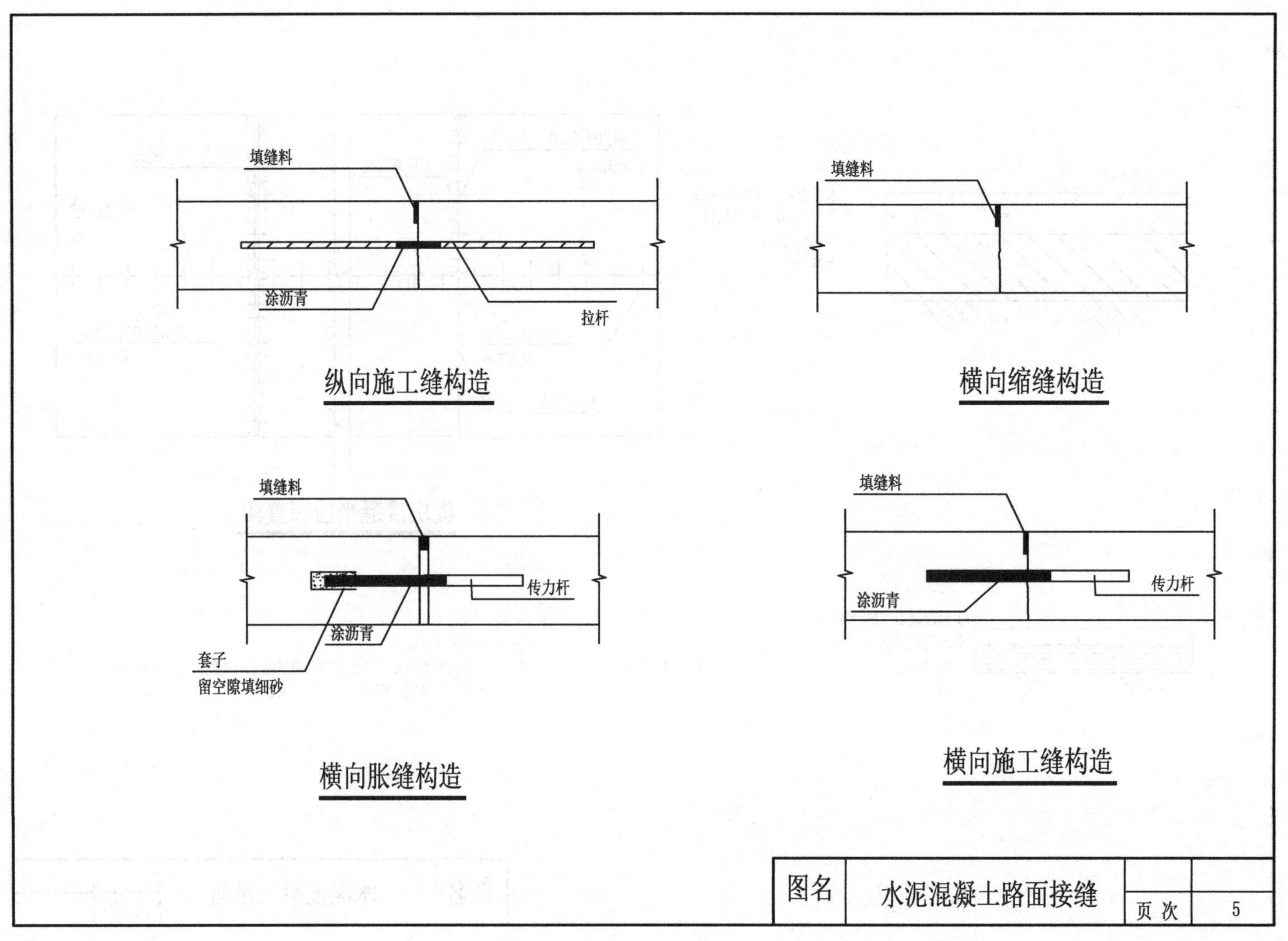
填缝料
涂沥青
拉杆
纵向施工缝构造
填缝料
横向缩缝构造
填缝料
传力杆
涂沥青
套子
留空隙填细砂
横向胀缝构造
填缝料
涂沥青
传力杆
横向施工缝构造
图名
水泥混凝土路面接缝
页次
5

1.2 沥青路面

1.特点：

沥青路面具有表面平整、无接缝、行车舒适、耐磨、振动小、噪声低、施工期短、养护维修简便等优点，但其强度和稳定性很大程度上取决于土基和基层的特性，其温度稳定性差，抗变形能力低。低温时，沥青材料易变脆而导致路面开裂。夏季高温时，路面易出现车辙、推移、波浪。

2.设计原则：

在路面设计中，通过设计计算和实践经验的积累，形成适合不同自然条件（包括气候、水文、地质、土质等）和使用要求（包括交通量、轴载等）的路面典型结构。

路面结构层所选材料满足强度、稳定性和耐久性的要求，并结合当地自然条件、地产材料和工程投资等情况确定。各种结构层厚度应根据道路使用功能、施工工艺、材料规格和强度形成原理等因素综合考虑确定。

3.设计、施工与验收规范及标准：

（1）《公路沥青路面设计规范》JTG D50—2017。

（2）《公路工程技术标准》JTG B01—2014。

（3）《公路沥青路面施工技术规范》JTG F40—2004。

（4）《公路路基施工技术规范》JTG F10—2006。

（5）《公路路面基层施工技术细则》JTG/T F20—2015。

（6）《城镇道路工程施工与质量验收规范》CJJ 1—2008。

（7）《简明公路施工手册》。

（8）《市政工程施工手册》（第二卷）。

（9）《公路工程抗震设计规范》JTG B02—2013。

4.主要设计参数：

（1）道路等级。

（2）设计行车速度。

（3）路面结构设计标准轴载。

（4）设计使用年限。

5.材料要求：

（1）粗集料：沥青层用粗集料包括碎石、破碎砾石、筛选砾石、钢渣、矿渣等，其压碎值不大于30%，针片状颗粒含量不大于20%，软石含量不大于5%。生产碎石用的原石不得含有土块、杂物，集料成品不得堆放在泥土地上。经过破碎且存放期超过6个月的钢渣可作为粗集料使用，钢渣在使用前应进行活性检验，要求钢渣中的游离氧化钙含量不大于3%，浸水膨胀率不大于2%。

（2）细集料：沥青路面用细集料包括天然砂、机制砂、石屑，细集料应洁净、干燥、无风化、无杂质，并有适当的颗粒级配。

（3）填料：沥青混合料的矿粉必须采用石灰岩或岩浆岩经磨细得到的矿粉，矿粉应干燥、洁净，能自由地从矿粉仓流出。拌和机的粉尘可作为矿粉的一部分使用，但应注意每盘用量不得超过填料总量的25%；粉煤灰作为填料使用时，用量不得超过填料总量的50%，其烧失量应小于12%，与矿粉混合后的塑性指数应小于4%。

6.施工工艺与要点：

（1）施工准备。

①铺筑沥青层前，应先检查基层质量，清除基层上的浮土、垃圾和积水等。

②用于半刚性基层的透层油宜在基层碾压成型后，表面稍变干燥，但尚

图名	沥青路面		
		页次	6

未硬化的情况下喷洒。在无结合料的粒料基层上洒布透层油时，宜在铺筑沥青层前1～2天洒布，并注意不受尘土等污染。透层沥青应选择渗透性好的液体沥青、乳化沥青、煤沥青。

（2）热拌沥青混合料的拌制和运输。

①各种集料必须分开堆放，不同集料不得混堆。细集料场应设防雨顶棚，料场及场内道路应做硬化处理，严禁泥土污染集料。

②拌和时要特别注意温度的控制，最常用的方法是测定混合料的出厂温度，通常将温度计插入卡车刚装好的混合料中不小于15cm进行量测。

③沥青混合料宜采用较大吨位的运料车运输，但不得在基层上急转弯掉头或急刹车，以免造成沥青透层损坏。

④沥青混合料运输时应用篷布覆盖，用以保温、防雨、防污染。

（3）沥青混凝土的摊铺。摊铺前应进行施工放样，并喷洒透层油(或黏层油)。洒布的透层油应均匀，透层油渗透入水泥(二灰)基层的深度不小于5mm，渗透入级配碎石或填隙碎石1cm，并待其表面干后才可摊铺沥青混凝土。热拌沥青混合料摊铺时的气温不得低于5℃。

（4）沥青混凝土的碾压。

①压路机碾压时应将驱动轮面向摊铺机，从外侧向中心碾压，超高路段则由低向高碾压，坡道上应将驱动轮从低处向高处碾压。

②压路机在初压、复压、终压时的碾压速度应满足规范的要求。

③薄沥青层不宜采用振动压路机碾压，当采用三轮钢筒式压路机时，总质量不宜小于12t，相邻两次碾压之间宜重叠后轮的1/2宽度，且不少于20cm。

④碾压轮在碾压过程中应保持清洁，钢轮可涂刷隔离剂或防黏结剂，严禁刷柴油。当采用向碾压轮喷水的方式时，要严格控制喷水量，宜喷成雾状，不得漫流，以免降温过快；轮胎压路机碾压前，可适当烘烤或涂刷少量隔离剂，也可涂刷防黏结剂，还可少量喷水。

⑤压路机不得在未碾压成型的路段上转向、掉头、加水或停留。

⑥压实成型的沥青路面应符合压实度及平整度要求。

7.质量检验：

表面应平整密实，无泛油、松散、裂缝和明显离析；搭接处紧密、平顺，烫缝不枯焦；面层与路缘石及其他构筑物密贴接顺，无积水或漏水现象。

8.沥青路面附图：

图名	沥青路面		
		页 次	7

类型	沥青路面（1）	沥青路面（2）	沥青路面（3）
交通量	20×10⁴～370×10⁴	10×10⁴～140×10⁴	3×10⁴～50×10⁴
路面结构	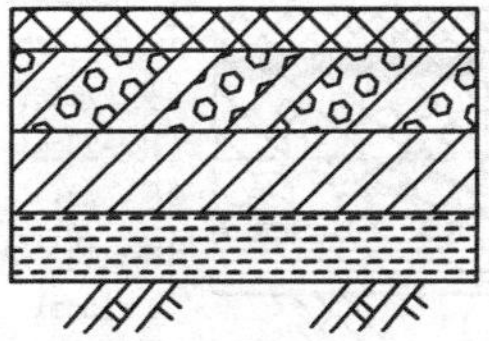 沥青混凝土（3～8cm） 二灰（水泥）稳定集料（18～25cm） 石灰土（20～30cm） 调平层 1∶6 灰土（10～15cm） 土基	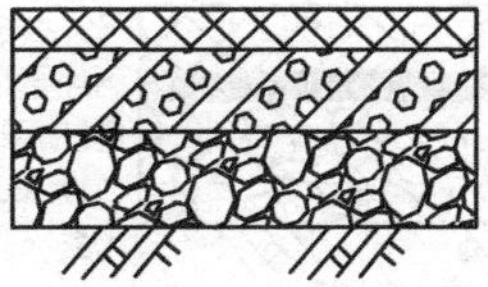 沥青混凝土（3～8cm） 二灰（水泥）稳定集料（18～25cm） 砂砾/级配碎石（20～30cm） 土基	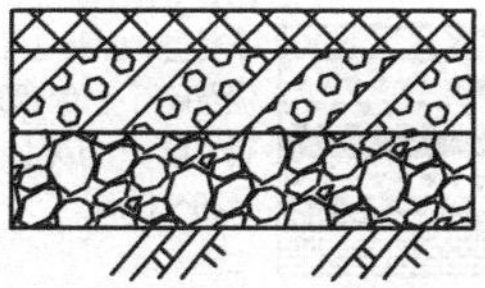 沥青混凝土（3～8cm） 二灰（水泥）稳定集料（18～25cm） 砂砾/碎石（15～20cm） 土基

类型	沥青路面（4）	沥青路面（5）	沥青路面（6）
交通量	5000～14×10⁴	1000～10000	1500～19000
路面结构	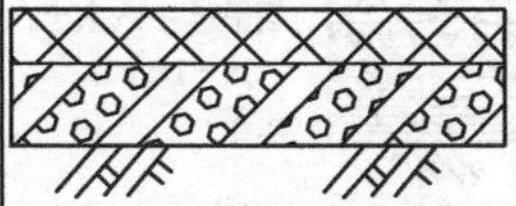 沥青混凝土（3～8cm） 二灰（水泥）稳定集料 水泥土/二灰土（18～25cm） 土基	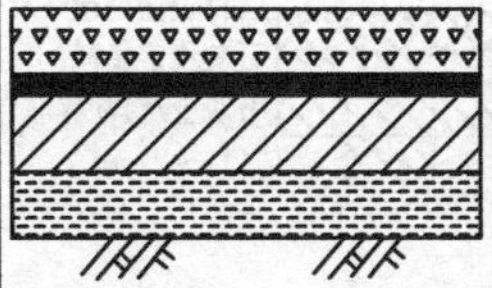 沥青碎石（3～5cm） 下封层（0.5～1cm） 石灰土/水泥土/石灰稳定集料（18～25cm） 调平层 1∶6 灰土（10～15cm） 土基	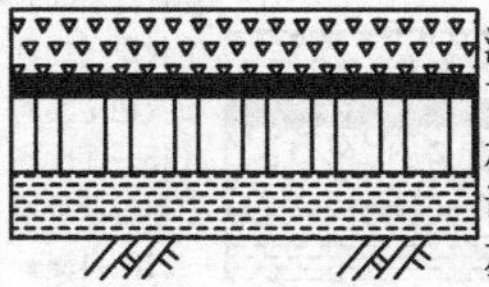 沥青碎石（3～5cm） 下封层（0.5～1cm） 水泥土（18～25cm） 调平层 1∶6 灰土（10～15cm） 土基

图名	沥青典型路面	页次 8

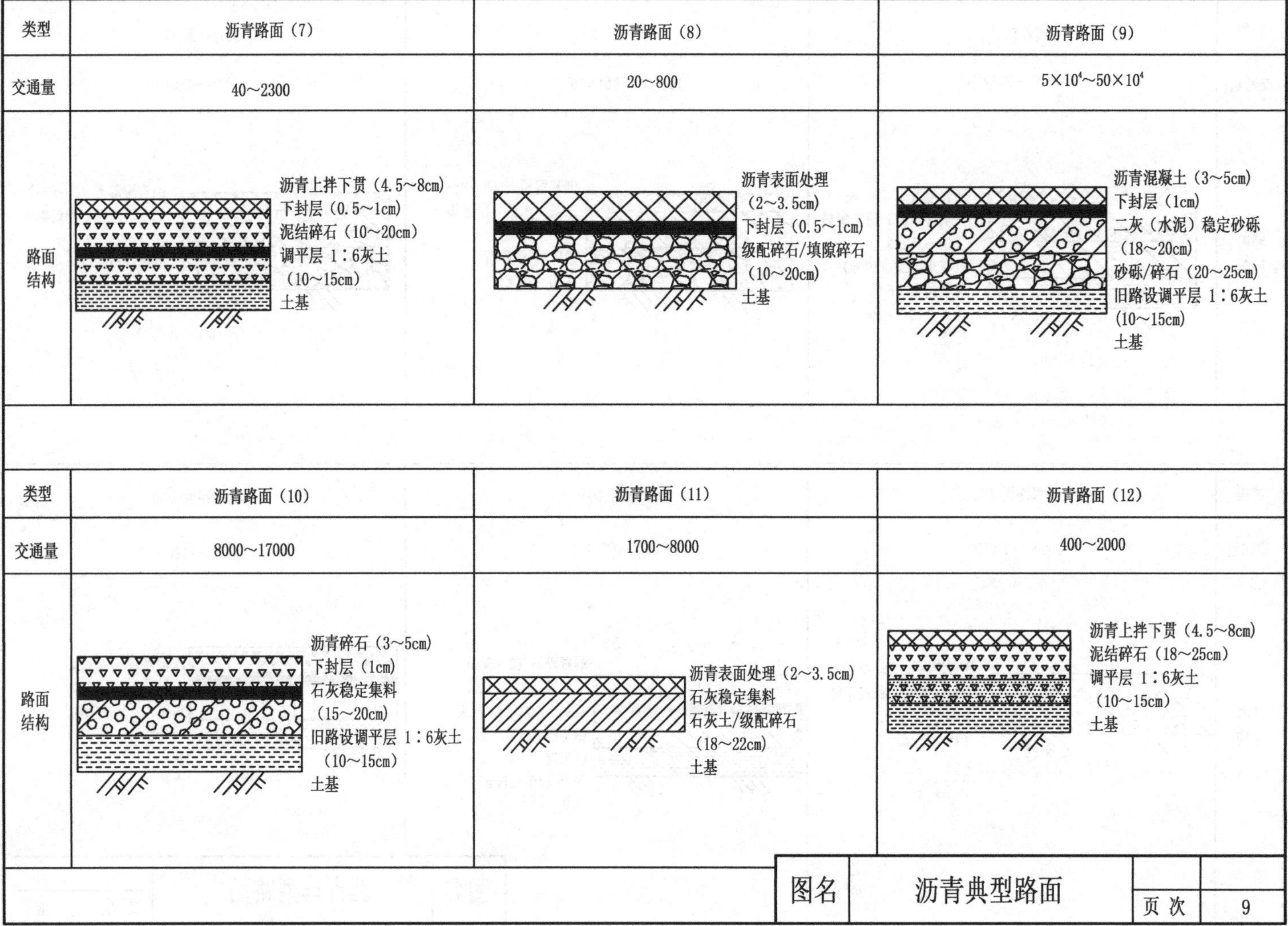

类型	沥青路面（7）	沥青路面（8）	沥青路面（9）
交通量	40～2300	20～800	$5\times10^4\sim50\times10^4$
路面结构	沥青上拌下贯（4.5～8cm） 下封层（0.5～1cm） 泥结碎石（10～20cm） 调平层 1∶6灰土 （10～15cm） 土基	沥青表面处理 （2～3.5cm） 下封层（0.5～1cm） 级配碎石/填隙碎石 （10～20cm） 土基	沥青混凝土（3～5cm） 下封层（1cm） 二灰（水泥）稳定砂砾 （18～20cm） 砂砾/碎石（20～25cm） 旧路设调平层 1∶6灰土 （10～15cm） 土基

类型	沥青路面（10）	沥青路面（11）	沥青路面（12）
交通量	8000～17000	1700～8000	400～2000
路面结构	沥青碎石（3～5cm） 下封层（1cm） 石灰稳定集料 （15～20cm） 旧路设调平层 1∶6灰土 （10～15cm） 土基	沥青表面处理（2～3.5cm） 石灰稳定集料 石灰土/级配碎石 （18～22cm） 土基	沥青上拌下贯（4.5～8cm） 泥结碎石（18～25cm） 调平层 1∶6灰土 （10～15cm） 土基

图名	沥青典型路面	页次	9

1.3 砂石路面

1.特点:

砂石路面适用于次要道路和街巷道路。这种道路形式多在交通量小、地质条件差、经济欠发达的农村使用，在路基不稳定地段也可以作为过渡性路面结构采用。优点是投资小、便于就地取材、施工简易、养护维修方便；缺点是晴天起尘、雨天泥泞、养护工作量大。

2.设计原则:

（1）在路面设计中，通过设计计算和实践经验的积累，形成适合不同自然条件（包括气候、水文、地质、土质等）和使用要求（包括交通量、轴载等）的路面典型结构。

（2）路面结构层所选材料满足强度、稳定性和耐久性的要求，并结合当地自然条件、地产材料和工程投资等情况确定。各种结构层厚度应根据道路使用功能、施工工艺、材料规格和强度形成原理等因素综合考虑确定。

3.设计、施工与验收规范及标准:

（1）《公路工程技术标准》JTG B01—2014。

（2）《公路路基施工技术规范》JTG F10—2006。

（3）《公路路面基层施工技术细则》JTG/T F20—2015。

（4）《简明公路施工手册》。

（5）《市政工程施工手册》（第二卷）。

4.主要设计参数:

（1）道路等级。

（2）设计行车速度。

（3）路面结构设计标准轴载。

（4）设计使用年限。

5.材料要求:

（1）砂粒应干净无杂质、含土少、颗粒均匀。砂粒料中，大于20mm的粗骨料要占总量的40%以上，除掉大于50mm的石块，小于0.50mm的细料含量应小于总量的15%。

（2）泥结碎石路面中的黏土主要起黏结和填充空隙的作用。塑性指数高的土，黏结力强而渗透性弱，其缺陷是胀缩性较大；反之，塑性指数低的土，则黏结力弱而渗透性强，水分容易渗入。因此，对土的塑性指数，一般规定在18～27。黏土内不得含腐殖质或其他杂质，黏土用量不宜超过石料干重的20%。

（3）石屑或砂子可选用机械轧制而成或天然砂砾，最大颗粒宜小于37.5mm，应坚硬、清洁、干燥、无风化、无杂质，具有适当的级配。

（4）水应清洁无污染，并按施工规范规定控制硫酸盐含量、含盐量以及pH。

6.施工工艺与要点:

砂石路面施工工艺流程及方法可参照《简明公路施工手册》《市政工程施工手册》（第二卷）的规定，按照整平层施工、放线、铺砌石材或预制混凝土方砖、勾缝或灌缝、养生及维护的步骤进行。

（1）为了缩短工期，提高效率，尽可能使用机械与人工配合进行路床整理施工。用推土机、挖掘机挖路床时，预留5cm预留量，然后用压路机碾压，人工挂米字线整形，洒水碾压、养护，直至验收合格。砂石路面的碾压应达到充分密实，对于局部低洼处要细料嵌缝，用齿耙或镐头将其表层5cm以内耙松，并用新拌的混合料及时进行找平；有湿软弹簧现象的部分，要挖掉并换含水量适中的砂粒料重新填筑。

图名	砂石路面	页次	10

(2) 摊铺前对土路基中线从断面高程宽度进行复核测量，表面清洁无杂物；按照计划段落数量上料，循序摊铺创造各工序连续作业条件；松铺厚度按设计厚度×压实系数确定，反复检测虚厚高程及横断面使之符合设计要求，边线齐整，每层不宜超过松铺厚度20cm。

(3) 块石路面应设置整平层，块料之间还须用填缝料嵌填，以满足强度和稳定性的要求。块石路面的质量很大程度上取决于砌筑的质量，砌筑不允许将薄的石片重叠摆放，也不可摆下一堆石料一起砌筑，要摆一块砌一块，砌一块填实一块，丁顺相间或两顺一丁排列，互相交错不得有通缝，错缝不小于0.08m。

(4) 弹石应选用质地坚硬的半整齐块石，嵌缝砂及砂垫层用砂应符合细度模数和级配要求，砂垫层的粒料要均匀。碾压应遵循先轻后重、先慢后快、先边后中的原则进行。

(5) 养护：成活后应连续进行上层施工，当不能连续铺筑上层时，应设人洒水，保持湿润养护。禁止车辆通行，特别是履带车辆。

7.质量检验：

路面应当表面平整、坚实，不得有松散、弹簧等现象。用压路机碾压后，不得有明显轮迹。面层与其他构筑物接顺，不得有积水现象。施工完的路面外观尺寸允许偏差应符合有关规范要求。

8.砂石路面附图：

图名	砂石路面		
		页 次	11

类型	石砌路面（1）	石砌路面（2）	砖砌路面（1）
交通量	5～450	1～200	2～150
路面结构	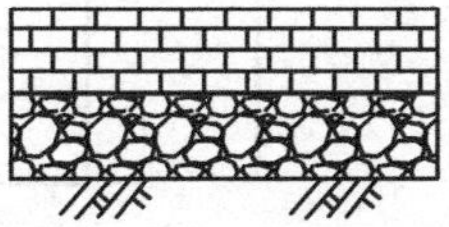 石砌路面（10～15cm） 天然砂砾/碎石/手摆片石（20～30cm） 土基	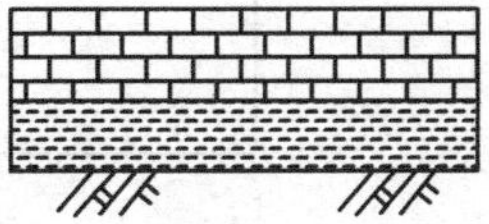 石砌路面（10～15cm） 调平层 1∶6灰土（10～15cm） 土基	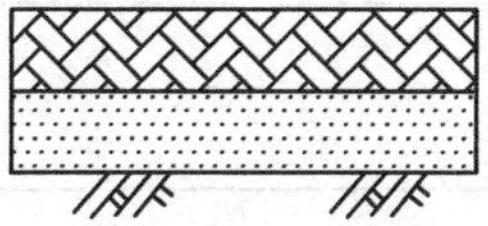 砖砌路面（10～15cm） 稳定土/改善土（15～25cm） 土基

类型	砖砌路面（2）	弹石路面（1）	弹石路面（2）
交通量	0～100	3～350	2～50
路面结构	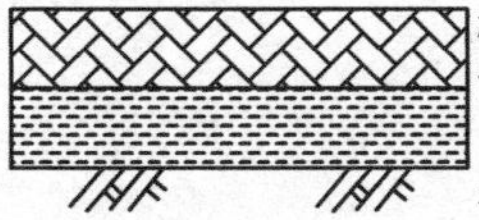 砖砌路面（10～15cm） 调平层 1∶6灰土（5～10cm） 土基	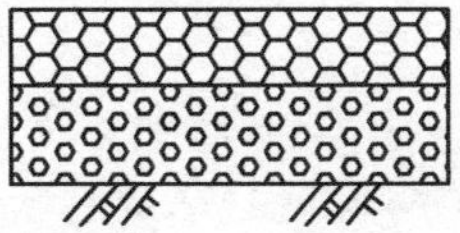 弹石路面（8～12cm） 未筛分碎石/天然砂砾（10～20cm） 土基	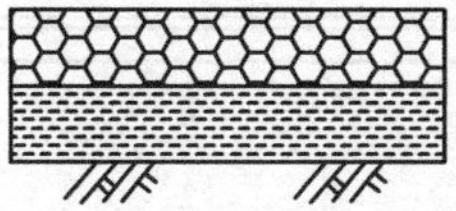 弹石路面（8～12cm） 调平层 1∶6灰土（5～10cm） 土基

图名 砂石常用路面 页次 12

H形路缘石立面图

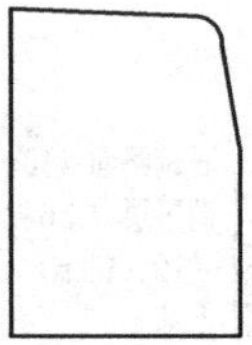

H形路缘石侧面图

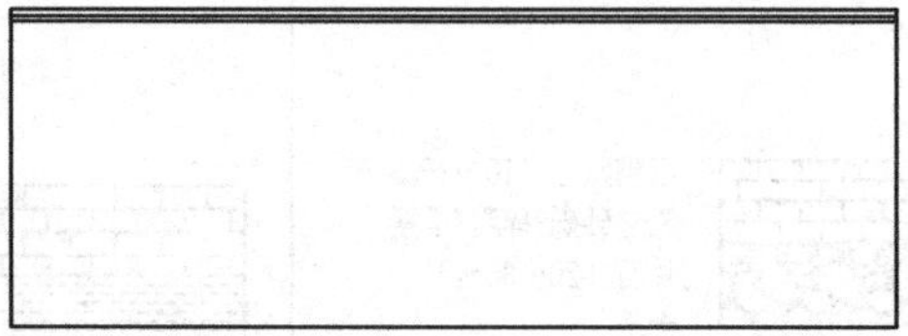

T形路缘石立面图

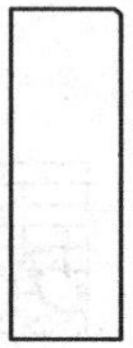

T形路缘石侧面图

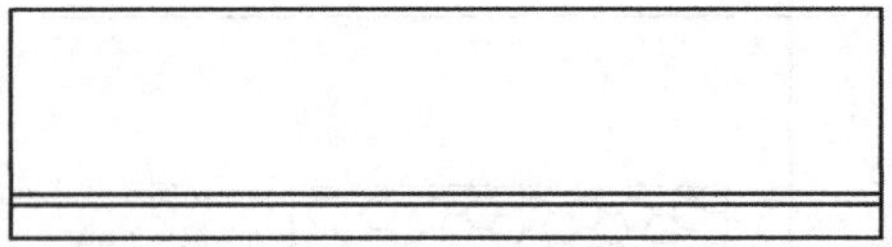

H形路缘石平面图

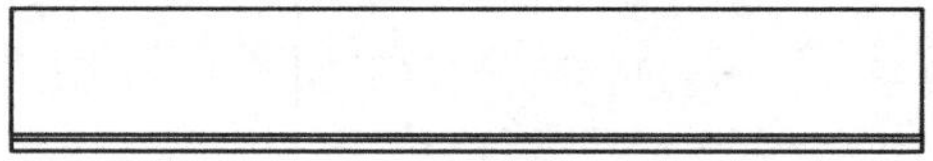

T形路缘石平面图

图名	常用路缘石（一）	页 次	13

R形路缘石立面图

R形路缘石侧面图

F形路缘石立面图

F形路缘石侧面图

R形路缘石平面图

F形路缘石平面图

注：

1. 路缘石垫层厚度不大于30mm时，垫层可采用M7.5水泥砂浆；垫层厚度为30～60mm时，可采用C10细石混凝土；垫层厚度大于60mm时，可采用C15水泥混凝土。
2. 沥青路面施工，一般应先安装路缘石。
3. 路缘石侧面与路面结构间应密实无缝。
4. 路缘石施工缝最大缝宽控制指标为：直线段不灌缝3mm，灌缝10mm；曲线段16mm。

图名	常用路缘石（二）	页次	14

1.4 路基

1.特点:

路基是一项线形工程，是在天然地表面按照道路的设计线形（位置）和设计横断面（几何尺寸）要求开挖或堆填而成的岩土结构物，是路面的基础，承受由路面传来的行车荷载并将其扩散至地基，是公路的承重主体。路基是道路工程的主要组成部分。路基工程土方量大，路线长，地形起伏变化大，地质、地貌、气象特征多变，沿线经济程度和交通特点不一样。要善于识别各种变化的环境因素，精心设计、精心施工，恰当地进行处理。

2.设计原则:

根据工程对路基的要求，在进行路基设计时应遵循以下原则。

（1）路基设计根据沿线地形、地质、气候、水文等自然条件及环境保护的要求，因地制宜，采取必要的排水防护工程措施，与农田排灌系统相协调（新加内容），防止各种不利的自然因素对路基造成的危害，以保证路基有足够的强度和稳定性。

（2）当圆曲线半径$R<2500$m时，按规定设置超高，超高方式按中轴旋转，采用路面中线作为设计高程。

（3）公路用地界为：路堤两侧排水沟边缘(无排水沟时为公路或护坡道护脚)以外2m，路堑坡顶截水沟外边缘2m(无截水沟时为坡顶以外2m)的范围。

（4）路基土石方数量计算挖方按天然密实体积计，填方按压实后体积计，移挖做填时，按预算定额考虑修正系数(松土1.23，普土1.16，硬土1.09，石方0.92)。路基土石方数量表中的土石方数量是指扣除了路面厚度，并已计入边沟、排水沟、截水沟、部分改沟的土石方数量。

3.设计、施工与验收规范及标准:

（1）《城市道路工程设计规范（2016年版）》CJJ 37—2012。

（2）《公路路基施工技术规范》JTG F10—2006。

（3）《建筑地基处理技术规范》JGJ 79—2012。

（4）《道路工程制图标准》GB 50162—1992。

（5）《公路路基设计规范》JTG D30—2015。

（6）《公路路基路面现场测试规程》JTG E60—2008。

4.主要设计参数:

（1）路基回弹模量。

（2）路基反应模量。

（3）加州承载比。

5.材料要求:

（1）路基主体工程所用填料应按照规范规定的指标和频率进行抽样与试验，且检验结果应符合设计图纸和有关规范的要求。

（2）路基构造物所用混凝土和砂浆及其原材料、石料、土工织物等，应符合设计图纸和有关规范的要求。

（3）垫层材料。砂垫层宜采用洁净的中、粗砂，含泥量不应大于5%，有机质含量不大于1%；砂砾碎石垫层材料粒径不大于50mm，含泥量不超过5%，含砂量不超过40%；石灰土材料应符合设计图纸和规范要求。

（4）反滤层材料。材料颗粒组成应满足相关的规定；反滤层的空隙率均不得小于35%；用作反滤层的材料应清洗干净，不允许含有有机物质和其他有害物质。粗砾和卵石应质地坚硬、耐久。

6.施工工艺与要点:

（1）垫层法。

①垫层法属于软土地基浅层处理方法，包括换土垫层法、换土加筋垫层法及加筋碎石垫层法。

图名	路基		
		页次	15

②适用于淤泥、淤泥质土、冲填土等软弱地基的浅层处理，不适用于垫层下地基持力层土的压缩模量低于2.5MPa的地基。

③采用换土垫层法或换土加筋垫层法处理软基时，垫层厚度一般不小于0.5m且不超过3.0m，并应与其他处理方法进行经济比较后择优选用。

(2) 抛石挤淤法。

①抛石挤淤法适用于常年积水的洼地，排水施工困难，表土呈流动状态，厚度较薄，片石能沉达底部的泥沼或厚度小于3.0m的软土路段，尤其适用于石料丰富、运距较近的地区。采用抛石挤淤法施工的路基，需要一定的沉实稳定时间，宜修建过渡式路面。

②抛填的片石粒径宜大于300mm，且小于300mm粒径的片石含量不得超过20%。抛填时从路堤中部开始，中部向前突进后再渐次向两侧扩展，以使淤泥向两旁挤出。

(3) 水泥粉煤灰碎石桩（CFG桩）。

①水泥粉煤灰碎石桩适用于处理软弱黏性土、粉土、砂土和已自重固结的素填土地基。对于淤泥质土、淤泥、有机质土、地下水具有腐蚀性时应按地区经验或通过现场试验确定其适用性。

②水泥粉煤灰碎石桩成桩后桩身强度等级应达到C15混凝土强度。材料技术要求如下。

a.水泥：采用强度等级为32.5级及以上的普通硅酸盐水泥，如果地下水具有腐蚀性，应采用抗腐蚀水泥（如抗硫酸盐水泥），同时可添加防腐剂。

b.粉煤灰：粒径应在0.001～0.002mm，小于0.074mm的颗粒含量应大于45%，烧失量应小于12%。

c.碎石：级配良好，不含植物残体、垃圾等杂质。碎石的最大粒径不大于50mm。

d.混合配料比：根据桩身强度要求进行配合比试验后确定。

③水泥粉煤灰碎石桩桩径为400～600mm，宜采用正三角形布置，桩长及桩间距通过计算确定。最大桩距不超过5倍桩径。

7.质量检验：

(1) 土质路基在压实过程中应随时检查有无弹簧、起皮、推挤、波浪及裂纹等现象，若发现上述情况，应及时采取措施。碾压（夯击）完成以后，立即测定其含水量和湿密度，计算干密度和压实度，并达到相关规定，判断是否达到压实标准。

(2) 石质路基质量检验边坡必须稳定，严禁有松石、险石；石方路基实测项目应符合相关规定。

8.路基附图：

图名	路基		
		页次	16

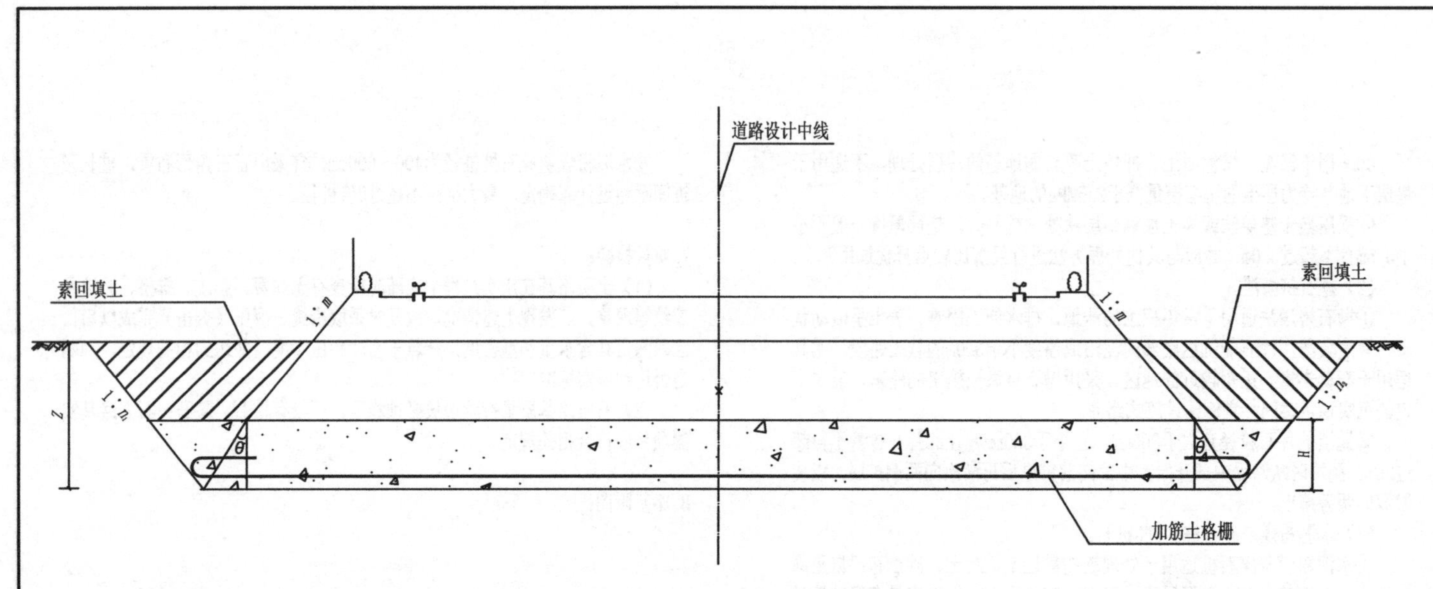

垫层材料	垫层应力扩散角
中砂、粗砂、砾砂、圆砾、角砾、卵石、碎石	20°
素土	6°
石灰土	28°

换土垫层地基处理横断面图

注：
1. 本图单位：米。
2. 图中Z一般不超过3.0m。
3. 若H小于Z，路基两侧应用素土回填至原地面。
4. 垫层厚度根据软土层厚度或由地基应力决定。
5. 垫层厚度$H\leqslant1.0$m时，在$H/2$处铺设一层土工格栅；垫层厚度$H>1.0$m时；每0.5m铺设一层土工格栅。

图名	换土加筋垫层处理软基设计图		
		页 次	17

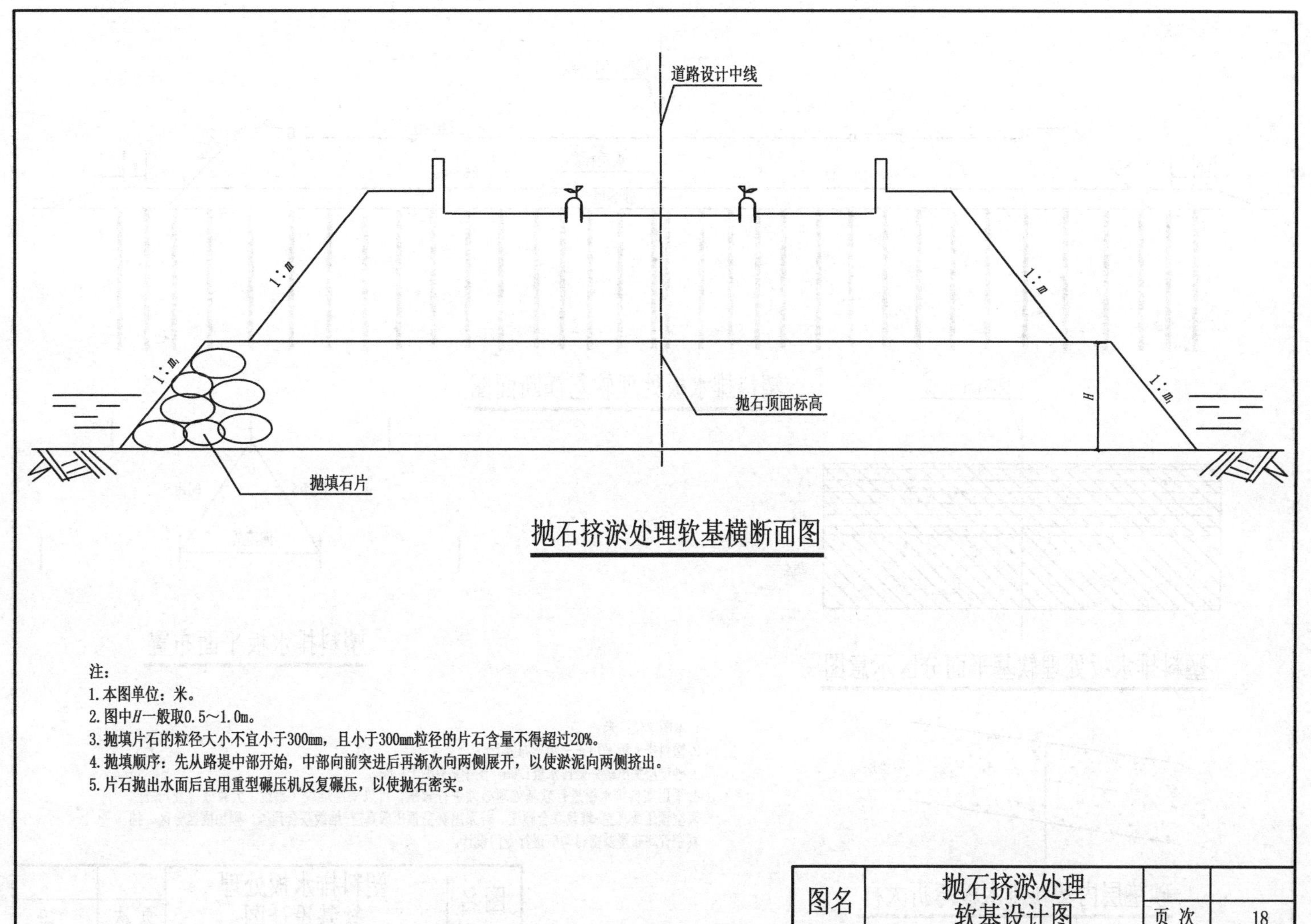

抛石挤淤处理软基横断面图

注：
1.本图单位：米。
2.图中H一般取0.5～1.0m。
3.抛填片石的粒径大小不宜小于300mm，且小于300mm粒径的片石含量不得超过20%。
4.抛填顺序：先从路堤中部开始，中部向前突进后再渐次向两侧展开，以使淤泥向两侧挤出。
5.片石抛出水面后宜用重型碾压机反复碾压，以使抛石密实。

图名	抛石挤淤处理 软基设计图		
		页次	18

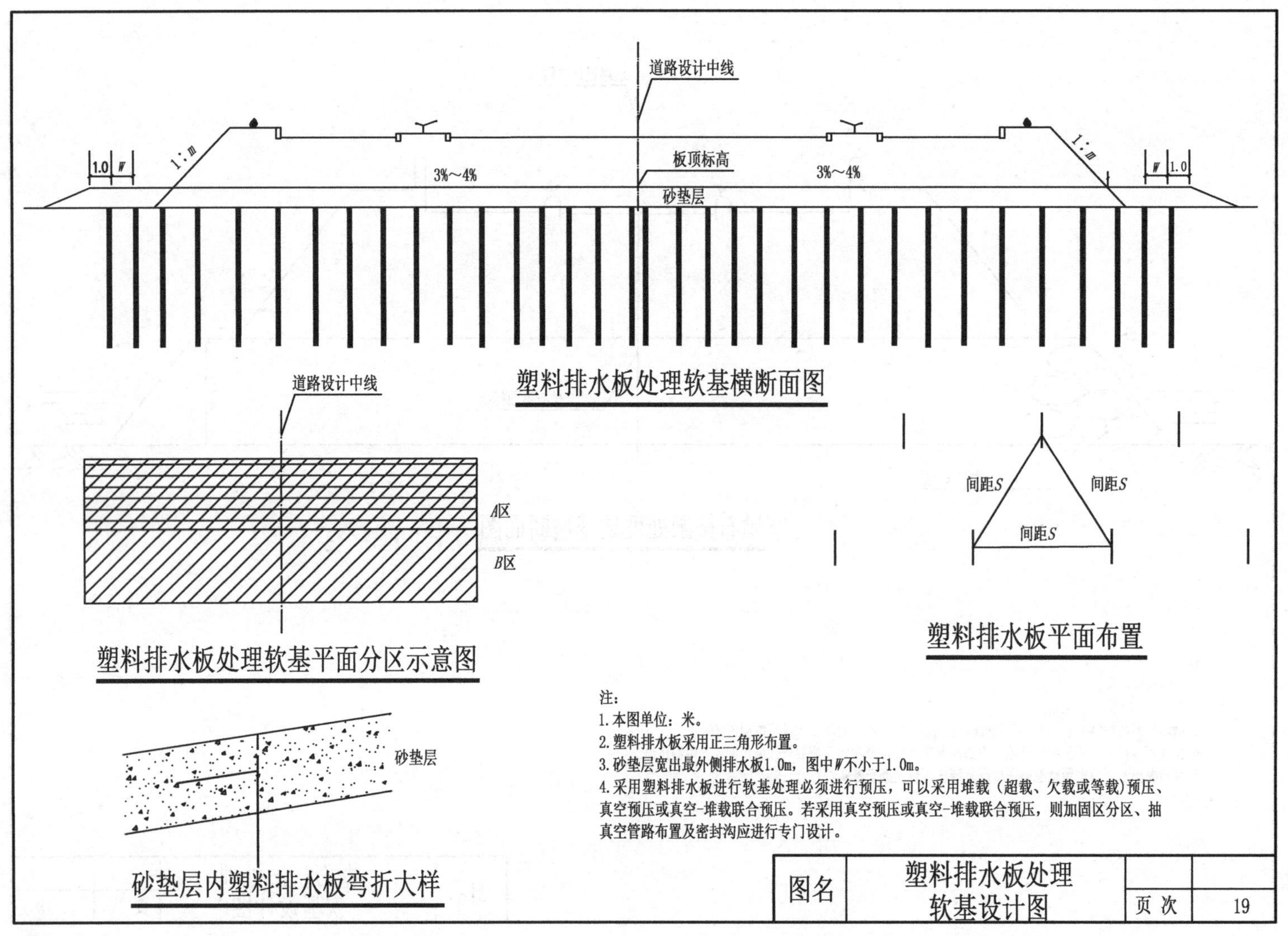

注：
1. 本图单位：米。
2. 塑料排水板采用正三角形布置。
3. 砂垫层宽出最外侧排水板1.0m，图中W不小于1.0m。
4. 采用塑料排水板进行软基处理必须进行预压，可以采用堆载（超载、欠载或等载）预压、真空预压或真空-堆载联合预压。若采用真空预压或真空-堆载联合预压，则加固区分区、抽真空管路布置及密封沟应进行专门设计。

图名	塑料排水板处理 软基设计图		
		页次	19

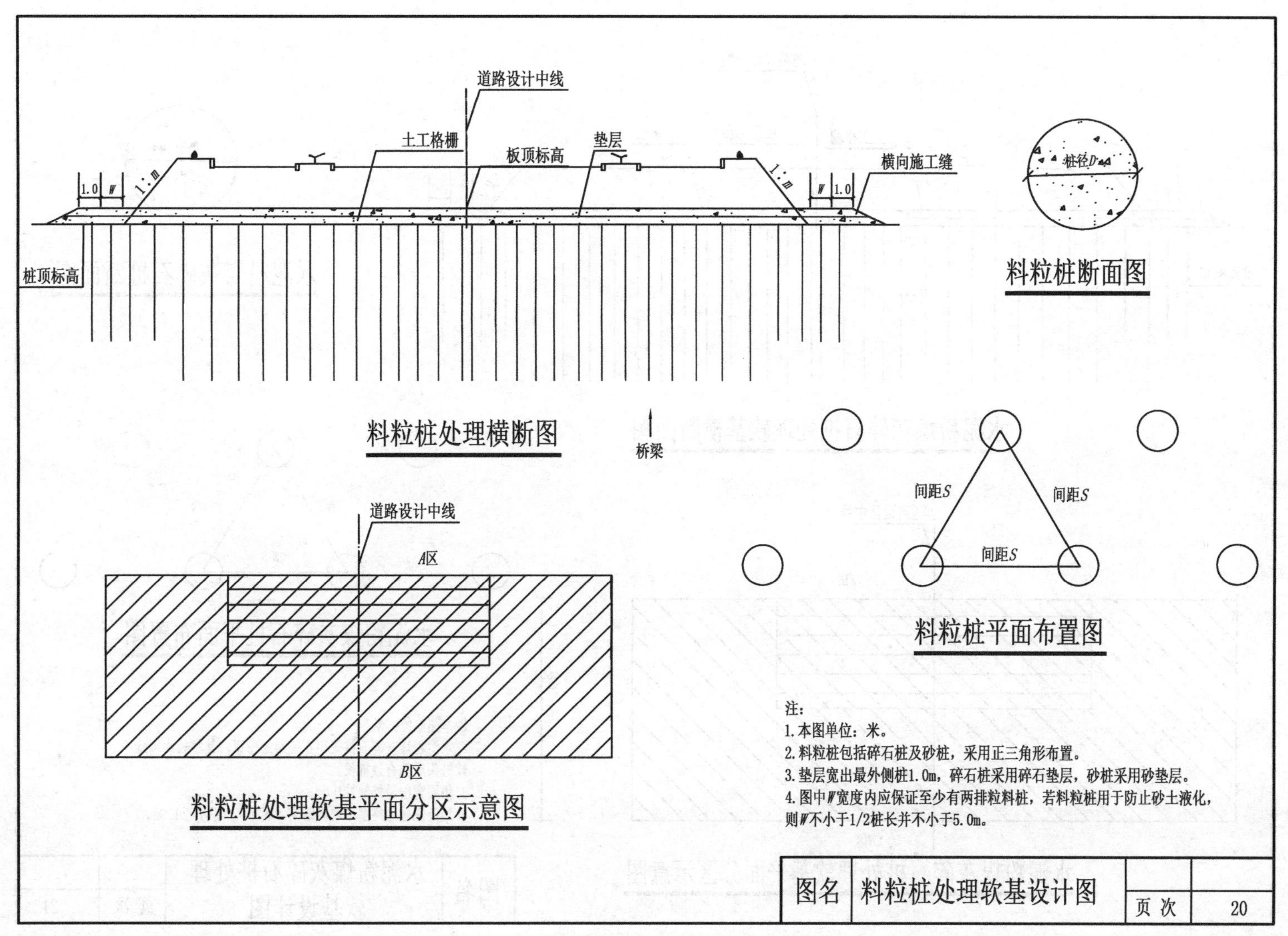

注：

1. 本图单位：米。
2. 料粒桩包括碎石桩及砂桩，采用正三角形布置。
3. 垫层宽出最外侧桩1.0m，碎石桩采用碎石垫层，砂桩采用砂垫层。
4. 图中W宽度内应保证至少有两排粒料桩，若料粒桩用于防止砂土液化，则W不小于1/2桩长并不小于5.0m。

图名	料粒桩处理软基设计图	页次	20

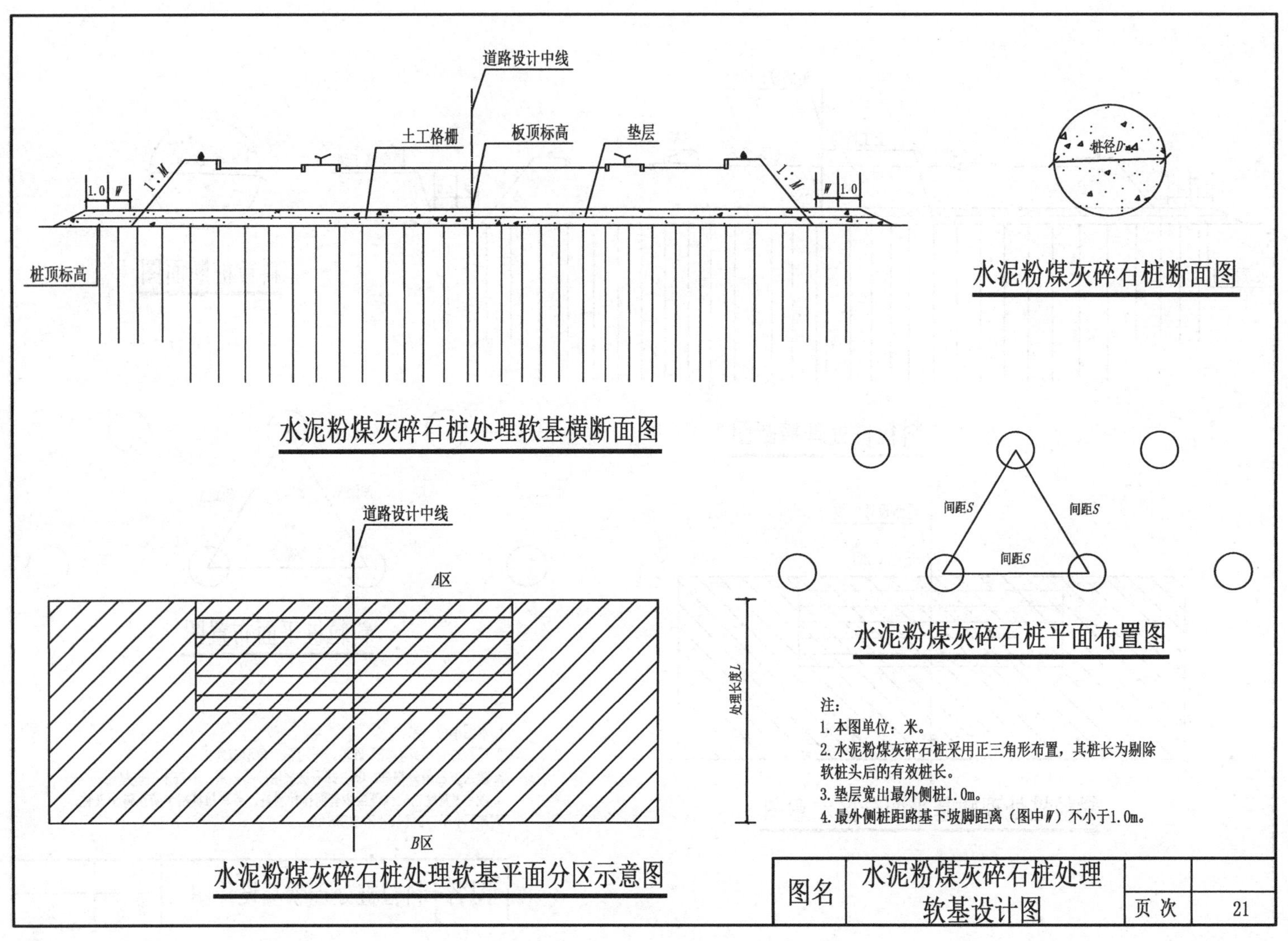

注：

1. 本图单位：米。
2. 水泥粉煤灰碎石桩采用正三角形布置，其桩长为剔除软桩头后的有效桩长。
3. 垫层宽出最外侧桩1.0m。
4. 最外侧桩距路基下坡脚距离（图中W）不小于1.0m。

图名	水泥粉煤灰碎石桩处理软基设计图		
		页 次	21

1.5 道路工程防震（选用）

1.特点：

道路对国民经济、人民生活和国防建设起着十分重要的作用。地震对震区道路的破坏，如路基纵向裂缝、地基震陷、地基液化、边坡失稳、路面破裂以及挡土墙断裂、失稳等，严重影响救灾工作的开展，给人民生命和国家财产带来极大损失。地震动峰值大于或等于0.2g的地区，可将对抗震救灾或在经济国防上具有重要意义的公路构筑物确定为生命线工程，经批准后，适当提高抗震设防标准。

2.设计原则：

（1）高速公路、一级公路和二级公路的工程构筑物，在E1地震作用时，位于抗震有利地段的，经一般整修即可正常使用；位于抗震不利地段的，经短期抢修即可恢复使用；位于抗震危险地段的挡土墙、隧道等重要构筑物不发生严重破坏。

（2）三级公路和四级公路在E1地震作用时，位于抗震有利地段的，经短期抢修即可恢复使用；位于抗震不利地段的挡土墙、隧道等重要构筑物不发生严重破坏。

（3）高速公路和一级公路上的台阶式路基及阶梯式挡土墙，其下部构筑物的抗震措施可较其对应的地震基本烈度提高一级使用，但对于地震基本烈度为9度的地区，抗震措施应通过专门研究决定。

3.设计、施工与验收规范及标准：

（1）《城市道路工程设计规范（2016年版）》CJJ 37—2012。

（2）《公路工程抗震规范》JTG B02—2013。

（3）《建筑地基处理技术规范》JGJ 79—2012。

（4）《道路工程制图标准》GB 50162—1992。

4.主要设计参数：

（1）道路等级。

（2）永久作用。

（3）地震作用。

（4）可变作用。

（5）抗震设防烈度。

（6）最大加速度。

5.材料要求：

（1）严格控制路基压实质量，特别是高路堤的分层压实以及构造物台后路堤的填土。尽量使路肩与行车道部分具有相同的密实度。

（2）路堤填料的选择应符合下列规定。

①路堤填方应采用抗震稳定性较好的碎石土、黏性土、卵石土和不易风化的石块等材料，当采用砂类土填筑地基时，应对边坡坡面采取适当防护措施。

②路堤浸水部分的填料，应选用抗震稳定性较好的渗水性土。

③位于设计基本地震动峰值加速度大于或等于0.20g地区的高速公路和一级公路，采用细砂、粉砂作填料时，应采取防止液化的措施。

（3）软土地基上的高速公路和一级公路，地表设置垫层时，垫层材料应采用碎、卵石或粗砂夹碎石（卵石），不得采用细砂。

6.施工工艺与要点：

（1）在软弱地基上修筑路基时，要注意鉴别地基中可液化砂土、易触变黏土的埋藏范围与厚度，并采取相应的加固措施。

（2）地基为软土、液化土、新近填土或严重不均匀土时，应考虑地震时地基不均匀沉降、地基失效或其他不利影响对公路工程构筑物可能造成的破

图名	道路工程防震	页次	22

坏，并采取相应措施。

（3）高速公路和一级公路上的挡土墙距离主断裂边缘不宜小于100m；无法满足时，应采取降低挡土墙高度，采用整体浇筑的重力式混凝土挡土墙、设置合理有效的伸缩缝和沉降缝等措施，并应设置完善的排水系统。

（4）严格控制挖方边坡高度，并根据地震烈度放缓边坡坡度，做好坡面防护工作。在土层覆盖厚的地段，采用格栅＋喷植的方式绿化坡面，抑制水土流失；在存在小块落石的地段，采用格栅＋钢绳网进行防护；在岩体严重松散地段和易塌、易滑的地段则应采用钢绳网加固坡面，抑制大块崩塌及溜坍、溜滑的发生。

（5）混凝土挡土墙的施工缝和衡重式挡土墙的变截面处，应采用短钢筋加强、设置不少于截面面积20%的榫头等措施提高抗剪强度。

（6）若必须采用半填半挖断面形式，则应采取加固措施。在横坡陡于1∶3时，采取措施保证填方部分与山坡的结合，同时加强上侧山坡的排水和坡脚的支挡措施。

（7）边坡岩石石质破碎或有危石的岩石路堑，上覆层受震易坍塌时，应采取支挡措施；对高速公路和一级公路，宜采用明洞或涵洞方案通过。

（8）路基通过发震断裂，需考虑发震断裂对路基影响时，高速公路、一级公路和二级公路，距发震断裂带边缘100m范围内，路堤高度和路堑边坡高度宜小于3m，三级公路和四级公路宜小于4m。

7.质量检验：

（1）全部消除地基液化沉降的措施应能够符合下列要求。

①采用桩基时，应对液化土层的桩周摩阻力进行折减。桩尖持力层为碎石土、砾，粗、中砂，坚硬黏性和密实粉土时，桩尖持力层厚度不应小于1倍桩径或0.5m；为其他非岩石土时，桩尖持力层厚度不宜小于3倍桩径或1.5m。

②深基础底面应埋入液化层深度以下的稳定土层中，埋入深度不应小于1.0m。

③采用振冲、振动加密、挤密碎石桩、砂桩、强夯等加密法对液化土层进行加固处理时，处理深度应达到液化深度下界，经处理的复合地基的标准贯入锤击数不应小于规定的锤击数临界值。

④采用换土法时，应用非液化土替换全部液化土层的土。

⑤采用加密法或换土法处理时，基础边缘以外的处理宽度应超过基础地面以下处理深度的1/2，且不小于基础宽度的1/5。

（2）设计基本地震动峰值加速度大于或等于0.20g时，干砌片（块）石挡墙的高度不宜超过5m；大于或等于0.40g时，不宜超过3m。高速公路、一级公路不应使用干砌片石挡土墙。

（3）挡土墙应分段修筑，每段长度不宜超过15m；在墙的分段处、地基土及墙高变化处，应设置沉降缝。

8.道路工程防震附图：

图名	道路工程防震		
		页次	23

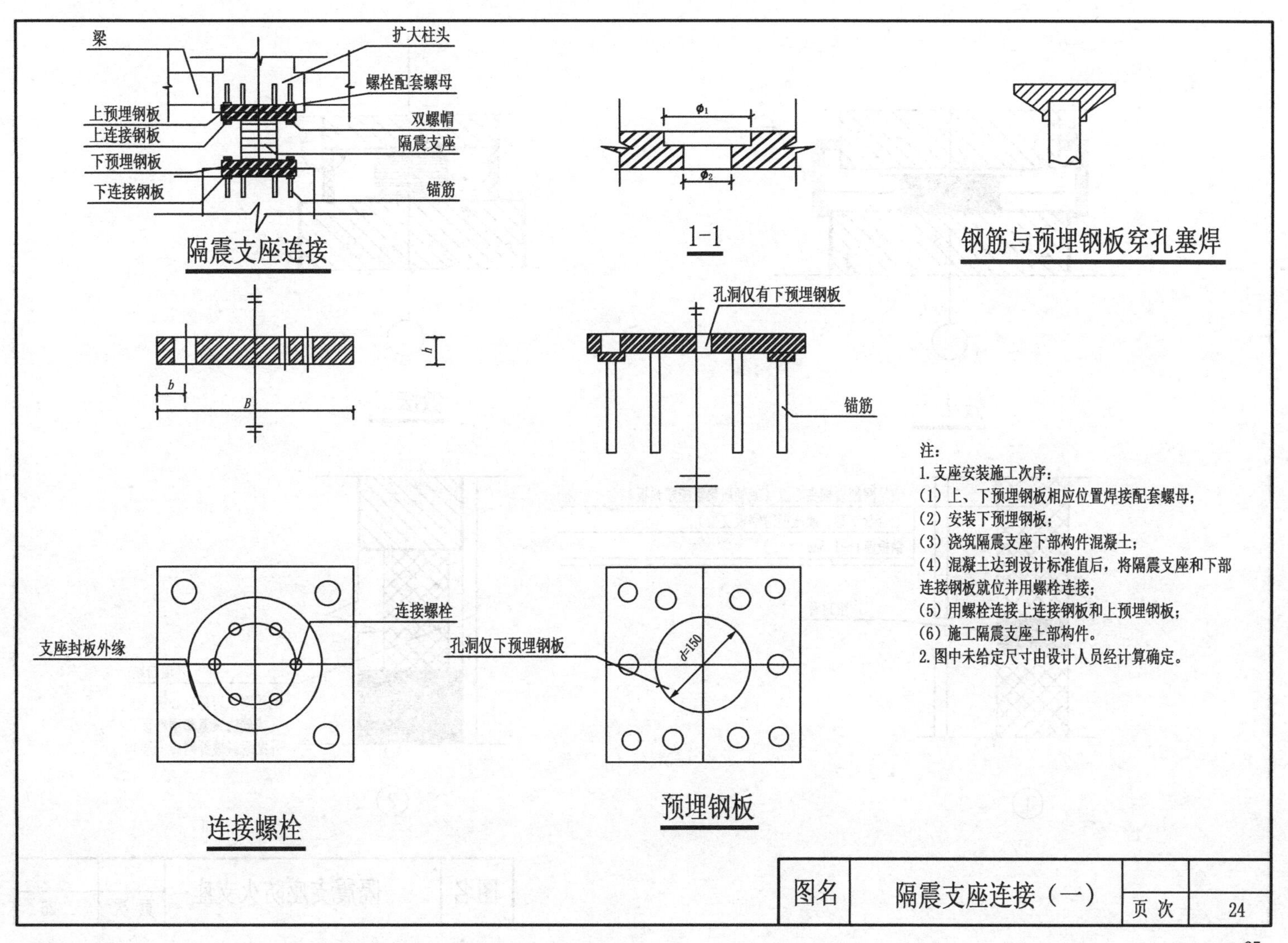

注：

1. 支座安装施工次序：

(1) 上、下预埋钢板相应位置焊接配套螺母；

(2) 安装下预埋钢板；

(3) 浇筑隔震支座下部构件混凝土；

(4) 混凝土达到设计标准值后，将隔震支座和下部连接钢板就位并用螺栓连接；

(5) 用螺栓连接上连接钢板和上预埋钢板；

(6) 施工隔震支座上部构件。

2. 图中未给定尺寸由设计人员经计算确定。

图名	隔震支座连接（一）	页次	24

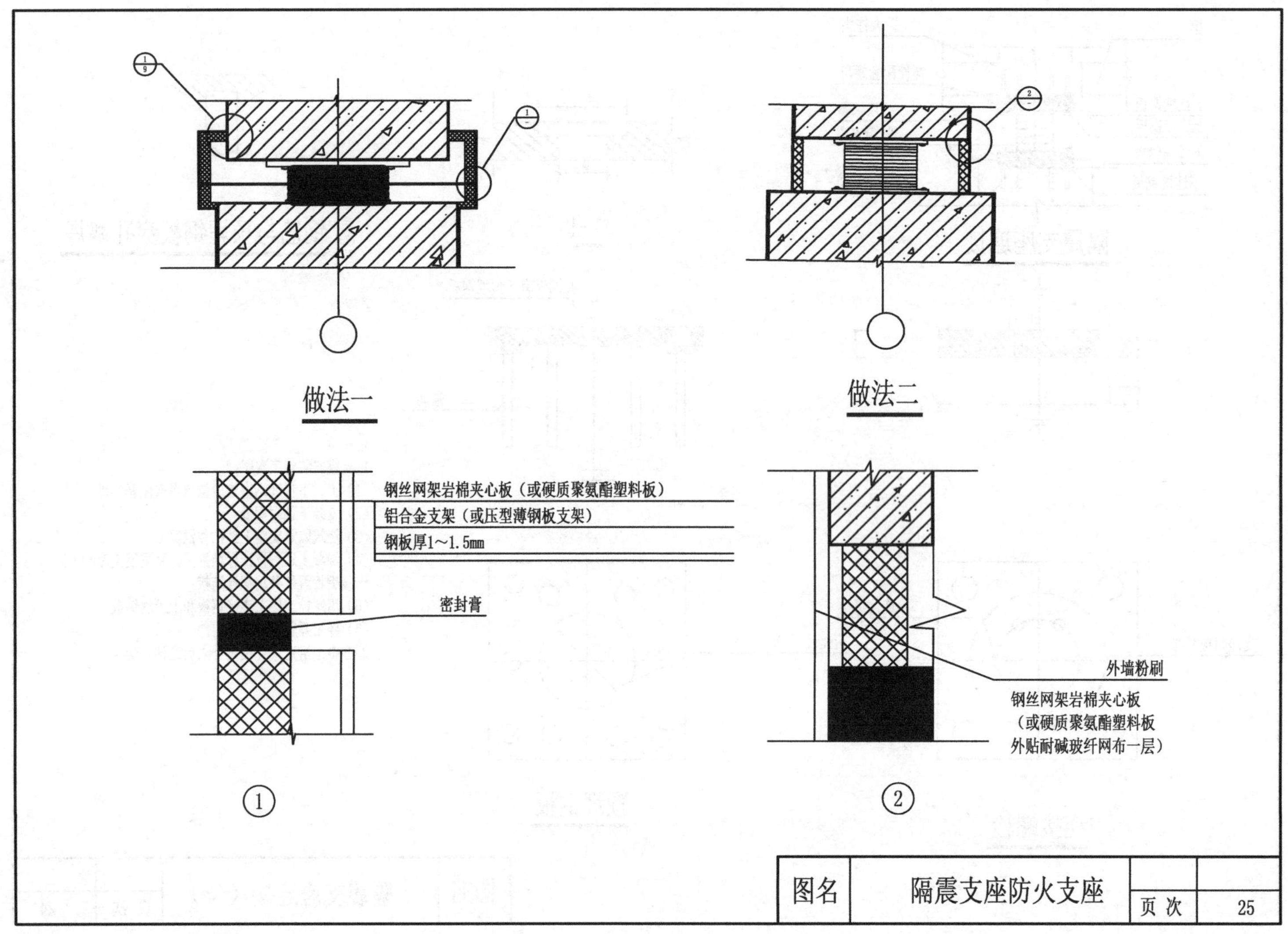

图名	隔震支座防火支座		
		页 次	25

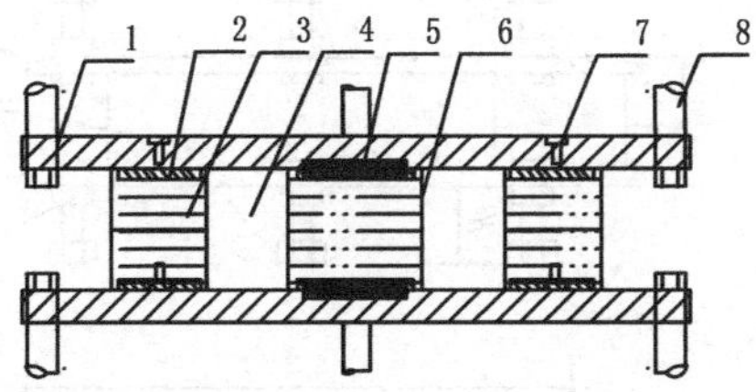

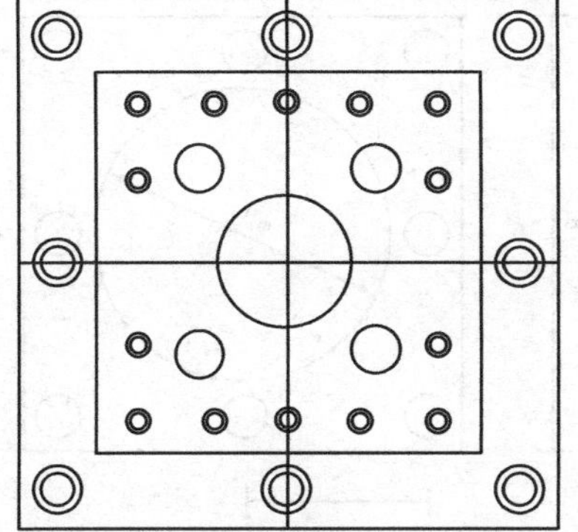

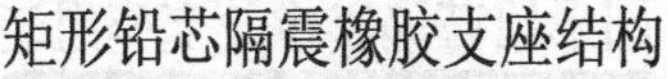

矩形铅芯隔震橡胶支座结构

注：
1-外连接钢板；2-封板；3-加劲钢板；
4-铅芯；5-剪切键；6-橡胶；
7-内六角螺钉；8-套筒螺栓。

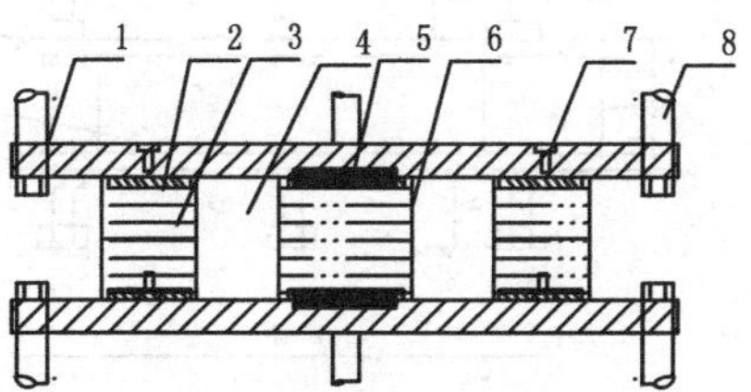

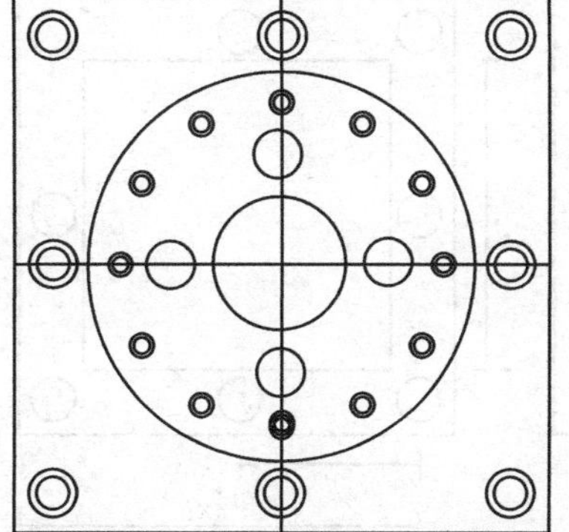

圆形铅芯隔震橡胶支座结构

注：
1-外连接钢板；2-封板；3-加劲钢板；
4-铅芯；5-剪切键；6-橡胶；
7-内六角螺钉；8-套筒螺栓。

图名	铅芯隔震橡胶支座结构	页次	26

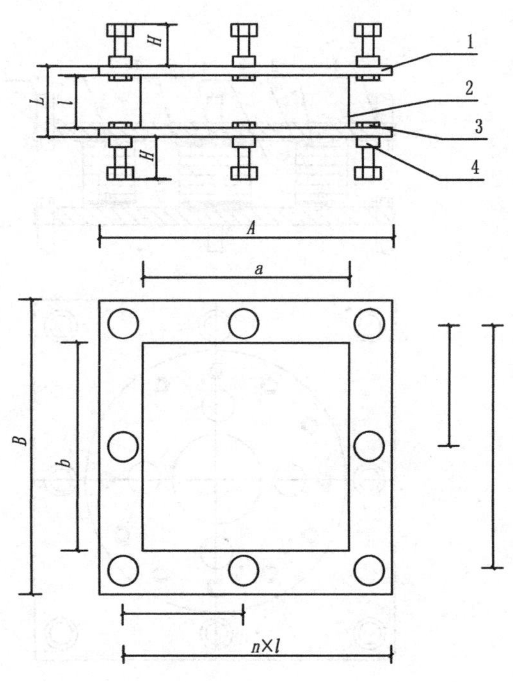

矩形铅芯隔震橡胶支座组装示意图

注：
1-外连接钢板；2-矩形铅芯隔震橡胶支座；
3-螺栓；4-套筒。

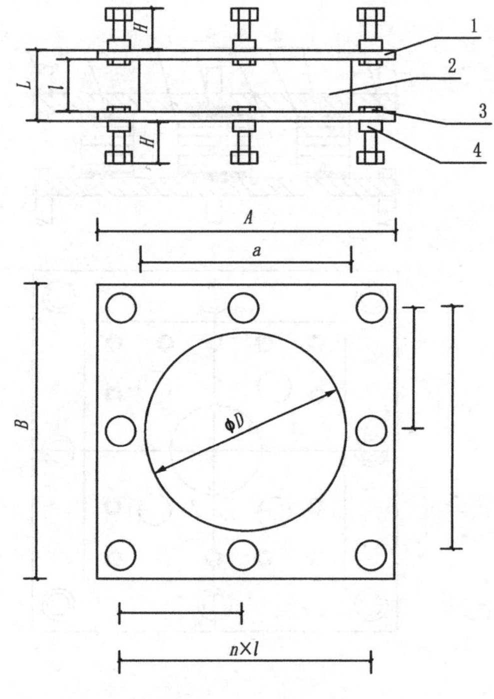

圆形铅芯隔震橡胶支座组装示意图

注：
1-外连接钢板；2-圆形铅芯隔震橡胶支座；
3-螺栓；4-套筒。

图名	铅芯隔震橡胶支座 组装示意图		
		页 次	27

第2章　桥梁（涵洞）工程设计建造

2.1 混凝土桥

1.特点：

混凝土桥适用于石料缺乏的地区，常用的经济合理跨径在20m以下。混凝土桥成本低，耐久性好，维修费用少；整体性好，结构刚度大，变形小；材料可塑性强，可以按照设计意图做成各种形状的结构；可以采用装配式结构，工业化程度高，既提高了工程质量，又加快了施工速度。混凝土桥又可分为混凝土简支桥、混凝土板桥。

2.设计原则：

农村桥梁的设计应充分考虑到所在地区的经济发展情况，既要满足当前交通量的要求，也要照顾到将来交通量增长的需求；既要满足车辆畅通无阻、安全和舒适的要求，也要考虑到养护和维修方面的要求。总之，农村桥梁设计应遵循安全、适用、经济的原则。

3.设计、施工与验收规范及标准：

(1)《公路桥涵设计通用规范》JTG D60—2015。

(2)《公路钢筋混凝土及预应力混凝土桥涵设计规范》JTG D62—2004。

(3)《公路桥涵施工技术规范》JTG/T F50—2011。

(4)《公路工程技术标准》JTG B01—2014。

(5)《公路桥涵地基与基础设计规范》JTG D63—2007。

(6)《公路工程水文勘测设计规范》JTG C30—2015。

(7)《公路圬工桥涵设计规范（附条文说明）》JTG D61—2005。

(8)《公路工程抗震规范》JTG B02—2013。

4.主要设计参数：

(1)桥梁所在公路等级。

(2)使用要求。

(3)交通量。

(4)桥梁设计汽车荷载。

(5)农村桥梁设计安全等级。

5.材料要求：

(1)钢筋。普通钢筋混凝土及预应力混凝土构件中的钢筋宜选用相关规范规定等级的热轧钢筋，预应力混凝土中的箍筋应选用其中的带肋钢筋，按构造要求配置的钢筋网可选用冷轧带肋钢筋。

(2)混凝土。普通钢筋混凝土构件混凝土强度等级应当根据工程从相关规范中进行选取，尤其应当注意钢筋配筋时，混凝土强度的选择与预应力混凝土构件的强度等级应当根据最新规范进行选取。桥面铺装混凝土强度等级应与梁板一致，栏杆和人行道混凝土强度应当参照相关规范规定。

(3)模板。常用的模板有木模、钢模、钢木结合模板。木模多用于就地浇筑；钢模、钢木结合模板多用于预制的装配式构件。

6.施工工艺与要点：

(1)支架搭设的要求。支架必须设置在坚实可靠的基础上，构件结合要紧密，并要有足够的纵、横、斜三个方向的连接杆件来保证支架的强度、刚度和整体性。

(2)钢筋骨架。

①钢筋组成：混凝土内的钢筋骨架由纵向钢筋(主筋)、架立筋、箍筋、弯起钢筋(斜筋)、分布钢筋以及附加钢构件组成。

②钢筋骨架的成型工序：钢筋经调直→切断→除锈→弯曲→焊接或绑扎等工序以后才能成型。其中，钢筋加工的技术要求可参见相应的桥梁施工技术规范。

图名	混凝土桥		
		页次	1

（3）混凝土浇筑。混凝土的浇筑应连续进行，不得任意中断，并应在前层混凝土凝结前，将次层混凝土拌和物浇筑捣实完毕。跨径不大的简支梁桥可采用水平分层法浇筑，或者用斜层法从梁的两端对称地向跨中浇筑，在跨中合龙。混凝土振捣要与混凝土浇筑密切配合，分层浇筑、分层振捣。

（4）混凝土的养护及模板拆除。

①混凝土的养护：混凝土浇筑完毕后，应在收浆后尽快用草袋、麻袋或稻草等予以覆盖和洒水养护。对于用硅酸盐水泥拌制的混凝土构件，洒水养护时间不少于7昼夜。

②拆模时间：混凝土构件经过养护后，达到设计强度的50%时，即可拆除梁的侧模；达到设计吊装强度并不低于设计强度的90%时，可起吊主梁。

7.质量检验：

（1） 模板、支架与拱架制作及安装应符合施工设计图(施工方案)的规定，且稳固牢靠，接缝严密，立柱基础有足够的支撑面和排水、防冻融措施。

（2）当钢筋出现脆断、焊接性能不良或力学性能显著不正常等现象时，应对该批钢筋进行化学成分检验或其他专项检验。

（3）HRB335和HRB400带肋钢筋机械连接接头质量应符合国家现行标准《钢筋机械连接技术规程》（JGJ 107—2016）的规定和设计要求。

（4）孔道压浆的水泥浆强度必须符合设计规定，压浆时排气孔、排水孔应有水泥浓浆溢出。

（5）预应力筋使用前应进行外观质量检查，不得有弯折，表面不得有裂纹、毛刺、机械损伤、氧化铁锈、油污等。锚具、夹具和连接器使用前应进行外观质量检查，表面不得有裂纹、机械损伤、锈蚀、油污等。

8.混凝土桥附图：

图名	混凝土桥		
		页次	2

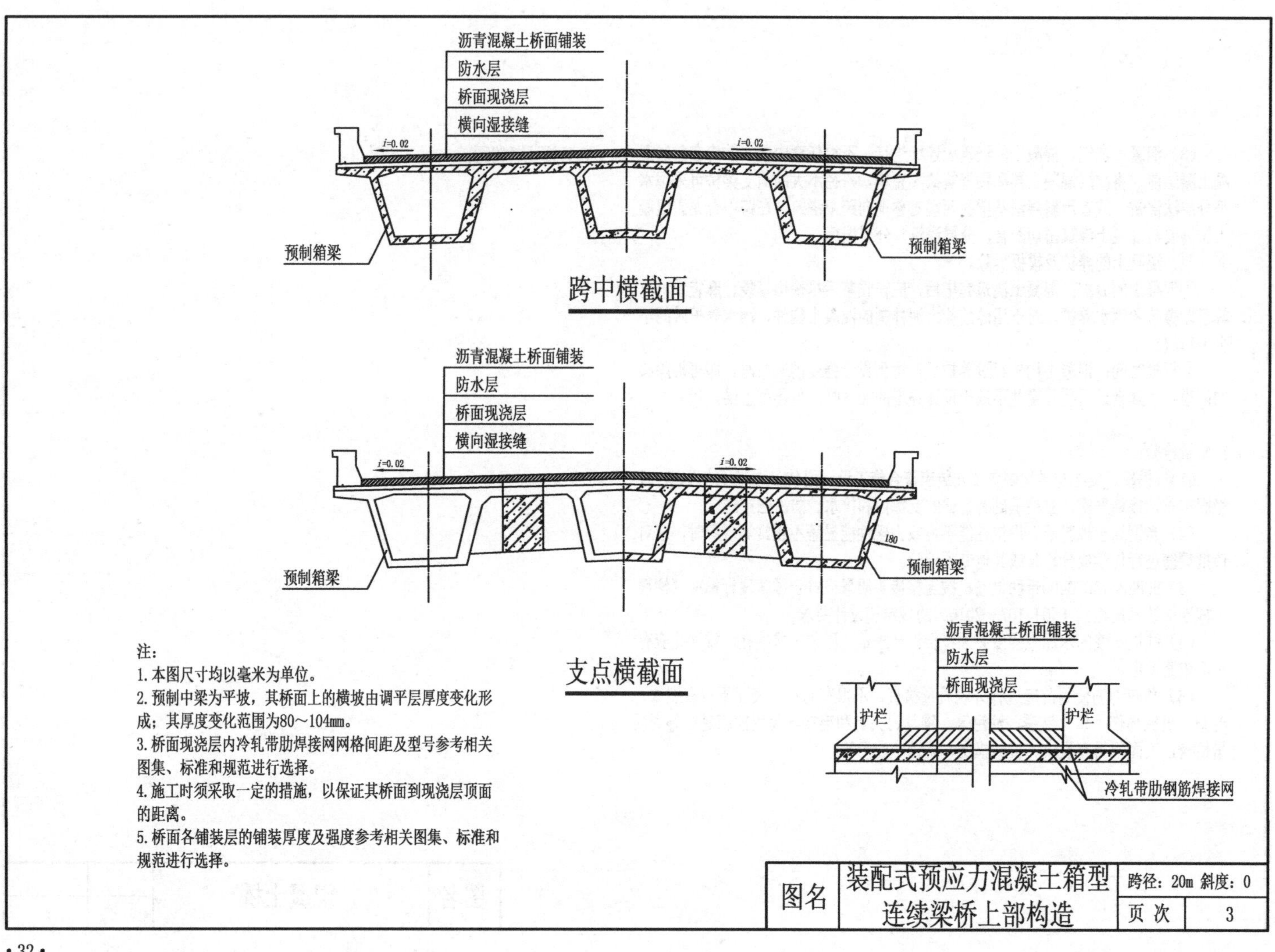

注：

1. 本图尺寸均以毫米为单位。
2. 预制中梁为平坡，其桥面上的横坡由调平层厚度变化形成；其厚度变化范围为80～104mm。
3. 桥面现浇层内冷轧带肋焊接网网格间距及型号参考相关图集、标准和规范进行选择。
4. 施工时须采取一定的措施，以保证其桥面到现浇层顶面的距离。
5. 桥面各铺装层的铺装厚度及强度参考相关图集、标准和规范进行选择。

图名	装配式预应力混凝土箱型连续梁桥上部构造	跨径：20m 斜度：0	
		页 次	3

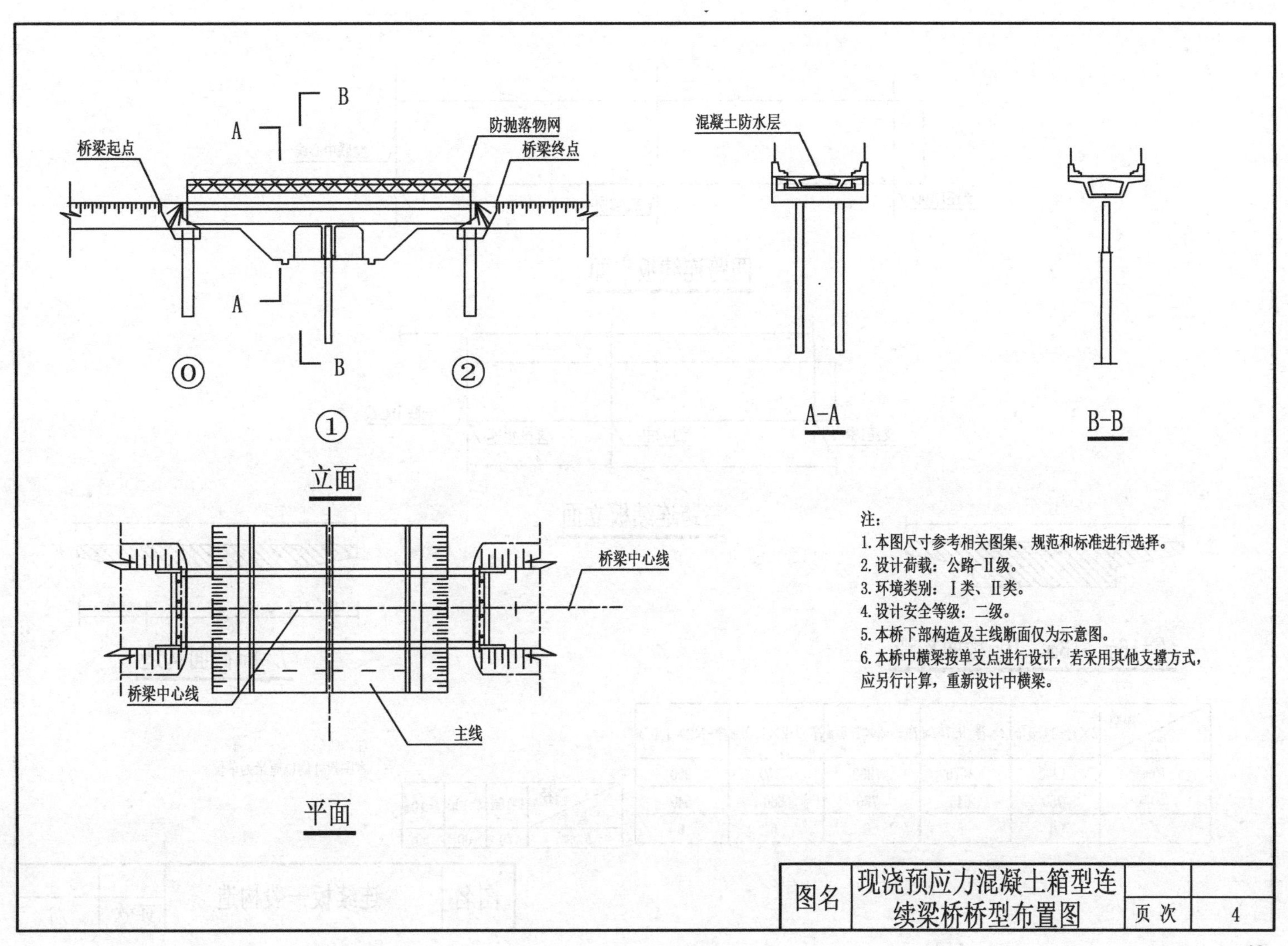

注：
1. 本图尺寸参考相关图集、规范和标准进行选择。
2. 设计荷载：公路-Ⅱ级。
3. 环境类别：Ⅰ类、Ⅱ类。
4. 设计安全等级：二级。
5. 本桥下部构造及主线断面仅为示意图。
6. 本桥中横梁按单支点进行设计，若采用其他支撑方式，应另行计算，重新设计中横梁。

图名	现浇预应力混凝土箱型连续梁桥桥型布置图		
		页次	4

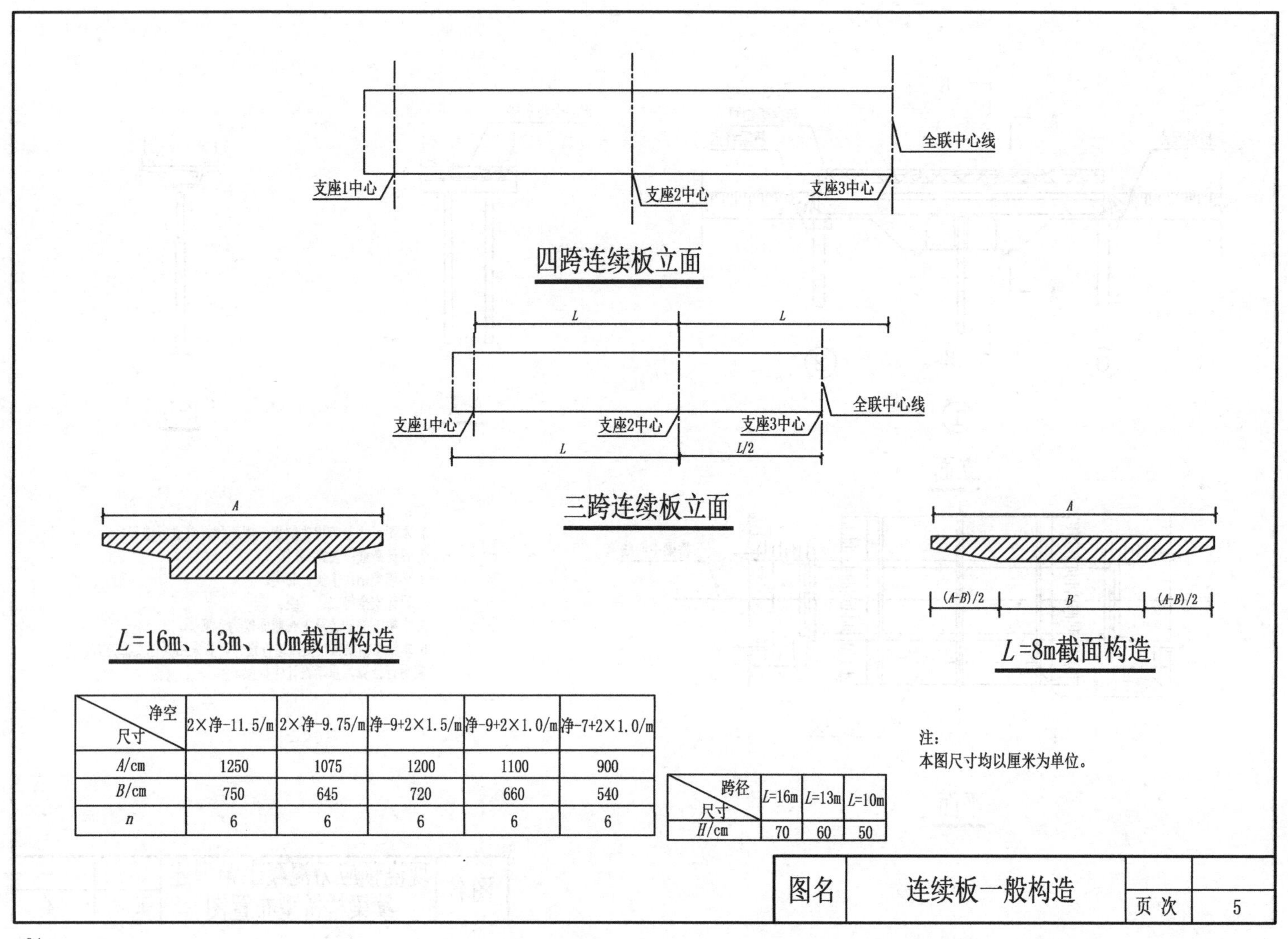

尺寸 \ 净空	2×净-11.5/m	2×净-9.75/m	净-9+2×1.5/m	净-9+2×1.0/m	净-7+2×1.0/m
A/cm	1250	1075	1200	1100	900
B/cm	750	645	720	660	540
n	6	6	6	6	6

尺寸 \ 跨径	L=16m	L=13m	L=10m
H/cm	70	60	50

注：
本图尺寸均以厘米为单位。

图名	连续板一般构造	页次	5

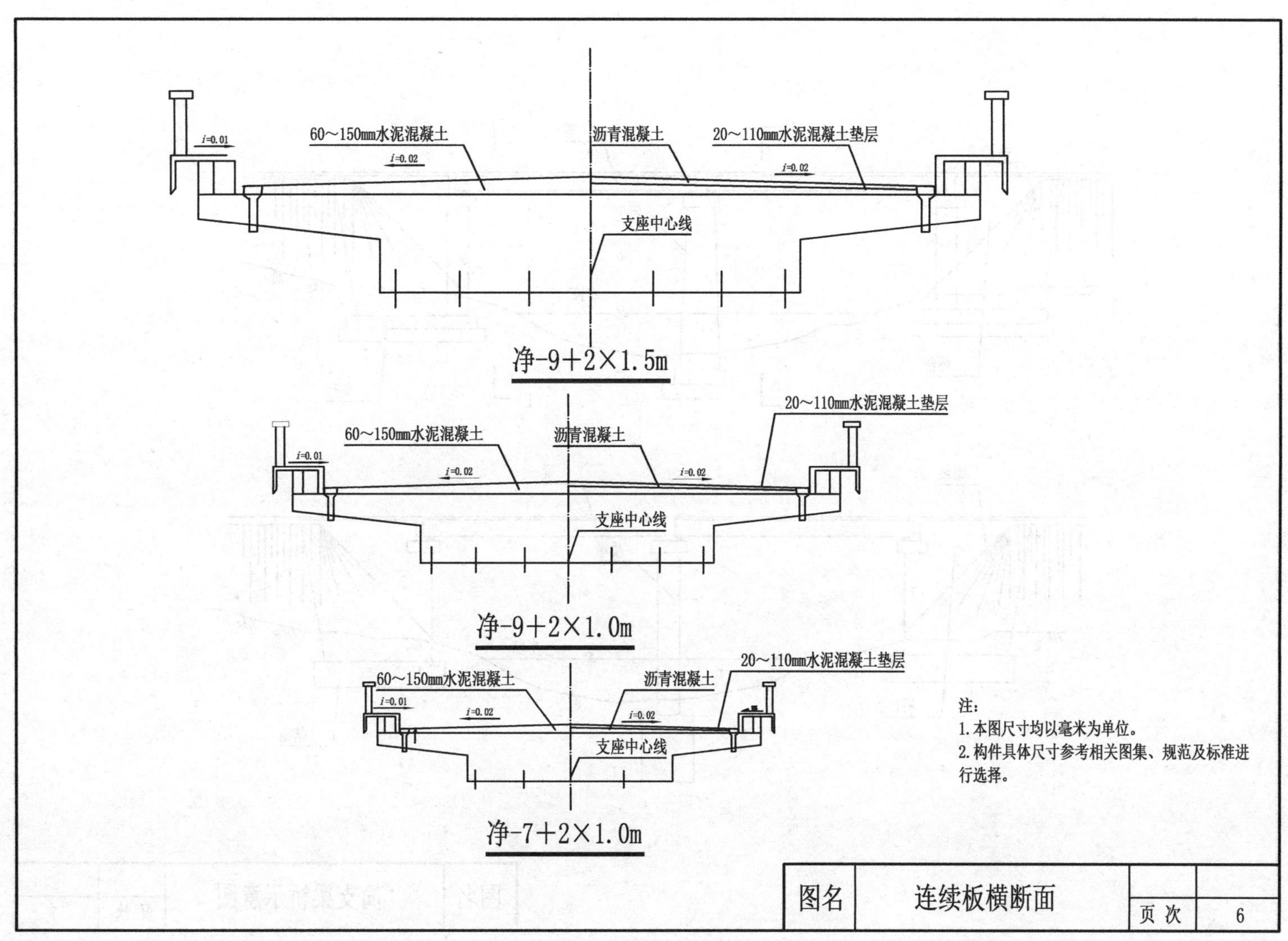

注：

1. 本图尺寸均以毫米为单位。
2. 构件具体尺寸参考相关图集、规范及标准进行选择。

图名	连续板横断面	页次	6

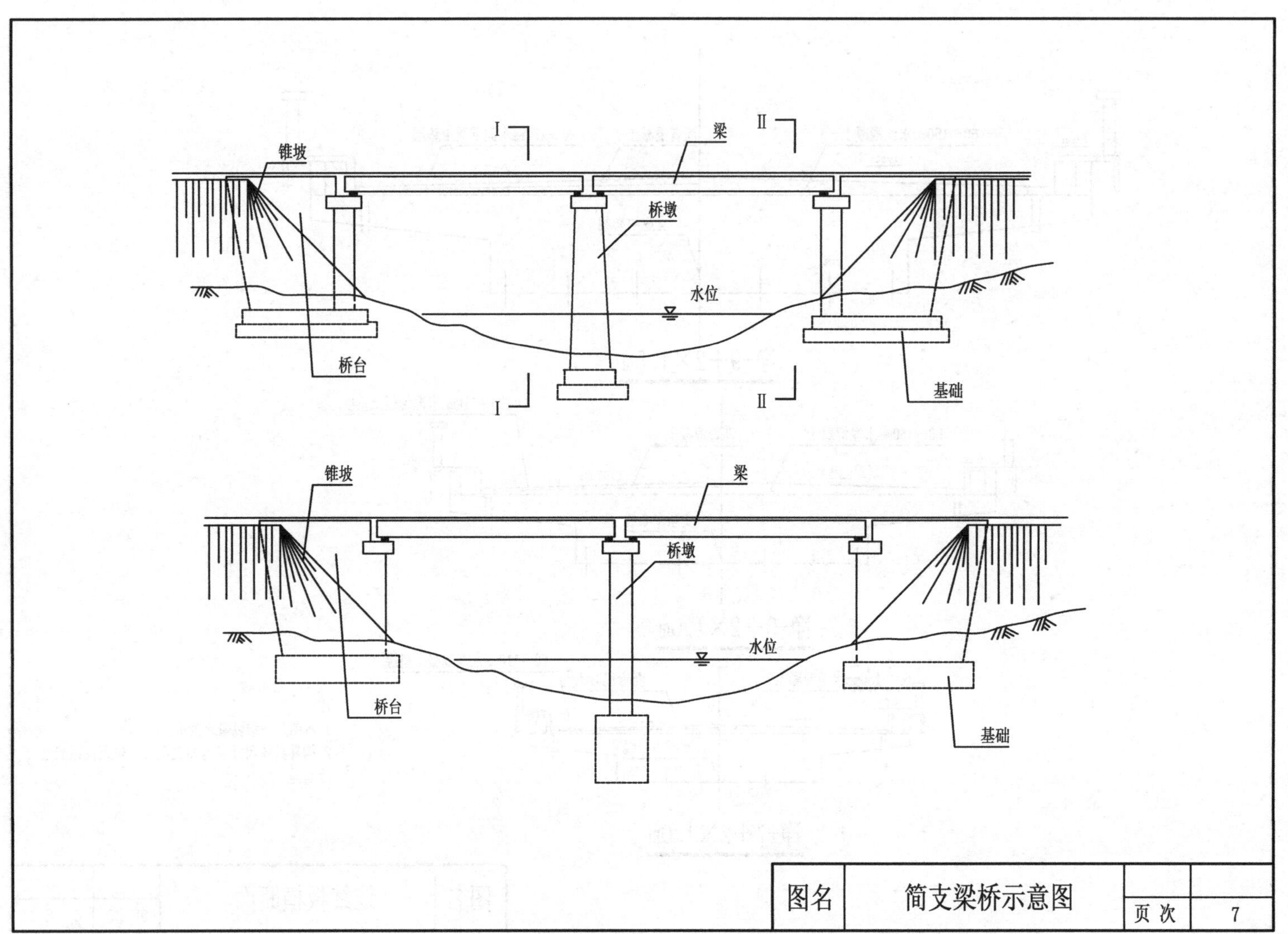
I
梁
II
锥坡
桥墩
水位
桥台
基础
I
II
锥坡
梁
桥墩
水位
桥台
基础
图名
简支梁桥示意图
页 次
7

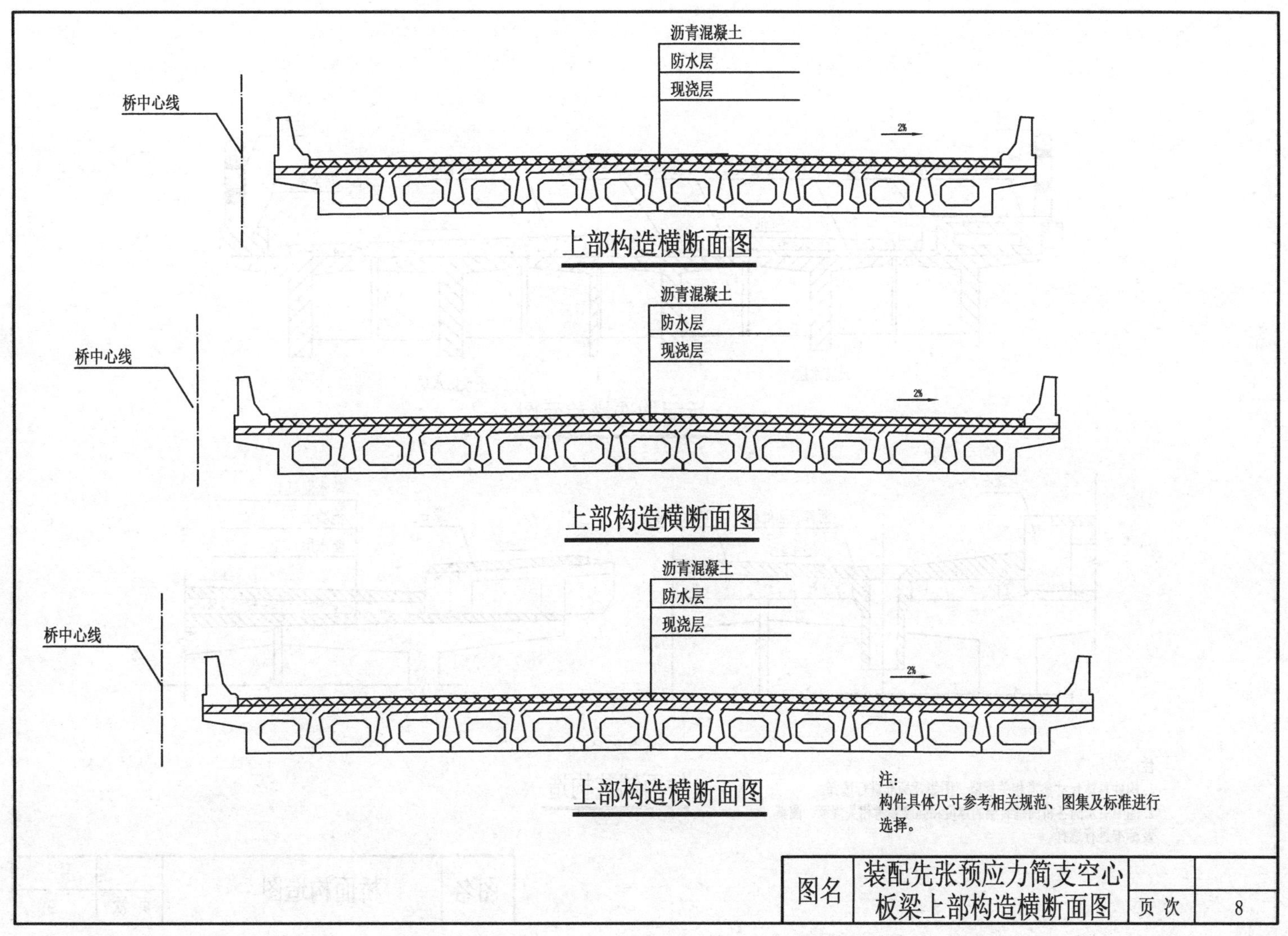

注：
构件具体尺寸参考相关规范、图集及标准进行选择。

图名	装配先张预应力简支空心板梁上部构造横断面图	页次	8

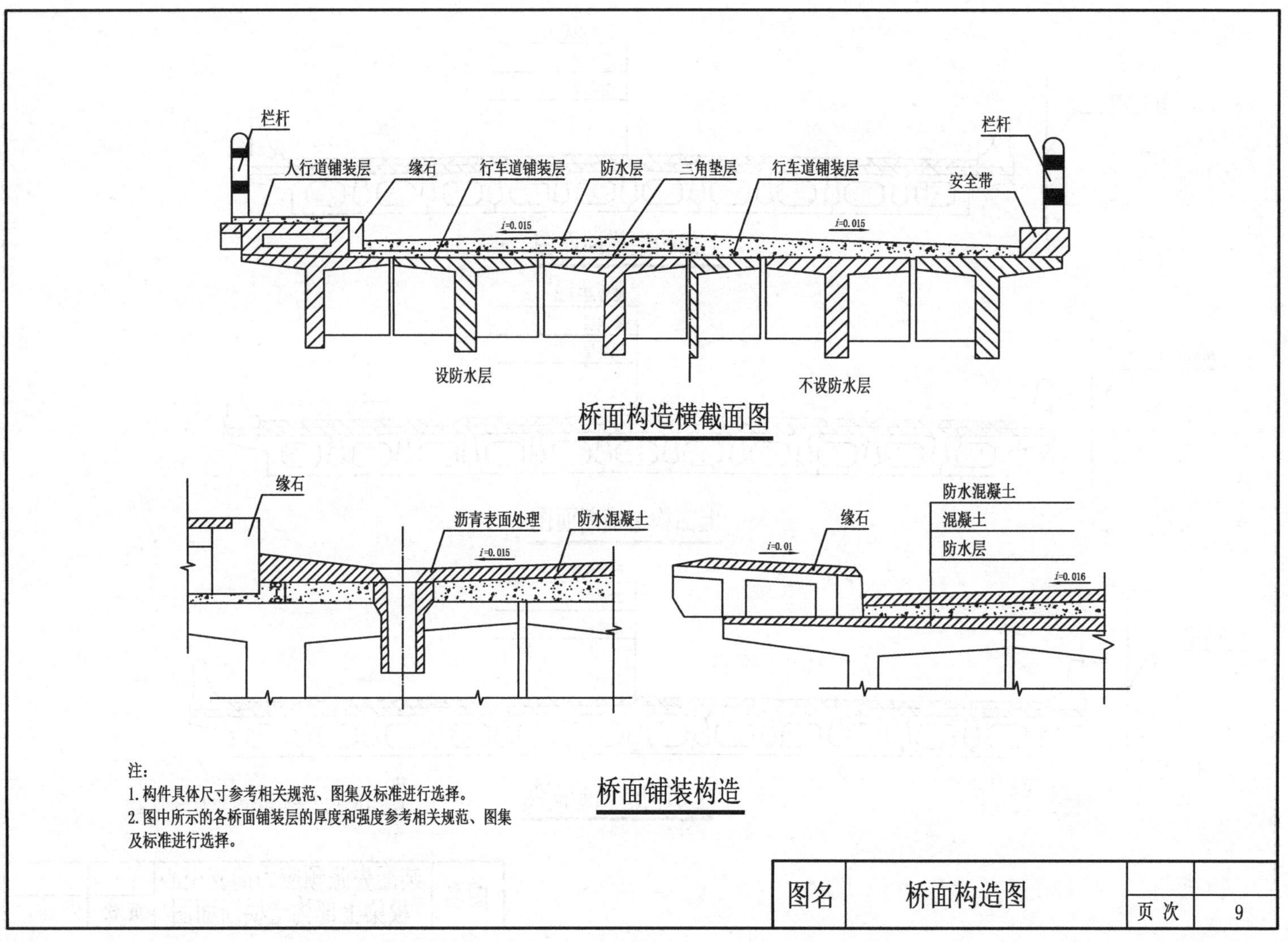

注：

1. 构件具体尺寸参考相关规范、图集及标准进行选择。
2. 图中所示的各桥面铺装层的厚度和强度参考相关规范、图集及标准进行选择。

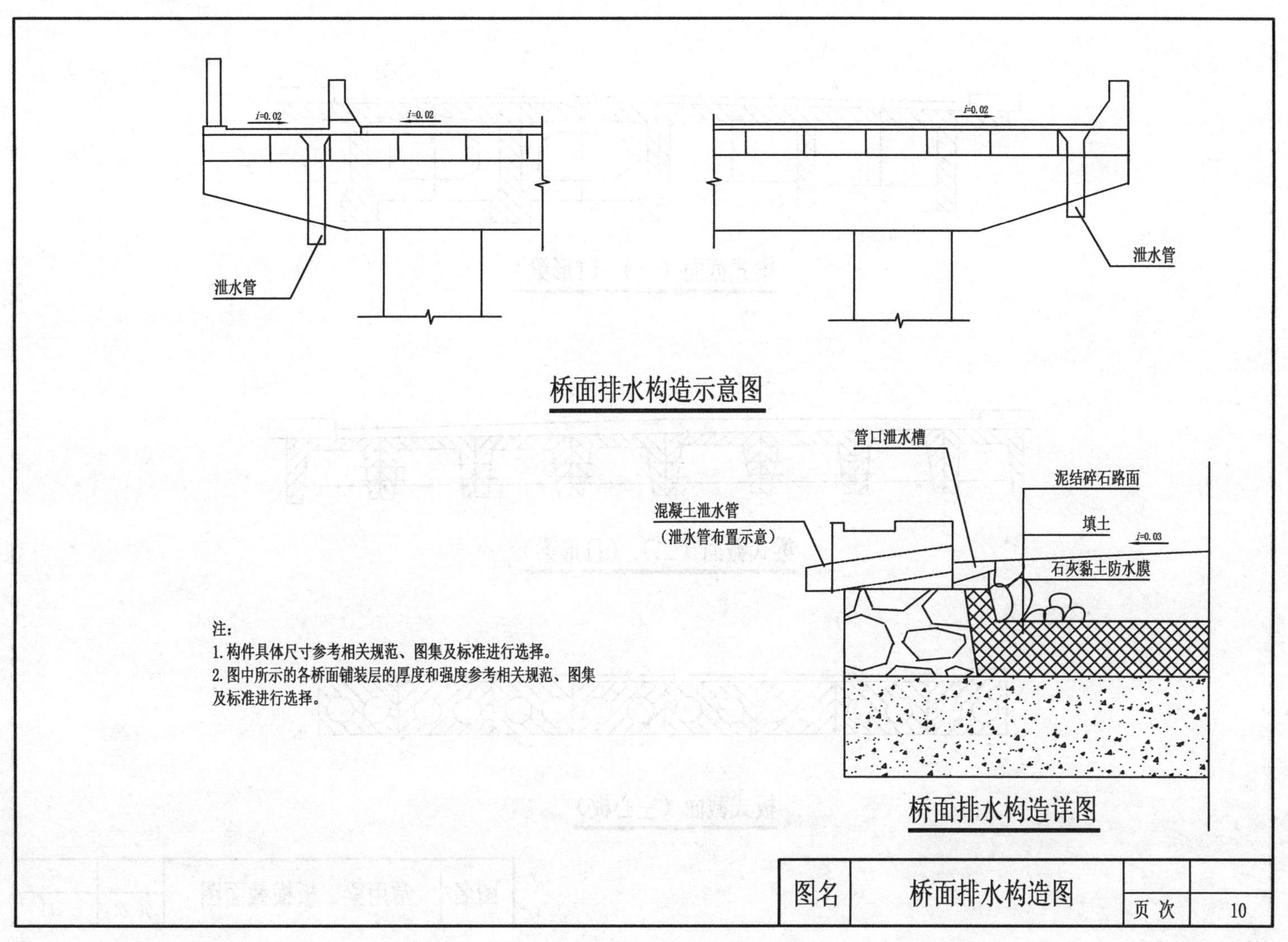

注：
1. 构件具体尺寸参考相关规范、图集及标准进行选择。
2. 图中所示的各桥面铺装层的厚度和强度参考相关规范、图集及标准进行选择。

图名	桥面排水构造图	页次	10

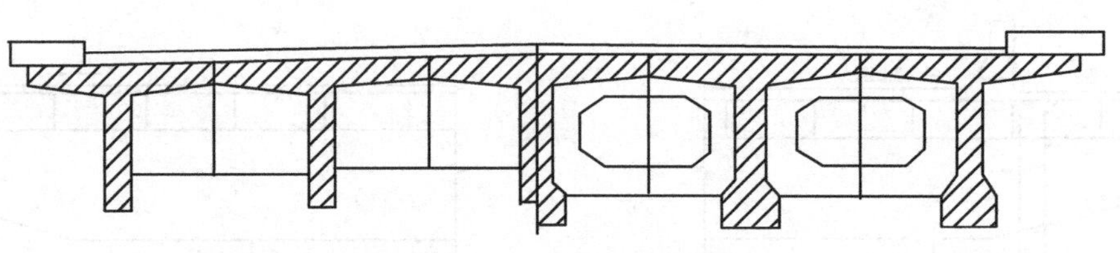

梁式截面（一）（T形梁）

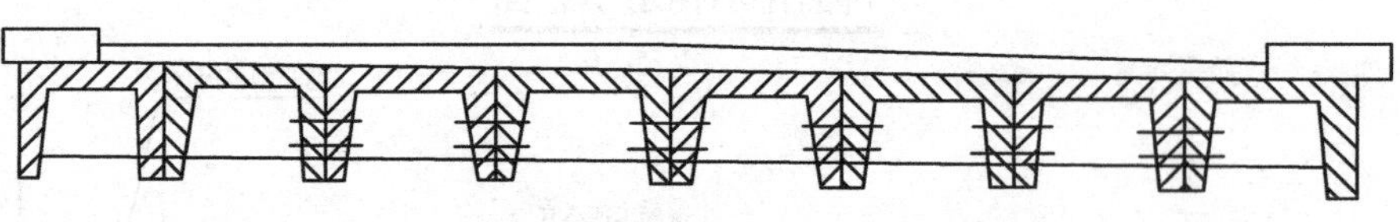

梁式截面（二）（Π形梁）

板式截面（空心板）

图名	常用梁、板横截面图	页次	11

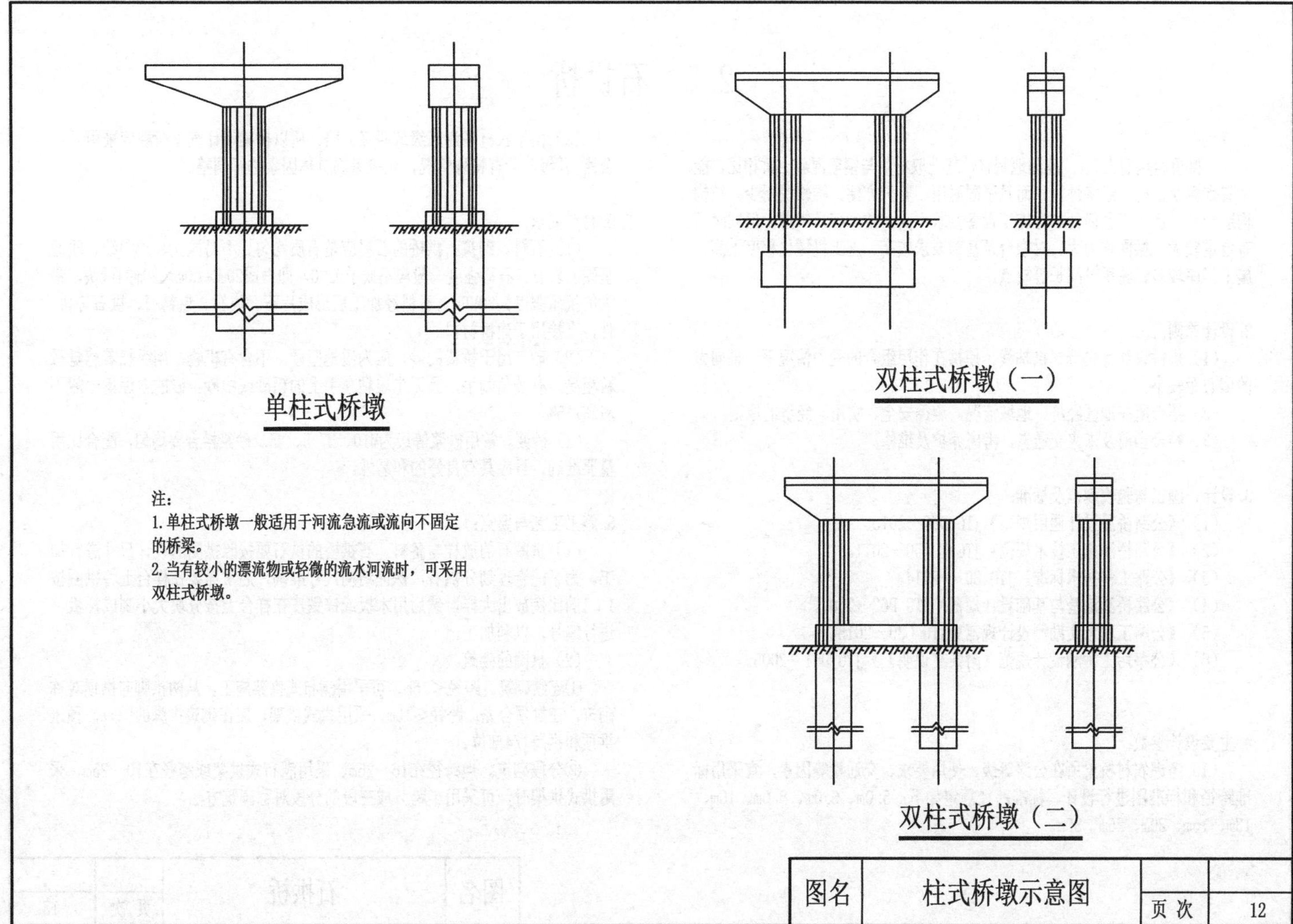

注：
1. 单柱式桥墩一般适用于河流急流或流向不固定的桥梁。
2. 当有较小的漂流物或轻微的流水河流时，可采用双柱式桥墩。

图名	柱式桥墩示意图	页次	12

2.2 石拱桥

1.特点：

石拱桥跨越能力大。能因地制宜，就地取材，与钢筋混凝土桥相比，能节省水泥及钢材，经济性好，而且坚固耐用，养护方便，维修费用少。结构构造简单，施工工艺简便，对施工设备要求不高，技术容易掌握。但同时具有自重较大、拱圈推力大、对墩台及基础要求较高、施工机械化程度不高、施工工序较多、建桥时间长等缺点。

2.设计原则：

（1）拱桥设计优先选择拱轴线，使拱在作用组合的受力情况下，轴向力的偏心距较小。

（2）结合所在地区经济、地域情况，遵循安全、实用、经济的原则。

（3）结合当前及未来交通量，考虑养护及维修。

3.设计、施工与验收规范及标准：

（1）《公路桥涵设计通用规范》JTG D60—2015。

（2）《公路桥涵施工技术规范》JTG/T F50—2011。

（3）《公路工程技术标准》JTG B01—2014。

（4）《公路桥涵地基与基础设计规范》JTG D63—2007。

（5）《公路工程水文勘测设计规范》JTG C30—2015。

（6）《公路圬工桥涵设计规范（附条文说明）》JTG D61—2005。

4.主要设计参数：

（1）考虑农村桥梁所在公路等级、使用要求、交通量等因素，宜采用标准跨径和标准图进行设计。标准跨径规定如下：5.0m、6.0m、8.0m、10m、13m、16m、20m、25m、30m。

（2）由于农村多为三级或四级公路，所以桥梁设计汽车荷载应采用公路-Ⅱ级。若有特殊情况，还应考虑具体因素进行调整。

5.材料要求：

（1）石料。砌筑石拱桥的石料应是石质均匀、不易风化、无裂缝、质地坚硬的岩石。石料强度一般应不低于MU30，即做成20m×20m×20m的试块，最大的抗压强度为30MPa。石料经加工后形成片石、块石、粗料石、拱石等块件，直接用于建桥材料。

（2）砂。用于桥梁的砂，应为质地坚硬，不含有机物，用手抓着感觉颗粒粗糙，有棱角刺手，且无尘埃粘在手上的粗砂或中砂。砂的含泥量一般不应超过5%。

（3）砂浆。常用砂浆等级为M10、M7.5、M5。砂浆拌合要均匀，配合比用量要准确，且应具有良好的和易性。

6.施工工艺与要点：

（1）拱圈石的放样与备料。石拱桥的拱石要按照拱圈的设计尺寸进行加工。为了能合理划分拱石，保证结构尺寸准确，通常需要在样台上将拱圈按1∶1的比例放出大样，然后用木板或锌铁皮在样台上按分块大小制成样板，进行编号，以利加工。

（2）拱圈的砌筑。

①连续砌筑。跨径<16m，可采用满布式拱架施工，从两拱脚向拱顶对称砌筑，在拱顶合龙；跨径≤10m，采用拱式拱架，应在砌筑拱脚的同时，预压拱顶和拱跨1/4部位。

②分段砌筑。当跨径在16～25m、采用满布式拱架或跨径在10～25m、采用拱式拱架时，可采用半跨分成三段的分段对称砌筑方法。

图名	石拱桥	页次	13

③拱圈的合龙。砌筑拱圈时，常在拱顶预留一龙口，最后在拱顶合龙(俗称刹尖)。合龙温度选择在10～15℃进行。刹尖封顶应在拱圈砌缝砂浆强度达到设计规定强度后进行。

7.质量检验：

拱圈砌体允许偏差如下。

（1）拱圈和拱上砌体侧面位置与设计位置的偏差，有镶面时为-10～+20mm；无镶面时为-10～+30mm。

（2）拱圈厚度不小于设计值，超厚不大于设计值的3%。

（3）拱圈侧面粗料石镶面两邻接砌块表面彼此错位不大于3mm。

（4）拱圈侧面块石镶面两邻接砌块表面彼此错位不大于5mm。

8.石拱桥附图：

拱圈的连续砌筑

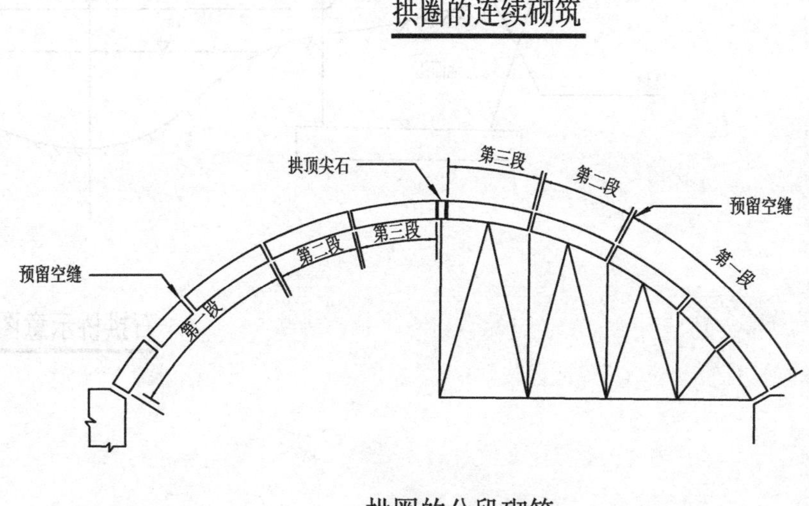

拱圈的分段砌筑

图名	石拱桥	页次	14

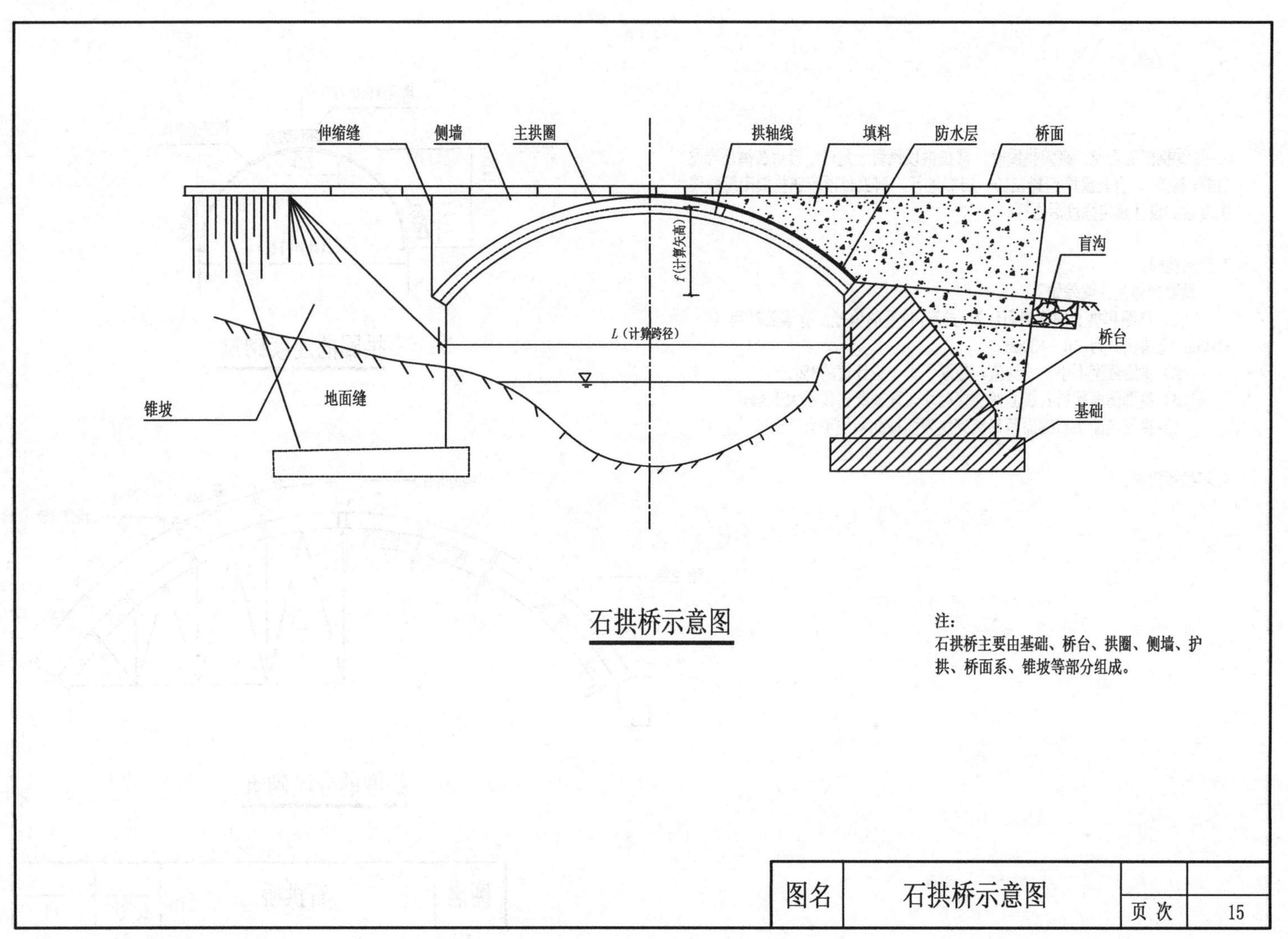

石拱桥示意图

注：
石拱桥主要由基础、桥台、拱圈、侧墙、护拱、桥面系、锥坡等部分组成。

图名	石拱桥示意图		
		页 次	15

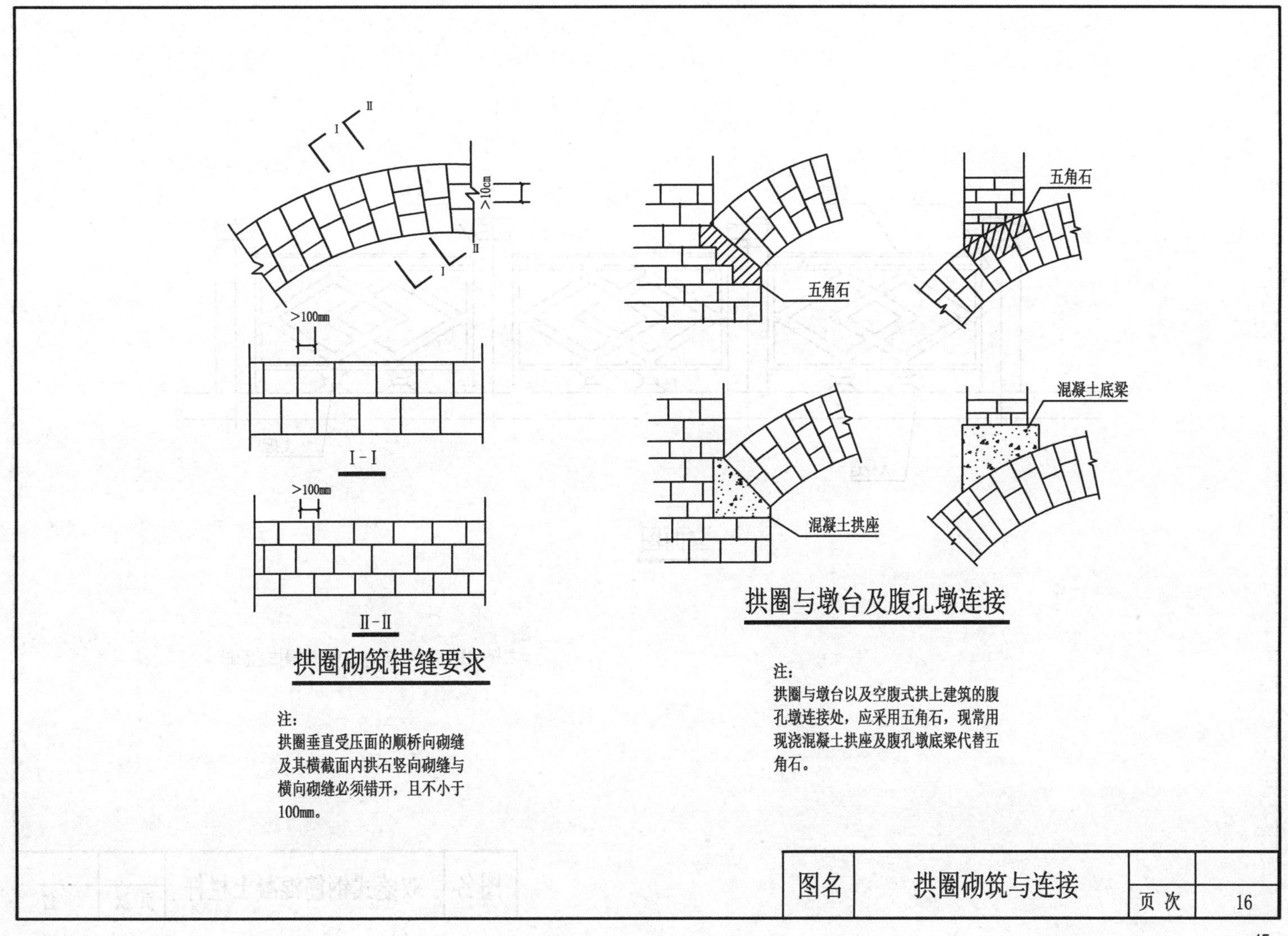

拱圈砌筑错缝要求

注：
拱圈垂直受压面的顺桥向砌缝及其横截面内拱石竖向砌缝与横向砌缝必须错开，且不小于100mm。

拱圈与墩台及腹孔墩连接

注：
拱圈与墩台以及空腹式拱上建筑的腹孔墩连接处，应采用五角石，现常用现浇混凝土拱座及腹孔墩底梁代替五角石。

图名	拱圈砌筑与连接		
		页 次	16

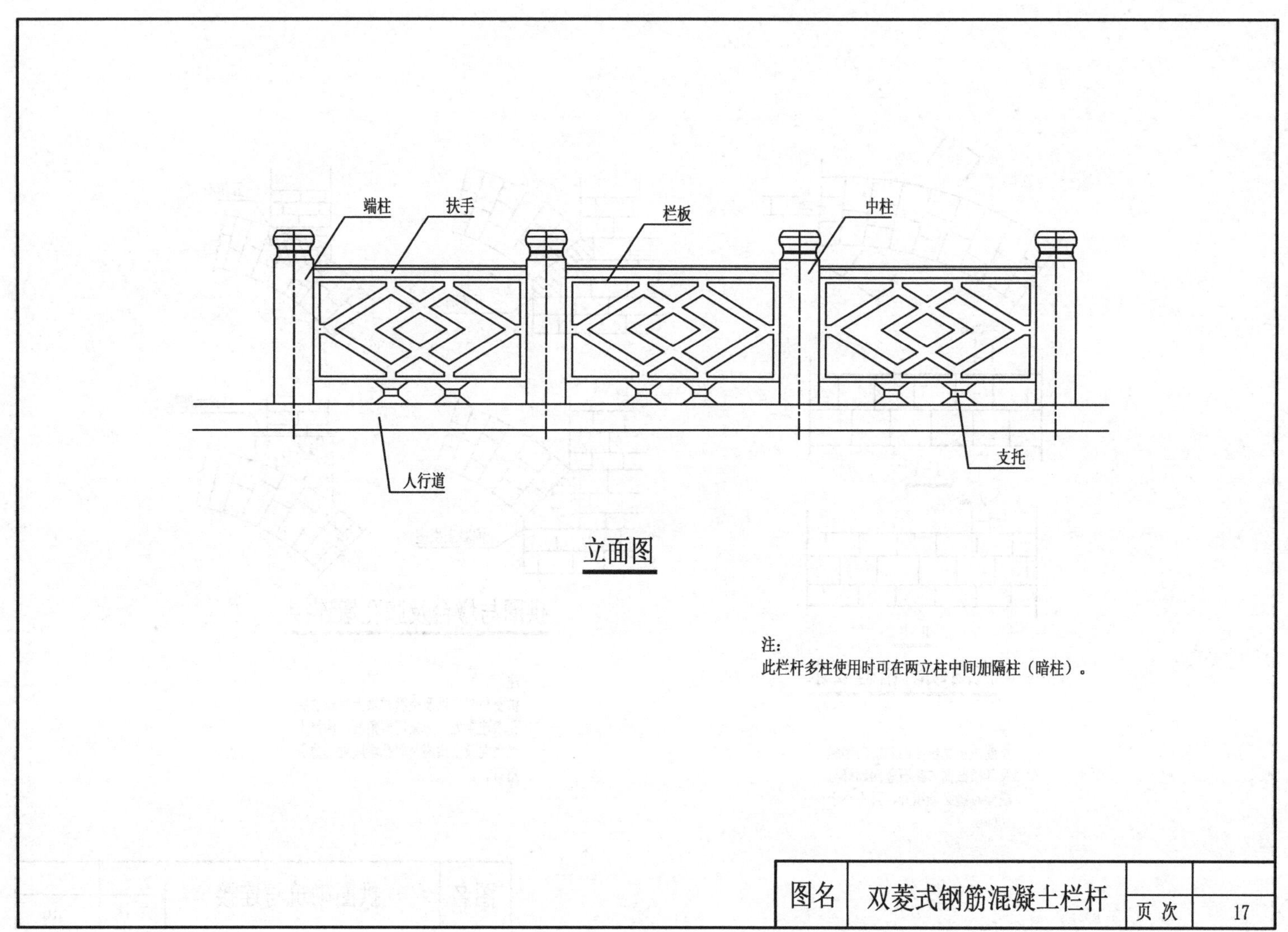
端柱
扶手
栏板
中柱
支托
人行道
立面图
注：
此栏杆多柱使用时可在两立柱中间加隔柱（暗柱）。
图名
双菱式钢筋混凝土栏杆
页 次
17

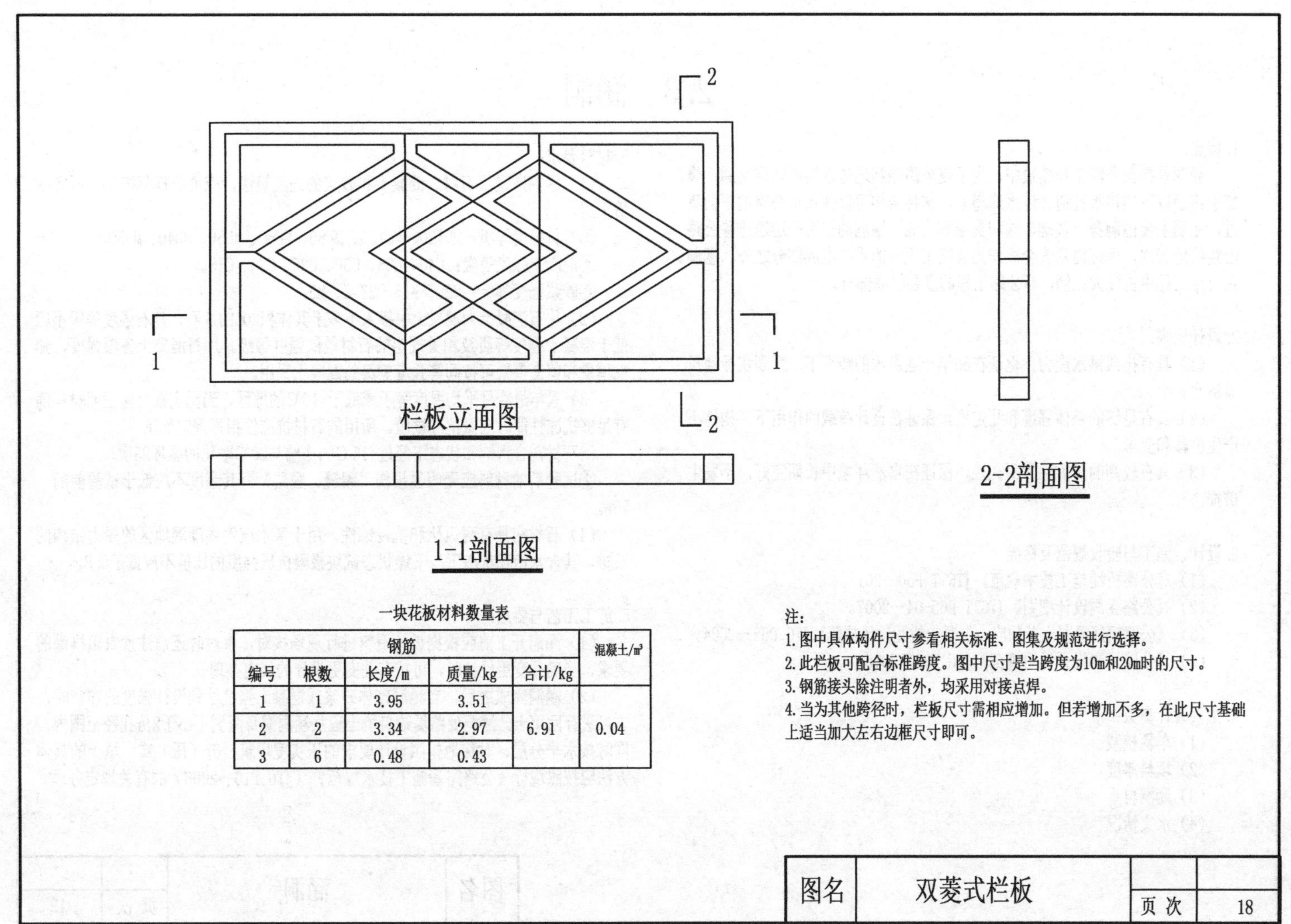

一块花板材料数量表

钢筋					混凝土/m³
编号	根数	长度/m	质量/kg	合计/kg	
1	1	3.95	3.51	6.91	0.04
2	2	3.34	2.97		
3	6	0.48	0.43		

注:
1.图中具体构件尺寸参看相关标准、图集及规范进行选择。
2.此栏板可配合标准跨度。图中尺寸是当跨度为10m和20m时的尺寸。
3.钢筋接头除注明者外，均采用对接点焊。
4.当为其他跨径时，栏板尺寸需相应增加。但若增加不多，在此尺寸基础上适当加大左右边框尺寸即可。

图名	双菱式栏板	页 次	18

2.3 涵洞

1.特点：

涵洞是指在公路工程建设中，为了使公路顺利通过水渠不妨碍交通，修筑于路面以下的排水孔道（过水通道），这种结构可以使水从公路的下面流过。涵洞主要由洞身、基础、端和翼墙等构成。涵洞的作用是迅速排除公路沿线的地表水，保证路基安全。作为公路工程中的重要组成部分之一，涵洞在公路工程中占较大比例，是公路工程的重要组成部分。

2.设计原则：

（1）具有排泄洪水能力，保证在50年一遇洪水的情况下，顺利快捷地排泄洪水。

（2）具有足够的整体强度和稳定性，保证在设计荷载的作用下，构件不产生位移和变形。

（3）具有较高的可靠性和耐久性，保证在自然环境中长期完好，不发生破损。

3.设计、施工与验收规范及标准：

（1）《公路桥涵施工技术规范》JTG/T F50—2011。

（2）《公路涵洞设计细则》JTG/T D65-04—2007。

（3）《公路钢筋混凝土及预应力混凝土桥涵设计规范》JTG D62—2004。

（4）《公路桥涵设计通用规范》JTG D60—2015。

4.主要设计参数：

（1）车辆核载。

（2）填料厚度。

（3）涵洞自重。

（4）水文情况。

5.材料要求：

（1）涵洞所采用石材、混凝土和砂浆的强度等级，应遵照规范按下列规定酌情采用。

①石材强度等级：MU120、MU100、MU80、MU60、MU50、MU40、MU30。

②混凝土强度等级：C40、C35、C30、C25、C20、C15。

③砂浆强度等级：M20、M15、M7.5、M5。

（2）片石混凝土为混凝土中掺入不多于其体积20%的片石，片石强度等级不应低于混凝土强度等级及相关规定的石材最低强度等级。片石混凝土各项强度、弹性模量和剪变模量可按同等强度等级的混凝土采用。

（3）累年最冷月平均温度等于或低于-10℃的地区，当无实践经验证明材料确有足够抗冻性能时应做抗冻试验。所用的石材抗冻性指标规定如下。

①石材在含水饱和状态下经过-15℃的冻结与20℃融化的循环25次。

②试验后的材料应无明显损伤（裂缝、脱层），其强度不应低于试验前的75%。

（4）石材应具有耐风化和抗侵蚀性。用于亲水或气候潮湿地区的受力结构的石材，其含水饱和状态下与干燥状态试块极限抗压强度的比值不应低于0.8。

6.施工工艺与要点：

（1）涵洞开工前应根据设计资料进行现场核对，核对时还需注意农田排灌的要求，当确须变更设计时，可按有关变更设计的规定办理。

（2）涵洞完成之后，当涵洞砌体砂浆或混凝土强度达到设计强度的75%时，方可进行回填土。涵洞处路堤缺口填土应从涵洞洞身两侧不小于2倍孔径范围内，同时按水平分层、对称地按照设计要求的压实度填筑、夯（压）实，填土的具体方法应按照现行《公路路基施工技术规范》（JTG F10—2006）的有关规定办理。

图名	涵洞		
		页次	19

（3）当管涵设计为混凝土或砌体基础时，基础上面应设置混凝土管座，其顶部弧形面应与管身紧密贴合，使管节受力均匀，当管身直接搁置在天然地基上时，应按照设计要求将管底土层夯压密实，并做成与管身弧度密贴的弧形管座，安装管节时应注意保持完整。

（4）钢筋混凝土、混凝土拱圈和盖板混凝土的现场浇筑施工宜连续进行，避免施工接缝，当涵身较长时，可沿长度方向分段进行，接缝应设在涵身沉降缝处。就地浇筑的拱涵和盖板涵，宜采用组合钢模板，在缺乏钢木材料的情况下，可采用全部土胎。

（5）土胎填土应在涵台砌筑砂浆或现浇混凝土强度达到设计强度的75%以后进行，应分层夯填，每层厚度宜为0.2～0.3m，土的压实度应在90%以上。有条件时，涵台外侧的填土可与土胎填土同时进行。涵台高度较高，采取土胎单侧填土时，应验算涵台的稳定性。

（6）拱架拆除和拱顶填土的时间应符合下列条件：拱圈砌筑砂浆或混凝土强度达到设计强度的75%时，方可拆除拱架，达到设计强度后，方可回填土。在拱架未拆除的情况下，拱圈砌筑砂浆或混凝土强度达到设计强度的75%时，可进行拱顶填土，但在拱圈强度达到设计强度的100%后，方可拆除拱架。

（7）预制拱圈和盖板的安装应注意下列事项：成品混凝土强度达到设计强度的70%时，方可搬运安装。成品安装前，应检查成品及拱座、墩、台的尺寸。 安装后，成品拱圈和盖板上的吊装孔，应以砂浆填塞，如系吊环应锯掉。 拱座与拱圈、拱圈与拱圈的拼装接触面，应先拉毛或凿毛（沉降缝处除外），安装前应浇水湿润，再以M10水泥砂浆砌筑。

7.质量检验：

（1）涵洞（基础和墙身）沉降缝处两端面应竖直、平整、上下不得交错。填缝料应具有弹性和不透水性，并应填塞紧密。沉降缝宽度应符合设计规定，设计无规定时，可采用20～30mm。

（2）各接缝、沉降缝位置正确，填缝无空鼓、裂缝、漏水现象；若有预制构件，其接缝须与沉降缝吻合。

（3）管壁内外侧表面应平直圆滑，若有蜂窝，每处面积不得大于30mm×30mm，其深度不得超过10mm；总面积不得超过全面积的1%并不得露筋，蜂窝处应修补完善后方可使用。

（4）对插口管，接口应平直，环形间隙应均匀，并应安装特制的胶圈或用沥青、麻絮等防水材料填塞，不得有裂缝、空鼓、漏水等现象；对平接管，接缝宽度应不大于10mm，禁止用加大接缝宽度来满足涵洞长度要求；接口表面应平整，并用有弹性的不透水材料嵌塞密实，不得有间断、裂缝、空鼓和漏水等现象。

8.涵洞附图：

图名	涵洞	页次	20

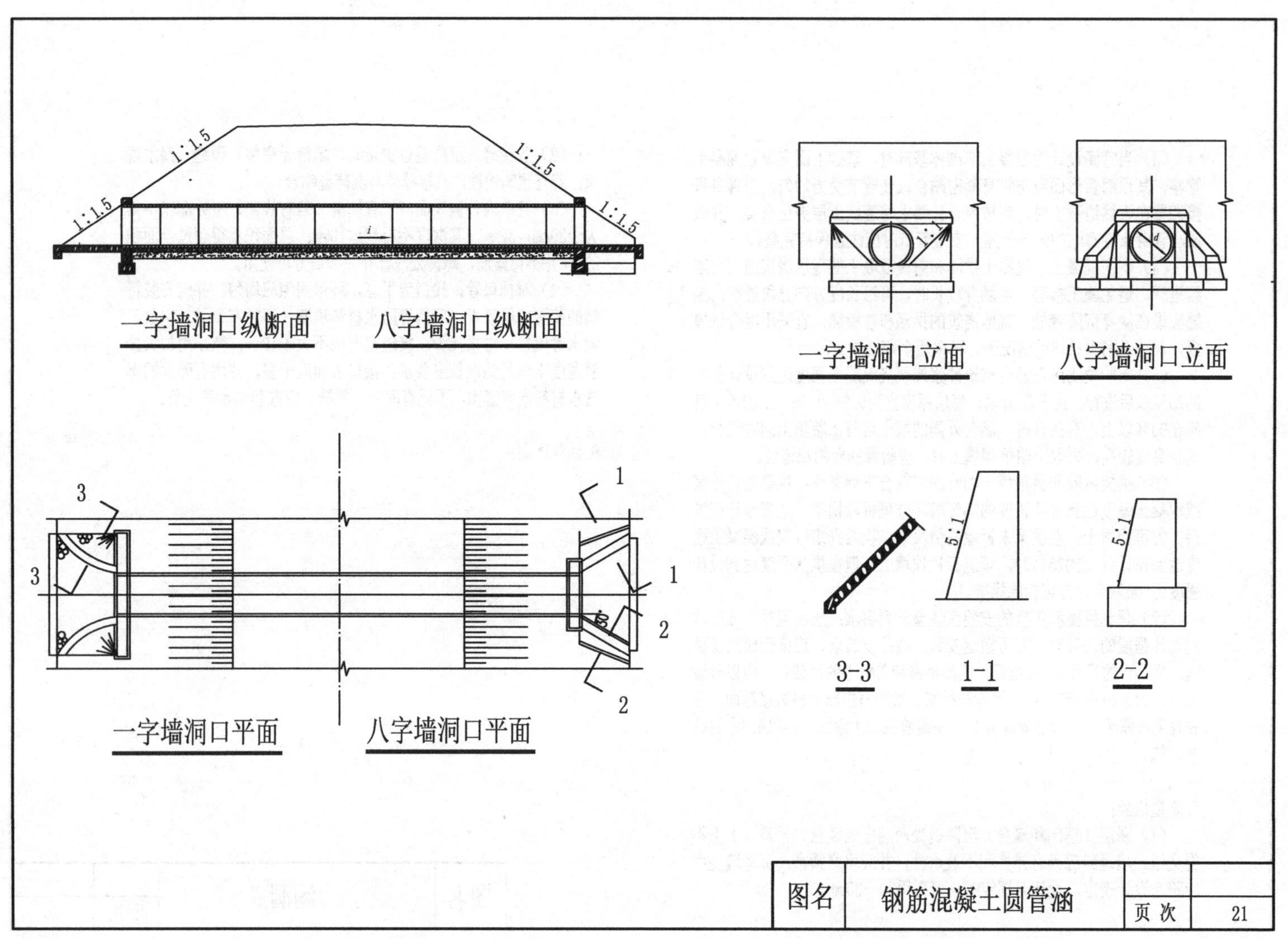
1:1.5
1:1.5
1:1.5
1:1.5
i
一字墙洞口纵断面
八字墙洞口纵断面
一字墙洞口立面
八字墙洞口立面
d
3
3
1
1
2
2
一字墙洞口平面
八字墙洞口平面
5:1
5:1
3-3
1-1
2-2
图名
钢筋混凝土圆管涵
页 次
21

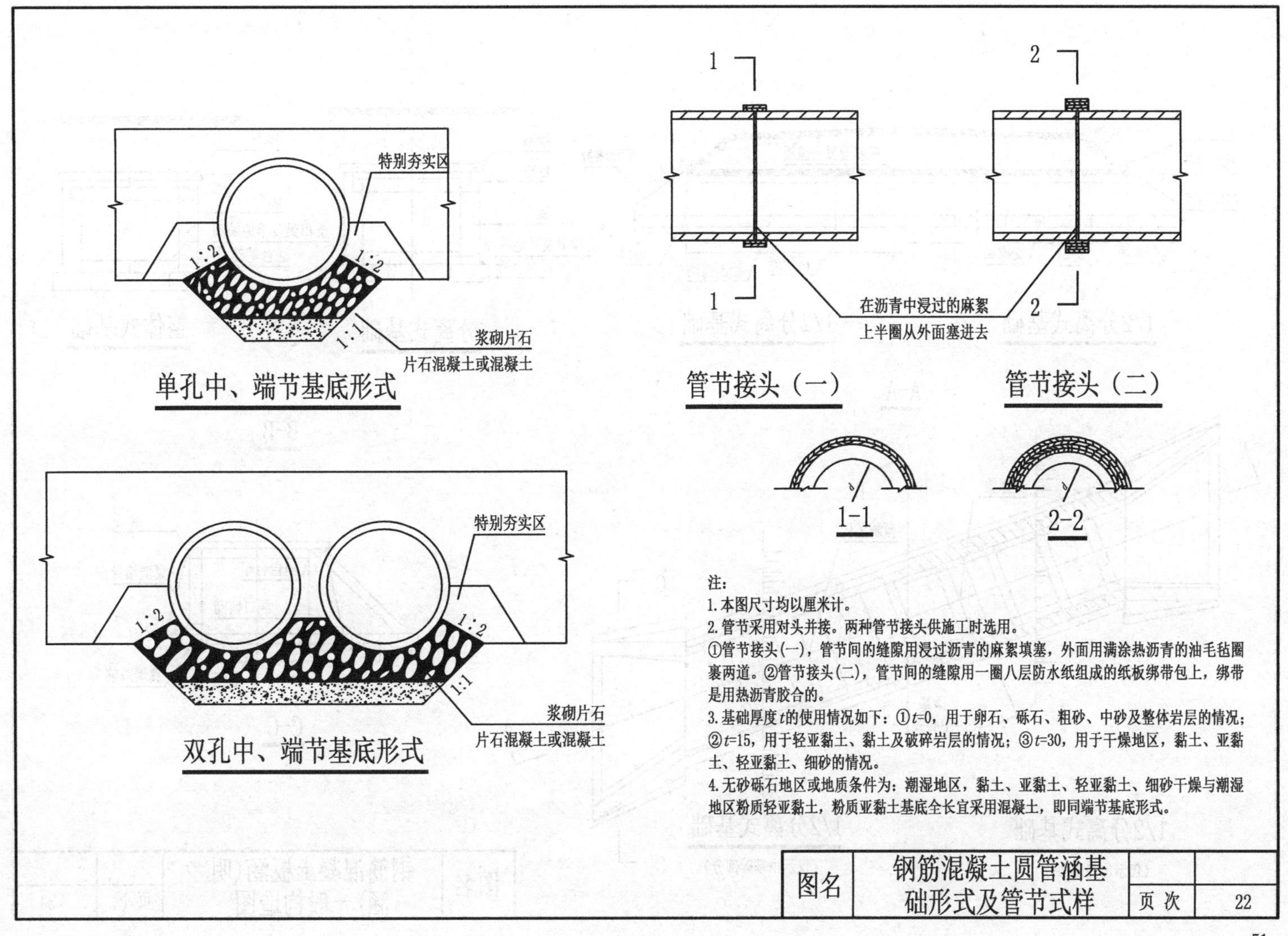
特别夯实区
1:2
1:2
1:1
浆砌片石
片石混凝土或混凝土
单孔中、端节基底形式
特别夯实区
1:2
1:2
1:1
浆砌片石
片石混凝土或混凝土
双孔中、端节基底形式
1
1
2
2
在沥青中浸过的麻絮
上半圈从外面塞进去
管节接头（一）
管节接头（二）
1-1
2-2
注:
1.本图尺寸均以厘米计。
2.管节采用对头并接。两种管节接头供施工时选用。
①管节接头(一)，管节间的缝隙用浸过沥青的麻絮填塞，外面用满涂热沥青的油毛毡圈裹两道。②管节接头(二)，管节间的缝隙用一圈八层防水纸组成的纸板绑带包上，绑带是用热沥青胶合的。
3.基础厚度t的使用情况如下：①t=0，用于卵石、砾石、粗砂、中砂及整体岩层的情况；②t=15，用于轻亚黏土、黏土及破碎岩层的情况；③t=30，用于干燥地区，黏土、亚黏土、轻亚黏土、细砂的情况。
4.无砂砾石地区或地质条件为：潮湿地区，黏土、亚黏土、轻亚黏土、细砂干燥与潮湿地区粉质轻亚黏土，粉质亚黏土基底全长宜采用混凝土，即同端节基底形式。
图名
钢筋混凝土圆管涵基
础形式及管节式样
页 次
22

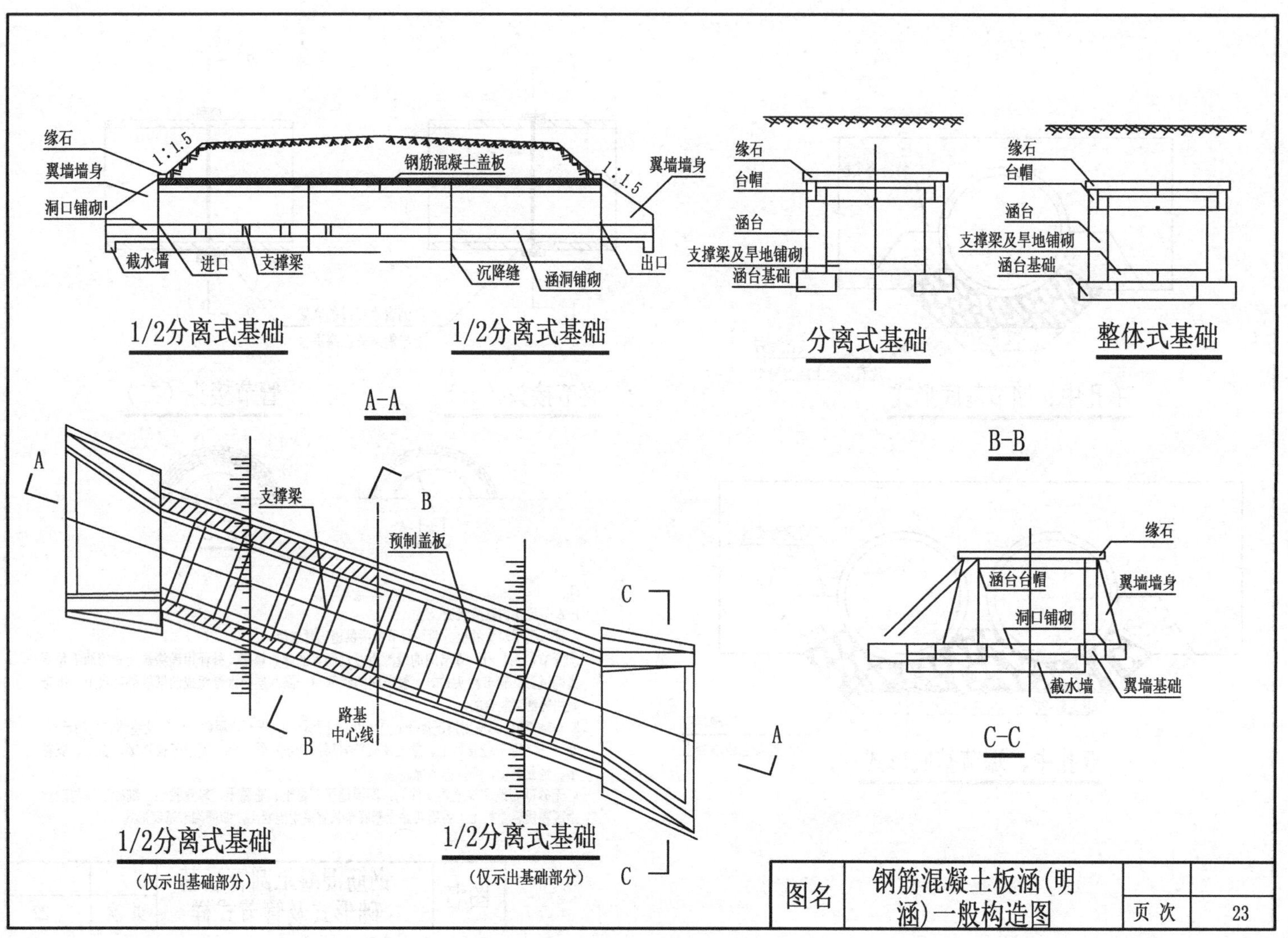

图名	钢筋混凝土板涵(明涵)一般构造图		
		页次	23

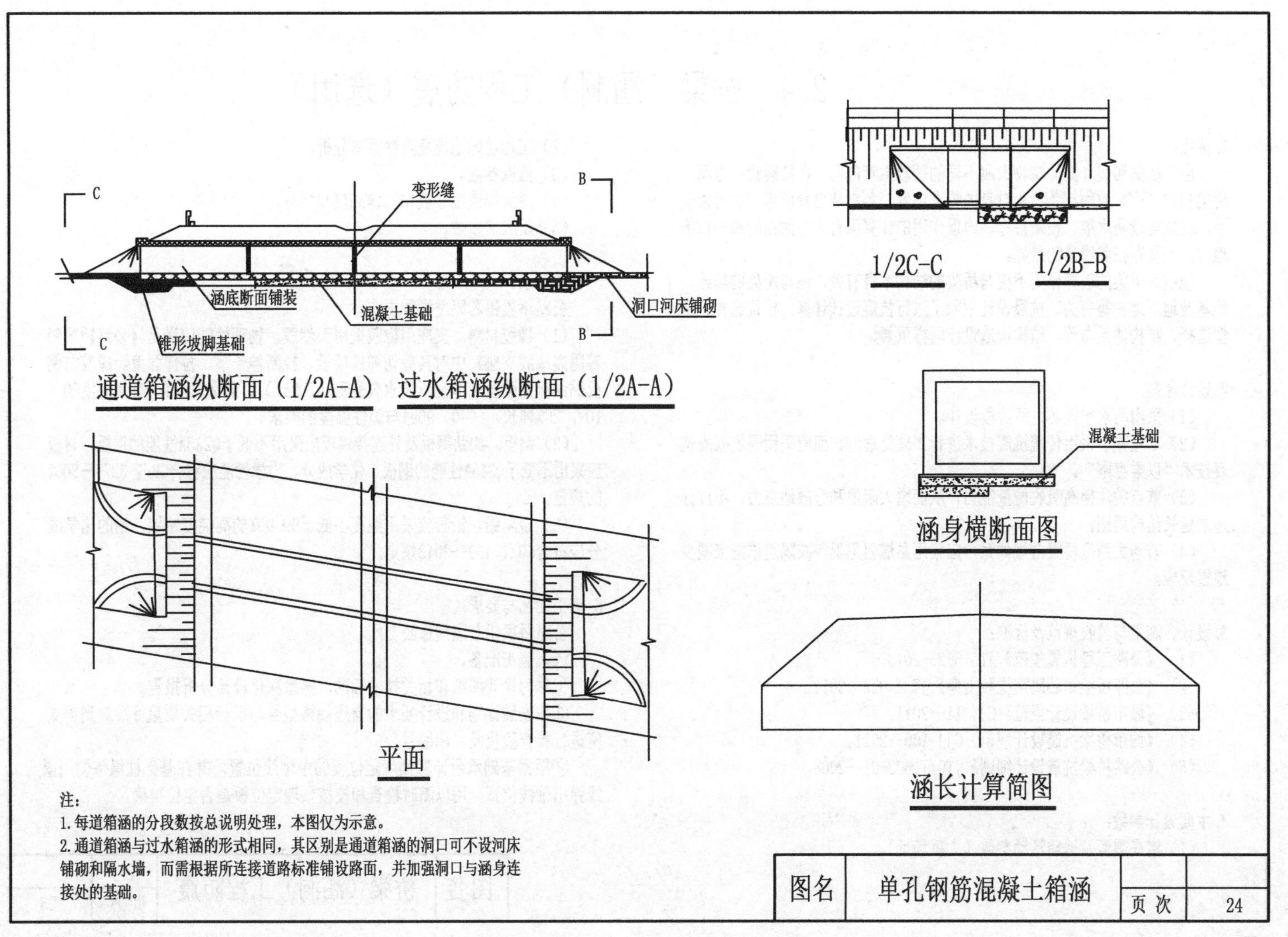

通道箱涵纵断面（1/2A-A） 过水箱涵纵断面（1/2A-A）

平面

涵身横断面图

涵长计算简图

注：
1. 每道箱涵的分段数按总说明处理，本图仅为示意。
2. 通道箱涵与过水箱涵的形式相同，其区别是通道箱涵的洞口可不设河床铺砌和隔水墙，而需根据所连接道路标准铺设路面，并加强洞口与涵身连接处的基础。

图名	单孔钢筋混凝土箱涵	页次	24

2.4 桥梁（涵洞）工程防震（选用）

1.特点：

由于桥梁和建（构）筑物隶属不同的行政主管部门，在抗震设计方面，桥梁和建（构）筑物都各自从自身的特点出发，各自从自身所考虑的对象着手，在抗震设防水准、设防目标、地震作用的计算虽有多方面相同和相似的地方，但又存在着明显的差异。

地震对桥梁的破坏作用不仅与桥梁的结构本身有关，还与所处的场地、地基及地形地貌等有关。抗震设计中除了进行抗震设计计算，桥位选择、桥型选择、结构体系布置、结构构造设计同样重要。

2.设计原则：

（1）采用两水平设防，两阶段设计。

（2）尽量减少采用传统抗震技术进行“硬处理”，而应采用隔震减震抗震技术“以柔克刚”。

（3）重点关注提高吸收能量能力，从而增大阻尼和分散地震力，不过分追求延长结构周期。

（4）若遇大跨度桥梁常规体系，应采用黏滞阻尼器等减隔震措施来减少地震反应。

3.设计、施工与验收规范及标准：

（1）《公路工程抗震规范》JTG B02—2013。

（2）《公路桥梁铅芯隔震橡胶支座》JT/T 822—2011。

（3）《城市桥梁设计规范》CJJ 11—2011。

（4）《城市桥梁抗震设计规范》CJJ 166—2011。

（5）《公路桥梁抗震设计细则》JTG/T B02-01—2008。

4.主要设计参数：

（1）潜在震源及地震活动参数（大桥场址）。

（2）工程场地地震危险性概率分析。

（3）烈度参数。

（4）最大加速度参数(最大峰值和时程)。

（5）反应谱参数。

5.材料要求：

公路桥梁铅芯隔震橡胶支座。

（1）橡胶材料。支座用橡胶采用天然胶，物理性能应满足《公路桥梁铅芯隔震橡胶支座》中对其剪切弹性模量、拉断伸长率、拉伸强度、橡胶与钢板黏结剥离强度、恒定压缩永久变形（7024h）、耐臭氧老化[臭氧浓度50×10^{-8}，20%伸长，（40）96h]与脆性温度的要求。

（2）钢板。加劲钢板及外连接钢板应采用不低于Q235A性能的钢板，封板应采用不低于Q345A性能的钢板。化学成分、力学性能应符合GB/T 3274—2007的规定。

（3）金属铅。铅芯应采用纯度不低于99.99%的高纯度铅锭，铅的化学成分应符合GB/T 469—2013规定。

6.施工工艺与要求：

公路桥梁铅芯隔震橡胶支座。

（1）施工准备。

①熟习设计图纸和相关技术标准，熟悉深化设计分析报告。

②按安装计划和设计要求的支座规格型号与现行相关质量标准对到场支座进行检查验收及对应编号。

③根据基础承台计算预埋定位板的中轴线位置，并在基础柱墩每侧用墨线弹出轴线位置，用以随时检查和校核预埋定位板是否定位准确。

图名	桥梁（涵洞）工程防震	页次	25

④安装施工前，还应对施工人员进行全面的技术要求、操作规范和安全技术交底，确保施工过程的工程质量和作业安全。

（2）安装施工流程。

①隔震橡胶支座下部预埋板的预埋安装流程：定位放线→绑扎柱墩钢筋→柱墩模板支设→弹放标高及定位控制线→安放预埋板→预埋板标高及定位调校→预埋板固定→浇筑柱墩混凝土→柱墩模板拆除→施工放线。

②隔震橡胶支座的安装流程：吊装支座→支座就位→支座校正→扭紧螺栓。

7.质量检验：

公路桥梁铅芯隔震橡胶支座。

（1）每浇筑完一个柱墩后及时对预埋板的定位轴线和标高进行检查，若发现有超过规范允许偏差的（标高和轴线定位规范允许偏差为≤5mm），必须立即采取有效措施进行复位修正，避免事后采用剔打混凝土、割焊连接板、塞垫等办法进行修正。在混凝土初凝之前再对套筒地脚螺栓校正1次，用水平仪修正定位钢板的水平度与设计标高误差不超过3mm，最后将表面混凝土抹平，预埋定位钢板永久固定于柱顶。在混凝土浇筑结束后预埋定位钢板中间的预留浇筑圆孔不得出现凹陷。

（2）预埋板安装前，应采用涂抹机油等方式对预埋板上的螺栓套筒等部件进行防锈处理，预埋板安装完后，在混凝土浇筑前还应采用塑料薄膜等材料对地脚螺栓及其周边与套筒的缝隙进行包裹和封堵，以防止在混凝土浇筑过程中混凝土浆对地脚螺栓和套筒的污染与渗透，以利于混凝土浇筑后地脚螺栓的轻松拆卸。

（3）支座安装前应将预埋板上的混凝土浆和杂物等清理干净，并重新对地脚螺栓进行防锈处理。

（4）施工现场应设置临时堆放点或仓库，并有一定的防雨水、防日晒措施，尽量做到分规格型号统一整齐堆码。

（5）支座吊装前应合理确定吊点，并对支座采取相应的保护措施，以免起吊钢绳对支座造成损伤。

8.桥梁（涵洞）工程防震附图：

图名	桥梁（涵洞）工程防震	页次	26

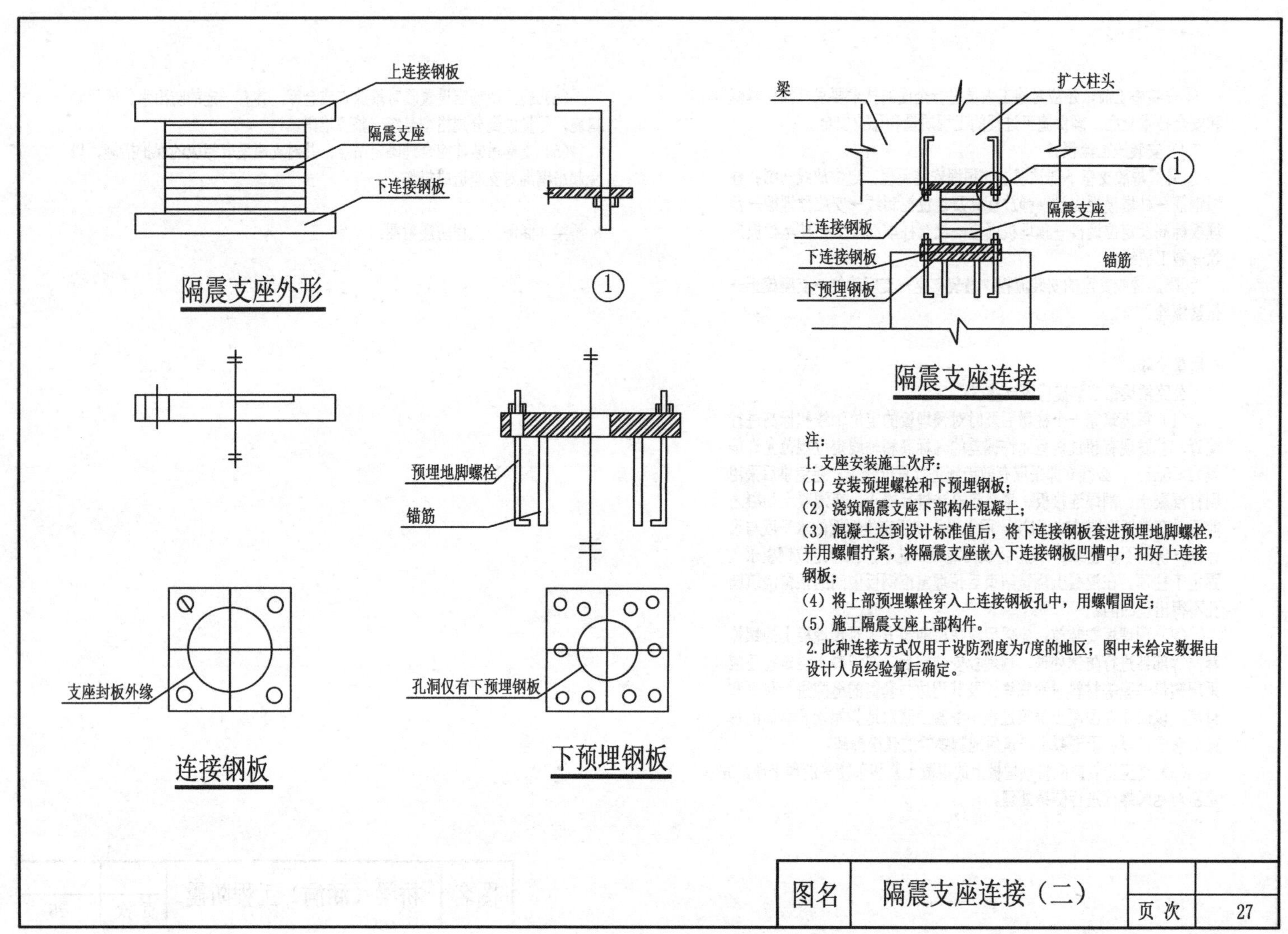
上连接钢板
隔震支座
下连接钢板
隔震支座外形
①
梁
扩大柱头
①
隔震支座
上连接钢板
下连接钢板
锚筋
下预埋钢板
隔震支座连接
预埋地脚螺栓
锚筋
注:
1. 支座安装施工次序:
(1) 安装预埋螺栓和下预埋钢板;
(2) 浇筑隔震支座下部构件混凝土;
(3) 混凝土达到设计标准值后,将下连接钢板套进预埋地脚螺栓,并用螺帽拧紧,将隔震支座嵌入下连接钢板凹槽中,扣好上连接钢板;
(4) 将上部预埋螺栓穿入上连接钢板孔中,用螺帽固定;
(5) 施工隔震支座上部构件。
2. 此种连接方式仅用于设防烈度为7度的地区;图中未给定数据由设计人员经验算后确定。
支座封板外缘
孔洞仅有下预埋钢板
连接钢板
下预埋钢板
图名
隔震支座连接(二)
页 次
27

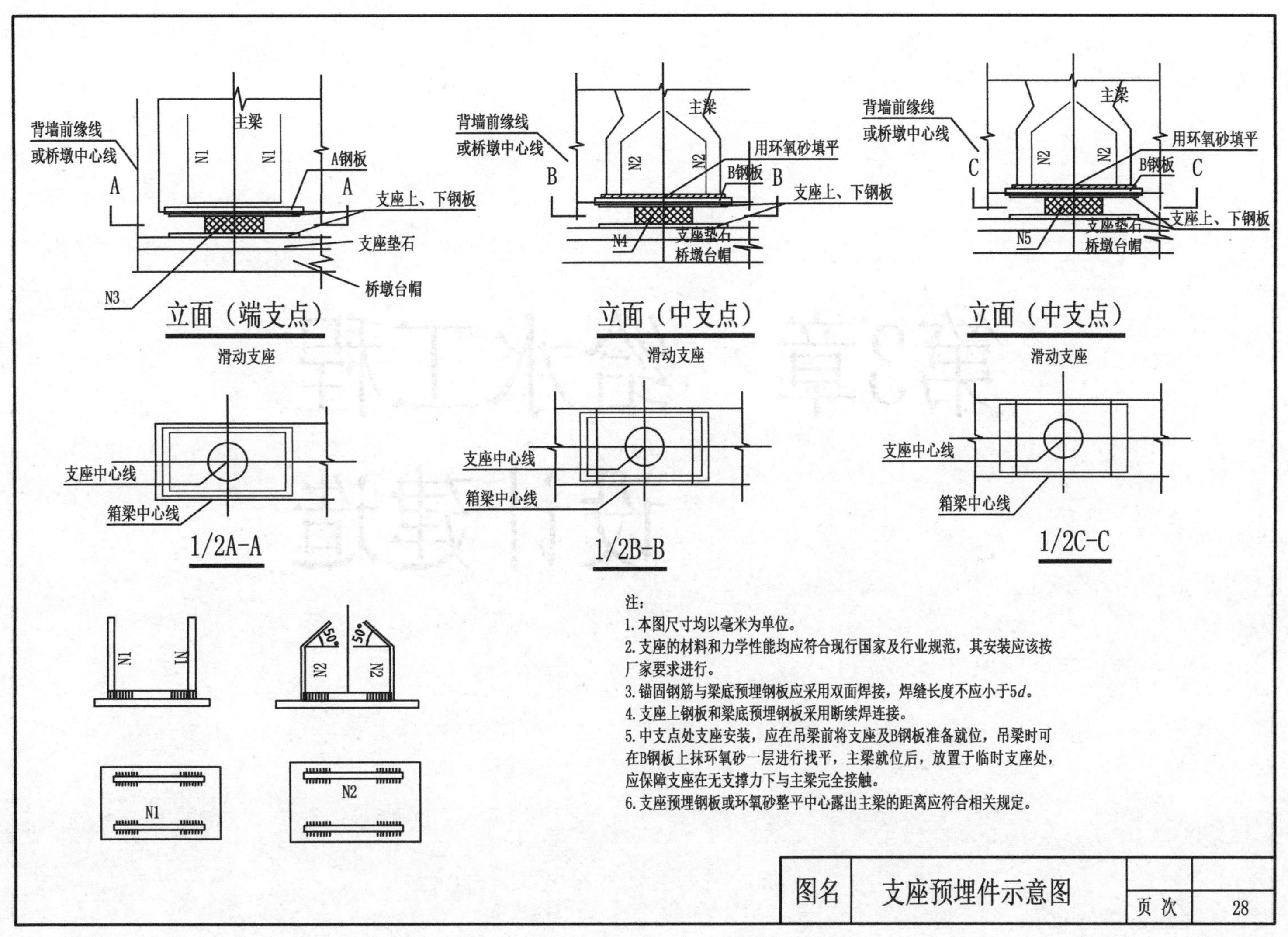

注：

1.本图尺寸均以毫米为单位。

2.支座的材料和力学性能均应符合现行国家及行业规范，其安装应该按厂家要求进行。

3.锚固钢筋与梁底预埋钢板应采用双面焊接，焊缝长度不应小于5d。

4.支座上钢板和梁底预埋钢板采用断续焊连接。

5.中支点处支座安装，应在吊梁前将支座及B钢板准备就位，吊梁时可在B钢板上抹环氧砂一层进行找平，主梁就位后，放置于临时支座处，应保障支座在无支撑力下与主梁完全接触。

6.支座预埋钢板或环氧砂整平中心露出主梁的距离应符合相关规定。

图名	支座预埋件示意图	页 次	28

第3章　给水工程设计建造

3.1 给水处理工艺

1.作用：

给水处理的主要目的是改善水质的质量，使污水在经过处理后，水质量从原来的污染情况通过一次又一次的过滤和消除，让水的污染程度大幅度下降，让水可以再一次使用。合理地使用水资源，使上游地区的用水循环不影响下游水域的水体功能、社会循环不损害自然循环的客观规律，达到水资源可持续利用。

2.设计原则：

（1）当两种及两种以上用水的水质接近时，应尽量采用共用给水系统。

（2）根据设计进水水质和出厂水质要求，所选污水处理工艺力求技术先进、成熟、处理效果好、运行稳妥可靠、高效节能、经济合理、确保污水处理效果，减少工程投资及日常运行费用。

（3）生产给水系统应优先设置循环给水系统或重复利用给水系统，并应利用其余压。

（4）确保工程的可靠性及有效性，提高自动化水平，降低运行费用，减少日常维护检修工作量。

（5）充分利用外网水压直接供水，当不能满足时，上面数层采用加压供水。

3.设计、施工与验收规范及标准：

（1）《建筑给水排水设计规范（2009年版）》GB 50015—2003。

（2）《室外给水设计规范》GB 50013—2006。

（3）《建筑给水排水制图标准》GB/T 50106—2010。

（4）《给水排水工程构筑物结构设计规范》GB 50069—2002。

（5）《给水排水工程管道结构设计规范》GB 50332—2002。

（6）《消防给水及消火栓系统技术规范》GB 50974—2014。

（7）《给水排水管道工程施工及验收规范》GB 50268—2008。

（8）《给水排水构筑物工程施工及验收规范》GB 50141—2008。

4.主要设计参数：

（1）原水水质。

（2）污染物的形成及其发展趋势。

（3）出水水质的要求。

（4）场地的建设条件。

（5）远期发展。

5.材料要求：

（1）所用水表及安装满足相关标准的要求。在工作温度范围内的水温变化，不应损害用于结构的材料。与流经水表的水接触的全部材料应无毒和无污染，并应符合现行国家规程。

（2）凡与饮用水接触的输配水设备、水处理材料和防护材料不得污染水质，出水水质必须符合《生活饮用水卫生标准》GB 5749—2006的要求。

（3）用于组装生活饮用水水质处理器的材料和直接与饮水接触的成型部件及过滤材料必须符合《生活饮用水输配水设备及防护材料的安全性评价标准》GB/T 17219—1998的要求；在水处理过程中添加的水化学处理剂必须符合《饮用水化学处理剂卫生安全性评价》GB/T 17218—1998的要求。

（4）对具有除氟、除砷、除铁、除锰或软化功能的水质处理器，必须按照加标试验方法用加标水样代替市政自来水进行全程加标试验。

（5）对具有pH调节功能的水质处理器，在申报的净水流量下分别用pH6.5、pH7.0和pH7.5的市政自来水通过水质处理器，到达水质处理器正常的工作状态后，采集进水和出水水样，测定pH。

图名	给水处理工艺	页 次	1

（6）按说明书要求安装、冲洗大型生活饮用水水质处理器直至能正常运行后，取经过处理器前的原水作为对照水，关闭水质处理器，放置24小时，取经过处理器后水样，按《生活饮用水标准检验方法》GB/T 5750—2006进行样品保存和分析，大型水质处理器安全试验检测项目和出水卫生要求同小型水质处理器。

（7）按说明书要求安装、冲洗水质处理器直至能正常运行后，采集原水和处理后水样；运行160小时后，再次采集原水和处理后水样进行分析，大型水质处理器总体性能试验检测项目和出水卫生要求同小型水质处理器。

6.施工工艺与要点：

（1）施工降水。给水工程设施一般埋设较深，均在地下水位以下。在施工挖土以前，均须将地下水位降到基底以下一定深度，以改善基底的施工条件。在施工现场应根据实地抽水试验并参考地质报告中给定的渗透系数，以及场地四周环境对地下水位的影响程度和地下水流向来确定降水方案。

（2）地基处理。一些水处理工程场地因位于湖河边，施工土质为液化土质，常常需进行地基处理。使用打桩的方式消除液化既经济又效果好，但是由于桩体的挤密作用，土体孔隙比减小，降低了土的渗透系数。因此需要根据实际情况配合使用降水方案和地基处理方法。

（3）伸缩缝、后浇带、施工缝是给水构筑物的薄弱环节，也是施工的关键部位。

①伸缩缝处一般都设有止水带，埋设前需仔细检查，发现有破损处马上更换。在池体“L”“T”“＋”处止水带要求整体性，由厂家特殊制作，不得对接。伸缩缝处止水带必须用模板固定，且只能是先浇筑伸缩缝一侧的混凝土，待其达到一定的强度，拆除模板后再浇筑另一侧的混凝土，发现止水带有位移现象，立即恢复。在拆除模板后要对止水带加以保护，必要时采取隔离保护措施。

②设计留有后浇带的构筑物，应严格按图纸要求留设。混凝土采用补偿收缩混凝土，后浇带处要做好保护工作，防止被污染。浇筑混凝土前应将钢筋除锈、除污，两侧凿毛，清洗干净。为有效控制裂缝，增强混凝土抗渗防腐效果，膨胀加强带内应加入一定量的抗裂防水剂。

③水处理构筑物经常以后浇带或伸缩缝为界进行浇筑，原则上不留施工缝。但当工程量太大必须留缝时，只允许留水平施工缝，并且应当设置钢板止水带(或其他止水带)。施工缝是渗漏的薄弱环节，浇筑混凝土前必须凿毛，剔除浮浆、石子，用高压冲洗机冲洗，止水带和钢板止水带交接处用万能胶粘贴。

7.质量检验：

（1）室内埋地管道安装至外墙外应当不小于1m，管口应及时封堵。管道穿过楼板、屋面，应预留孔洞或预埋套管，预留孔洞尺寸应为管道外径加40mm。

（2）给水水平管道应有2‰～5‰的坡度坡向泄水装置。

（3）管道水压试验必须符合设计要求。当设计未注明时，各种管道系统试验压力均为工作压力的1.5倍，且不小于0.6MPa。一般分两次进行，地下管道在隐蔽前要进行水压试验，管道系统安装完毕后再进行水压试验。

（4）水压试验时，金属及复合管给水管道系统，在试验压力下观察10分钟，压力降不大于0.02MPa，然后降到工作压力进行检查，应不漏不渗；塑料管给水管道系统在试验压力下稳压1小时，压力降不得超0.05MPa，然后在工作压力的1.15倍状态下稳压2小时，压力降不得超0.03MPa，同时检查各连接处不得渗漏，并做好试验记录。

8.给水处理工艺附图：

图名	给水处理工艺	页次	2

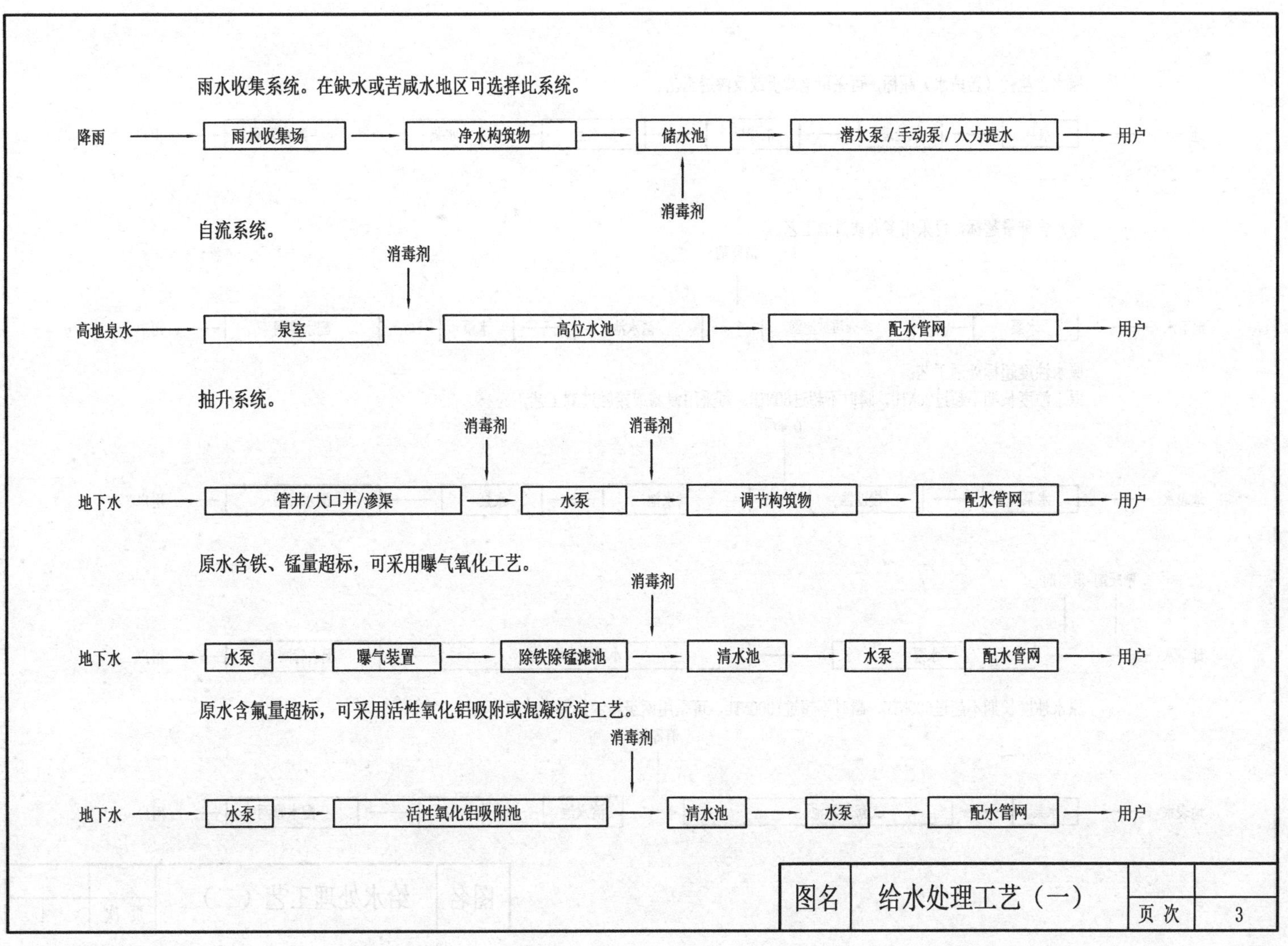
雨水收集系统。在缺水或苦咸水地区可选择此系统。
降雨
雨水收集场
净水构筑物
储水池
潜水泵 / 手动泵 / 人力提水
用户
消毒剂
自流系统。
消毒剂
高地泉水
泉室
高位水池
配水管网
用户
抽升系统。
消毒剂
消毒剂
地下水
管井/大口井/渗渠
水泵
调节构筑物
配水管网
用户
原水含铁、锰量超标，可采用曝气氧化工艺。
消毒剂
地下水
水泵
曝气装置
除铁除锰滤池
清水池
水泵
配水管网
用户
原水含氟量超标，可采用活性氧化铝吸附或混凝沉淀工艺。
消毒剂
地下水
水泵
活性氧化铝吸附池
清水池
水泵
配水管网
用户
图名
给水处理工艺（一）
页次
3

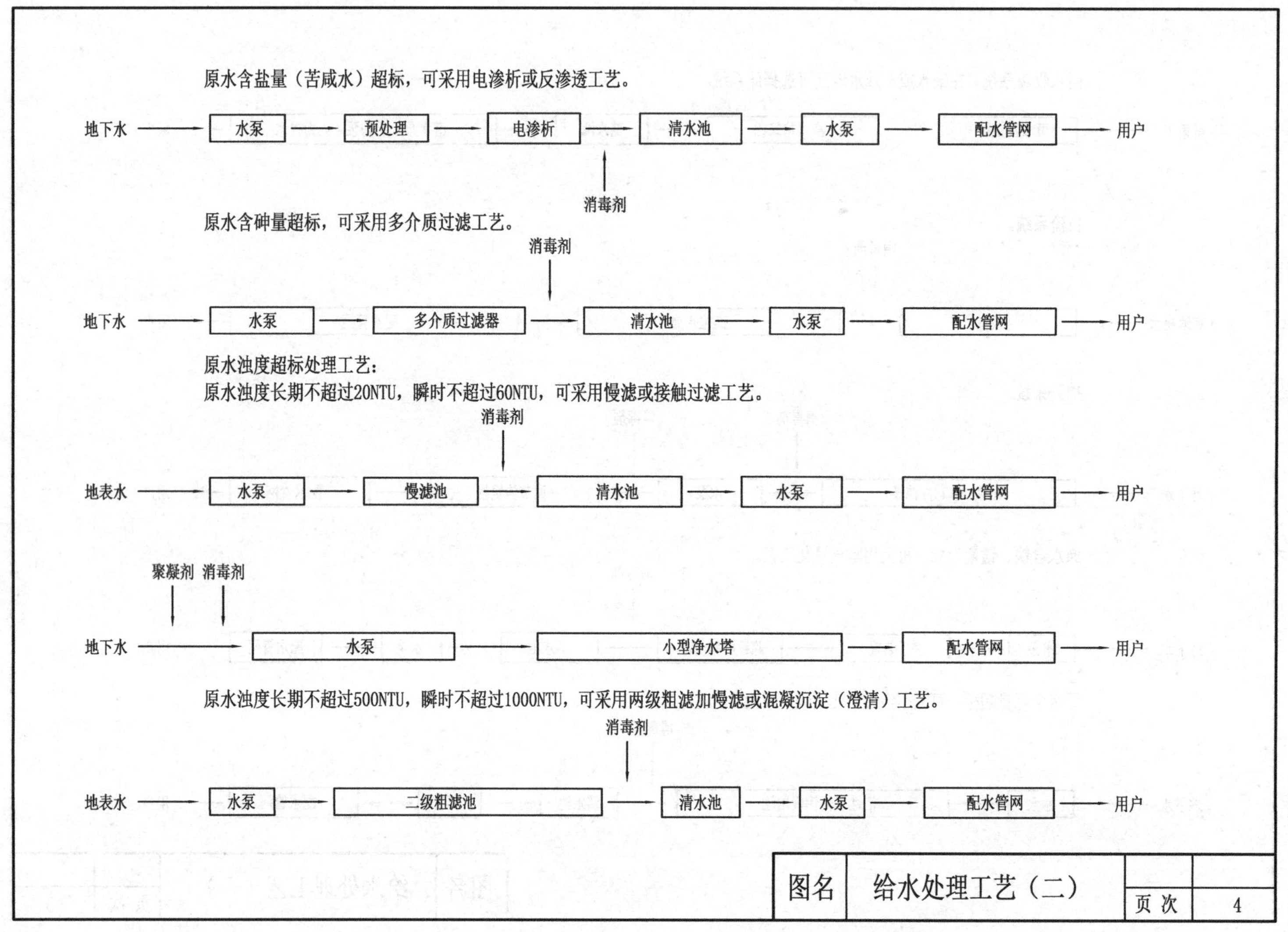
原水含盐量（苦咸水）超标，可采用电渗析或反渗透工艺。
地下水
水泵
预处理
电渗析
清水池
水泵
配水管网
用户
消毒剂
原水含砷量超标，可采用多介质过滤工艺。
消毒剂
地下水
水泵
多介质过滤器
清水池
水泵
配水管网
用户
原水浊度超标处理工艺:
原水浊度长期不超过20NTU，瞬时不超过60NTU，可采用慢滤或接触过滤工艺。
消毒剂
地表水
水泵
慢滤池
清水池
水泵
配水管网
用户
聚凝剂
消毒剂
地下水
水泵
小型净水塔
配水管网
用户
原水浊度长期不超过500NTU，瞬时不超过1000NTU，可采用两级粗滤加慢滤或混凝沉淀（澄清）工艺。
消毒剂
地表水
水泵
二级粗滤池
清水池
水泵
配水管网
用户
图名
给水处理工艺（二）
页 次
4

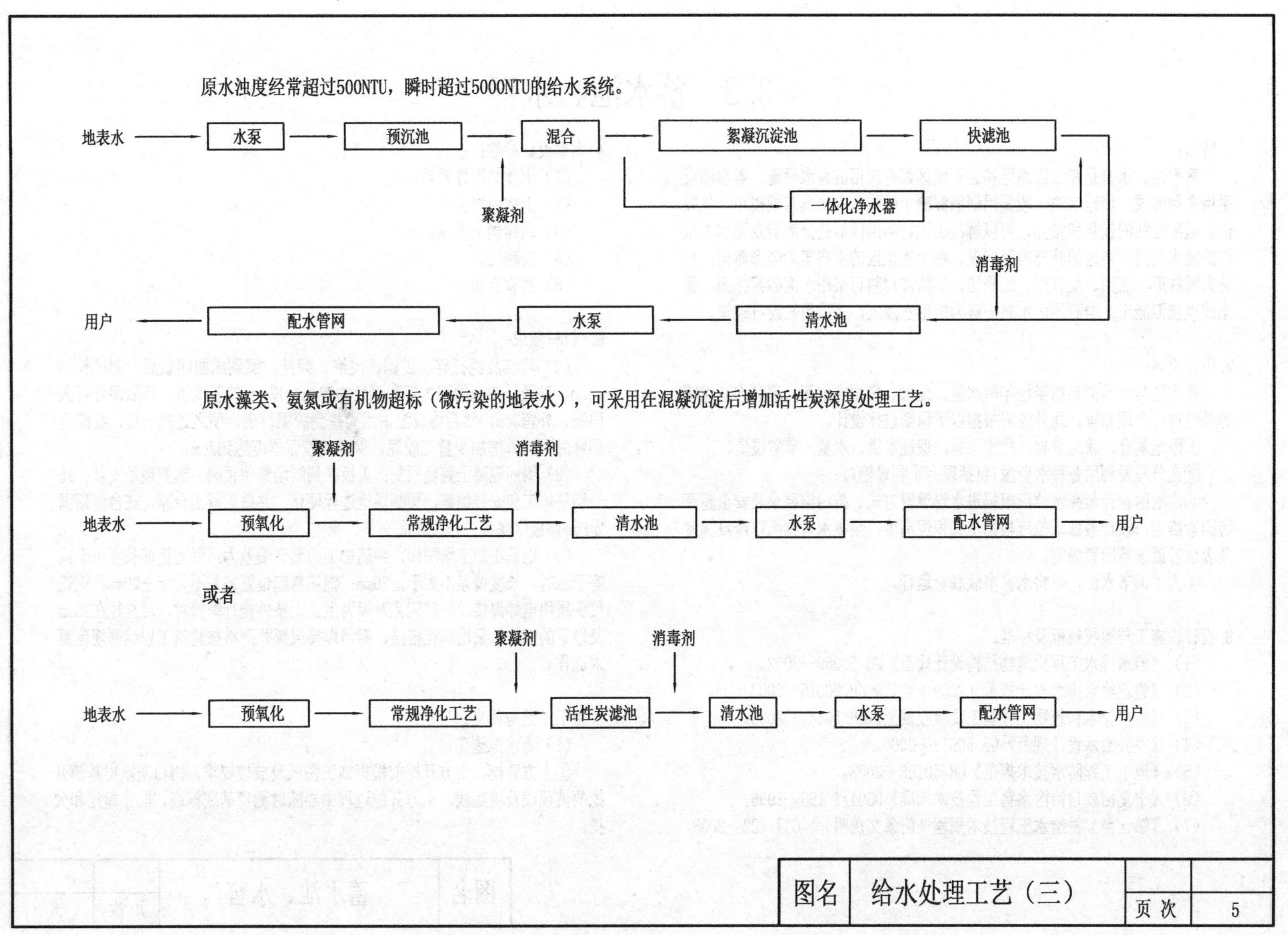
原水浊度经常超过500NTU，瞬时超过5000NTU的给水系统。
地表水
水泵
预沉池
混合
絮凝沉淀池
快滤池
聚凝剂
一体化净水器
消毒剂
用户
配水管网
水泵
清水池
原水藻类、氨氮或有机物超标（微污染的地表水），可采用在混凝沉淀后增加活性炭深度处理工艺。
聚凝剂
消毒剂
地表水
预氧化
常规净化工艺
清水池
水泵
配水管网
用户
或者
聚凝剂
消毒剂
地表水
预氧化
常规净化工艺
活性炭滤池
清水池
水泵
配水管网
用户
图名
给水处理工艺（三）
页次
5

3.2 蓄水池、水窖

1.特点：

蓄水池、水窖是在土质地区和岩石地区都有应用的蓄水设施。蓄水池可采用多种形式，埋地水池一般采用钢筋混凝土结构。水窖具有规模小、见效快、适应性强的优势和特点，可以解决山区、半山区居住分散群众无水源条件的缺水问题和耕地的补充灌溉问题。在土质地区的水窖多为圆形断面，可分为圆柱形、瓶形、烧杯形、坛形等，其防渗材料可采用水泥砂浆抹面、黏土或现浇混凝土；岩石地区水窖一般为矩形宽浅式，多采用浆砌石砌筑。

2.设计原则：

蓄水池与水窖需根据当地年降水量、地形、集雨坪面积、现有水利设施等条件进行合理布置。此外还需根据以下原则进行设计。

①因地制宜，就地取材，技术可靠，保证水质、水量，节省投资。

②充分开发利用各种水资源(包括现有水利设施)。

③水池的设计最高水位应根据进水管设置方式、防污染要求及安全超高等因素确定；设计最低水位应根据池底积泥高度、泵吸水管喇叭口淹没深度及吸水管流速等因素确定。

④为了调节水源，可将水窖串联联合运行。

3.设计、施工与验收规范及标准：

（1）《给水排水工程构筑物结构设计规范》GB 50069—2002。

（2）《建筑给水排水设计规范（2009年版）》GB 50015—2003。

（3）《给水排水构筑物工程施工及验收规范》GB 50141—2008。

（4）《室外给水设计规范》GB 50013—2006。

（5）《地下工程防水技术规范》GB 50108—2008。

（6）《宁夏回族自治区水窖工程技术标准》DB64/T 198—1998。

（7）《镇（乡）村给水工程技术规程（附条文说明）》CJJ 123—2008。

4.主要设计参数：

（1）土体坚固性系数。

（2）土体内摩擦角。

（3）顶端覆土厚度。

（4）矢跨比。

（5）水窖容积。

5. 材料要求：

（1）将红胶泥打碎、过筛、浸泡、翻拌、铡剁成面团状后，制成长约18cm、直径5～8cm的胶泥钉和直径约20cm、厚5cm的胶泥饼，将胶泥钉钉入码眼，外留3cm，然后将胶泥饼用力摔到胶泥钉上，使之连成一层，红胶泥不够时可另外增加少量红胶泥，保证红胶泥厚度达到3cm。

（2）钢筋混凝土盖板预制：盖板在预制场集中预制，运到现场安装；统一钢筋加工和安装钢筋，预制场地进行硬化，并做混凝土台座，在台座顶固定6mm钢板做底模，模板表面平整、光洁。

（3）钢筋在加工场制作，钢筋加工的允许偏差为：受力钢筋长度小于或等于5m时，长度偏差不大于±20mm；钢筋弯起位置偏差不大于±20mm；钢筋接头采用电焊焊接，并以闪光对焊为主。无条件施行焊接时，对直径在25mm及以下的钢筋，采用绑扎搭接，钢筋焊接或绑扎严格按建筑工程钢筋规范要求施作。

6.施工工艺与要点：

（1）蓄水池施工。

①土方开挖。土方开挖前根据施工图纸及放坡要求，用白灰撒出基槽开挖的坡顶线及坡底线。土方开挖过程中要随时测量基底标高，防止超挖和欠挖。

图名	蓄水池、水窖	页次	6

②底板施工。首先捆扎底板的下层钢筋，绑扎好后,摆放底板上层钢筋马凳,摆放好后绑扎底板上层钢筋。底板混凝土浇筑前,必须将侧壁竖向钢筋锚入底板混凝土内,侧壁竖向钢筋必须采取措施将其固定可靠，以防止钢筋倾倒伤人。

③侧壁施工。按照图纸的间距计算出侧壁所需的钢筋数量,按间距插入底板内，在混凝土浇筑前进行，同时与底板钢筋绑扎牢固。混凝土浇筑前进行技术交底,保证混凝土浇筑的连续性和浇筑的质量。

（2）水窖施工。

①窖体开挖：采用机械或人工开挖即可。在选定的位置开挖窖体，开挖深度达到后，将窖底夯平，窖体四周夯实。

②窖筒形成：待窖底混凝土稳定后，可采用砌块沿窖壁外线砌筑，作为窖壁外模，将窖底、窖壁钢筋网编好后先浇筑窖底钢筋混凝土，待凝固后，再支专用水窖内模，分两次将混凝土浇筑至水窖口位置。

③集雨场：水窖主体完成后，还需在窖顶部沿四周另外做一个外高里低的集雨场，在集雨场低洼处留一个小进水口，以便集雨场所集雨水流入沉沙池。

④窖盖混凝土到期稳定后拆除模板，将窖壁粉刷光滑后，用纯水泥拌防水胶粉刷一遍，一天以后便可蓄水投入使用。

7.质量检验：

（1）窖底应夯实，无不均匀沉淀，混凝土窖盖表面应平整，不得有蜂窝、麻面等缺陷。水窖应保证不漏不渗，防渗层应均匀、不得产生裂缝。对于储存生活饮用水的水窖应采用符合有关标准的卫生级防腐涂料做内衬处理，保证水质不受污染。当钢筋混凝土水窖储存对混凝土有腐蚀的水时，应根据有关规范要求做相应的内防腐处理。生活饮用水水窖与其他用水窖并列设置时，应有独立的窖壁，不得合用分隔墙，两窖壁之间应有排水措施。

（2）水池应保证不漏不渗。建筑二次供水设施的生活饮用水储水池应独立设置，不得与消防用水或其他非生活用水共储，并且不允许其他用水如高位水箱的溢流水等进入。当居住小区的蓄水池经有关部门批准与消防用水合储时，应采取措施确保消防用水不作他用（否则须报请消防部门批准），但不应形成死水。

8.蓄水池水、窖附图：

图名	蓄水池、水窖	页次	7

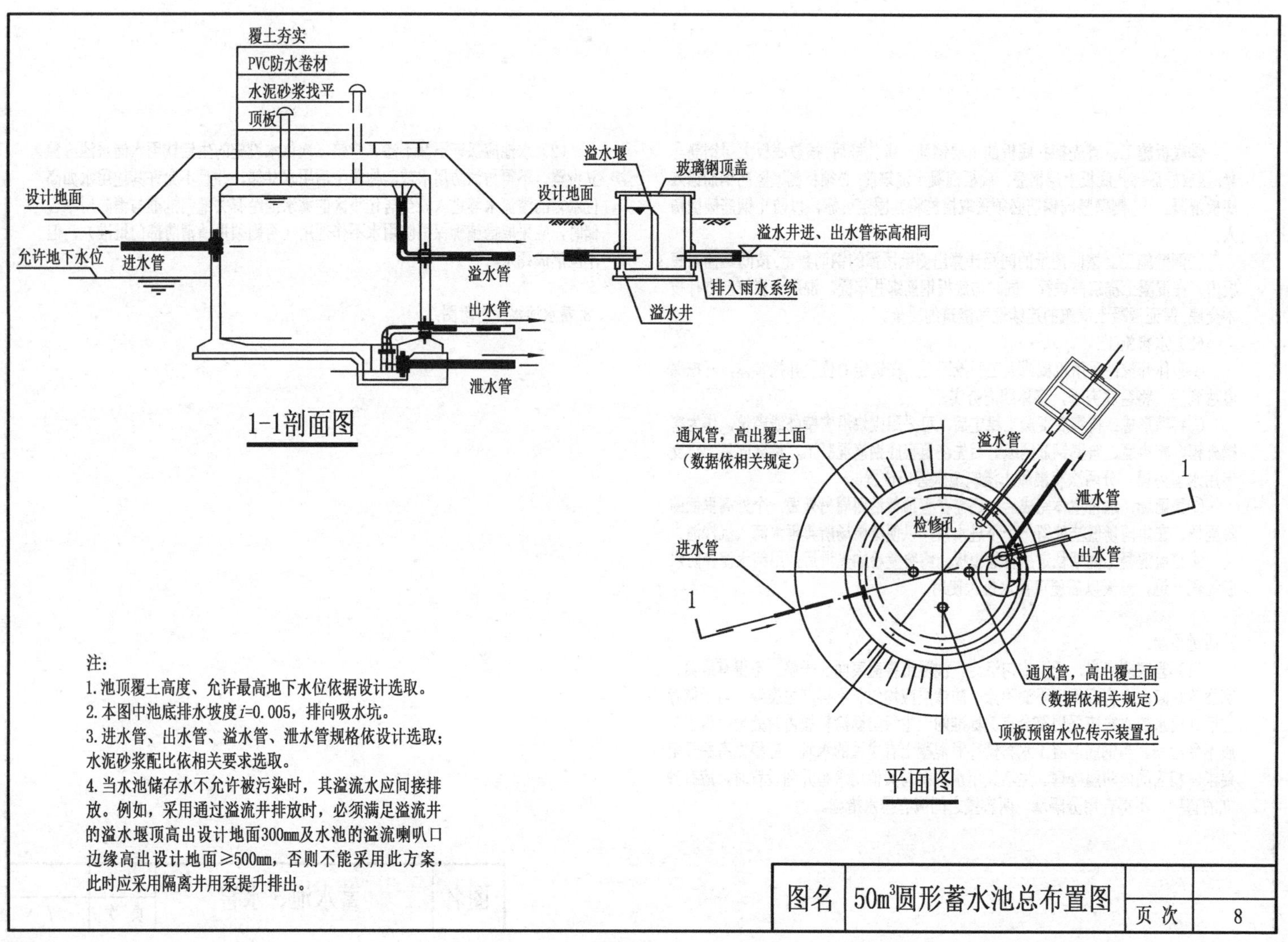

注：

1. 池顶覆土高度、允许最高地下水位依据设计选取。
2. 本图中池底排水坡度i=0.005，排向吸水坑。
3. 进水管、出水管、溢水管、泄水管规格依设计选取；水泥砂浆配比依相关要求选取。
4. 当水池储存水不允许被污染时，其溢流水应间接排放。例如，采用通过溢流井排放时，必须满足溢流井的溢水堰顶高出设计地面300mm及水池的溢流喇叭口边缘高出设计地面≥500mm，否则不能采用此方案，此时应采用隔离井用泵提升排出。

图名	50m³圆形蓄水池总布置图	页次	8

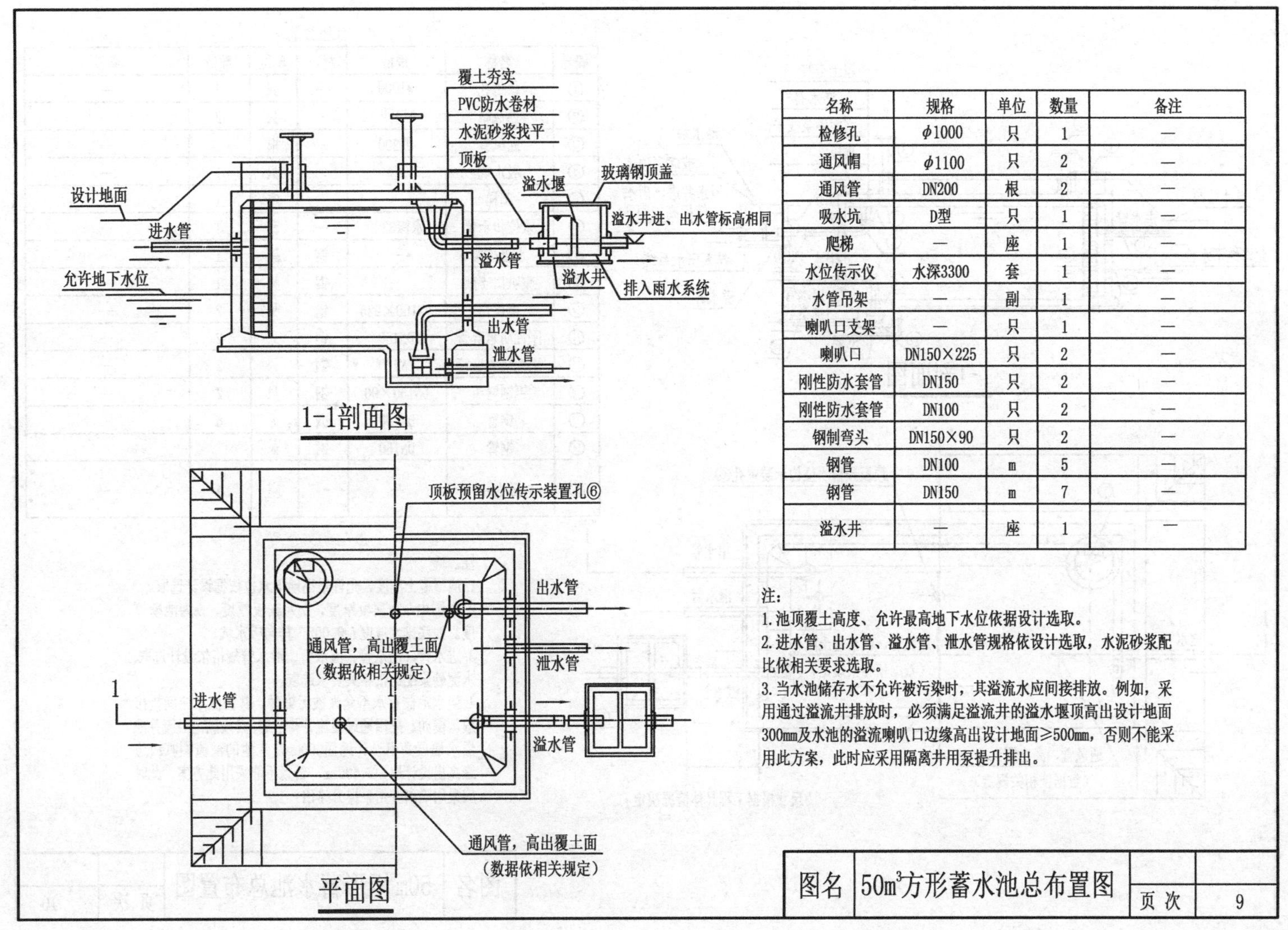

名称	规格	单位	数量	备注
检修孔	ϕ1000	只	1	—
通风帽	ϕ1100	只	2	—
通风管	DN200	根	2	—
吸水坑	D型	只	1	—
爬梯	—	座	1	—
水位传示仪	水深3300	套	1	—
水管吊架	—	副	1	—
喇叭口支架	—	只	1	—
喇叭口	DN150×225	只	2	—
刚性防水套管	DN150	只	2	—
刚性防水套管	DN100	只	2	—
钢制弯头	DN150×90	只	2	—
钢管	DN100	m	5	—
钢管	DN150	m	7	—
溢水井	—	座	1	—

注：

1.池顶覆土高度、允许最高地下水位依据设计选取。

2.进水管、出水管、溢水管、泄水管规格依设计选取，水泥砂浆配比依相关要求选取。

3.当水池储存水不允许被污染时，其溢流水应间接排放。例如，采用通过溢流井排放时，必须满足溢流井的溢水堰顶高出设计地面300mm及水池的溢流喇叭口边缘高出设计地面≥500mm，否则不能采用此方案，此时应采用隔离井用泵提升排出。

图名	50m³方形蓄水池总布置图	页次	9

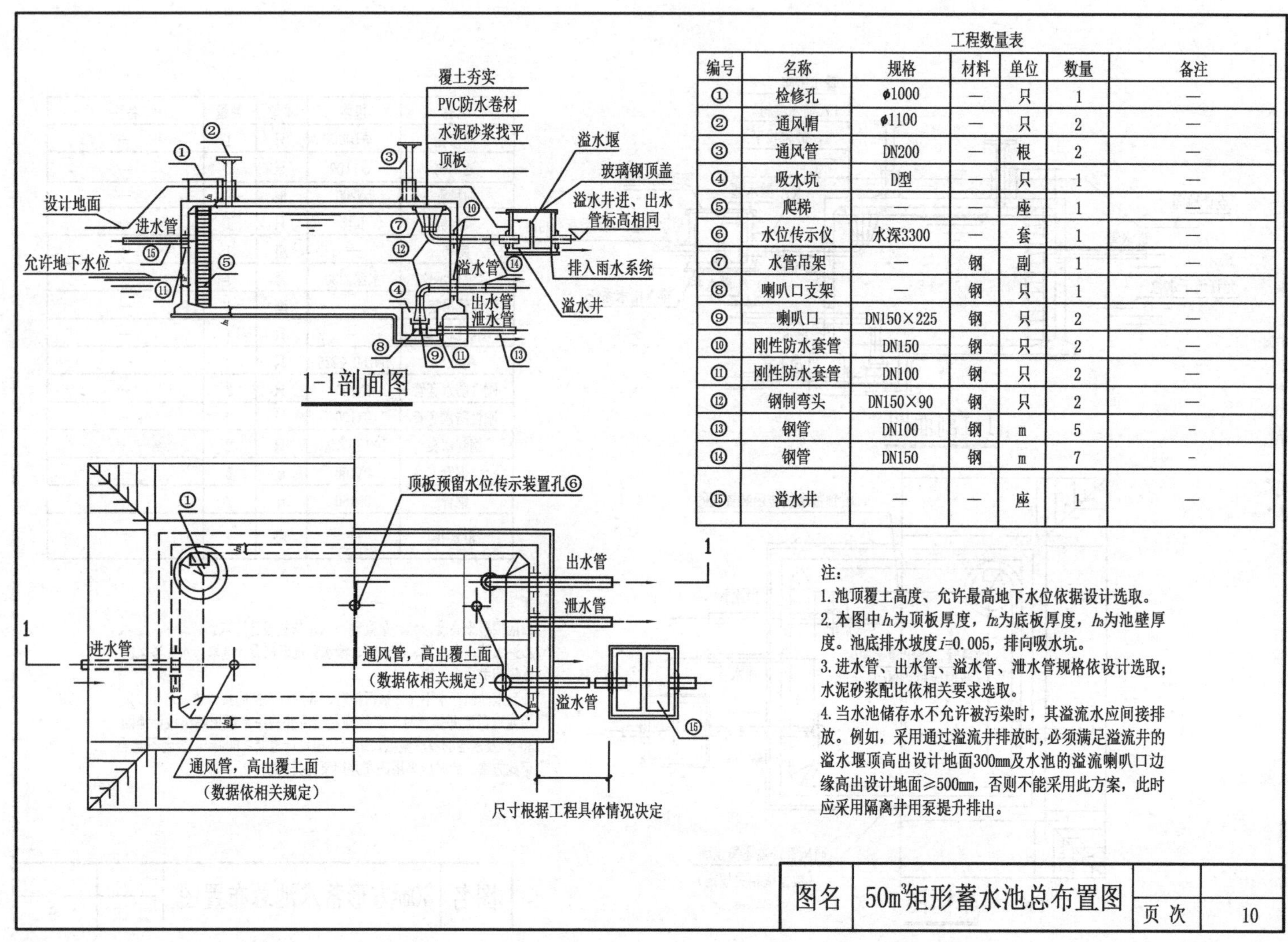

工程数量表

编号	名称	规格	材料	单位	数量	备注
①	检修孔	ϕ1000	—	只	1	—
②	通风帽	ϕ1100	—	只	2	—
③	通风管	DN200	—	根	2	—
④	吸水坑	D型	—	只	1	—
⑤	爬梯	—	—	座	1	—
⑥	水位传示仪	水深3300	—	套	1	—
⑦	水管吊架	—	钢	副	1	—
⑧	喇叭口支架	—	钢	只	1	—
⑨	喇叭口	DN150×225	钢	只	2	—
⑩	刚性防水套管	DN150	钢	只	2	—
⑪	刚性防水套管	DN100	钢	只	2	—
⑫	钢制弯头	DN150×90	钢	只	2	—
⑬	钢管	DN100	钢	m	5	-
⑭	钢管	DN150	钢	m	7	-
⑮	溢水井	—	—	座	1	—

注：

1. 池顶覆土高度、允许最高地下水位依据设计选取。
2. 本图中h_1为顶板厚度，h_2为底板厚度，h_3为池壁厚度。池底排水坡度i=0.005，排向吸水坑。
3. 进水管、出水管、溢水管、泄水管规格依设计选取；水泥砂浆配比依相关要求选取。
4. 当水池储存水不允许被污染时，其溢流水应间接排放。例如，采用通过溢流井排放时，必须满足溢流井的溢水堰顶高出设计地面300mm及水池的溢流喇叭口边缘高出设计地面≥500mm，否则不能采用此方案，此时应采用隔离井用泵提升排出。

图名	50m³矩形蓄水池总布置图	页 次	10

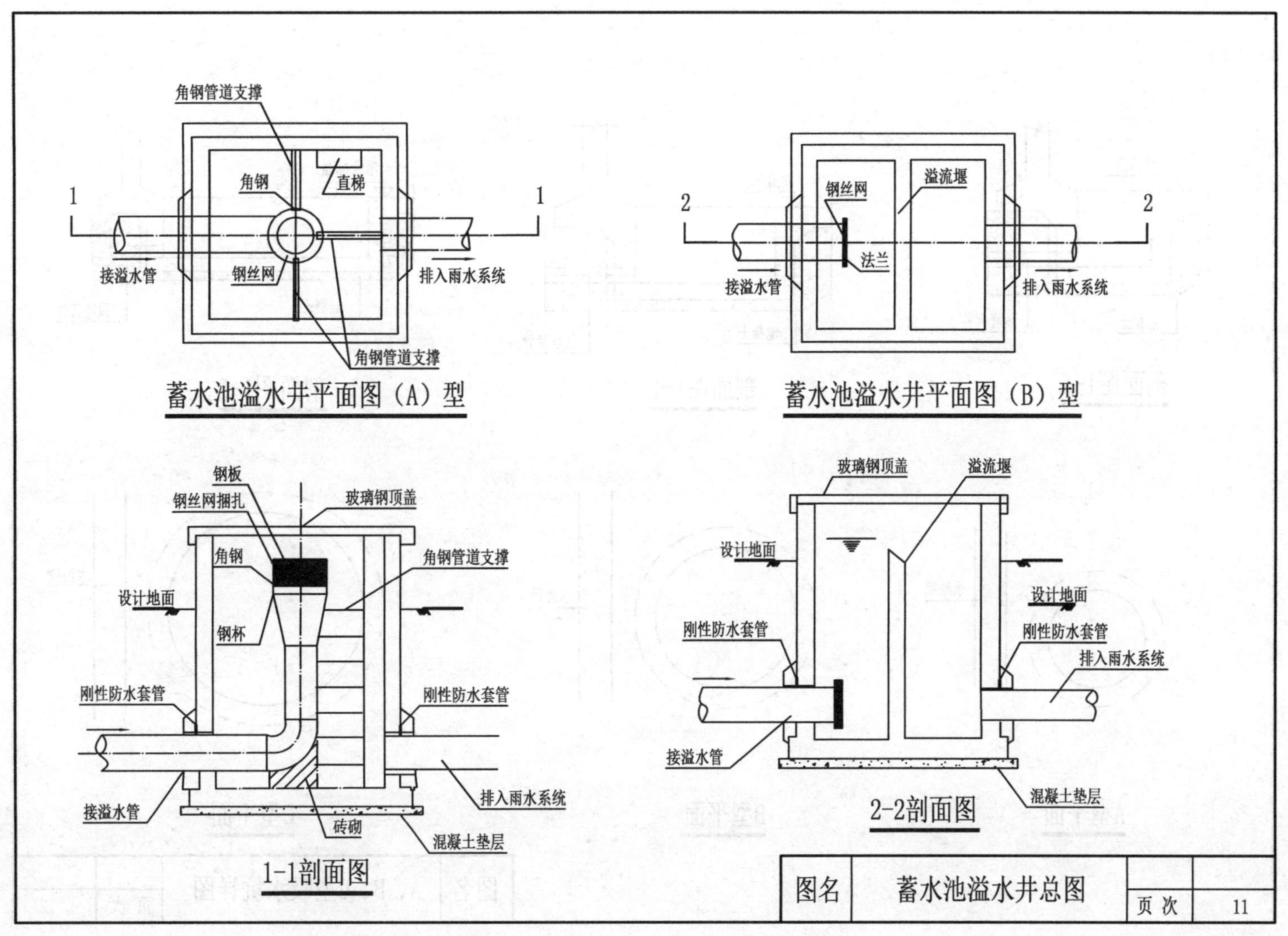
角钢管道支撑
角钢
直梯
1
1
接溢水管
钢丝网
排入雨水系统
角钢管道支撑
蓄水池溢水井平面图（A）型
2
2
钢丝网
溢流堰
法兰
接溢水管
排入雨水系统
蓄水池溢水井平面图（B）型
钢板
钢丝网捆扎
玻璃钢顶盖
角钢
角钢管道支撑
设计地面
钢杯
刚性防水套管
刚性防水套管
接溢水管
排入雨水系统
砖砌
混凝土垫层
1-1剖面图
玻璃钢顶盖
溢流堰
设计地面
设计地面
刚性防水套管
刚性防水套管
排入雨水系统
接溢水管
混凝土垫层
2-2剖面图
图名
蓄水池溢水井总图
页 次
11

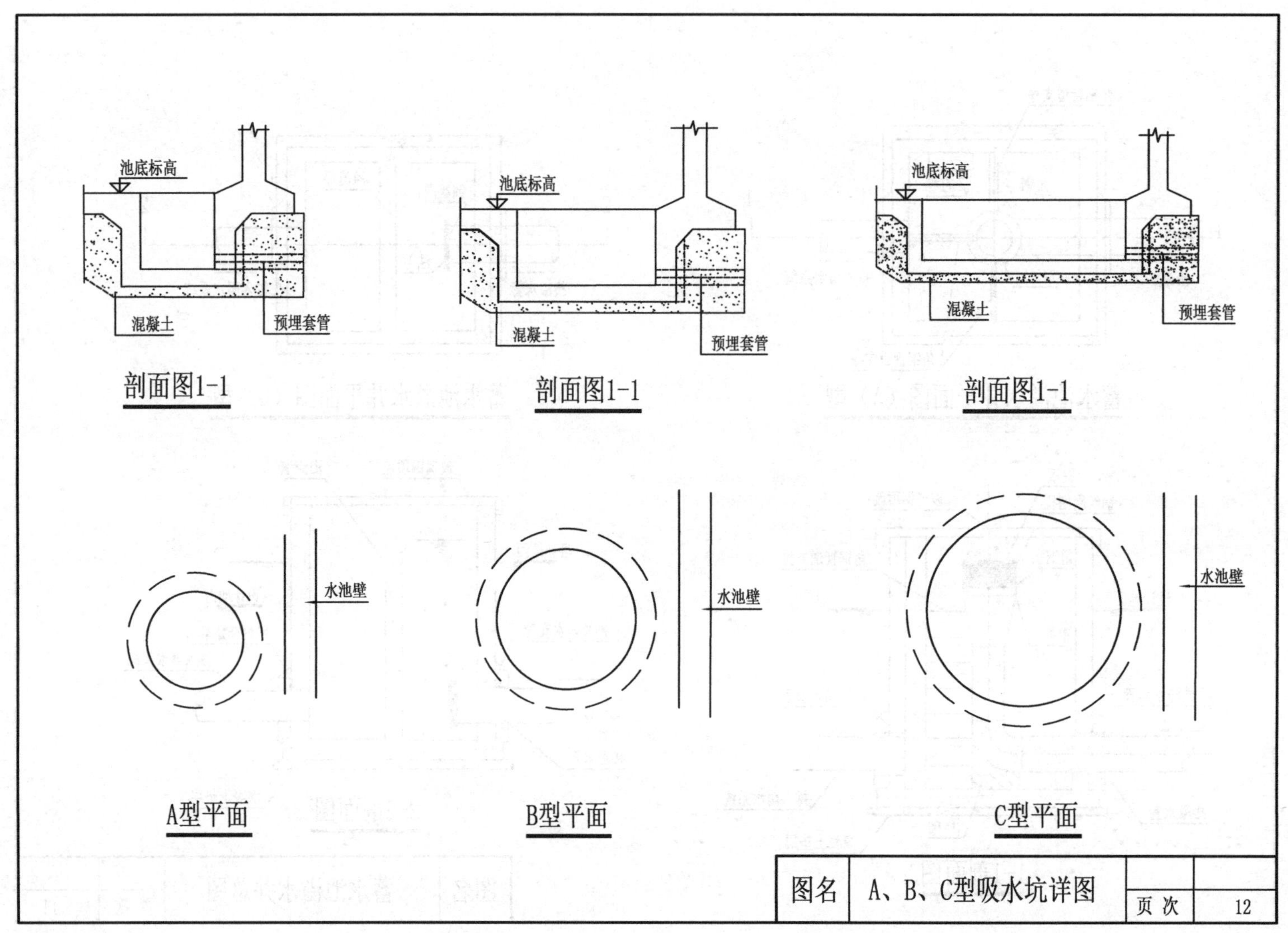
池底标高
混凝土
预埋套管
剖面图1-1
池底标高
混凝土
预埋套管
剖面图1-1
池底标高
混凝土
预埋套管
剖面图1-1
水池壁
A型平面
水池壁
B型平面
水池壁
C型平面
图名
A、B、C型吸水坑详图
页 次
12

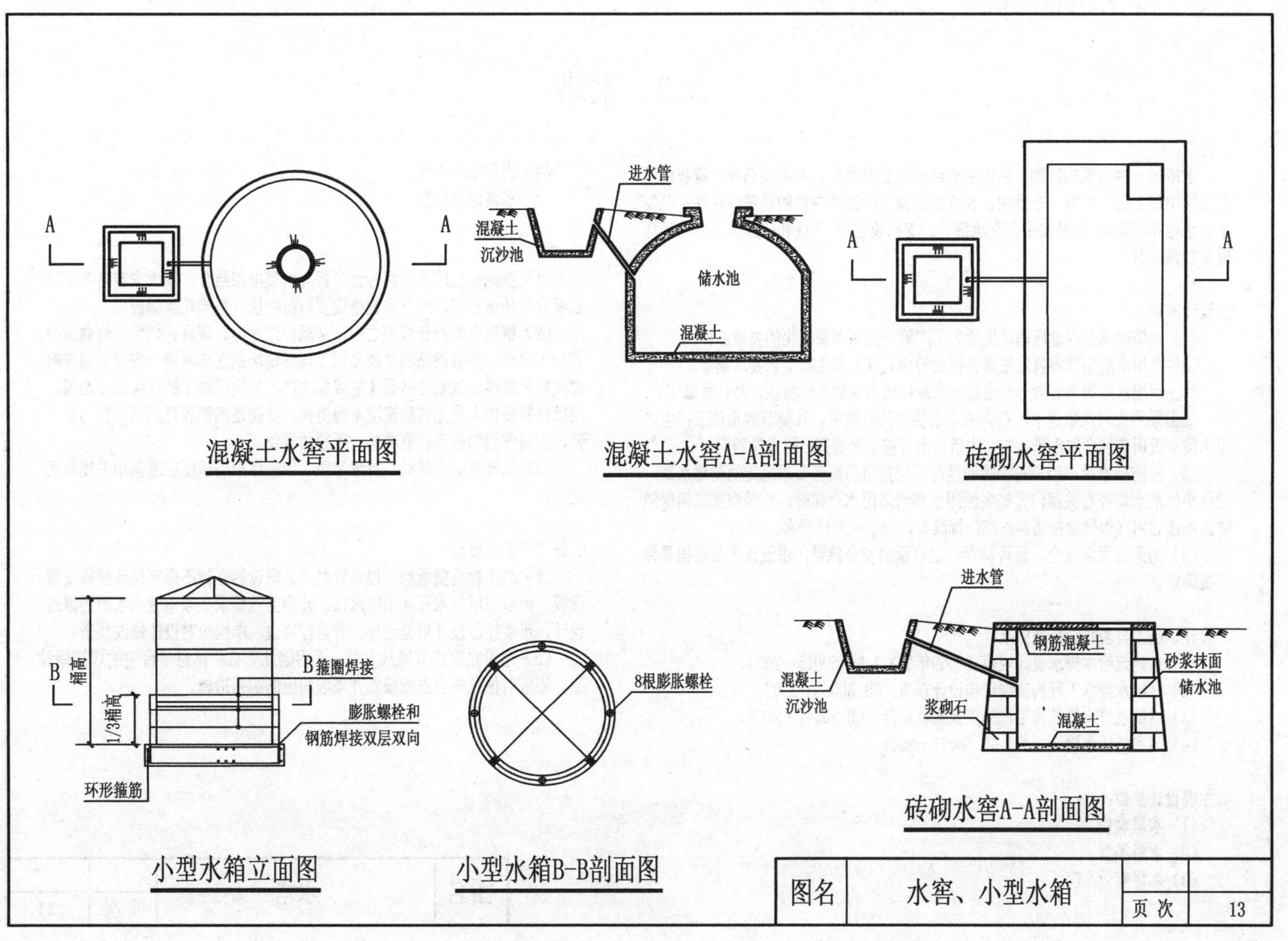

A
A
混凝土水窖平面图
进水管
混凝土
沉沙池
储水池
混凝土
混凝土水窖A-A剖面图
A
A
砖砌水窖平面图
B
桶高
B箍圈焊接
1/3桶高
膨胀螺栓和
钢筋焊接双层双向
环形箍筋
小型水箱立面图
8根膨胀螺栓
小型水箱B-B剖面图
进水管
钢筋混凝土
砂浆抹面
储水池
混凝土
沉沙池
浆砌石
混凝土
砖砌水窖A-A剖面图
图名
水窖、小型水箱
页次
13

3.3 水塔

1.特点:

水塔是一种高柔构筑物，它的主要组成部分有水柜、支承和基础，荷载作用主要集中在上部，好像一个倒摆。在水塔的施工中值得注意的是破坏往往不是发生在水柜和基础上,而是发生在支承部分。支承震害中,砖柱和砖筒壁支承的破坏现象较为普遍。

2.设计原则:

（1）水塔的调节容量应满足生活、生产等一天用水量变化的要求。

①生产用水的调节容量应根据各行业的相关规范和生产工艺要求确定。

②生活用水的调节容量一般应按供水量和用水量的变化曲线，经计算确定。

③当采用夜间水塔进水，白天由水塔供水的方案时，其调节容量如下：生产用水按一天所需的全部水量确定，生活用水可按小区最高日用水量确定。

（2）消防储水量。当负有消防职能时，应按消防规范要求确定消防储水量。居住小区的水塔经有关部门允许生活用水和消防用水合储时，应采取措施确保消防水不作它用（否则须报请消防部门批准），但不应形成死水。

（3）为确保供水安全，还可储存一定容量的安全储量，由设计人员根据具体情况确定。

3.设计、施工与验收规范及标准:

（1）《建筑给水排水设计规范（2009年版）》GB 50015—2003。

（2）《给水排水工程构筑物结构设计规范》GB 50069—2002。

（3）《给水排水构筑物工程施工及验收规范》GB 50141—2008。

（4）《室外给水设计规范》GB 50013—2006。

4.主要设计参数:

（1）水塔容积。

（2）水塔类型。

（3）水塔有效高度。

（4）内存最低水位。

（5）水塔修筑位置。

5. 材料要求:

（1）基础模板应采用组合钢模板与木模板相结合，模板安装时在基础底板设置角钢抬架，地下室侧壁设置对拉螺栓，焊接止水钢板。

（2）钢筋在按设计成型之前，必须经过除锈、调直、切断、弯曲成型等加工过程。所有钢筋的半成品加工均在现场钢筋车间统一进行。制作时先按料单放样，试制合格后才能成批生产。为确保加工的几何尺寸准确，同批材料操作人员无特殊情况不得更换，特别是钢箍和弯起钢筋尤为重要，所制作的钢筋形状要准确，无翘曲现象。

（3）基础混凝土等级、抗渗等级、钢筋保护层厚度应遵循相关规范规定。

6.施工工艺与要点:

（1）当工程需要增加一根立管时，其增设的立管不得穿越环板和支筒顶板；可以与原有水管共用出水口。若因工程要求必须单独出水而需修改设计，可委托原设计单位进行。若自行修改，单位应对设计修改负责。

（2）增设立管或管径放大时，不得因此而截断休息平台中的焊接钢骨架，还应对休息平台重新核实并采取相应的加强措施。

图名	水塔	页 次	14

(3) 当居住小区的水塔进水采用由市政管网直供或由泵直接从市政管网抽吸供水时，水箱的进水口高于溢流边缘的高度应满足防污染要求。

(4) 基础纵横向钢筋应垂直，纵横向钢筋交点均要绑扎，无漏绑，绑扎采用缠扣，绑扣向里。基础钢筋保护层厚度应符合相关规范要求。

(5) 施工中要认真核对构件尺寸，钢筋的规格、型号、数量、位置及节点构造，做好钢筋的预排和弹线工作，做到绑筋跟线，上、下排交叉节点构造排筋合理,绑丝不得外露，方向向里。

(6) 水塔中环梁以下部分的混凝土，应采用连续浇灌，不设施工缝，只允许在中环梁上部设施工缝，施工缝应妥善处理，继续浇筑混凝土前将表面清理洗刷干净，铺一层1∶2水泥砂浆后再浇筑混凝土，接缝处应加强捣固，使紧密结合为一体。其混凝土厚度误差不得超过1/20。当水箱浇筑完拆模后可做五次防水，并焊接栏杆。

(7) 支筒、水箱混凝土出模后采用涂刷养护液进行养护，尤其注意支筒外壁，阳光直射，更应加强养护。

7.质量检验：

(1) 塔内水管安装完后，应按规定做通水试验，以不堵塞，不渗漏，并且水平度、垂直度应在允许范围内为合格。

(2) 混凝土振捣要保证内实外光，局部出现表面缺陷时要及时处理，混凝土浇筑前要做好一切实验，检查配合比和组成材料的质量与用量等。

(3) 机具模板上口的中心轴线挂置重5kg的重砣，在±0.000中心轴线处设置一个罗盘，罗盘的刻度对应千斤顶位置以后，每提升30cm 检测一次，根据重砣偏差方向对应罗盘，来调整千斤顶的高程，消除偏差。

(4) 倒锥壳的提升应保证达到设计强度的80%以上。筒体施工曲线优美、流畅，混凝土表面应色泽一致、模板缝规则，无蜂窝、麻面、漏浆现象。

8.水塔附图：

图名	水塔		
		页次	15

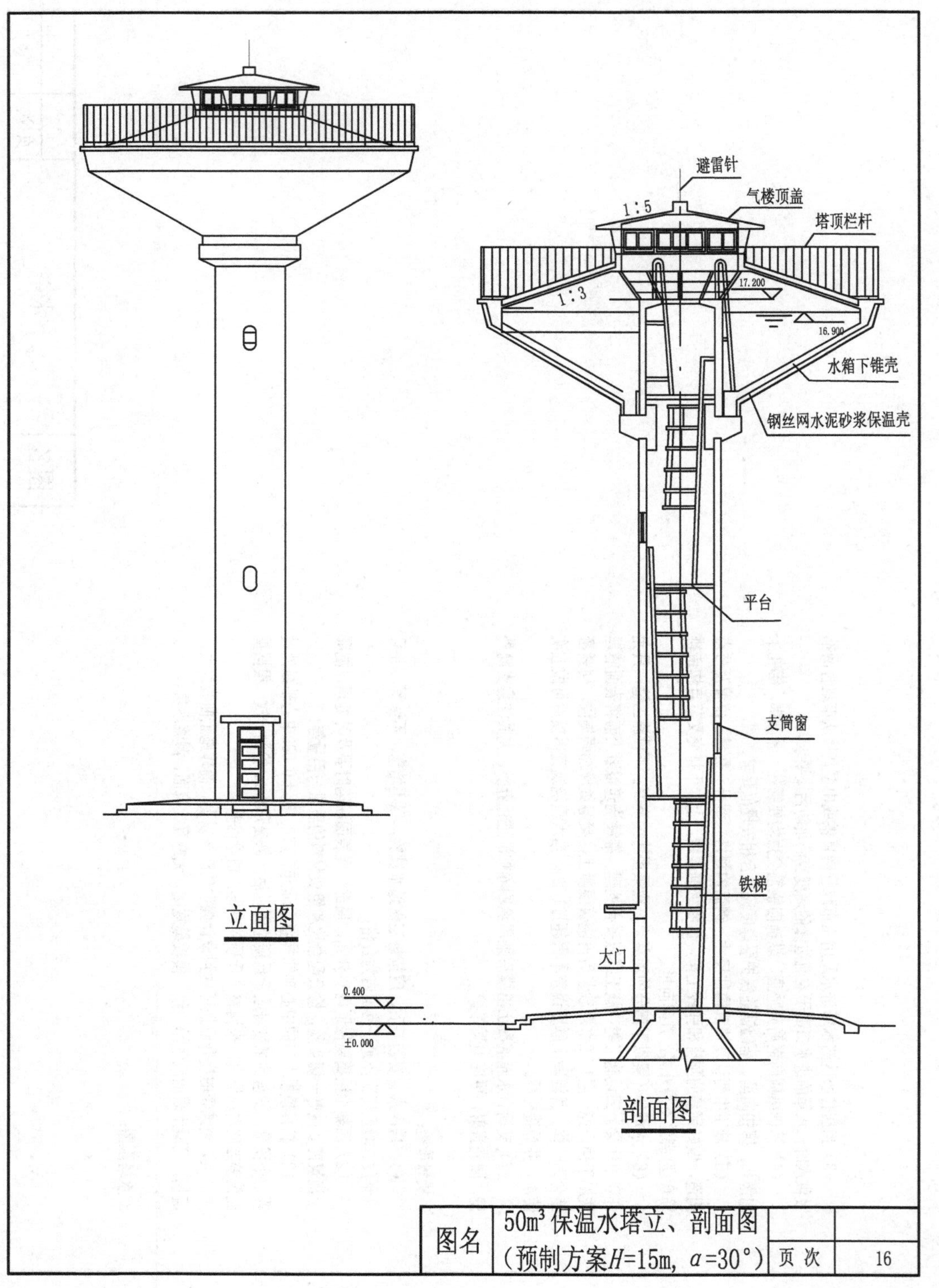

图名	50m³保温水塔立、剖面图（预制方案H=15m, α=30°）	页次	16

单位(m)

水塔高度	最低水位	开泵水位	最高水位	报警水位	溢流水位
H=15	15.15	15.65	16.80	16.85	16.90
H=20	20.15	20.65	21.80	21.85	21.90
H=25	25.15	25.65	26.80	26.85	26.90

注：本表适用于用泵提升进水方案（最高水位应停泵）。当采用外网直供进水方案时，水位达到最高水位时应停止进水。当在进水管上设置阀门（手动或电动等）时，开泵水位即为开阀水位。当采用浮球阀、液压水位控阀时，无需设定开阀水位。阀门的设置位置是否采用自动控制系统由设计人员定。

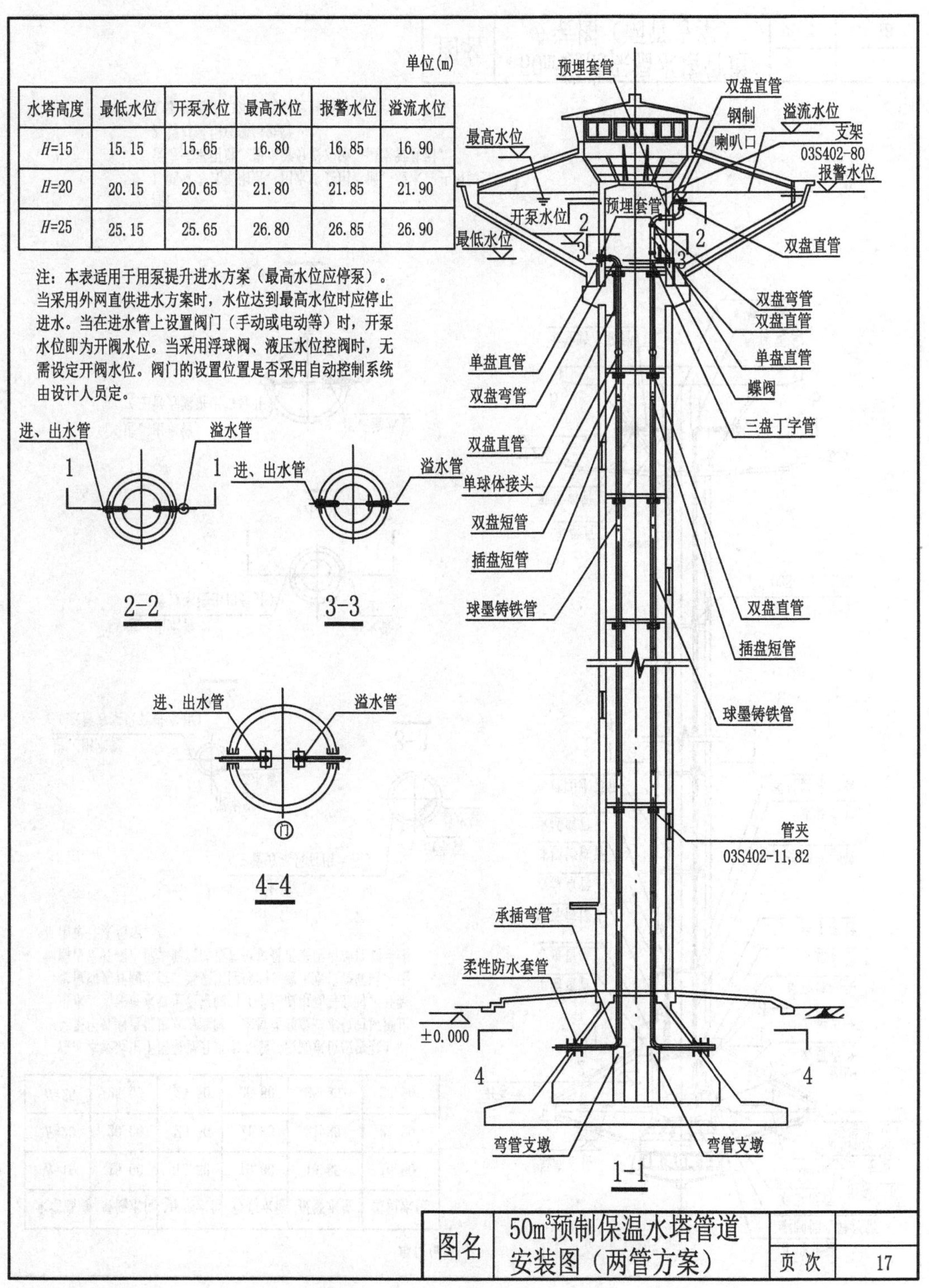

图名	50m³预制保温水塔管道安装图（两管方案）	页次	17

单位(m)

水塔高度	最低水位	开泵水位	最高水位	报警水位	溢流水位
H=15	15.00	15.50	16.80	16.85	16.90
H=20	20.00	20.50	21.80	21.85	21.90
H=25	25.00	25.50	26.80	26.85	26.90

注：本表适用于用泵提升进水方案（最高水位应停泵）。当采用外网直供进水方案时，水位达到最高水位时应停止进水。当在进水管上设置阀门（手动或电动等）时，开泵水位即为开阀水位。当采用浮球阀、液压水位控阀时，无需设定开阀水位。阀门的设置位置是否采用自动控制系统由设计人员定。

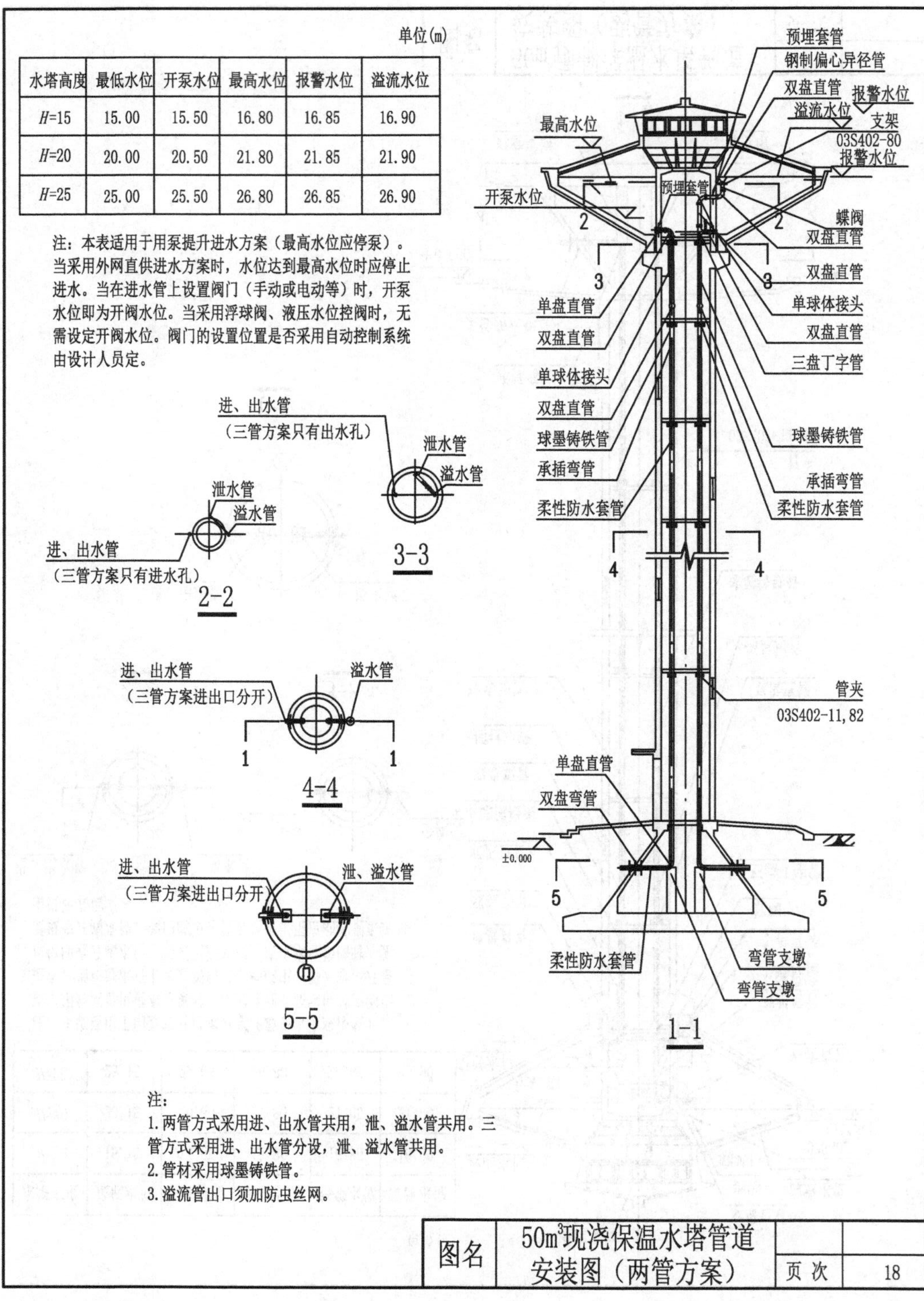

注：

1. 两管方式采用进、出水管共用，泄、溢水管共用。三管方式采用进、出水管分设，泄、溢水管共用。
2. 管材采用球墨铸铁管。
3. 溢流管出口须加防虫丝网。

图名	50m³现浇保温水塔管道安装图（两管方案）	页次	18

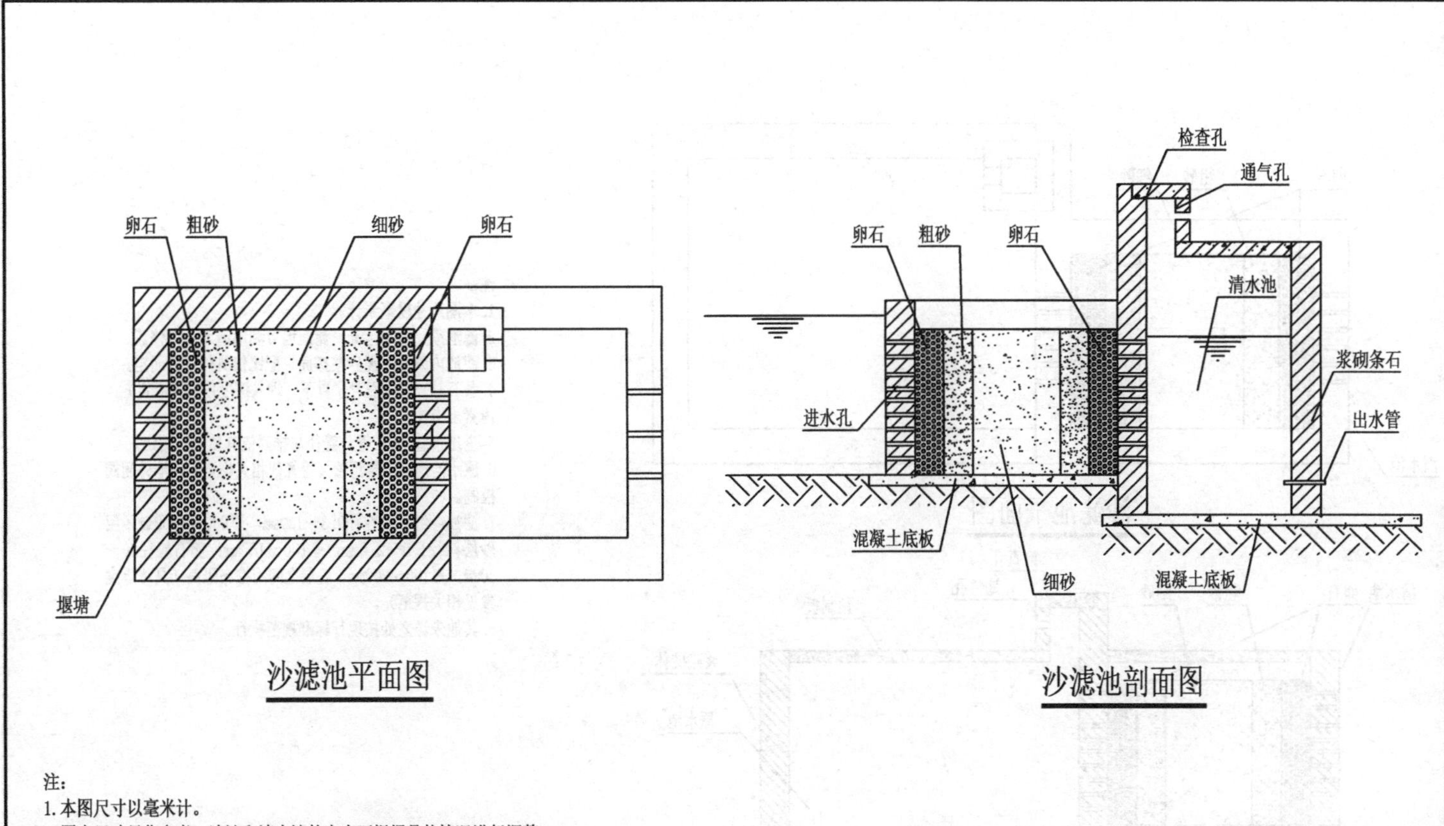

注：

1. 本图尺寸以毫米计。
2. 图中尺寸只作参考，滤池和清水池的大小可根据具体情况进行调整。
3. 池墙用浆砌条石砌筑，内外用水泥砂浆搓面，强度依相关规定选取。
4. 基础素土夯实，混凝土池底、混凝土强度和厚度依具体设计而定。
5. 滤池：细砂层粒径0.3～1.0mm，厚800～1000mm；粗砂层粒径1.0～2.0mm，厚100～150mm；卵石粒径20～30mm，厚100～200mm。各层之间用棕布隔离（具体厚度以相关规范为准）。
6. 池墙应高出地面，以避免污水及杂物流入池内。

图名	沙滤池典型结构图	页次	19

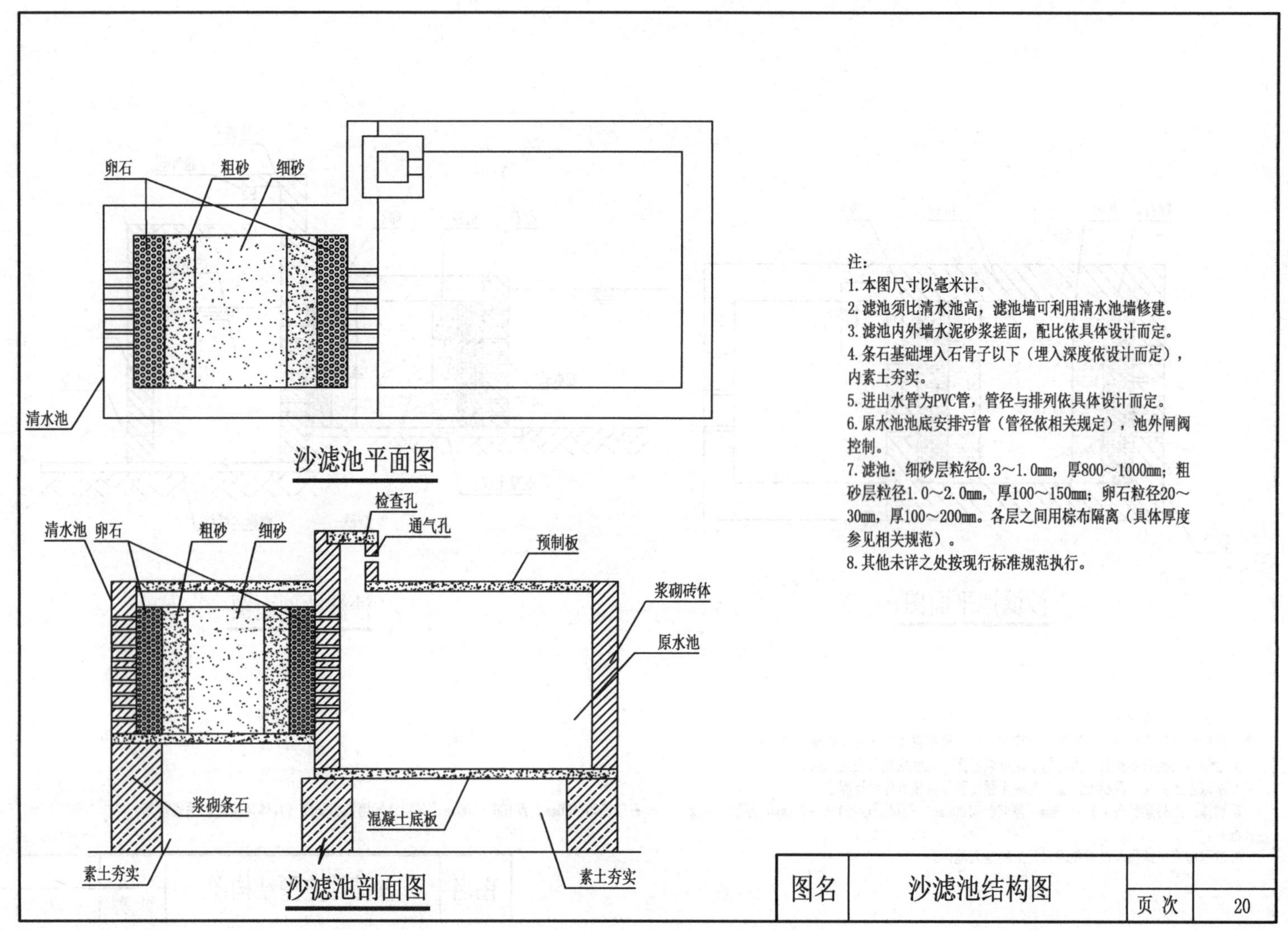

注：
1. 本图尺寸以毫米计。
2. 滤池须比清水池高，滤池墙可利用清水池墙修建。
3. 滤池内外墙水泥砂浆搓面，配比依具体设计而定。
4. 条石基础埋入石骨子以下（埋入深度依设计而定），内素土夯实。
5. 进出水管为PVC管，管径与排列依具体设计而定。
6. 原水池池底安排污管（管径依相关规定），池外闸阀控制。
7. 滤池：细砂层粒径0.3～1.0mm，厚800～1000mm；粗砂层粒径1.0～2.0mm，厚100～150mm；卵石粒径20～30mm，厚100～200mm。各层之间用棕布隔离（具体厚度参见相关规范）。
8. 其他未详之处按现行标准规范执行。

图名	沙滤池结构图	页次	20

3.4 给水附属设施

1.特点：

农村给水附属设施建设具有用水总量少，但流量变化大的特征。因此在实际建设活动中往往需要设置调节构筑物以降低管网造价和运行费用。根据给水管道的敷设情况对其进行分类如下：明装敷设具有安装、维修管理方便等优点，但影响环境美观，妨碍装修布置，夏季产生的凝结水会污染地面、墙面。暗装敷设不影响装修布置，可减少穿越楼板所造成的弊病，但暗装管道在维修管理上较为困难；埋地敷设应做好防腐层的处理。挖沟应在地面回填土并夯实后再开槽，避免地面塌陷使管道破裂。试压合格后应用人工回填夯实管道周围的土方。地沟内敷设中应注意：虽然给水管道常与其他性质的管道同沟敷设，但不宜与电力通信电缆同沟安装，最好不与其他管道共架安装。

2.设计原则：

（1）给水管道的布置，不得妨碍生产操作、交通运输和建筑物的使用。不应布置在遇水会引起燃烧、爆炸或损坏的设备上方，如配电室、配电设备、仪器仪表上方。

（2）给水管道不得穿越设备基础、风道、烟道、橱窗、壁柜、木装修等，不得敷设在排水沟内，不得穿过伸缩缝、沉缩缝。当必须穿过时，应采取以下措施，如预留钢套管、上方留有足够沉降量等。

（3）给水管道可明设或暗设。暗设时，给水管道应敷设于吊顶、技术层、管沟和竖井内。卫生设备支管可敷设在墙内修口，暗装时应考虑管道及附件的安装、检修可能性，竖井留检修门。

（4）给水管道与其他管道共架或同沟敷设时，给水管应敷设在排水管、冷冻水管上面或热水管、蒸汽管下面。

（5）给水管穿过地下室外墙或构筑物墙壁时，应采用防水套管。穿过承重墙或基础时，应预留洞口并留足沉降量。

3.设计、施工与验收规范及标准：

（1）《建筑给水排水设计规范（2009年版）》GB 50015—2003。

（2）《建筑工程施工质量验收统一标准》GB 50300—2013。

（3）《给水排水管道工程施工及验收规范》GB 50268—2008。

（4）《给水排水构筑物工程施工及验收规范》GB 50141—2008。

（5）《建筑给水排水采暖工程施工质量验收规范》GB 50242—2002。

（6）《给水排水工程管道结构设计规范》GB 50332—2002。

4.主要设计参数：

（1）管道直径。

（2）管道摩阻系数。

（3）水泵静扬程。

（4）水头损失。

（5）水的容重。

5.材料要求：

（1）金属及复合管给水管道在试验压力下观测10分钟，压力降不应大于0.02MPa，然后降到工作压力进行检查，应不渗不漏；塑料管给水系统应在试验压力下稳压1小时，压力降不得超过0.05MPa，然后在工作压力的1.15倍状态下稳压2小时，压力降不得超过0.03MPa，同时检查各连接处不得渗漏。实际测试时应根据现行规范进行适度调整。

（2）不锈钢或衬塑钢管给水管及管件质量标准，其规格种类应符合设计要求，管内、外壁光滑。管件无变形、薄厚不均、严重划痕、偏扣、乱扣、丝扣不全或角度不准等现象。

（3）阀门的规格型号应符合设计要求，阀体规矩、表面光洁、无裂纹、开关灵活、关闭严密、填料密封完好无渗漏、手轮完整无损坏。

图名	给水附属设施	页次	21

6.施工工艺与要点：

（1）在一般土壤地区，管道应铺设在未经扰动的原土上。若管道铺设在岩石、砾石等岩性地基上，应作砂土垫层，并均匀夯实。

（2）管道穿基础，墙壁孔洞，待管道安装完毕后，中间填实纯黏土，其内壁用75号水泥砂浆封口。

（3）干管安装。给水管采用不锈钢管承插焊接时，需先将管材和配件黏附的其他异物清除干净。埋地干管在回填土前进行预检、单项强度试压、评定，并做隐蔽验收。埋地干管不得有活接头，埋地管道回填土时，要采取保护措施。

（4）管道试压。铺设、暗装、保温的给水管道在隐蔽前需对相关管道进行水压试验。

（5）管道防腐和保温管道防腐。给水管道铺设与安装的防腐均应按设计要求及国家验收规范施工，所有型钢支架破坏处要补刷防锈漆。过门厅支管防结露保温一般采用橡塑管材10mm厚保温，两端及中间用橡塑专用胶带绑扎，外壁包裹塑料带。

（6）管道冲洗。管道在试压完成后即可做冲洗。冲洗以图纸上提供的系统最大设计流量进行，用自来水连续进行冲洗，直至各出水口水色透明度与进水目测一致为合格。

（7）管道通水。交工前做给水系统通水试验(按规范要求，按设计要求同时开启最大数量的配水点，能否达到额定流量)，分系统分区段进行。

7.质量检验：

（1）铺设、暗装、保温的给水管道在隐蔽前做好单项水压试验。管道系统安装完成后进行综合水压试验。水压试验时放净空气，充满水后对试压管道进行外观检查，检查管壁及接口有无渗漏。若有，返修；若无，则开始加压，当压力升到试验压力时停止加压。

（2）单项试压。从压力表上读出10分钟压力降，若大于0.05MPa，则返修；若不大于0.05MPa，则降至工作压力后进行外观检查，无渗漏为合格。

（3）综合试压。从压力表上读出1小时压力降，若不大于0.05MPa且不渗不漏，则试压合格。

8.给水附属设施附图：

图名	给水附属设施	页次	22

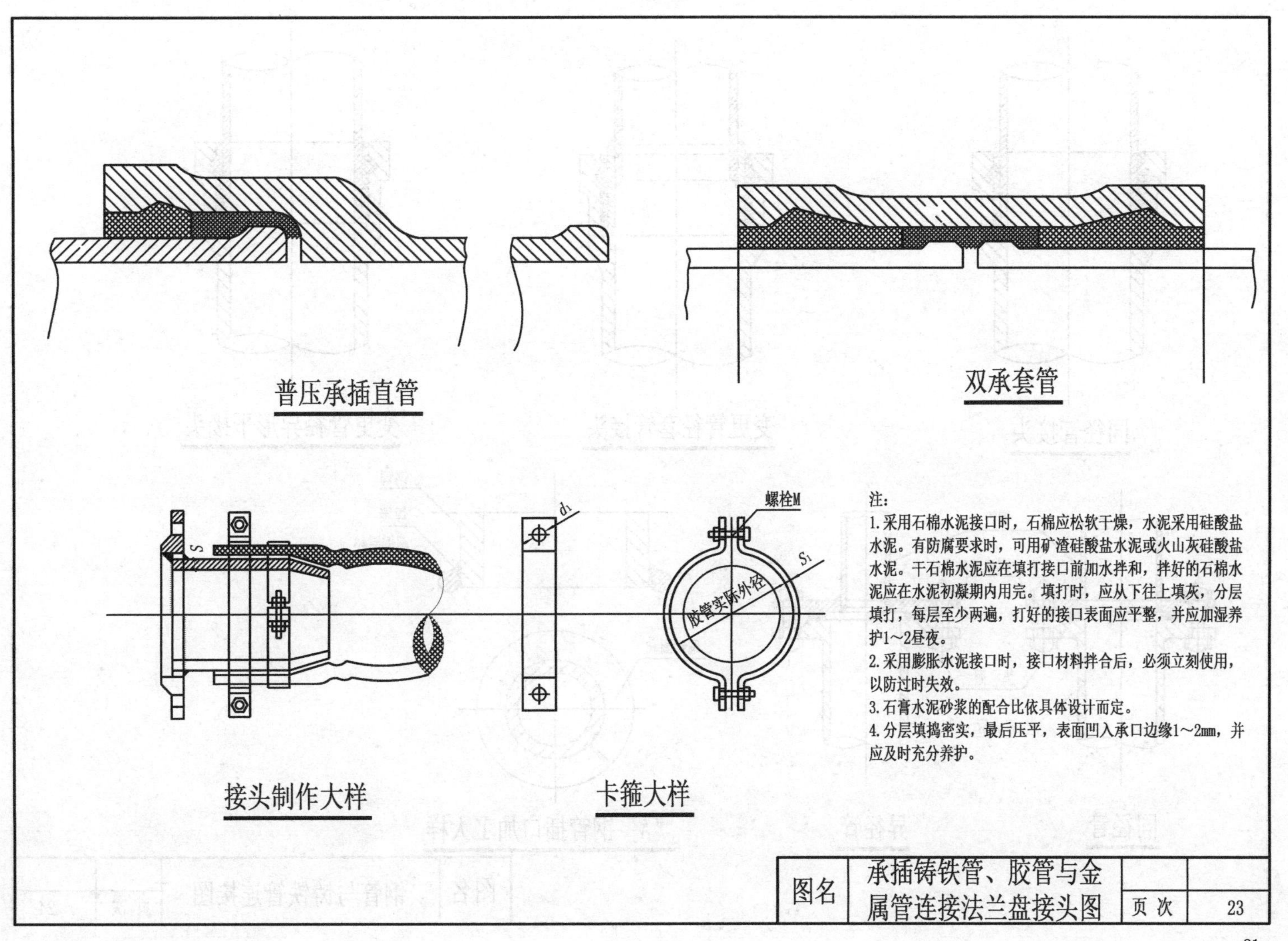

注：

1. 采用石棉水泥接口时，石棉应松软干燥，水泥采用硅酸盐水泥。有防腐要求时，可用矿渣硅酸盐水泥或火山灰硅酸盐水泥。干石棉水泥应在填打接口前加水拌和，拌好的石棉水泥应在水泥初凝期内用完。填打时，应从下往上填灰，分层填打，每层至少两遍，打好的接口表面应平整，并应加湿养护1～2昼夜。
2. 采用膨胀水泥接口时，接口材料拌合后，必须立刻使用，以防过时失效。
3. 石膏水泥砂浆的配合比依具体设计而定。
4. 分层填捣密实，最后压平，表面凹入承口边缘1～2mm，并应及时充分养护。

图名	承插铸铁管、胶管与金属管连接法兰盘接头图	页次	23

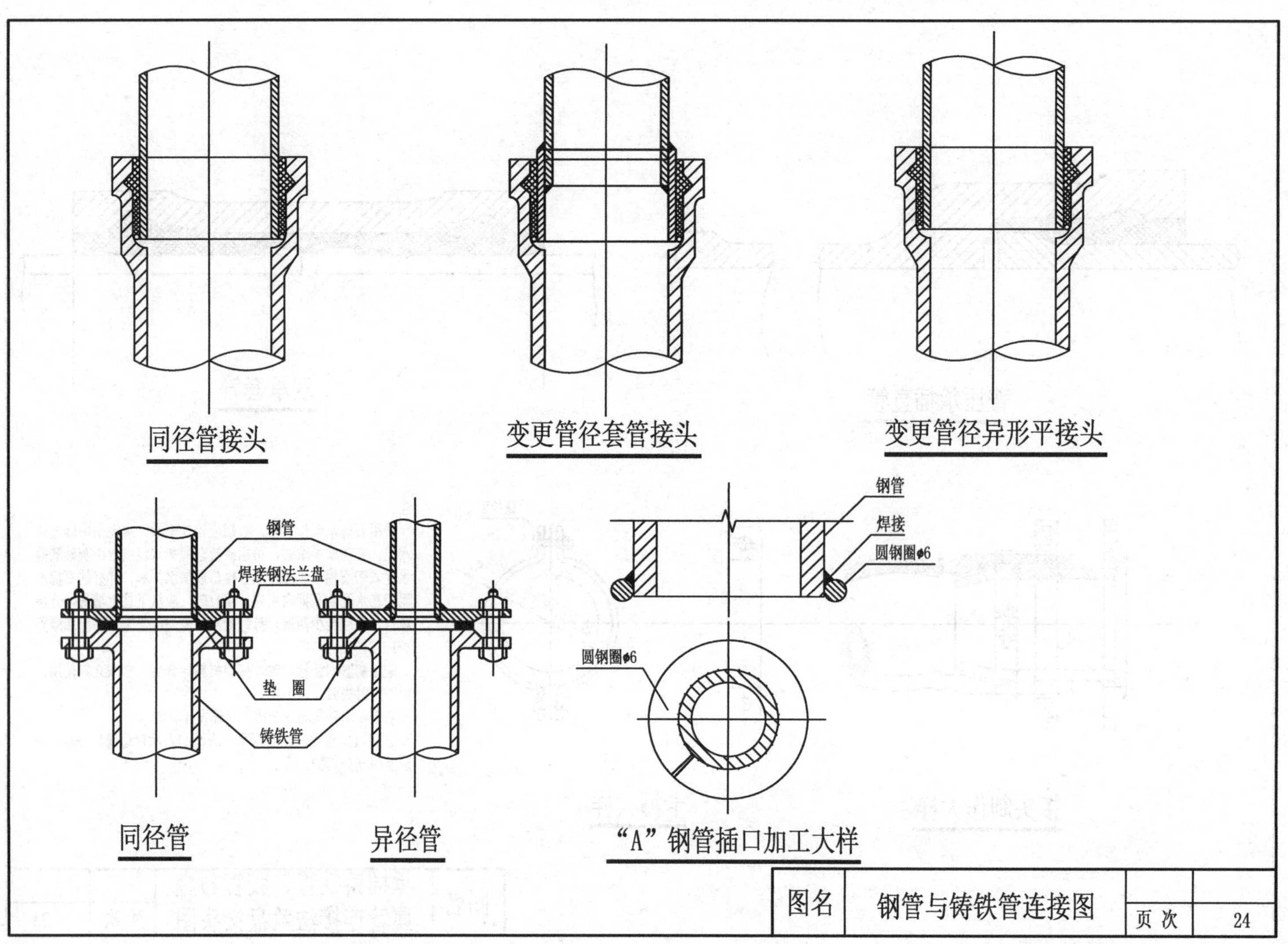

图名	钢管与铸铁管连接图		
		页次	24

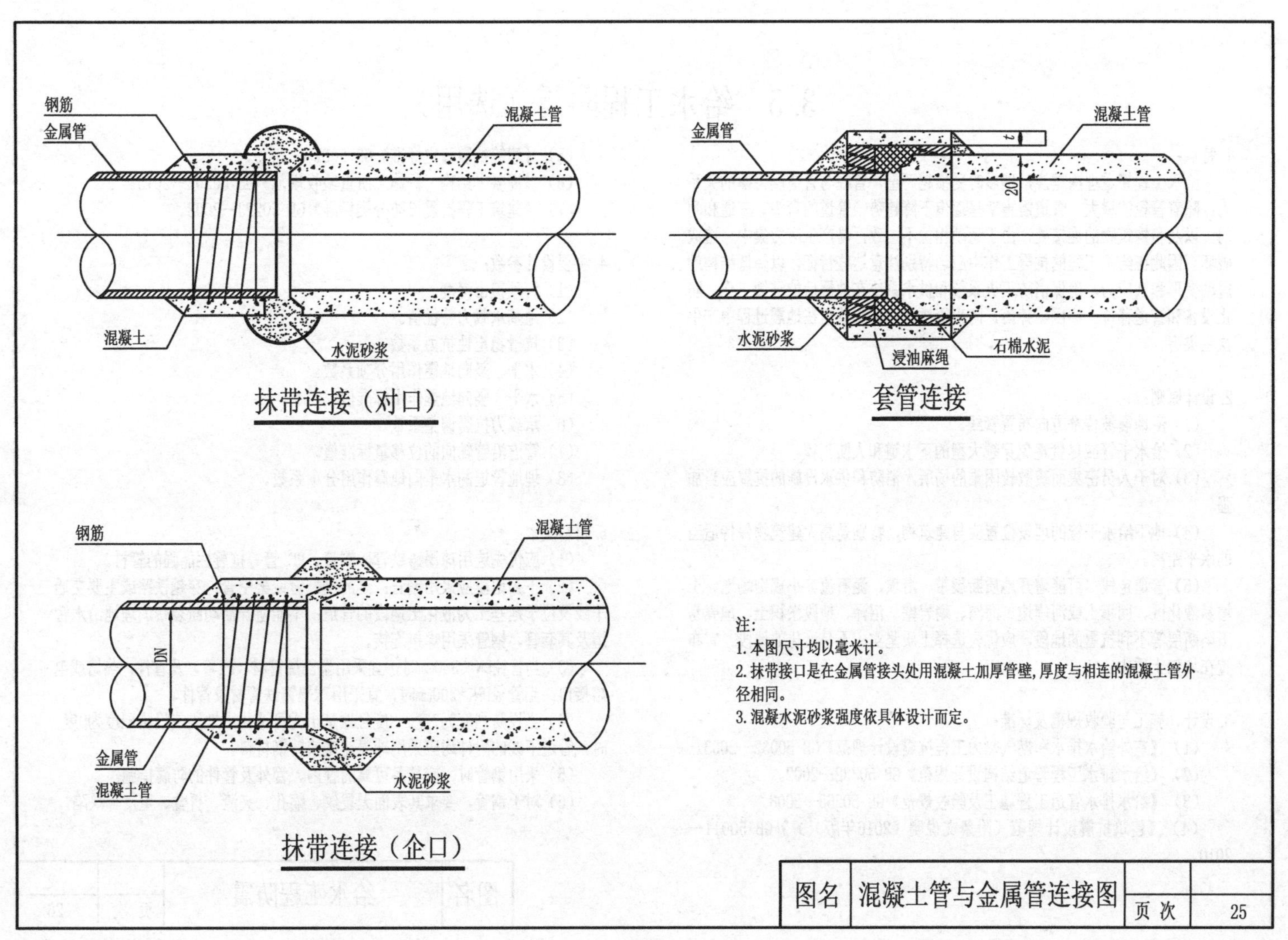

注：
1. 本图尺寸均以毫米计。
2. 抹带接口是在金属管接头处用混凝土加厚管壁，厚度与相连的混凝土管外径相同。
3. 混凝水泥砂浆强度依具体设计而定。

图名	混凝土管与金属管连接图	页次	25

3.5 给水工程防震（选用）

1.特点：

给水工程管道埋深越浅，地震时受损越严重，管径与管道震害率的关系为：随着管径的增大，管道震害率呈逐步下降趋势，管道的弯头、三通和闸门，以及和构筑物的连接处，由于运动相位不一致，易产生应力集中，造成破坏。因此在给水工程的抗震工作中应当特别注意这些特征，以降低结构的震动变形和次应力，确保消防灭火系统和供水系统在地震后能继续工作，防止设备和管道移位、倾倒、掉落，防止给排水设备和管道在地震过程中产生次生灾害。

2.设计原则：

（1）沿地震波传播方向布置管线。

（2）给水干管应尽量避免穿越大型的下水道和人防工程。

（3）对于人员密集而疏散较困难的场所，消防和供水设施的抗震应当加强。

（4）地下给水干管的埋设位置应与建筑物，特别是高大建筑物保持适当的水平距离。

（5）管道定线尽可能避开地质断裂带、滑坡、泥石流、小规则场地、土壤易液化区、回填土或河岸边、海湾、峭岩壁、沼泽、地段淤积土、地壳易下陷断层等不利抗震的地段，应优先选择土质坚实、不易液化的地段，宜布置在均匀土质中。

3.设计、施工与验收规范及标准：

（1）《室外给水排水和燃气热力工程抗震设计规范》GB 50032—2003。

（2）《给水排水工程管道结构设计规范》GB 50332—2002。

（3）《给水排水管道工程施工及验收规范》GB 50268—2008。

（4）《建筑抗震设计规范（附条文说明（2016年版））》GB 50011—2010。

（5）《建筑抗震鉴定标准》GB 50023—2009。

（6）《混凝土结构工程施工质量验收规范》GB 50204—2015。

（7）《建筑工程抗震设防分类标准》GB 50223—2008。

4.主要设计参数：

（1）管顶覆土深度。

（2）地基承载力特征值。

（3）抗滑稳定性抗力系数。

（4）水平、竖向地震作用分项系数。

（5）水平、竖向地震作用标准值。

（6）承载力抗震调整系数。

（7）管道沿管轴向的位移量标准值。

（8）埋地管道的水平向地震作用分项系数。

5.材料要求：

（1）应优先选用球墨铸铁管、钢管、PE 管等抗震性能强的管材。

（2）下列地段应采用钢管：过河倒虹管或架空管；穿越铁路或主要交通干线及位于地基土为液化土地段的管道；不能避开活动断裂带的埋地给水管道及其套管，钢管采用焊接连接。

（3）当管径DN≤300mm时，宜采用聚乙烯管材（PE管）及管件，热熔或电熔接口；当管径DN＞300mm时，宜采用球墨铸铁管材及管件。

（4）当设防烈度为7度、8度且地基土为可液化土地段或设防烈度为9度时，管道干线的附件均应采用球墨铸铁或铸钢材料。

（5）采用钢管时，应具备可靠的管内、管外及管件的防腐措施。

（6）对于钢管，要求其表面无裂纹、缩孔、夹渣、折叠、重皮等缺陷，

图名	给水工程防震		
		页次	26

管壁不能有麻点及超过壁厚负偏差的锈蚀或凹陷。

（7）青铅纯度在99%以上，杂质多的铅性硬，不能使用。

6.施工工艺与要点：

（1）为防止设备及管道移位、倾倒、掉落损坏，设备和管道的抗震支、吊架应与建筑主体结构牢固相连（可用埋件、膨胀螺栓，不用射钉），不应设在填充墙上。设备设置位置及管径DN≥100mm的管道的抗震支、吊架设置位置和要求应征得建筑工程师与结构工程师的认定，并进行必要的抗震强度验算。

（2）抗震设防的最小管径，各系统应有区别，视功能要求而定。管道连接时柔性接口比刚性接口好，刚性接口应设防。架空管道的下列部位应设抗震防晃支架（适应变形和防晃）：管道转弯处、三通分支处、水平管的横向和纵向抗震支座设置（防晃），立管的底部和顶部及中间的抗震支架设置（适应层间位移）。

（3）管道不应穿越抗震缝、变形缝、沉降缝。若必须通过，则应考虑变形位移，并在两侧设柔性连接。隐蔽安装管道检修较难，应适当加强抗震设计。泵房内管线及由泵向高位水箱输水或向管网输水的主干管应加强抗震设计。由配水干管接出的支管线的阀门宜设在近干管的三通处，以方便切断控制。暗装的阀门位置应有明显的标志。

（4）给水引入管与墙体交界的外侧应设阀门和柔性接管或能适应变形位移的其他接管，并设于管沟内。穿越楼板、墙、基础的管道，应留有一定缝隙，并用柔性防火材料堵塞，以适应震动和防火。

（5）管架上应设有防止管道滑落的措施，沿立式设备布置的垂直管道和采用吊架的管道应合理设置导向支架。管道与储罐及其他设备的连接应具备必要的抗震柔性设计。管道穿墙、穿防火堤等建、构筑物构件时应加套管，管道与套管之间应填塞软质不可燃材料。

7.质量检验：

（1）给水引入管与排水排出管的水平净距不得小于1m，室内给水与排水管道平行敷设时，两管间的最小水平净距不得小于0.5m。

（2）交叉铺设时，垂直净距不得小于0.15m。给水管应铺在排水管上面，当给水管必须铺在排水管的下面时，给水管应加套管，其长度不得小于排水管管径的3倍，并根据现行规范进行适度调整。

（3） 在管道变向地区必须实施支墩加固措施，必要时加设柔性防脱接口。在管件上不得有水平或垂直的突然拐弯，因为地震时不连续点容易产生复杂应力。

（4）消火栓及管径大于75mm的阀门邻近有危险建筑物时，应调整阀门及消火栓的设置部位（阀门及消火栓应设置在便于应急使用的部位）。

8.给水工程防震附图：

图名	给水工程防震	页次	27

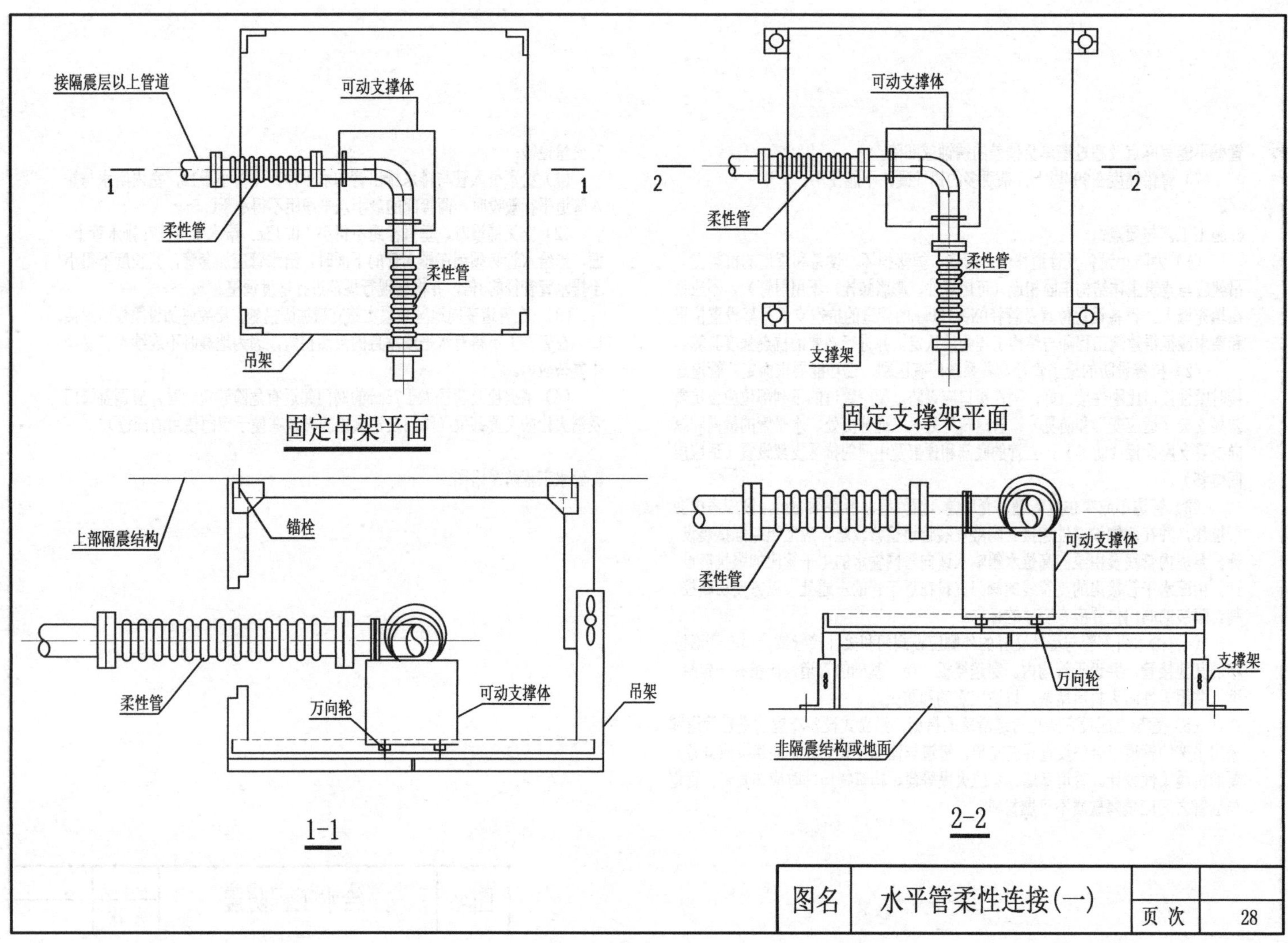

图名	水平管柔性连接(一)	页次	28

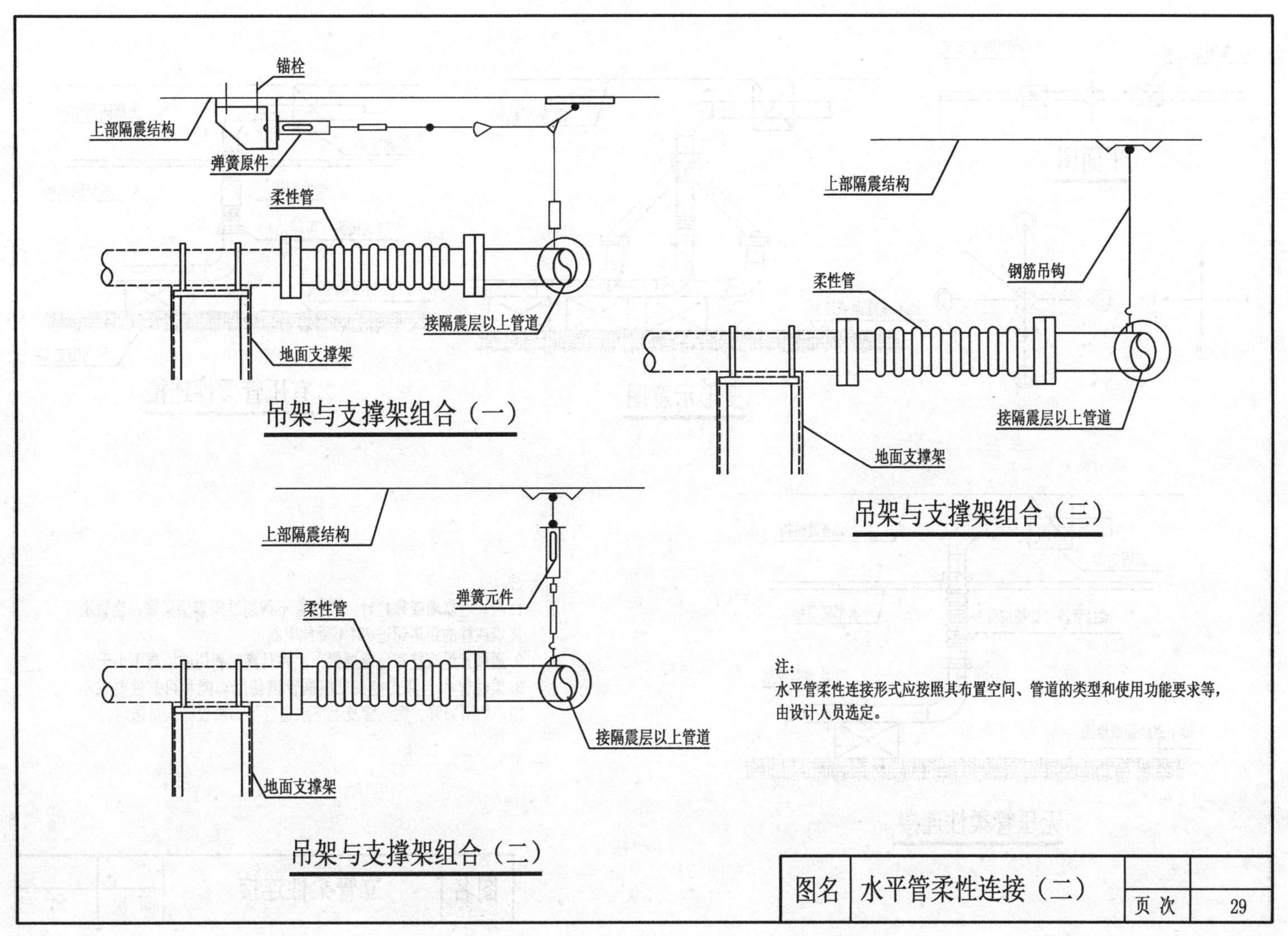

注：

水平管柔性连接形式应按照其布置空间、管道的类型和使用功能要求等，由设计人员选定。

图名	水平管柔性连接（二）	页次	29

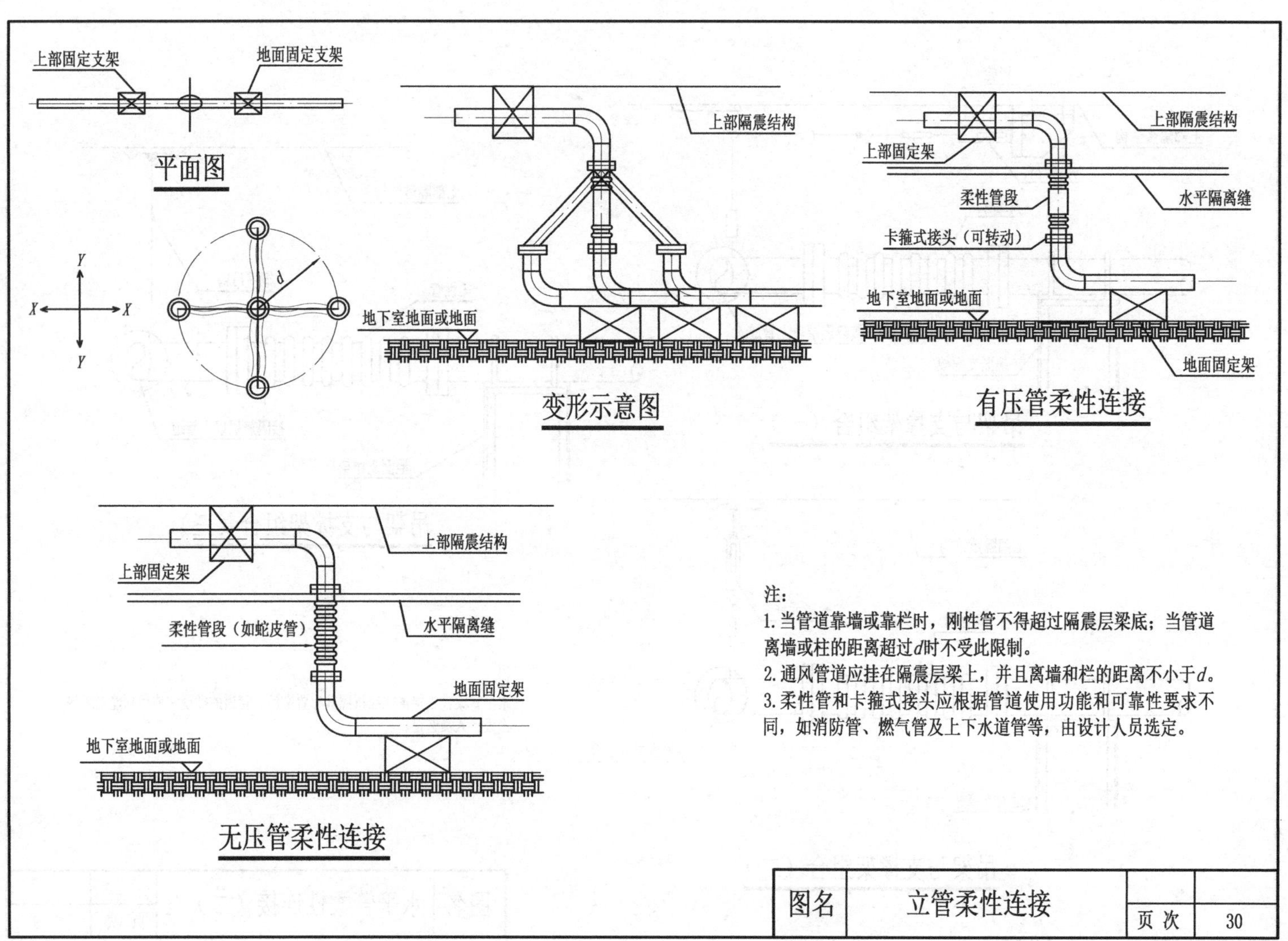

注：

1. 当管道靠墙或靠栏时，刚性管不得超过隔震层梁底；当管道离墙或柱的距离超过d时不受此限制。
2. 通风管道应挂在隔震层梁上，并且离墙和栏的距离不小于d。
3. 柔性管和卡箍式接头应根据管道使用功能和可靠性要求不同，如消防管、燃气管及上下水道管等，由设计人员选定。

图名	立管柔性连接	页次	30

第4章 排水工程设计建造

4.1 污水处理设施

1.特点：

污水处理设备的主要作用是有效处理城镇的生活污水、工业废水等，避免污水及污染物直接流入水域，进而改善生态环境、促进经济发展。污水处理设备的施工对构筑物、工艺管道、设备等各部位轴线、尺寸、高程系统都有严格要求与特殊的专业规定。污水处理构筑物结构混凝土不但有严格的尺寸误差限制、强度要求，还特别对水工混凝土的抗渗、耐久性（抗腐蚀）有很高的要求。

2.设计原则：

（1）全面规划，近期和远期相结合。

（2）清污分流，分质处理。

（3）局部处理与集中处理相结合。

（4）技术先进，经济合理，运转可靠。

（5）处理后的污水应尽量回用。

（6）达标排放，保护环境。

3.设计、施工与验收规范及标准：

（1）《建筑给水排水设计规范（2009年版）》GB 50015—2003。

（2）《建筑给水排水及采暖施工质量验收规范》GB 50242-2002。

（3）《建筑排水金属管道工程技术规程》CJJ 127—2009。

（4）《建筑排水复合管道工程技术规程》CJJ/T 165—2011。

（5）《建筑给水复合管道工程技术规程》CJJ/T 155—2011。

（6）《排水用柔性接口铸铁管、管件及附件》GB/T 12772—2016。

（7）《建筑排水用柔性接口承插式铸铁管及管件》CJ/T 178—2013。

（8）《不锈钢冷轧钢板和钢带》GB/T3280—2015。

（9）《钢塑复合管》GB/T 28897—2012。

（10）《村庄污水处理设施技术规程》CJJ/T 163-2011。

4.主要设计参数：

（1）处理规模。

（2）进水水质。

（3）出水水质。

5.材料要求：

（1）对于大型水工建筑物所用的水泥，可根据具体情况对水泥的矿物成分等提出专门要求。每一工程所用水泥品种以两三种为宜，并宜固定厂家供应。有条件时，应优先采用散装水泥。

（2）对于水位变化区的外部混凝土、建筑物的溢流面和经常受水流冲刷部位的混凝土、有抗冻要求的混凝土，应优先选用硅酸盐大坝水泥和硅酸盐水泥，或普通硅酸盐大坝水泥和普通硅酸盐水泥。

（3）当环境水对混凝土有硫酸盐侵蚀性时，应选用抗硫酸盐水泥。

（4）建筑物外部水位变化区、溢流面和经常受水流冲刷部位的混凝土，以及受冰冻作用的混凝土，其水泥标号不宜低于425号。

（5）在每批钢筋中，选取经表面检查和尺寸测量合格的两根钢筋，各取一个拉力试件和一个冷弯试件，按规定进行试验。若有一个试验项目的一个试件未符合相关规定的数值，则另取两倍数量的试件，对不合格的项目做第二次试验，若有一个试件不合格，则该批钢筋即为不合格。

6.施工工艺与要点：

（1）根据设备安装图与基础图，准备基础以安装平面图大小尺寸为准，做好混凝土底板，基础必须水平。

图名	污水处理设施		
		页 次	1

(2) 根据安装图，连接管道，设备就位后连接管道用橡皮垫紧固好，使连接处不渗漏。

(3) 设备安装完毕后，设备与基础地板必须连接固定，绝对保证不使设备流动上浮，同时需在设备中注入污水(无污水时，应用其他水源或自来水代替)，充满度必须达到70%以上，以防设备上浮。同时，检查好各管道有无渗漏。试水各管路口必须不渗漏，同时设备不能受地面水上涨，而使设备错位和倾斜。

(4) 设备安装完毕无不妥后，即可用土填入设备将四周与间隙中夯实。

(5) 连接控制线路，并注意风机、水泵等的转向必须正确无误。

7.质量检验：

(1) 基础。基础承压必须大于设计要求，同时要求水平、平整。若设备埋于地坪以下，基础标高必须小于或等于设备标高并保证下雨不积水，基础一般是素混凝土(是否配筋视当地地质情况而定)。

(2) 安装。根据安装图就位，各箱体依次就位，箱体的位置、方向不能放错，相互间距必须准确，并连接好管道。预制的池壁板应保证几何尺寸准确。池壁板安装的间隙允许偏差应为±10mm。检验方法为：尺量检查，观察检查。

(3) 底板高程和坡度应符合设计要求，其高程允许偏差应为±5mm，坡度允许偏差应为±0.15%，底板平整度允许偏差应为5mm。具体施工时还应根据现行规范对相关数据进行调整。

(4) 预制壁板和混凝土湿接缝不应有裂缝。

(5) 预制混凝土构件安装位置应准确、牢固，不应出现扭曲、损坏、明显错台等现象。

(6) 堰板加工厚度应均匀一致，锯齿外形尺寸应对称、分布均匀。堰板安装应平整、垂直、牢固，安装位置及高程应准确。堰板齿口下底高程应处在同一水平线上，接缝应严密。保证全周长上的水平度允许偏差应不大于±1mm。实际施工时以现行规范规定为准。

(7) 系统安装完毕后，微孔曝气器管路应吹扫干净，出气孔不应堵塞。

(8) 刮泥机和吸刮泥机设备的过载装置应动作灵敏可靠。撇渣板和刮泥板不应有卡住、突跳现象，刮泥机和吸刮泥机安装前应对池子直径、池底标高进行复测，满足要求后进行安装。

8.污水处理设施附图：

图名	污水处理设施	页次	2

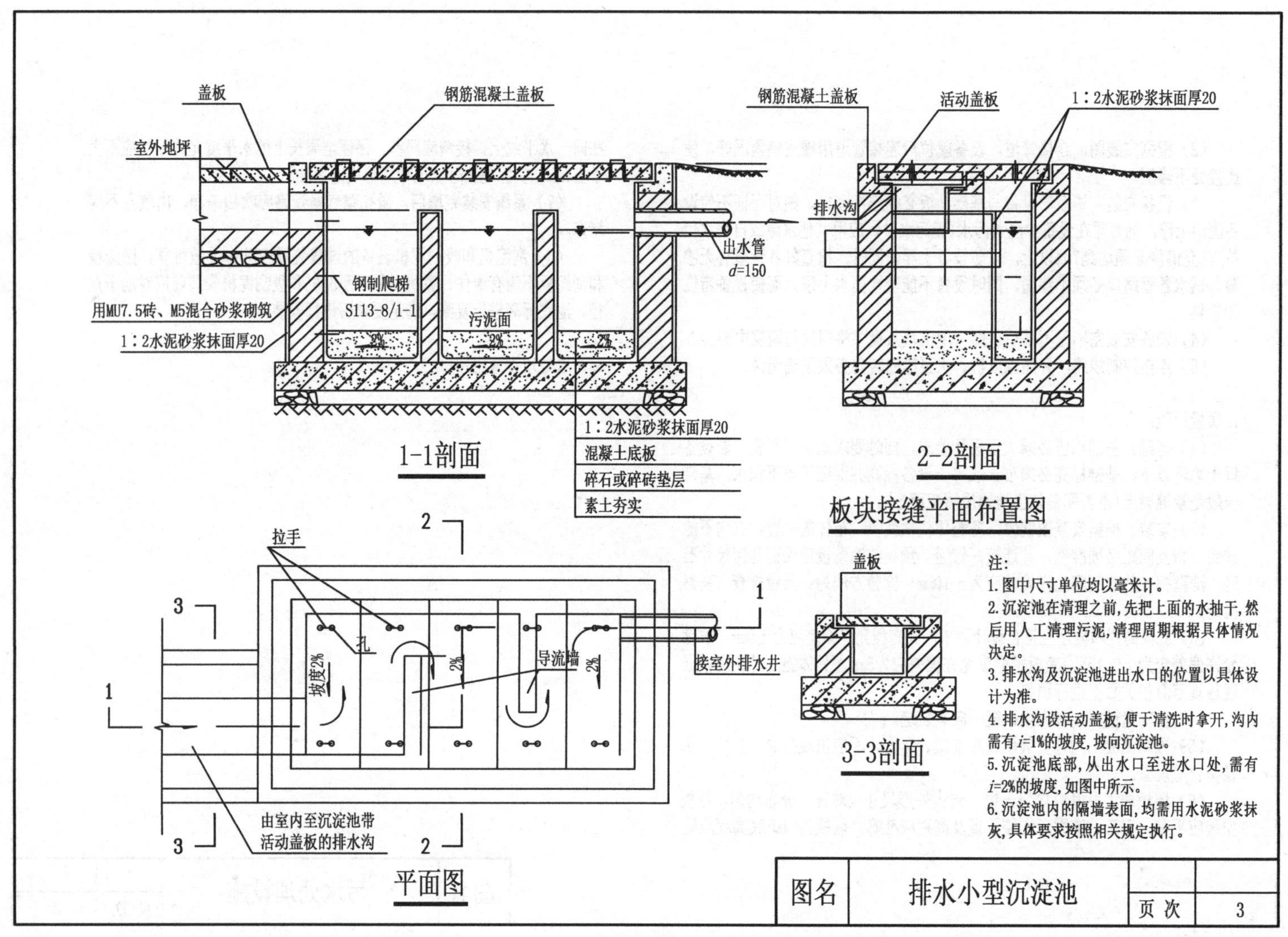

注:
1. 图中尺寸单位均以毫米计。
2. 沉淀池在清理之前,先把上面的水抽干,然后用人工清理污泥,清理周期根据具体情况决定。
3. 排水沟及沉淀池进出水口的位置以具体设计为准。
4. 排水沟设活动盖板,便于清洗时拿开,沟内需有i=1%的坡度,坡向沉淀池。
5. 沉淀池底部,从出水口至进水口处,需有i=2%的坡度,如图中所示。
6. 沉淀池内的隔墙表面,均需用水泥砂浆抹灰,具体要求按照相关规定执行。

图名	排水小型沉淀池	页次	3

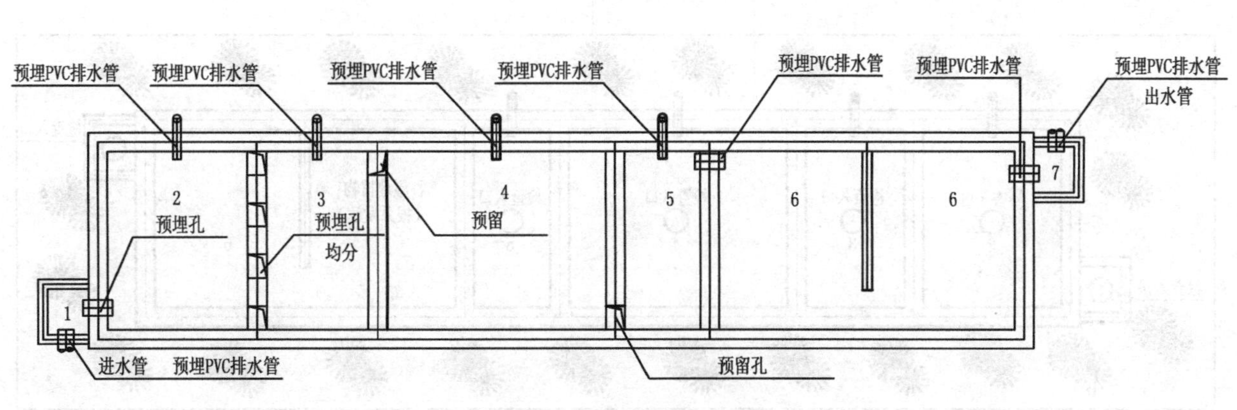

污水池平面布置图

(-0.1m)

图名	污水池平面布置图 (-0.1m)		
		页 次	4

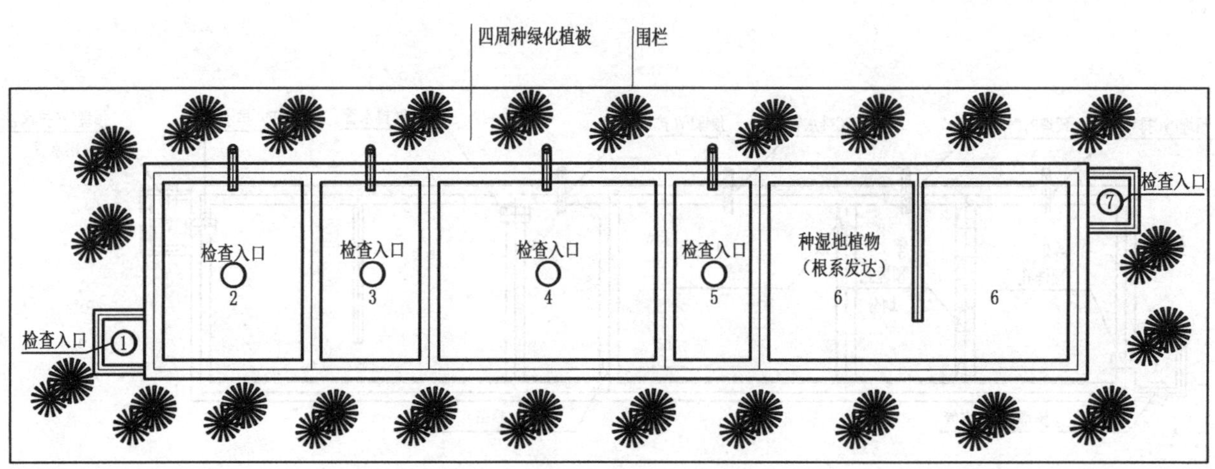

污水池平面布置图
（+0.00m）

注：
1. 图中标注除标高以米计外，其余以毫米为单位。
2. 由于无详细测绘资料，本图以污水池顶面高程高度为相对标高±0.000m计，若有变动则处理构筑物其他标高也需做相应增减。
3. 预埋管需做套管及防渗处理。
4. 其他未尽事宜参照国家相关规范、标准。

图名	污水池平面布置图（+0.00m）		
		页 次	5

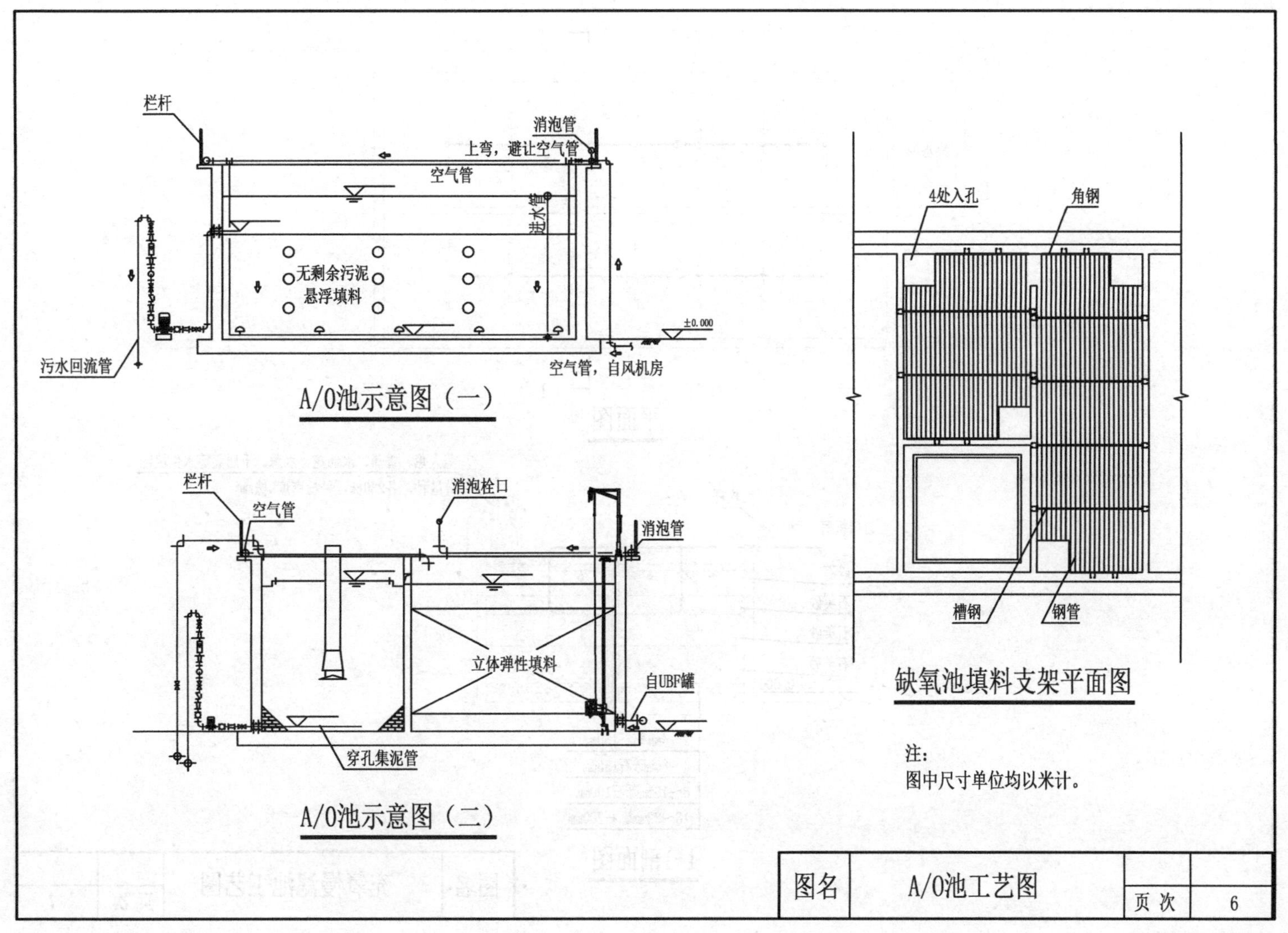
栏杆
消泡管
上弯，避让空气管
空气管
进水管
无剩余污泥
悬浮填料
±0.000
污水回流管
空气管，自风机房
A/O池示意图（一）
栏杆
消泡栓口
空气管
消泡管
立体弹性填料
自UBF罐
穿孔集泥管
A/O池示意图（二）
4处入孔
角钢
槽钢
钢管
缺氧池填料支架平面图
注：
图中尺寸单位均以米计。
图名
A/O池工艺图
页次
6

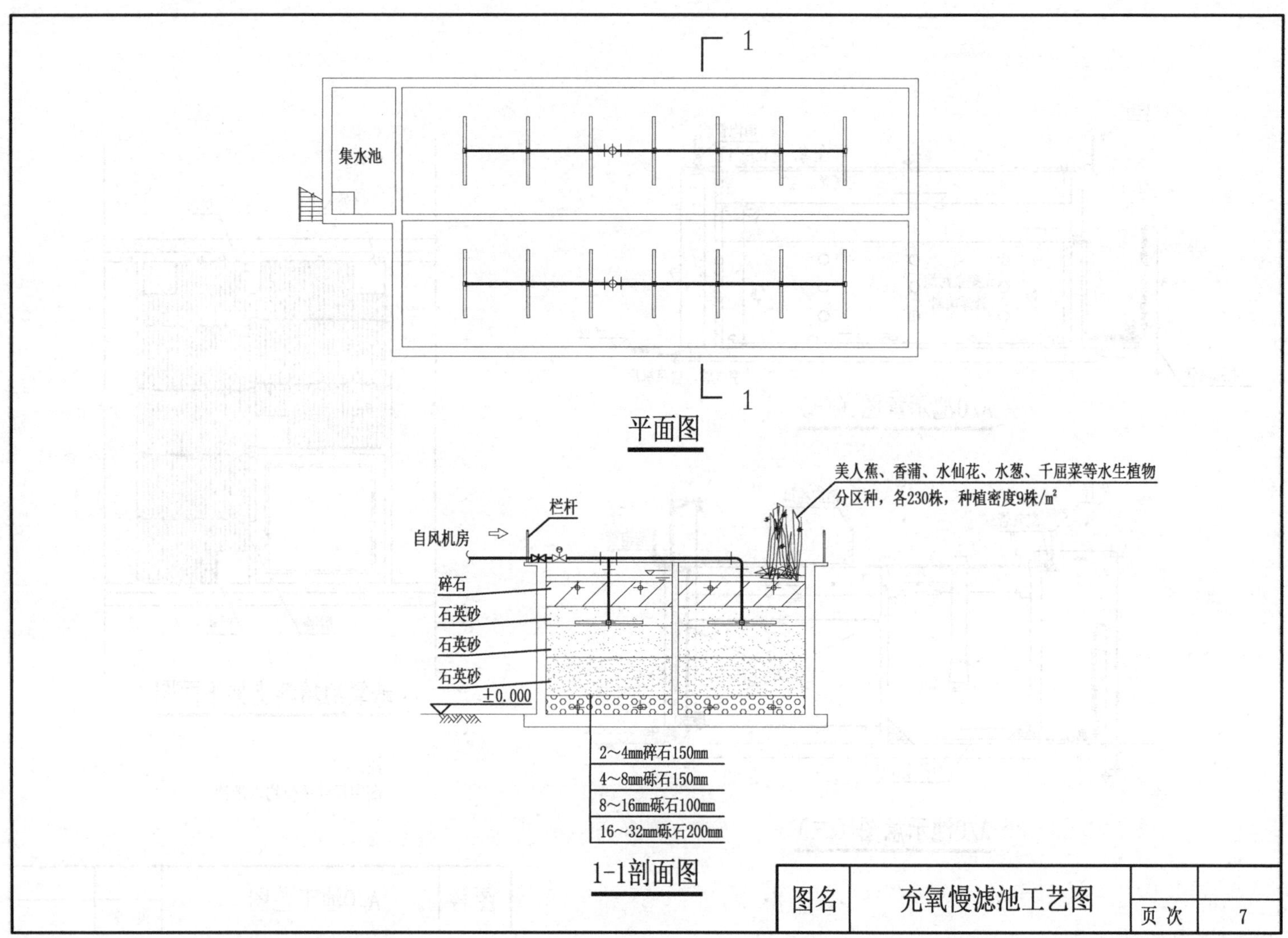
1
集水池
1
平面图
美人蕉、香蒲、水仙花、水葱、千屈菜等水生植物
分区种，各230株，种植密度9株/㎡
栏杆
自风机房
碎石
石英砂
石英砂
石英砂
±0.000
2～4mm碎石150mm
4～8mm砾石150mm
8～16mm砾石100mm
16～32mm砾石200mm
1-1剖面图
图名
充氧慢滤池工艺图
页次
7

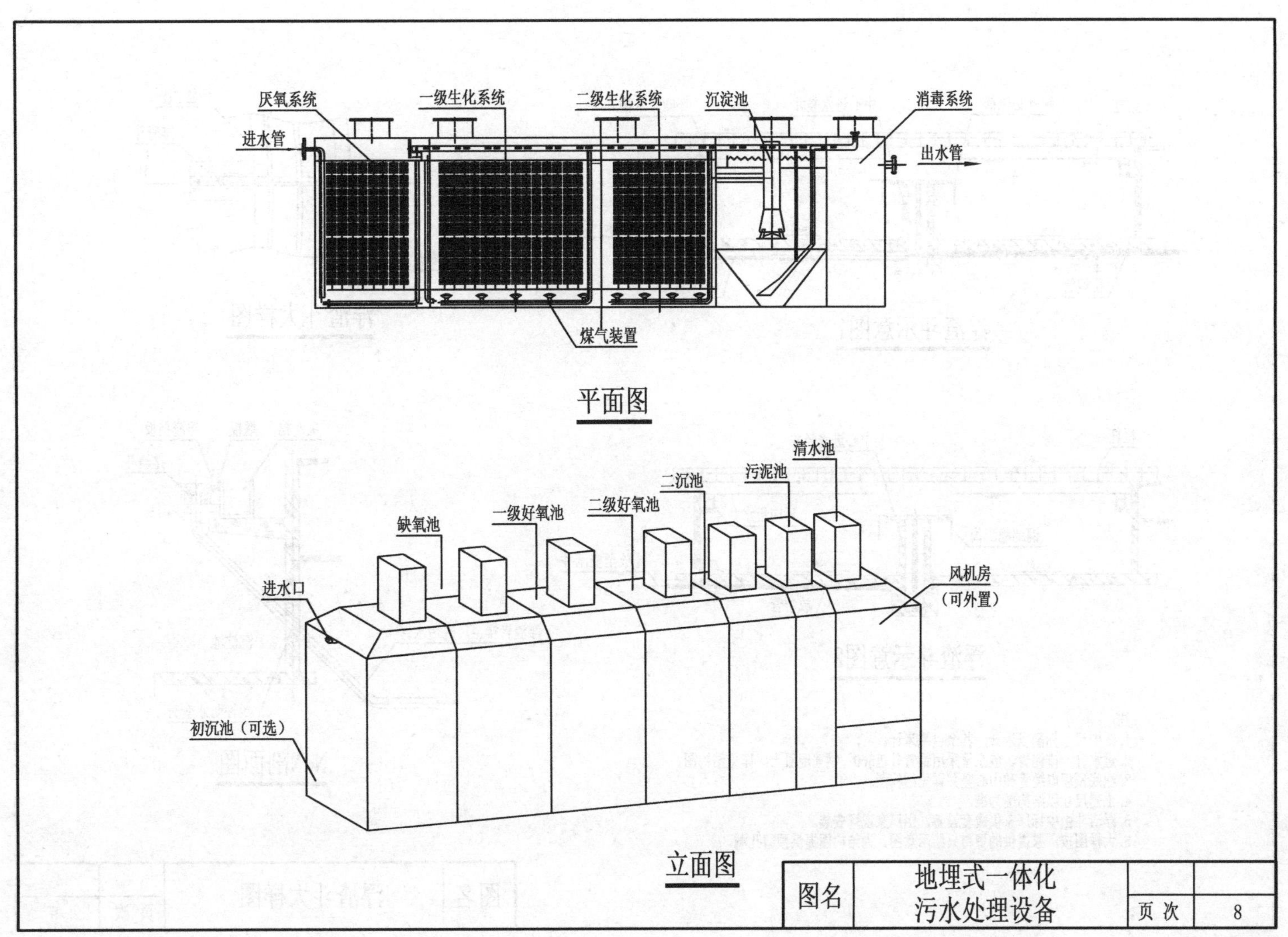

图名	地埋式一体化 污水处理设备		
		页 次	8

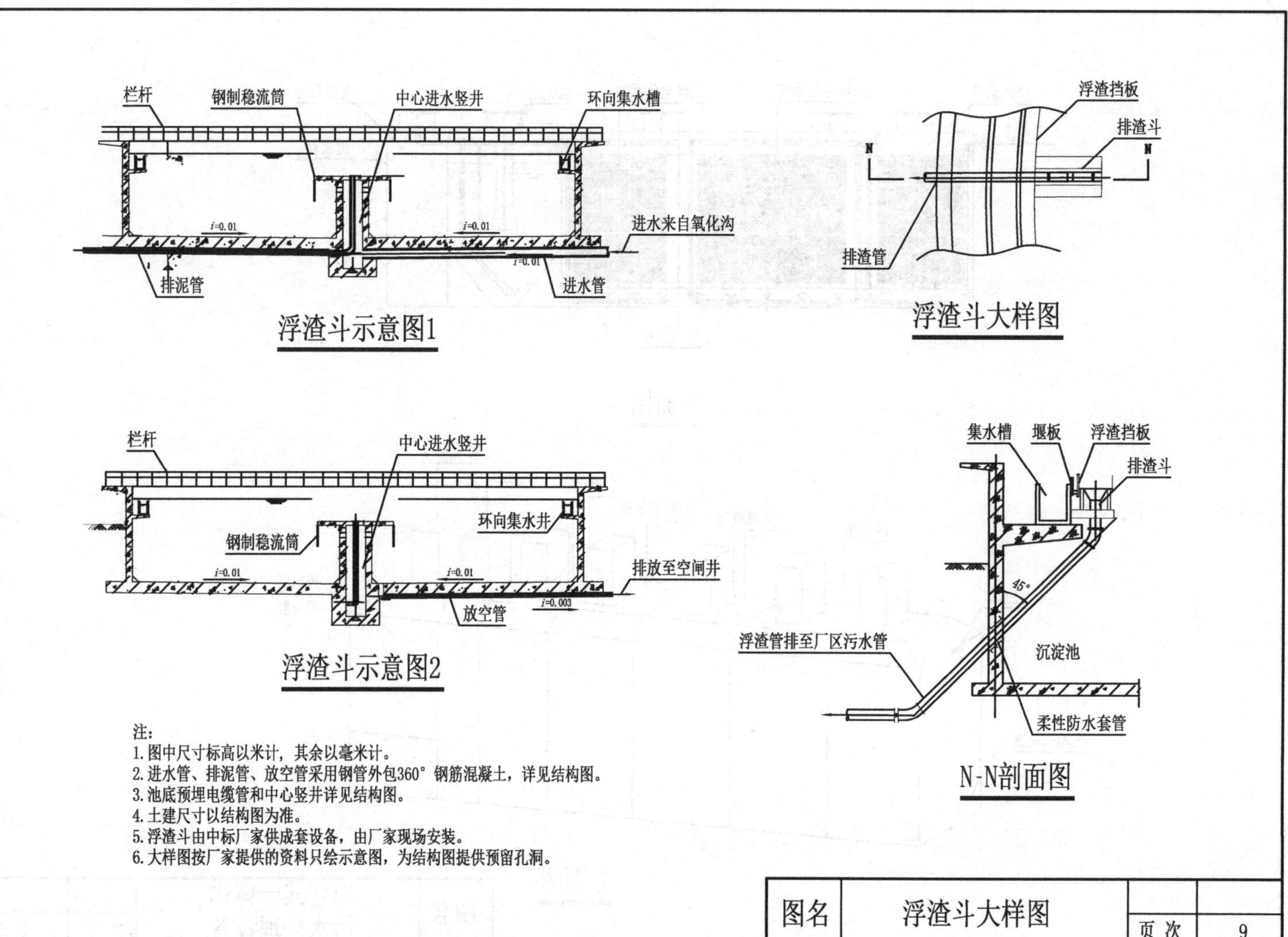

注：
1. 图中尺寸标高以米计，其余以毫米计。
2. 进水管、排泥管、放空管采用钢管外包360°钢筋混凝土，详见结构图。
3. 池底预埋电缆管和中心竖井详见结构图。
4. 土建尺寸以结构图为准。
5. 浮渣斗由中标厂家供成套设备，由厂家现场安装。
6. 大样图按厂家提供的资料只绘示意图，为结构图提供预留孔洞。

图名	浮渣斗大样图		
		页 次	9

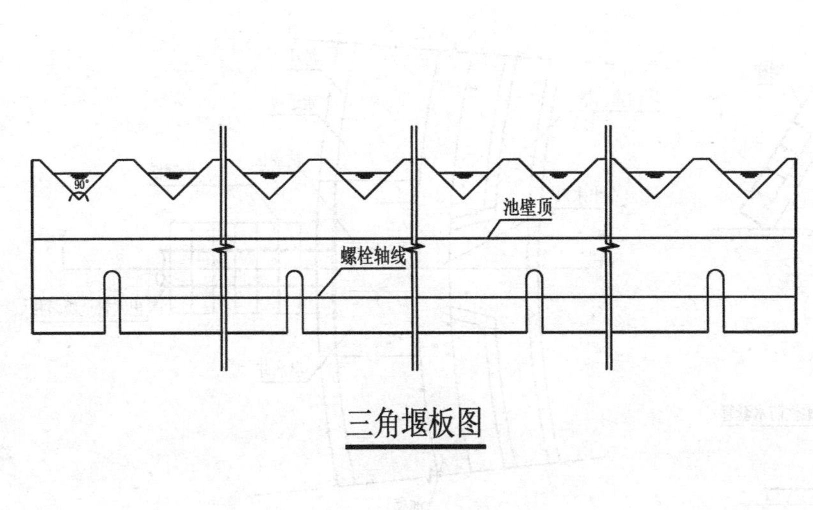

三角堰板图

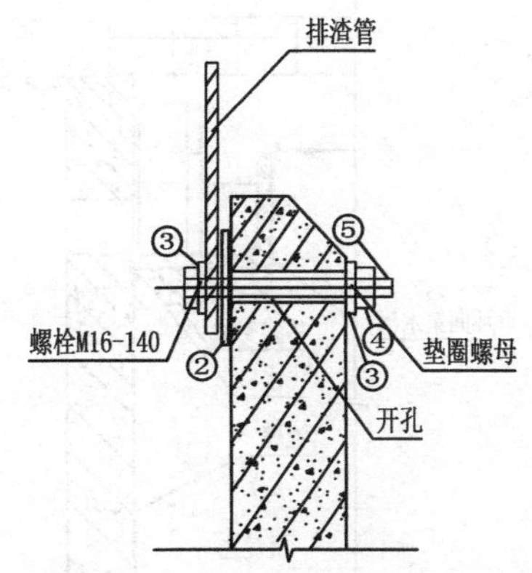

三角堰板安装图

注：

1.图中尺寸标高以米计，其余以毫米计。
2.三角堰板角度为90°，相关数据以具体设计为准。
3.内、外堰板每块均设四个六角头带帽螺栓，供调节堰板使用。
4.堰板安装要求严格按构造图纸进行，确保檐口水平。
5.堰板材料为不锈钢。
6.浮渣挡板的安装方式根据厂家要求，由厂家自行安装，本图不再考虑预埋件。
7.材料设备应按实际情况，依现行标准进行选取。

图名	三角堰板图	页次	10

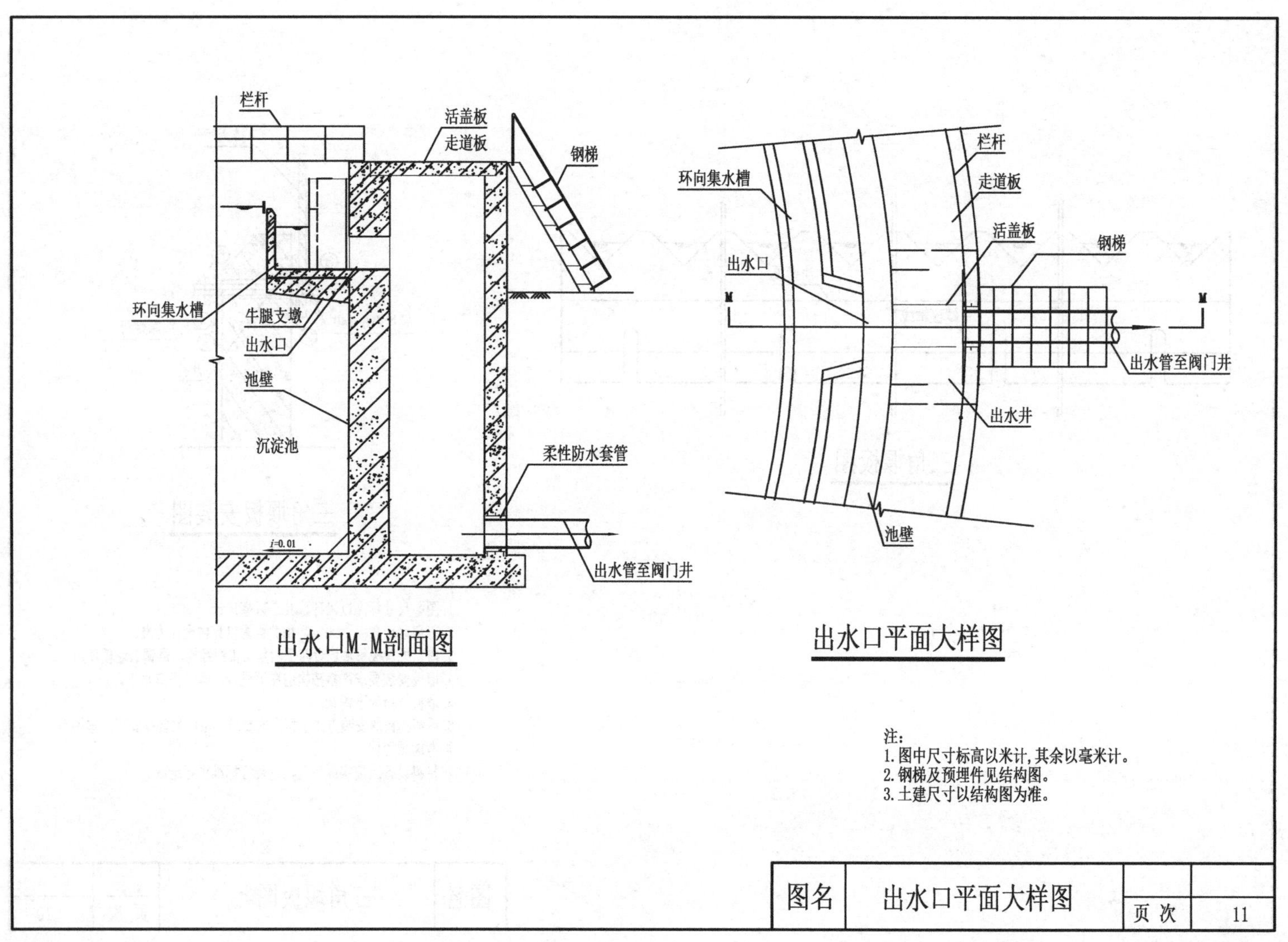

注：
1. 图中尺寸标高以米计，其余以毫米计。
2. 钢梯及预埋件见结构图。
3. 土建尺寸以结构图为准。

图名	出水口平面大样图		
		页 次	11

4.2 污水排放设施

1.特点与作用：

污水排放设施是连接污水处理设施与指定排放地点的设施，主要包括分流井、检查井、排水渠及排水格栅等。由于污水排放设施所排泄的水是受污染的水，含有大量的悬浮物，尤其是生活污水中会含有纤维类和其他大块的杂物，容易引起管道堵塞，因此污水排放设施具有工程线路长、不确定因素多、管线规格多、工程施工方案复杂等特点。

2.设计原则：

（1）根据总体规划、道路和建筑布置、地形高程、污雨水去向等因素，采取管线最短、埋深最小、尽量自流排出的原则。

（2）排水管道宜沿道路和建筑物的周边呈平行敷设，尽量减少相互交叉或与其他管线的交叉。

（3）管道应尽量布置在道路外侧的人行道或草地的下边。

（4）排水管道敷设时，相互间以及与其他管线的水平距离和垂直净距，应根据两种管道的类型、埋深、施工检修的相互影响、道路上附属构筑物的大小和当地有关规定等因素确定。

3.设计、施工与验收规范及标准：

（1）《建筑给水排水设计规范（2009年版）》GB 50015—2003。

（2）《建筑给水排水及采暖施工质量验收规范》GB 50242—2002。

（3）《建筑排水金属管道工程技术规程》CJJ 127-2009。

（4）《建筑排水复合管道工程技术规程》CJJ/T 165—2011。

（5）《排水用柔性接口铸铁管、管件及附件》GB/T 12772—2008。

（6）《建筑排水用柔性接口承插式铸铁管及管件》CJ/T 178—2013。

（7）《不锈钢冷轧钢板和钢带》GB/T 3280—2015。

（8）《钢塑复合管》GB/T 28897—2012。

（9）《建筑结构可靠度设计统一标准》GB 50068—2001。

（10）《建筑抗震设计规范（附条文说明）（2016年版）》GB 50011—2010。

4.主要设计参数：

（1）设计坡度。

（2）设计充满度。

（3）径流特点。

（4）设计流速。

（5）最小管径。

（6）污水管道埋设深度。

5.材料要求：

采用HDPE管道作为排水管应注意如下几项。

（1）颜色应均匀一致，无色泽不均或分解变色线。

（2）内壁应光滑、平整，无变形、气泡、脱皮，无严重的冷斑及明显的裂纹、凹陷。

（3）管材轴向不得有异向弯曲，其直线度偏差应小于1%，端口必须平直，垂直于轴线。

（4）管件应完整无损、无变形，合模缝、浇口应平整无开裂。

（5）管件、管材的接口工作面应平整、尺寸正确，以保证接口的使用。

6.施工工艺与要点：

（1）沟槽开挖。应以满足规范规定的施工要求的断面及方法进行，不得欠挖和超挖。基础施工前，必须及时复核高程样板标高，以控制挖土、垫层和基础面标高。基础的底层土应人工挖除，修整槽底，若有超挖，应用砾石砂或碎石等填实。必须做好地表水和降雨雨水的疏导及排除工作。

图名	污水排放设施		
		页次	12

（2）配件预制及现场堆放。在预制时，需派施工技术人员会同监理不定期到厂方检查。运至现场的配件视现场情况就近沿途单排堆放。堆放时严禁配件中间有硬物顶撞，防止配件碰坏，同时不得防碍机械的通行且必须在起重机工作幅度范围内。

（3）施工。管材施工时必须逐节进行检查，不合格不得使用，管节铺设应顺直、稳固，相邻两管节头处的流水面高差不得大于5mm，管内不得有泥土、砖石、砂浆等杂物。检查井施工时需在已安装混凝土管检查井处，放出检查井中心位置，按内径摆出井壁砖墙位置。检查井砌筑时随时检查井径尺寸及垂直度，自井底向上砌筑高井室。砌完井室后，应及时安装混凝土盖板及井筒。安装时砖墙顶面用水冲净后铺砂浆，按设计高程找平。井盖应与设计路面齐平。

（4）闭水试验。污水管道必须按规范频率做闭水试验。

（5）沟槽回填。管道两侧采用人工夯实，检查井四周回填要特别注意保证压实度，必要时换填灰土，管道两侧和管顶以上由管沟两侧对称回填，不得集中一侧直接堆入沟内。填土夯实要逐层进行，且不得移动管道。管道与基础之间三角区的夯实，由人工用木夯夯实；采用木夯或蛙夯压实，都要一夯压半夯，夯夯相连，全面夯实。分段回填夯实时，相邻段的接槎呈阶梯形，不得漏夯。井室周边回填时现场浇筑混凝土的强度要达到设计规定。回填必须沿井室中心对称进行，且不得漏夯；当不便与管道沟槽回填同时进行时，要留台阶形接槎，回填材料压实后要与井壁紧贴。

7.质量检验：

（1）承插口或企口多种接口应平直，环形间隙应均匀，灰口应整齐、密实、饱满，不得有裂缝、空鼓等现象。

（2）井壁必须互相垂直，不得有通缝，必须保证灰浆饱满，灰缝平整，抹面压光，不得有空鼓、裂缝等现象。

（3）井框、井盖必须完整无损，安装平稳，位置正确。

（4）边坡必须平整、坚实、稳定，严禁贴坡。

（5）混凝土基础不得有石子外露、脱皮、裂缝等现象。伸缩缝位置应正确、垂直、贯通。

（6） 支、吊、托架安装位置应正确，埋设平整、牢固，砂浆饱满，但不应突出墙面，与管道接触应紧密。滑动支架应灵活，滑托与滑槽间应留有3～5mm的间隙，并留有一定的偏移量。

（7） 阀门安装应紧固、严密，与管道中心线应垂直，操作机构应灵活、准确。

8.污水排放设施附图：

图名	污水排放设施	页次	13

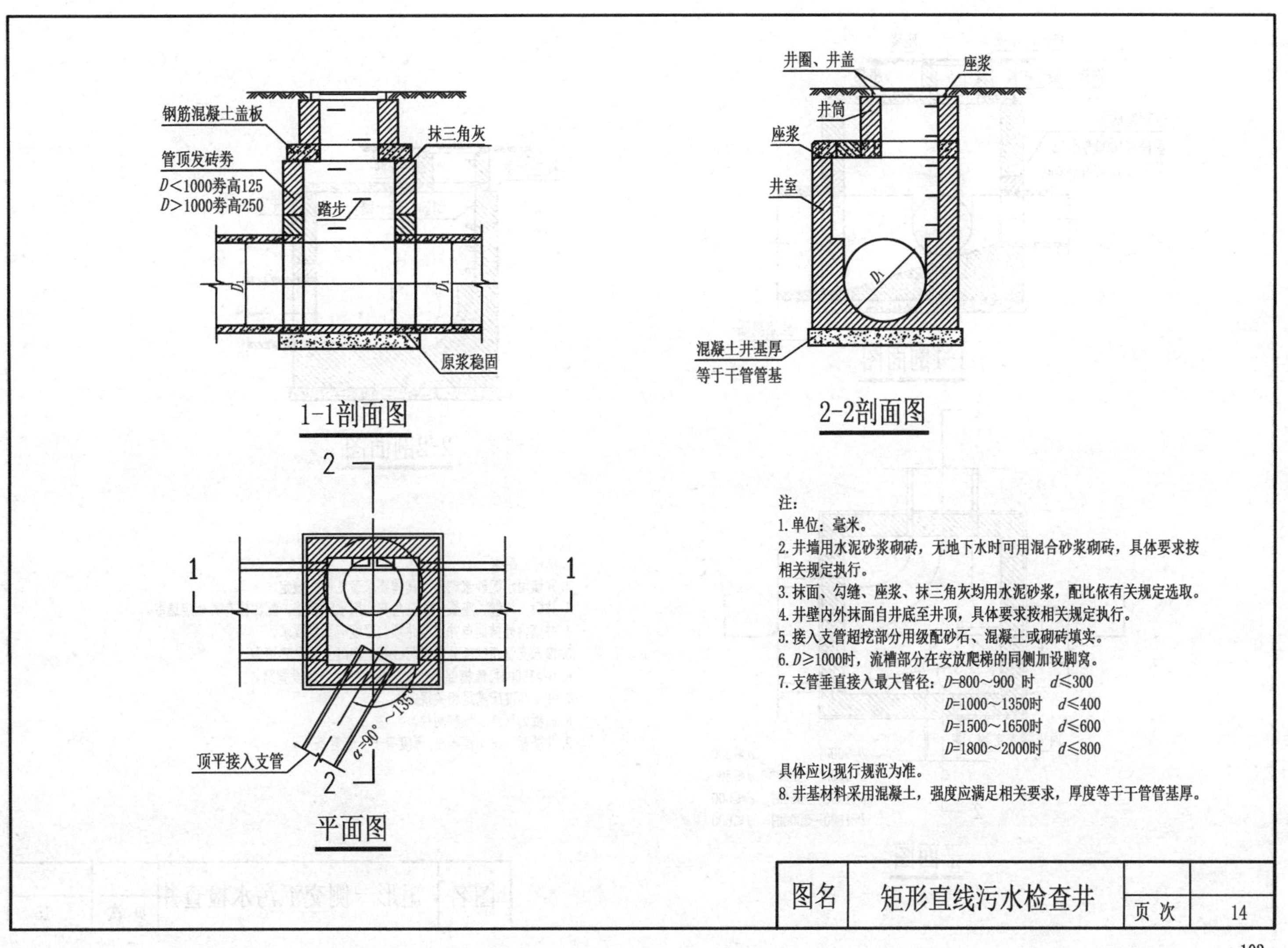
钢筋混凝土盖板
抹三角灰
管顶发砖券
D<1000券高125
D>1000券高250
踏步
D_1
原浆稳固
1-1剖面图
井圈、井盖
座浆
井筒
座浆
井室
D_1
混凝土井基厚
等于干管管基
2-2剖面图
2
1
1
α=90°～135°
顶平接入支管
2
平面图
注:
1.单位：毫米。
2.井墙用水泥砂浆砌砖，无地下水时可用混合砂浆砌砖，具体要求按相关规定执行。
3.抹面、勾缝、座浆、抹三角灰均用水泥砂浆，配比依有关规定选取。
4.井壁内外抹面自井底至井顶，具体要求按相关规定执行。
5.接入支管超挖部分用级配砂石、混凝土或砌砖填实。
6.D≥1000时，流槽部分在安放爬梯的同侧加设脚窝。
7.支管垂直接入最大管径：D=800～900 时 d≤300
D=1000～1350时 d≤400
D=1500～1650时 d≤600
D=1800～2000时 d≤800
具体应以现行规范为准。
8.井基材料采用混凝土，强度应满足相关要求，厚度等于干管管基厚。
图名
矩形直线污水检查井
页 次
14

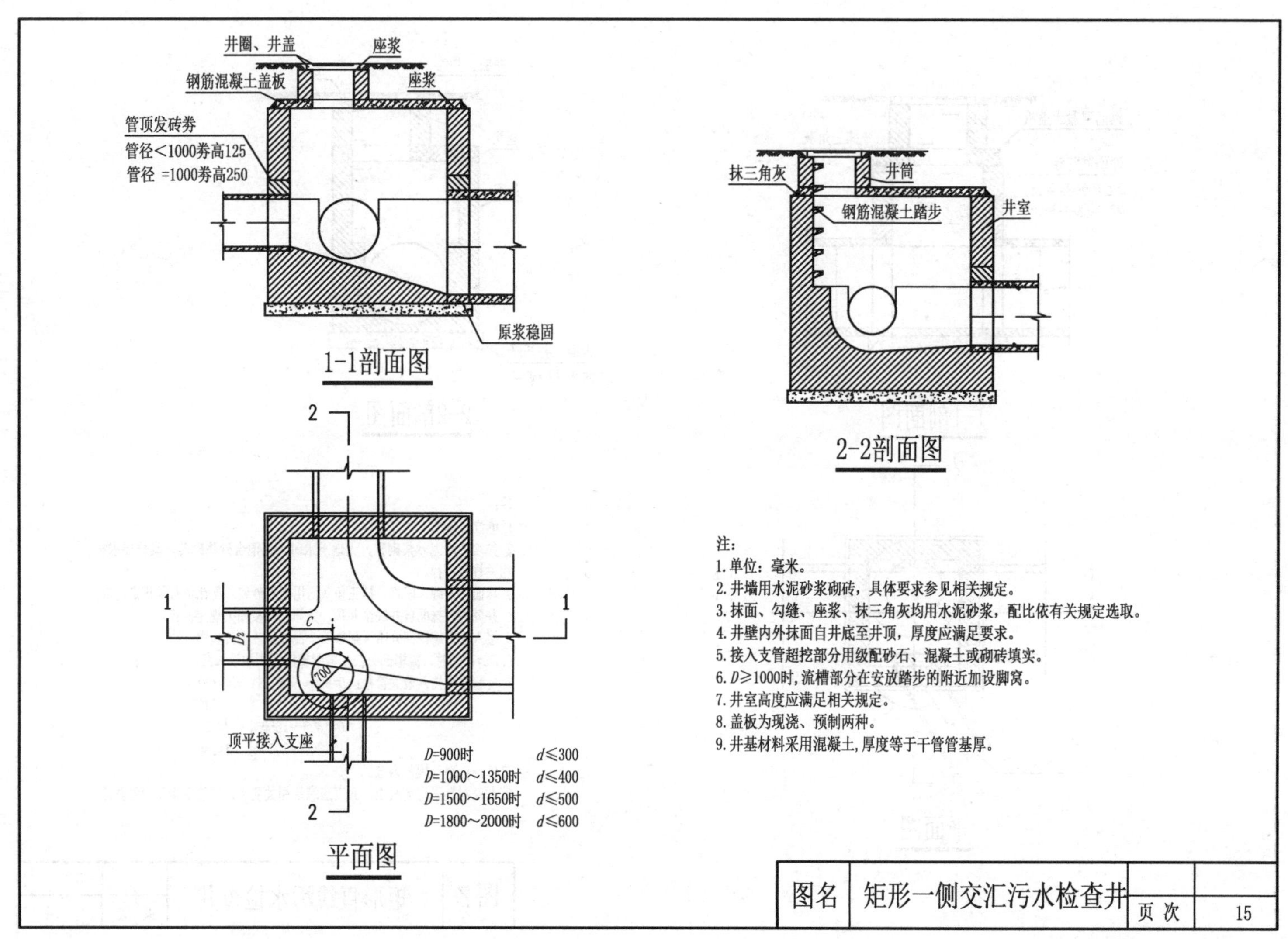

注：
1. 单位：毫米。
2. 井墙用水泥砂浆砌砖，具体要求参见相关规定。
3. 抹面、勾缝、座浆、抹三角灰均用水泥砂浆，配比依有关规定选取。
4. 井壁内外抹面自井底至井顶，厚度应满足要求。
5. 接入支管超挖部分用级配砂石、混凝土或砌砖填实。
6. $D \geqslant 1000$时，流槽部分在安放踏步的附近加设脚窝。
7. 井室高度应满足相关规定。
8. 盖板为现浇、预制两种。
9. 井基材料采用混凝土，厚度等于干管管基厚。

图名	矩形一侧交汇污水检查井	页次	15

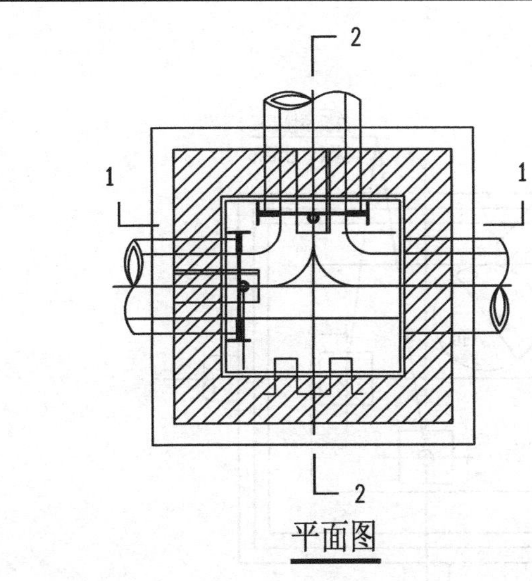

平面图

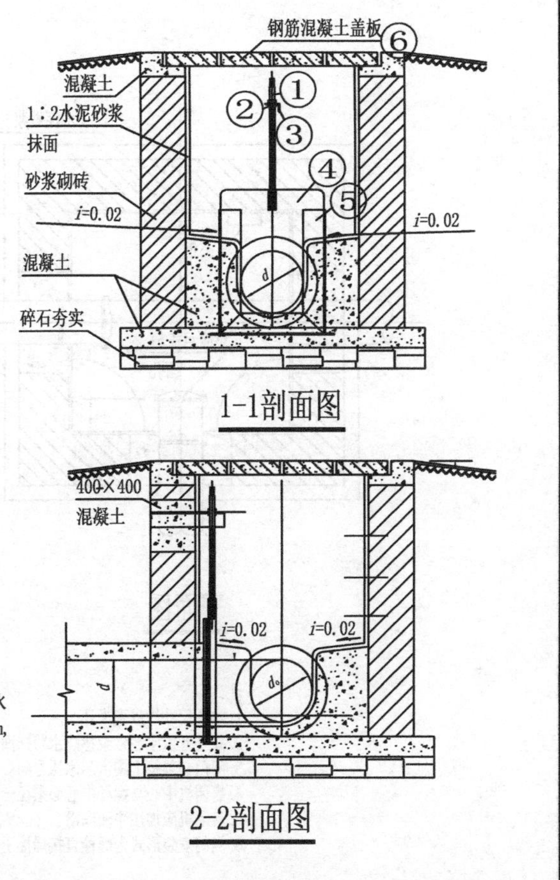

1-1剖面图

2-2剖面图

主要材料表

编号	名称	规格	单位	数量	材料	备注
①	传动轴		根	2	钢	
②	衬套		个	2	钢	
③	固定支架	150×150×16	个	2	角钢	
④	插板	δ=6	个	2	钢板	
⑤	插板门框	δ=6	个	2	钢板	
⑥	钢筋混凝土盖板		块			由尺寸决定

注：

1. 本图尺寸均以毫米计。
2. d_0为主流管径，d为分流管径。
3. 在有地下水时，井外壁则以 1：2水泥砂浆掺5%防水粉抹面，厚度为20mm，高于地下水位200mm。
4. 管道穿墙处以 1：3水泥砂浆填塞。

图名	分流井 （一）	页次	16

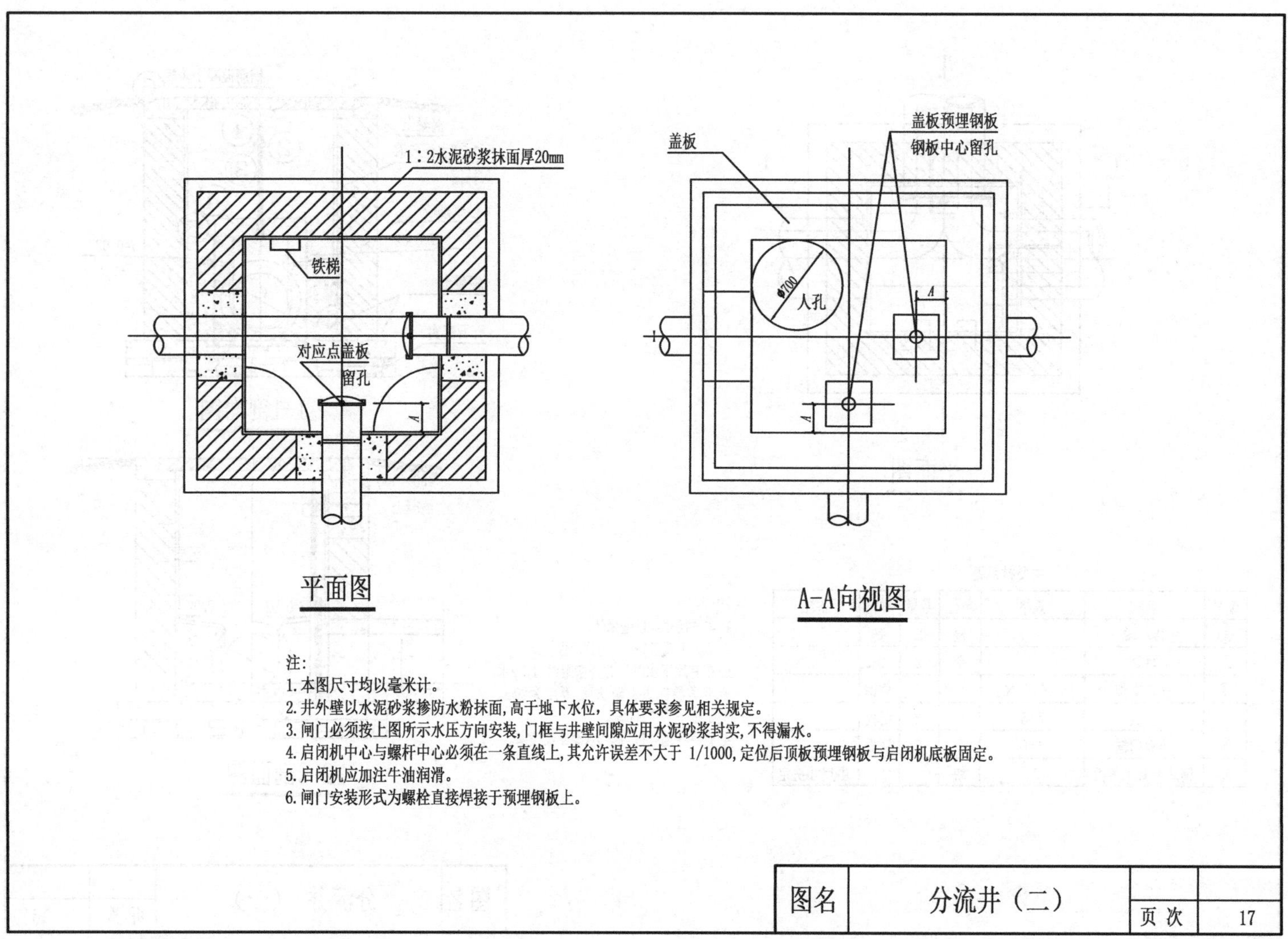

注：
1.本图尺寸均以毫米计。
2.井外壁以水泥砂浆掺防水粉抹面,高于地下水位，具体要求参见相关规定。
3.闸门必须按上图所示水压方向安装,门框与井壁间隙应用水泥砂浆封实,不得漏水。
4.启闭机中心与螺杆中心必须在一条直线上,其允许误差不大于 1/1000,定位后顶板预埋钢板与启闭机底板固定。
5.启闭机应加注牛油润滑。
6.闸门安装形式为螺栓直接焊接于预埋钢板上。

图名	分流井（二）	页次	17

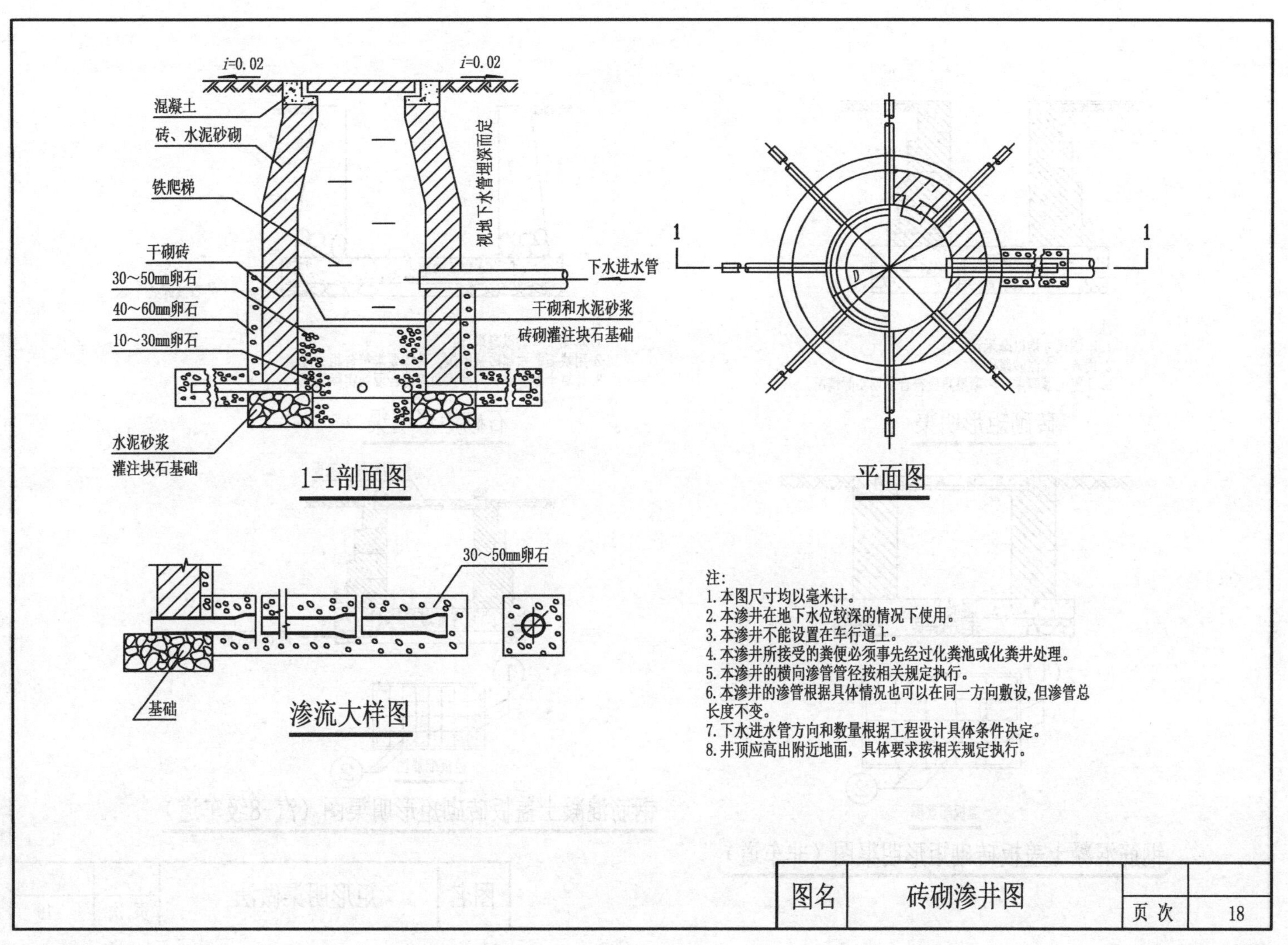

注:
1.本图尺寸均以毫米计。
2.本渗井在地下水位较深的情况下使用。
3.本渗井不能设置在车行道上。
4.本渗井所接受的粪便必须事先经过化粪池或化粪井处理。
5.本渗井的横向渗管管径按相关规定执行。
6.本渗井的渗管根据具体情况也可以在同一方向敷设,但渗管总长度不变。
7.下水进水管方向和数量根据工程设计具体条件决定。
8.井顶应高出附近地面，具体要求按相关规定执行。

图名	砖砌渗井图	页次	18

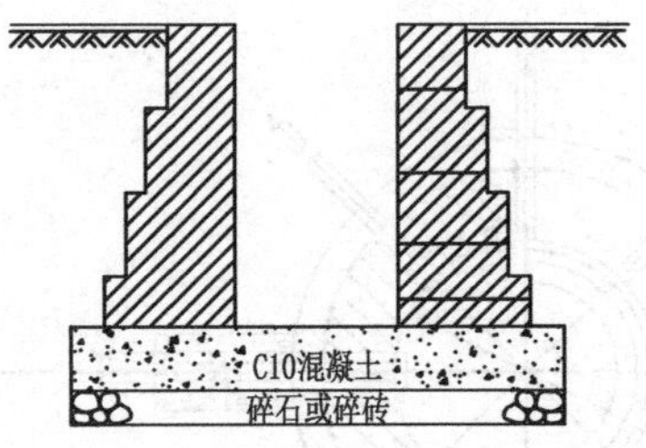

注：
1.本图尺寸均以毫米计。
2.用砖、水泥砂浆砌筑。
3.计算土壤容重、内摩擦角应符合现场实际情况。

砖砌矩形明渠

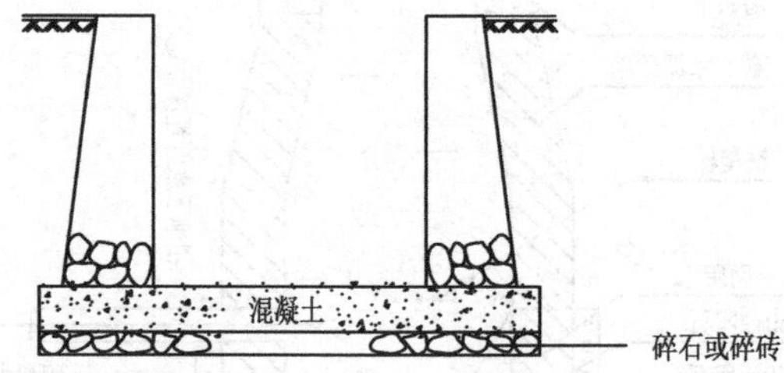

注：
1.本图尺寸均以毫米计。
2.用块石、水泥砂浆砌筑，具体要求符合相关规定。
3.计算土壤容重、内摩擦角应符合现场实际情况。

石砌矩形明渠

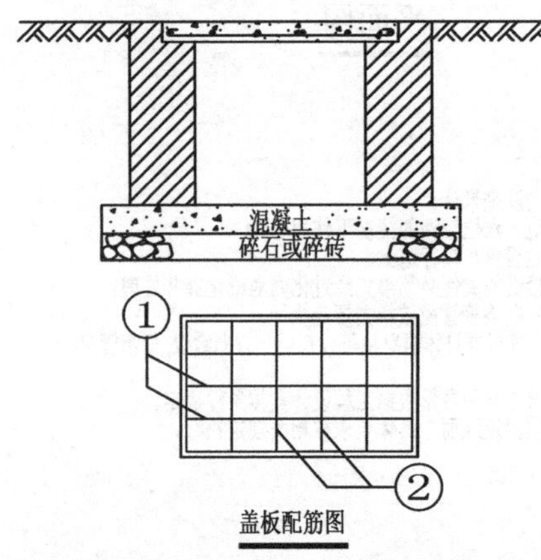

盖板配筋图

钢筋混凝土盖板砖砌矩形明渠图（非车道）

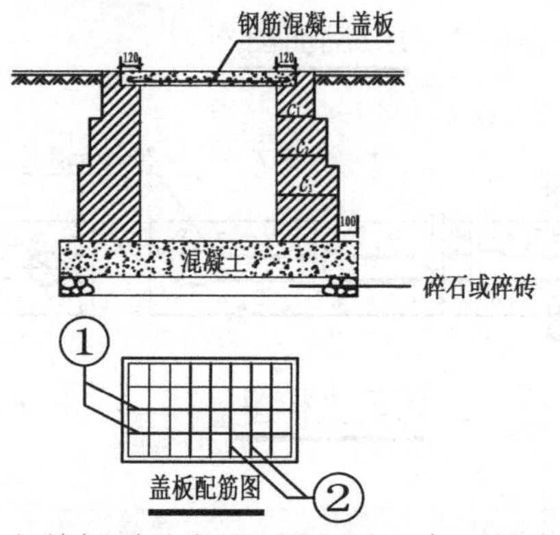

盖板配筋图

钢筋混凝土盖板砖砌矩形明渠图（汽-8级车道）

图名	矩形明渠做法		
		页 次	19

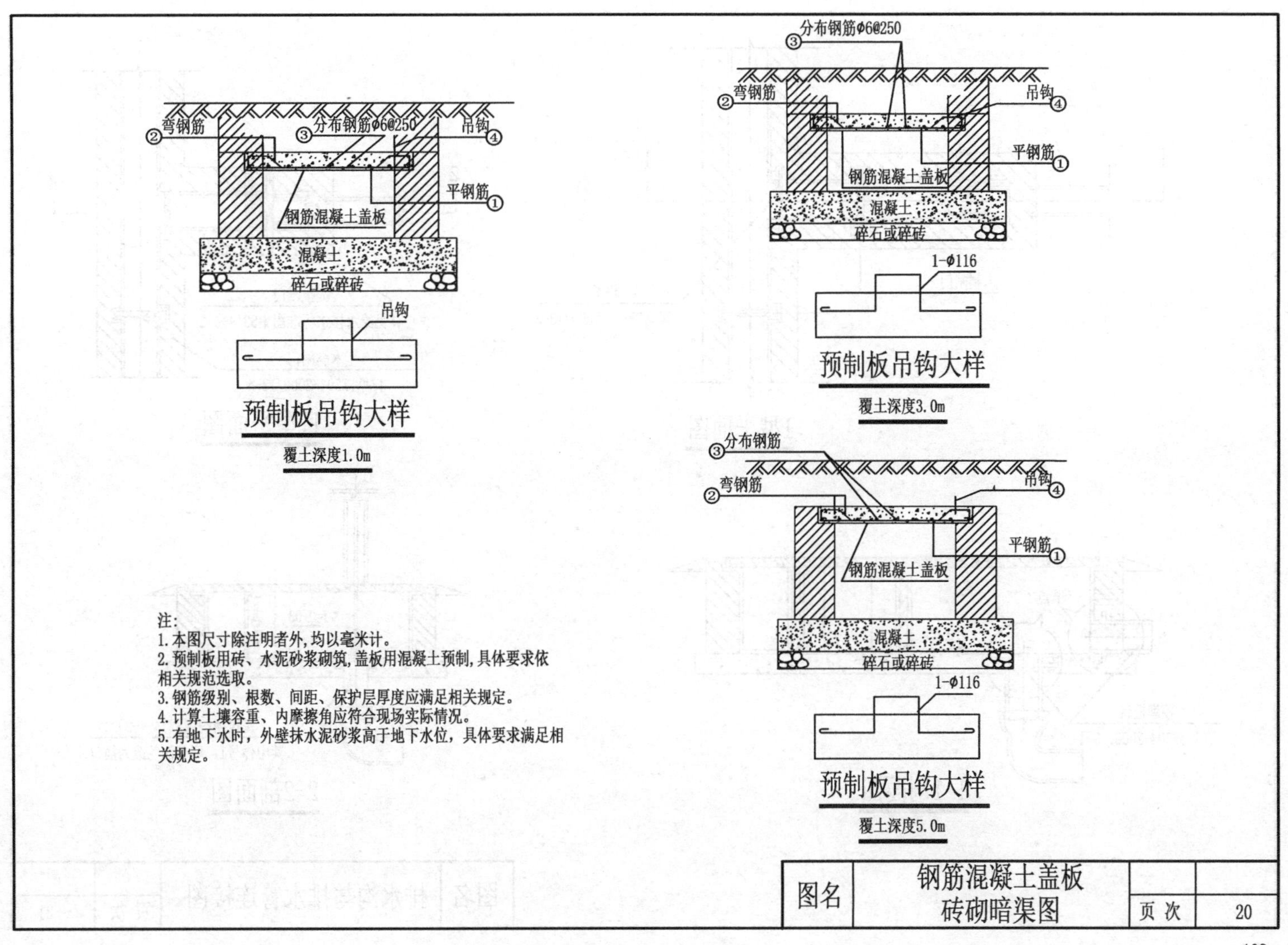

注:
1.本图尺寸除注明者外,均以毫米计。
2.预制板用砖、水泥砂浆砌筑,盖板用混凝土预制,具体要求依相关规范选取。
3.钢筋级别、根数、间距、保护层厚度应满足相关规定。
4.计算土壤容重、内摩擦角应符合现场实际情况。
5.有地下水时，外壁抹水泥砂浆高于地下水位，具体要求满足相关规定。

图名	钢筋混凝土盖板 砖砌暗渠图		
		页 次	20

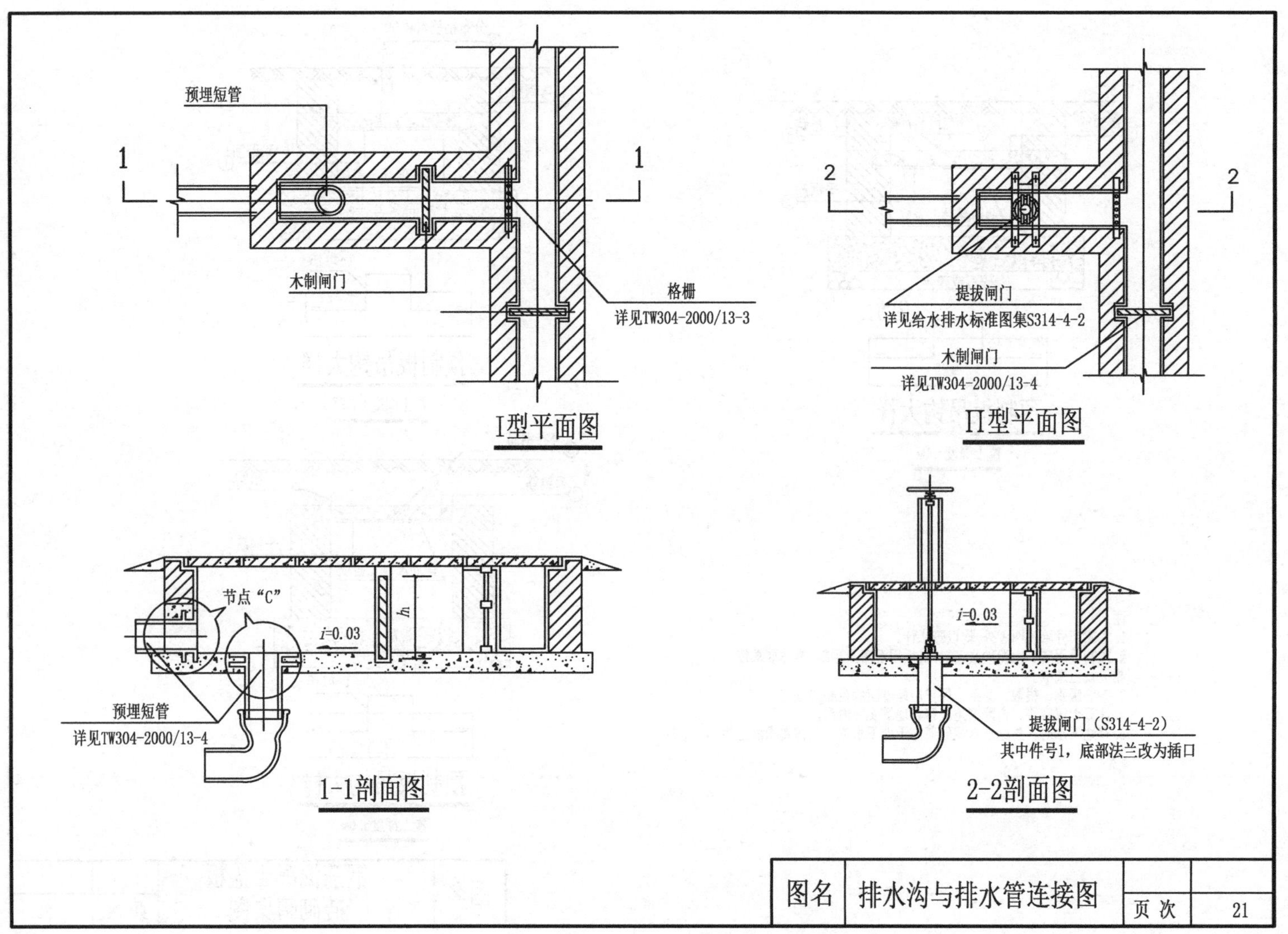
预埋短管
1
1
木制闸门
格栅
详见TW304-2000/13-3
I型平面图
2
2
提拔闸门
详见给水排水标准图集S314-4-2
木制闸门
详见TW304-2000/13-4
Π型平面图
节点“C”
h
i=0.03
预埋短管
详见TW304-2000/13-4
1-1剖面图
i=0.03
提拔闸门（S314-4-2）
其中件号1，底部法兰改为插口
2-2剖面图
图名
排水沟与排水管连接图
页 次
21

4.3 排水工程防震（选用）

1.特点：

排水工程的震害使有刚性管材的管道受损严重，柔性较好的管材受损较轻。地震时位移协调性差的管道受损严重，反之则轻。这主要是由于柔性管道接口可以有效地抵抗外界运动，产生自适应变形，有利于吸收介质中的冲击波能量。同一管线在土质较差地段，管道接口破坏严重；而在坚实土质处，破坏较轻。目前我国规定抗震设防烈度为6度及高于6度地区的室外给水、排水和燃气、热力工程设施，必须进行抗震设计。

2.设计原则：

（1）应具有明确的计算简图和合理的地震作用传递路线。

（2）应避免部分结构或构件破坏而导致整个体系丧失承载能力。

（3）同一结构单元应具有良好的整体性；对局部削弱或突变形成的薄弱部位，应采取加强措施。

3.设计、施工与验收规范及标准：

（1）《建筑给水排水设计规范（2009年版）》GB 50015—2003。

（2）《建筑排水金属管道工程技术规程》CJJ 127—2009。

（3）《建筑排水复合管道工程技术规程》CJJ/T 165—2011。

（4）《建筑结构可靠度设计统一标准》GB 50068—2001。

（5）《建筑抗震设计规范（附条文说明（2016年版））》GB 50011—2010。

（6）《室外给水排水和燃气热力工程抗震设计规范》GB 50032—2003。

4.主要设计参数：

（1）表面覆土埋深。

（2）抗震承载力。

（3）结构构件内力组合设计值。

（4）水平、竖向地震作用分项系数。

（5）水平、竖向地震作用标准值。

（6）承载力抗震调整系数。

（7）管道沿管轴向的位移量标准值。

（8）埋地管道的水平向地震作用分项系数。

（9）管道接头方式的单个接头设计允许位移量。

（10）管道接头协同工作系数。

5.材料要求：

（1）钢筋混凝土盛水构筑物和地下管道管体的混凝土等级，不应低于C25。

（2）砌体结构的砖砌体强度等级不应低于MU10，块石砌体的强度等级不应低于MU20；砌筑砂浆应采用水泥砂浆，其强度等级不应低于M7.5。

（3）铸铁管内外表面不得有裂纹、冷隔、瘪陷和错位等缺陷，且承插口部位不得有黏砂及凸起，承口根部不得有凹陷，其他部分不得有大于0.2mm厚的黏砂及大于5mm的凸起或凹陷。

（4）法兰垫片一般采用橡胶板，其质地应柔软，无老化变质现象，表面不应有折损、皱纹等缺陷。

（5）螺栓及螺母的螺纹应完整，无伤痕、毛刺等缺陷。螺栓与螺母应配合良好，无松动或卡涩现象。

（6）油麻应是在95%的汽油和5%的石油沥青中浸透晾干的线麻。

（7）石棉用不低于四级的干燥柔软石棉绒。

（8）水泥标号不低于325号的硅酸盐水泥或矿渣硅酸盐水泥。水泥应在有效期内，并在干燥处存放，防止受潮变质。

（9）橡胶圈应与承插口大小间隙匹配，使安装时橡胶断面压缩率为35%～40%，橡胶强度和弹性良好，无老化变质现象。

图名	排水工程防震	页次	22

(10) 本部分所涉及具体数据应以现行规范为准进行适当调整。

6.施工工艺与要点:

(1) 对于穿过隔震层的设备配管、配线，应采用柔性连接或其他有效措施。

(2) 对可能泄漏有害介质或可燃介质的重要管道，在穿越隔震层位置时应采用柔性连接。

(3) 穿过隔震层的柔性管线，应在隔震缝处预留足够的伸展长度。

(4) 利用构件钢筋做避雷线时，应采用柔性导线联通隔震层上下部分的钢筋。

(5) 构筑物和管道的结构体系应符合下列要求：应具有明确的计算简图和合理的地震作用传递路线；应避免部分结构或构件破坏而导致整个体系丧失承载能力；同一结构单元应具有良好的整体性；对局部削弱或突变形成的薄弱部位，应采取加强措施。

(6) 混凝土结构构件应合理选择截面尺寸及配筋，避免剪切先于弯曲破坏、混凝土压溃先于钢筋屈服、钢筋锚固先于构件破坏。

(7) 钢结构构件应合理选择截面尺寸，防止局部或整体失稳。

(8) 构件节点的承载力，不应低于其连接构件的承载力。

(9) 装配式结构的连接，应能保证结构的整体性。

(10) 管道与构筑物、设备的连接处（含一定距离内），应配置柔性构造措施。

7.质量检验:

(1) 可能泄漏有害介质或可燃介质管道的柔性接头或柔性连接段，应确认其具有满足设计要求的水平变形能力。

(2) 穿过隔震层的设备配管、配线，应采用柔性连接或其他有效措施。

(3) 当构件钢筋做避雷线时，柔性导线的预留可伸展长度应大于设计水平位移要求。

(4) 抗震设防烈度为6度或规定不验算的结构，可不进行截面抗震验算，但应符合相应设防烈度的抗震措施要求。

(5) 埋地管道承插式连接或预制拼装结构（如盾构、顶管等），应进行抗震变位验算。

(6) 对污泥消化池、挡墙式结构等，尚应进行抗震稳定验算。

8.排水工程防震附图:

图名	排水工程防震	页次	23

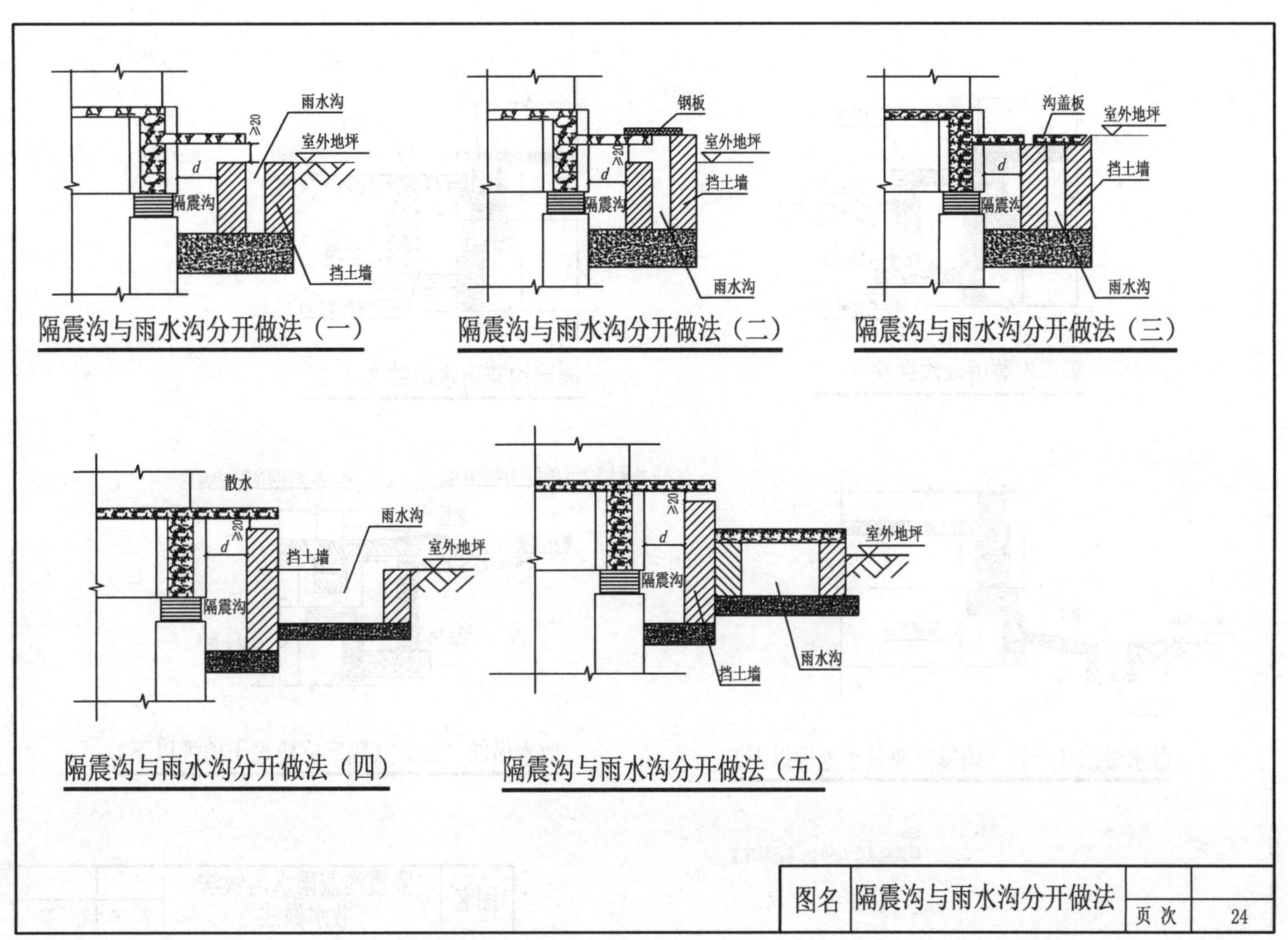

图名	隔震沟与雨水沟分开做法		
		页 次	24

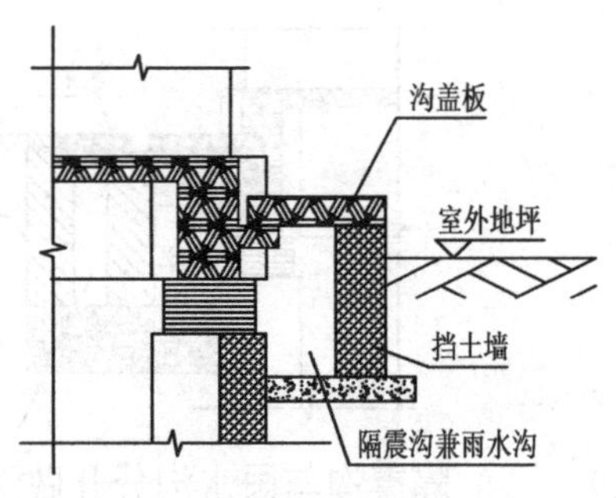

隔震沟兼雨水沟做法（一）

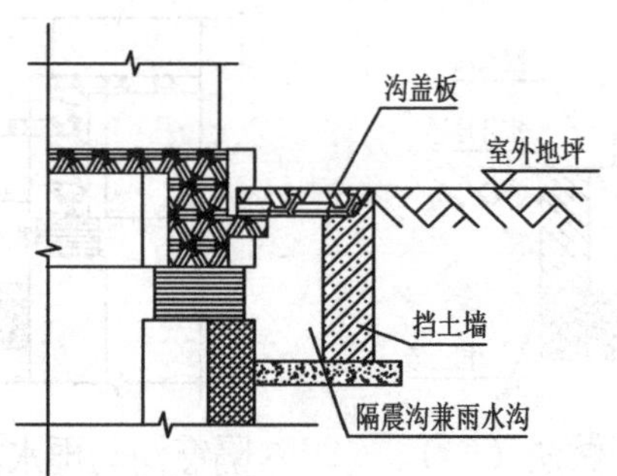

隔震沟兼雨水沟做法（二）

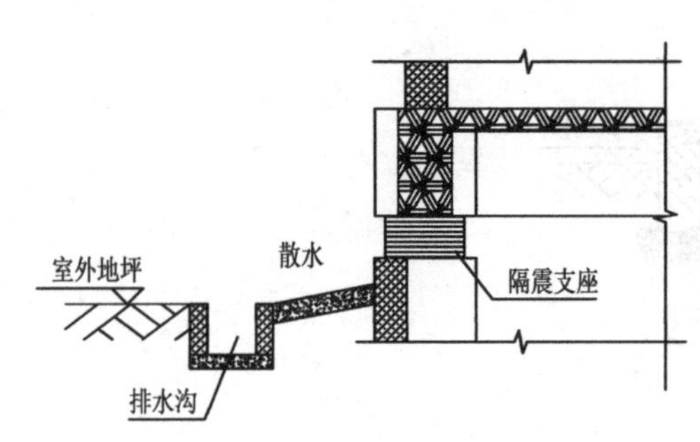

散水做法（一）（隔震支座设于地坪以上）

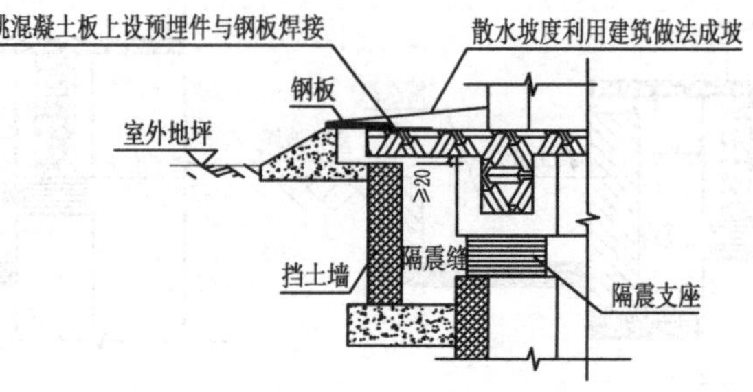

散水做法（二）（隔震支座设于地坪以下）

注：
隔震沟兼雨水沟时应有足够深度。

图名	隔震沟兼雨水沟做法 散水做法		
		页 次	25

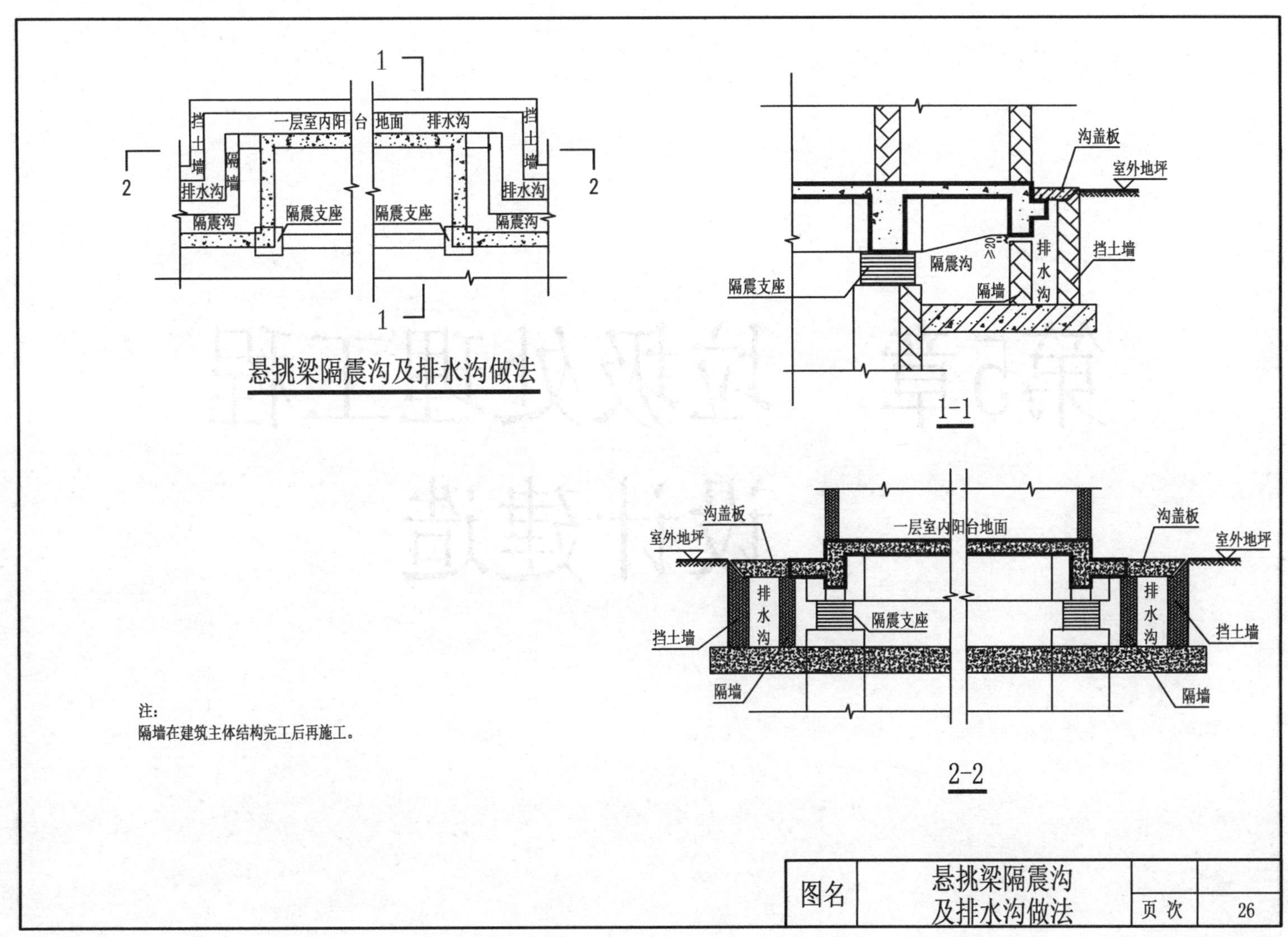

注：
隔墙在建筑主体结构完工后再施工。

图名	悬挑梁隔震沟 及排水沟做法		
		页 次	26

第5章　垃圾处理工程设计建造

5.1 垃圾处理工艺

1.特点：

垃圾处理主要有三种工艺方式：卫生填埋法、焚烧法、堆肥法。

（1）卫生填埋法操作设备简单、适应性和灵活性强；卫生填埋法与其他方法相比具有建设投资少，运行费用低，且回收沼气，对垃圾热值无特殊要求，土地可还原，技术要求不高，综合效益好等特点。

（2）焚烧法是一种将固体废物进行高温热化学处理的技术，是所有垃圾处理方法中投资最大的，也是减量化、无害化最彻底的方式。

（3）堆肥法能够有控制地促进可被生物降解的有机物向稳定的腐殖质转化的生物化学过程，可以改良贫瘠土地的土质，给作物提供生长所需的营养元素。

2.设计原则：

（1）改善民生，保护环境原则。围绕改善和提高农村生活环境质量、削减垃圾污染、保护环境进行设计。

（2）规模原则。垃圾处理厂日处理量300t以上运营才合理。

（3）区域原则。根据村庄分布可以化零为整，联合建设垃圾处理设施。

（4）因地制宜，综合治理原则。根据不同的村庄情况，因地制宜，综合治理。

（5）三化原则。即垃圾处理的无害化、资源化、减量化原则。

3.设计、施工与验收规范及标准：

（1）《生活垃圾卫生填埋处理技术规范》GB 50869—2013。

（2）《生活垃圾卫生填埋场运行维护技术规程》CJJ 93—2011。

（3）《生活垃圾卫生填埋场封场技术规程》CJJ 112—2007。

（4）《城市生活垃圾分类及其评价标准（附条文说明）》CJJ/T 102—2004。

（5）《生活垃圾填埋场污染控制标准》GB 16889—2008。

（6）《生活垃圾填埋场无害化评价标准（附条文说明）》CJJ/T 107—2005。

4.主要设计参数：

（1）地区垃圾产量。

（2）垃圾处理方法。

（3）占地面积要求。

（4）地区卫生要求。

（5）地区经济条件。

5. 工艺要求：

（1）目前卫生填埋技术在世界各国得到广泛的应用，与其他处理方法相比，卫生填埋法具有占地面积需求大、选址要求较高、后续处理以及对垃圾渗漏液的处理要求较高等要求。

（2）垃圾焚烧可使垃圾减量90%，明显减少占地，并可利用余热发电实现资源化；但垃圾焚烧工艺对资金要求高、占用资金周期长、对垃圾的热值有一定要求（一般不能低于5000kJ/kg）、对排出气体还需投入资金进行净化。

（3）堆肥法有利于生态的良性循环。但是堆肥技术对垃圾分类要求高，需要投入资金处理有氧分解过程中产生的臭味，此外对工艺以及品控要求相对较高，并且只适用于较为小型的垃圾处理工程。

6.施工工艺与要点：

（1）卫生填埋。质量控制要点为场地选址、场地稳定、防渗系统和引流系统。首先在防渗及保护材料投入施工铺设之前应当进行系统检测与试验。确保铺设施工区域表面平整。材料在进行现场铺设的过程当中必须以连续性编号方式进行记录，按编号顺序进行铺设作业。渗沥液收集导排系统应能及时有效地收集和

图名	垃圾处理工艺	页次	1

导排汇集于场底及边坡防渗层以上的垃圾渗滤液，并具有防淤堵功能。

（2）垃圾焚烧。垃圾焚烧对设备安装的要求较多。在设备安装的过程应当先安装后浇筑。接管、燃料接管及进料管等安装完成后，经气密试验（或煤油渗漏试验）合格后，才能进行耐火混凝土的浇筑，埋管必须按图要求安装好以后再进行混凝土浇筑，交叉施工。浇筑之前先将泡罩体固定在设计位置，之后进行耐火混凝土的浇筑。试运转之前，先在耐火材料筑成的分配板上充填一定高度的热载体砂作为焚烧炉的燃烧床，然后开始正式点火带负荷试运转。

（3）垃圾堆肥。垃圾堆肥的主体工程设施主要包括计量设施、前处理设施、发酵设施、后处理设施等。因此堆肥设备的安装应当按照先上后下、先里后外、先平台后地面、先重大后轻小的原则。静设备及部分小设备只需按设计位置摆放到相应的位置即可，此部分设备就位后要做好成品保护工作，动设备及较大静设备则需利用地脚螺栓灌浆后固定。

7.质量检验：

（1）运行负荷要求。在垃圾处理工程试运行期间生产负荷需要实现75%以上。验收监测前要对生产企业进行负载监控，确保工作条件和治污设施正常运行，污水处理系统、排气系统、监测系统都能正常运行。

（2）渗滤液废水监测。根据我国相关污染控制标准中的项目进行验收监测，对化学需氧量、色度、总悬浮物、总氮、汞、镉、氨氮、铬、铅、砷等控制污染物进行检验。

（3）废气监测。垃圾处理废气验收监测主要有三类：一是恶臭污染物监测；二是颗粒污染物监测；三是可燃性气体分数监测。应设置至少3个监测点位来监测恶臭气体，主要监测项目是硫化物和氨。监测点位选择要考虑风向的影响，监测频次为每天4次，并要连续监测2天。可燃性气体甲烷的气体分数监测涉及气体质量浓度与体积浓度的换算。

（4）噪声监测。垃圾处理工程要进行噪声监测，其噪声主要来源于生产机械、工程车辆如挖掘机、推土机、压实机、自卸翻斗车、洒水车等。由于生活垃圾处理卫生防护距离要求较长，其附近没有生活区，故噪声监测只需要在厂界进行监测即可，不需要设置噪声监测敏感点。

8.垃圾处理工艺附图：

图名	垃圾处理工艺		
		页次	2

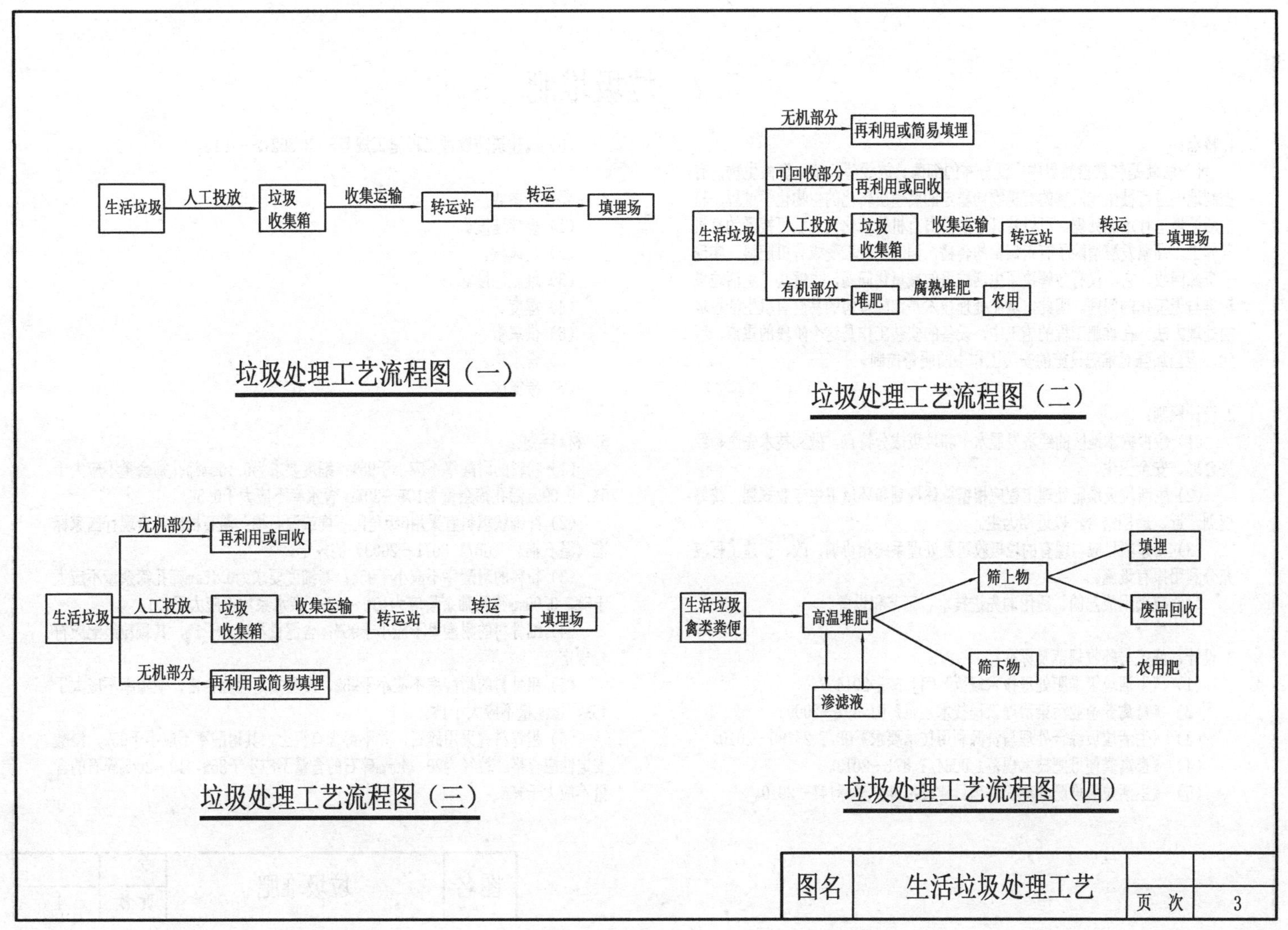
生活垃圾
人工投放
垃圾收集箱
收集运输
转运站
转运
填埋场
垃圾处理工艺流程图（一）
无机部分
再利用或简易填埋
可回收部分
再利用或回收
生活垃圾
人工投放
垃圾收集箱
收集运输
转运站
转运
填埋场
有机部分
堆肥
腐熟堆肥
农用
垃圾处理工艺流程图（二）
无机部分
再利用或回收
生活垃圾
人工投放
垃圾收集箱
收集运输
转运站
转运
填埋场
无机部分
再利用或简易填埋
垃圾处理工艺流程图（三）
生活垃圾禽类粪便
高温堆肥
筛上物
填埋
废品回收
筛下物
农用肥
渗滤液
垃圾处理工艺流程图（四）
图名
生活垃圾处理工艺
页 次
3

5.2 垃圾堆肥

1.特点：

堆肥法就是依靠自然界中广泛分布的细菌、放线菌、填菌等微生物，有控制地促进可被生物降解的有机物向稳定的腐殖质转化的生物化学过程。将生活垃圾进行堆肥处理，可以将其中的易腐有机物转化为土壤可接受的有机营养土。高温发酵消除了有害病菌的传播，同时把垃圾变成有机肥料，实现了资源回收。它不仅有效解决了生活垃圾的减量化问题，也解决了生活垃圾污染与无害化的问题。因此，堆肥处理技术是比较理想的易腐有机生活垃圾的处理方法。在堆肥工程的施工中，设备的安装工作是这个阶段的重点，因此，应当加强对堆肥设施的安装工作中的质量控制。

2.设计原则：

（1）应根据本地区的经济发展水平和垃圾成分特点，做到技术先进、经济合理、安全卫生。

（2）生活垃圾堆肥处理工程应根据总体规划和环境卫生专业规划，统筹规划，近、远期结合，以近期为主。

（3）新建项目应与现有的垃圾收运及处理系统相协调，改、扩建工程应充分利用原有设施。

（4）应采用成熟的、适用的先进技术、工艺和设备。

3.设计、施工与验收规范及标准：

（1）《生活垃圾堆肥处理技术规范》CJJ 52—2014。

（2）《畜禽养殖业污染治理工程技术规范》HJ 497—2009。

（3）《生活垃圾综合处理与资源利用技术要求》GB/T 25180—2010。

（4）《畜禽粪便堆肥技术规范》DB64/T 871—2013。

（5）《生活垃圾堆肥处理工程项目建设标准》建标141—2010。

（6）《建筑防腐蚀工程施工规范》GB 50212—2014。

4.主要设计参数：

（1）搅拌速度。

（2）通风量。

（3）堆肥温度。

（4）湿度。

（5）供氧量。

（6）含水率。

（7）碳氮比。

5. 材料要求：

（1）粉料的耐酸率不应小于95%；细度要求为0.15mm筛孔筛余量不应大于5%，0.09mm筛孔筛余量为10%～30%；含水率不应大于0.5%。

（2）纤维状填料宜采用6级角闪石棉或温石棉；温石棉应符合现行国家标准《温石棉》（GB/T 8071—2008）的规定。

（3）粉料的耐酸率不应小于95%；其细度要求为0.15mm筛孔筛余量不应大于5%，0.09mm筛孔筛余量应为10%～30%；亲水系数不应大于1.1。

（4）细骨料的耐酸率不应小于95%；含泥量不应大于1%，其颗粒级配应符合规定。

（5）粗骨料的耐酸率不应小于95%，浸酸安定性应合格，空隙率不应大于45%，含泥量不应大于1%。

（6）粗骨料宜采用碎石，并不得含有泥土，其耐酸率不应小于95%，浸酸安定性应合格。粒径为20～40mm碎石的含量不应小于85%，10～20mm碎石的含量不应大于15%。

图名	垃圾堆肥	页次	4

（7）细骨料的耐酸率不应小于95%，含泥量不应大于1%，粒径要求为1mm筛孔筛余量不应大于5%。

（8）本部分所涉及具体数值，施工中应以现行规范为准进行调整。

6.施工工艺与要点：

（1）为防止雨水与流水进入堆肥车间，车间运入、运出口应设置坡道，且设置高差，此外为防止雨水等进入堆肥设施，还应在堆肥周围设置排水沟。

（2）在堆肥设施的内部存在发生渗漏的可能性，因此应在车间内部设置2%的坡度，将渗漏液导入排水沟。

（3）堆肥设施在发酵过程中可能产生大量铁质腐蚀性气体，因此在施工过程中应尽量采用木质结构。采用铁制结构必须采用镀锌等防腐蚀处理。使用铁制结构建造时，主架和横筋必须使用耐久性高的木质结构。

（4）堆肥设施的发酵槽一般采用钢筋混凝土建造护墙，护墙必须坚固、密实，混凝土强度必须进行检测并应符合设计要求，不得有起砂、脱壳、裂缝、蜂窝麻面等现象。

（5）在成本允许范围内应尽量采用水灰比小的混凝土，降低塌落度大的混凝土的使用量。

（6）钢筋表面保护层的覆盖厚度不小于建设工程标准值。

（7）混凝土应尽量一次性浇筑，当被迫中断再度浇筑时，应充分去除先前混凝土表面的浮浆膜皮。

7.质量检验：

（1）块材的面层应平整，采用直尺检查，其允许偏差不应大于下列数值。

①耐酸砖、耐酸耐温砖的面层：4mm。

②机械切割天然石材的面层（厚度≤30mm）：4mm。

（2）块材面层相邻块材之间的高差，不应大于下列数值。

①耐酸砖、耐酸耐温砖的面层：1mm。

②机械切割天然石材的面层（厚度≤30mm）：2mm。

③人工加工或机械刨光天然石材的面层（厚度>30mm）：3mm。

（3）坡度必须进行检测并应符合设计要求，其允许偏差应为坡长的±0.2%，最大偏差不得大于30mm；做泼水试验时，水应能顺利排除。

（4）基层必须干燥，在深度为20mm的厚度层内，含水率不应大于6%；当采用湿固化型材料时，含水率可不受上述限制，但表面不得有渗水、浮水及积水；当设计对湿度有特殊要求时，应按设计要求进行施工。

（5）本部分所涉及具体数据，应以现行规范为准进行适当调整。

8.垃圾堆肥附图：

图名	垃圾堆肥	页次	5

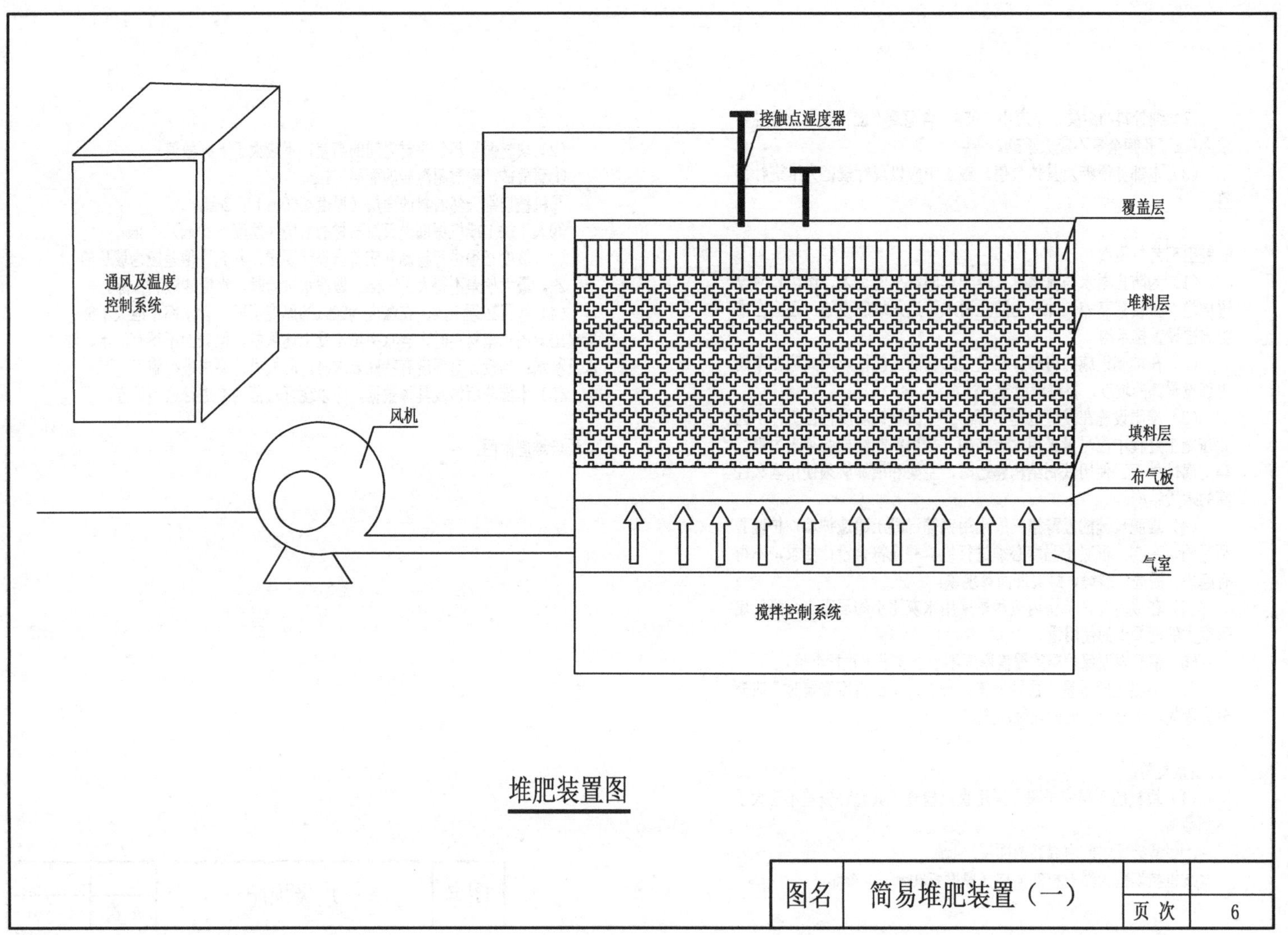

堆肥装置图

图名	简易堆肥装置（一）		
		页 次	6

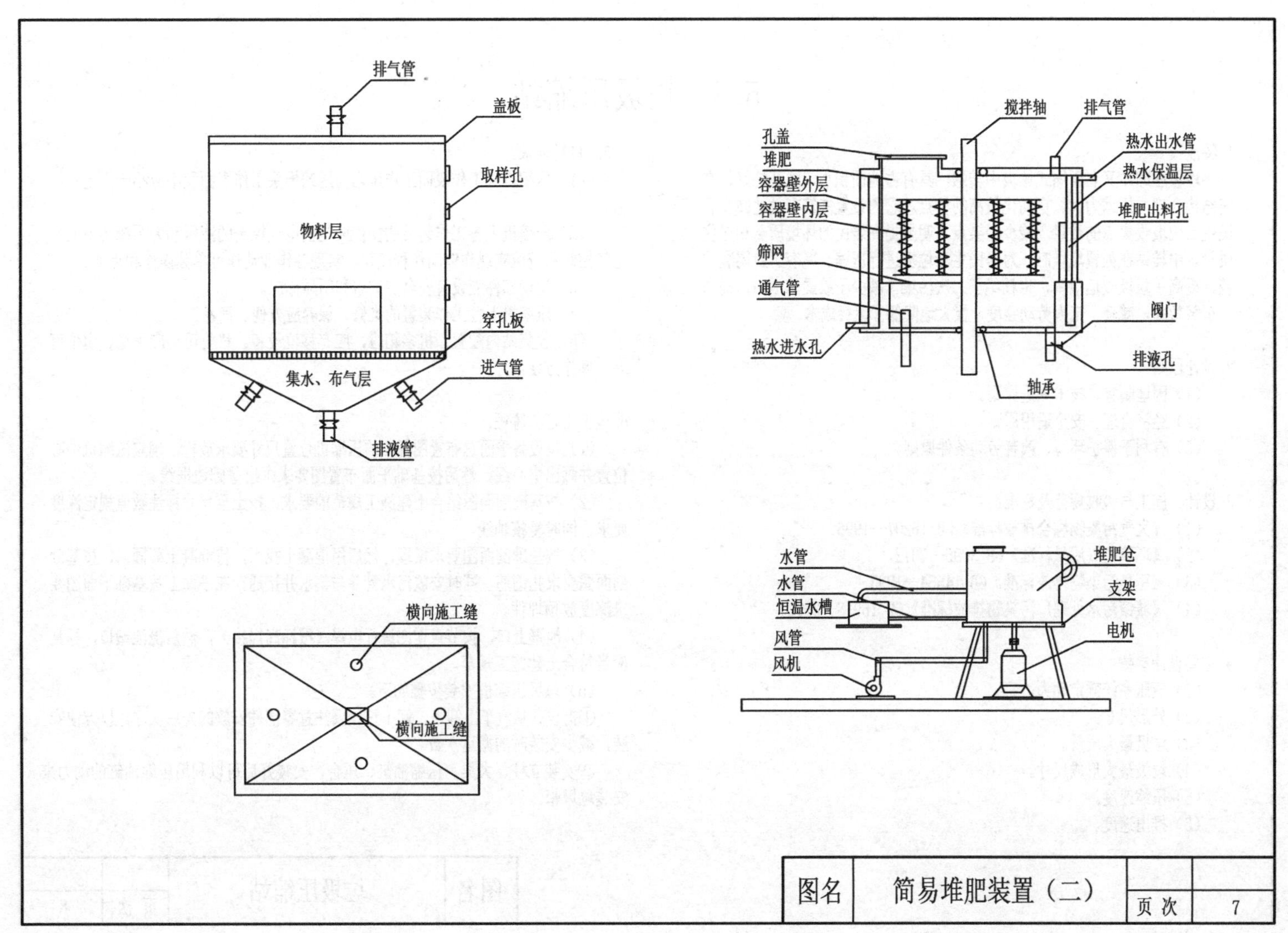

图名	简易堆肥装置（二）	页次	7

5.3 垃圾压缩站

1.特点：

垃圾压缩站又名压缩式垃圾中转站，具有占地面积小、隐蔽性好、空间结构合理、压缩力大、自动化较高的特点。它的设置能够有效地减少居民生活垃圾收集点的数量，减少污染点，明显提高居民的环境质量和居住质量。中转站在处置垃圾时，对居民生活垃圾进行压缩、减容、封闭装箱，提高了垃圾收运效率，也杜绝了二次污染，减少了蚊蝇的滋生，提高了车载效率，减轻了工人劳动强度，极大地降低了运行成本。

2.设计原则：

（1）因地制宜、技术先进原则。

（2）经济合理、安全适用原则。

（3）有利于保护环境、改善劳动条件原则。

3.设计、施工与验收规范及标准：

（1）《大气污染物综合排放标准》GB 16297—1996。

（2）《环境空气质量标准》GB 3095—2012。

（3）《恶臭污染物排放标准》GB 14554—1993。

（4）《城镇污水处理厂污染物排放标准》GB 18918—2002。

4.主要设计参数：

（1）液压系统额定动力。

（2）外形尺寸。

（3）垃圾最大质量。

（4）垃圾最大形成尺寸。

（5）压缩速度。

（6）推出速度。

5. 材料要求：

（1）压缩推头工作表面工作压强与压缩推头工作表面积不应小于规定数值。

（2）压缩机上各工作装置的操作应是由电气控制的液压动力系统实现的。电气控制系统应实现作业动作程序化、实现各作业动作可单独操作和点动。

（3）运动部件应设有安全防护罩和明显标志。

（4）压缩机上各工作装置的维修、保养应方便、简易。

（5）收集站内配置一机多箱时，应有移位设备。移位运动应平稳、定位可靠、操作方便。

6.施工工艺与流程：

（1）按设备平面总布置图标注的压缩机位置尺寸要求放样，确定压缩机中心位置并画出中心线，然后按基础平面布置图要求画出基础边框线。

（2）按基础剖面图结合土建施工规范的要求，挖土至尺寸标注数值规定深度要求，同时复核轴线。

（3）按基础剖面图要求填埋，然后用混凝土找平，待混凝土凝固后，按基础剖面图要求扎钢筋，同时安放污水管并与集水井接通，在平面上按基础平面图要求深度放预埋件。

（4）池壁上口，按节点详图进行电焊（按标高焊接），然后浇池壁口，标高应当符合土建施工规范。

（5）垃圾压缩机安装步骤如下。

①把设备从汽车上卸下，卸下过程要注意零部件安放的先后次序，以方便安装，减少安装时的搬运次数。

②安装立柱、大梁、压缩油缸、压台，安装好后可以利用压缩油缸的动力来安装垃圾箱。

图名	垃圾压缩站		
		页 次	8

③安装垃圾箱、推出装置及其他机械零部件。

④设备初调试，通电测试，检验电气、液压装置是否正常运作。

⑤安装其他部件及油漆。

⑥设备检验校准调整，直至达到设计要求。

7.质量检验：

（1）合理控制垃圾的处理量，促进各系统设备的自身磨合，保证设备的稳定性及寿命。

（2）促进电气、液压、机械及各辅助设备等系统之间的磨合。

（3）在试运营中，操作工、维修人员、管理人员、驾驶员通过亲自操作，解决运行中的简单故障，进一步了解掌握转运站设备，完成人机的磨合。

（4）转运系统的初次运行前20天的处理量为前期额定产能的50%，后10天逐步加大到额定处理量。

（5）收集站建筑物应分别开设垃圾收集小车和垃圾运输车的通行门。垃圾运输车通行门的净尺寸（宽×高）不小于3300mm×4000mm。垃圾收集小车通行门的净尺寸（宽×高）不小于1800mm×2100mm。收集站建筑物内的净高度应不小于5m。

（6）收集站内设备配置（开间）：一机一箱≥5.0m；一机二箱≥9.0（2×4.5）m。收集站建筑物的进深不小于10.0m。

（7）收集站的地面应当有适当坡度，并在墙脚设水沟，在垃圾收集小车和垃圾运输车通行门口设铸铁盖板水沟，并应有排水措施。

（8）收集站内的采光、通风窗与地面面积之比不得小于1∶6。有条件时可适当增加通风、采光面积。

（9）收集站内作业区的照明强度不小于50lx。

（10）本部分所涉及具体数据，在实施工作中应以现行规范为准进行适当调整。

8.垃圾压缩站附图：

图名	垃圾压缩站	页次	9

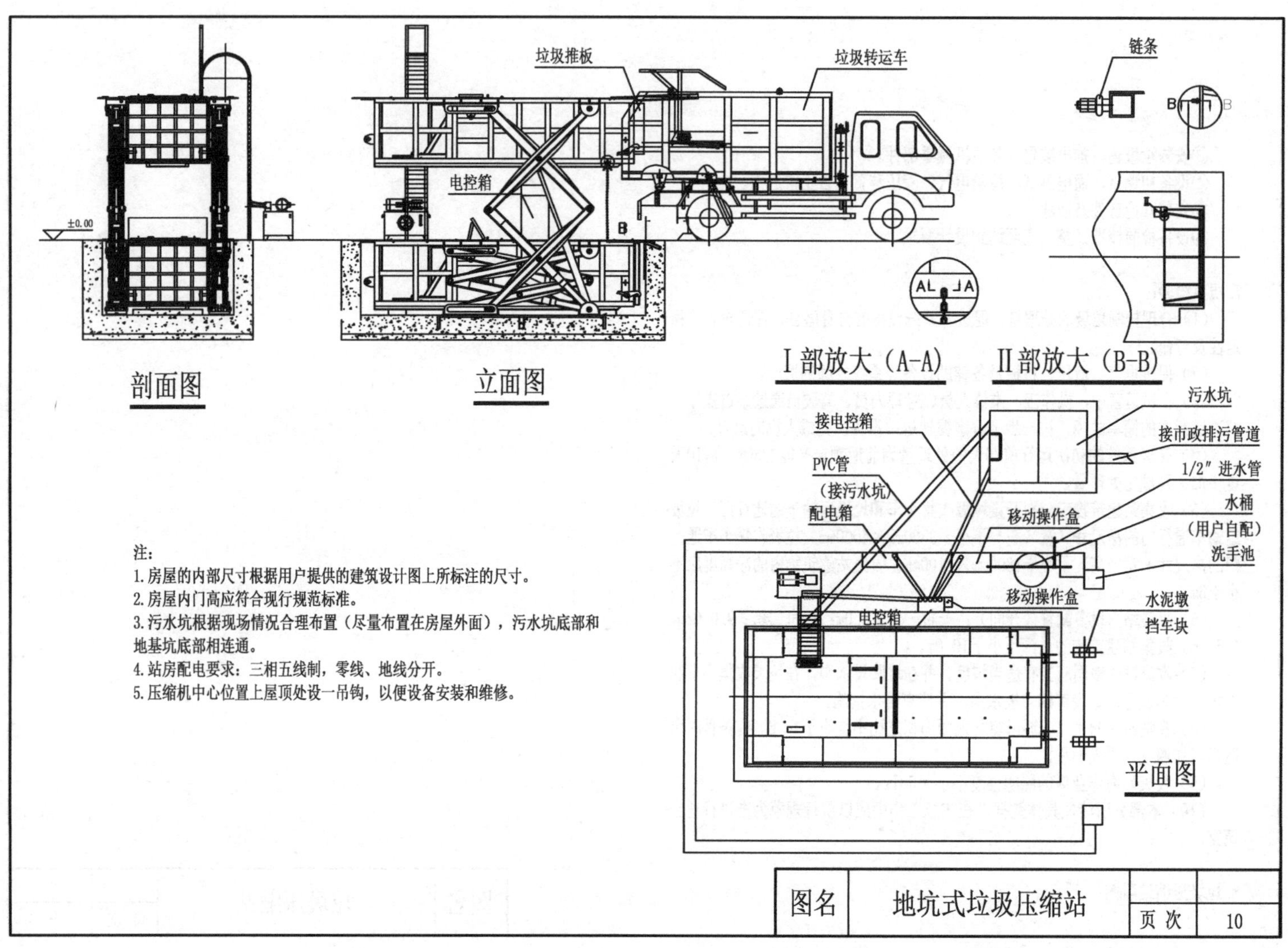
垃圾推板
垃圾转运车
链条
电控箱
±0.00
B
B
B
A
A
剖面图
立面图
Ⅰ部放大（A-A）
Ⅱ部放大（B-B）
污水坑
接电控箱
接市政排污管道
PVC管
（接污水坑）
1/2″进水管
配电箱
移动操作盒
水桶
（用户自配）
洗手池
移动操作盒
电控箱
水泥墩
挡车块
平面图
注：
1. 房屋的内部尺寸根据用户提供的建筑设计图上所标注的尺寸。
2. 房屋内门高应符合现行规范标准。
3. 污水坑根据现场情况合理布置（尽量布置在房屋外面），污水坑底部和地基坑底部相连通。
4. 站房配电要求：三相五线制，零线、地线分开。
5. 压缩机中心位置上屋顶处设一吊钩，以便设备安装和维修。
图名
地坑式垃圾压缩站
页 次
10

5.4 垃圾填埋场

1.特点：

垃圾填埋场是在地球表面的浅地层中处置废物的物理设施，其目的是通过设计、施工、运行和封场管理等一系列手段，最大限度地减少所填埋废物对周围环境和人体健康的影响。小型生活垃圾填埋场具有适合农村使用的高效、简便、易操作、低成本、可重复使用等诸多优点。

2.设计原则：

（1）必须有充分的填埋容量和较长的使用期，填埋容量必须达到设计量，使用期至少六年。

（2）能在全天候条件下运行。

（3）不会受洪水、滑坡等威胁。

（4）不引起空气、水和噪声污染，不危害公共卫生。

（5）技术工艺简单而科学，填埋工程处理垃圾的成本低。

3.设计、施工与验收规范及标准：

（1）《生活垃圾卫生填埋处理技术规范》GB 50869—2013。

（2）《生活垃圾填埋污染控制标准》GB 16889—2008。

（3）《生活垃圾填埋场环境监测技术标准》CJ/T 3037—1995。

（4）《恶臭污染物排放标准》GB 14554—1993。

（5）《环境空气质量标准》GB 3095—2012。

4.主要设计参数：

（1）运输距离。

（2）可用土地面积。

（3）气候条件。

（4）每年垃圾产量。

（5）垃圾压实密度。

5. 材料要求：

（1）天然黏土类衬里及改性黏土类衬里的渗透系数不应大于 1.0×10^{-7}cm/s，且场底及四壁衬里厚度不应小于2m。

（2）在填埋库区底部及四壁铺设高密度聚乙烯(HDPE)土工膜作为防渗衬里时，膜厚度不应小于1.5mm，并应符合填埋场防渗的材料性能和现行国家相关标准的要求。

（3）库区底部复合衬里结构。基础，地下水导流层，厚度应大于300mm；膜下防渗保护层，黏土厚度应大于1000mm，渗透系数不应大于1.0×10^{-7}cm/s；HDPE土工膜；膜上保护层；渗沥液导流层，厚度应大于或等于300mm。

（4）库区边坡复合衬里结构。基础，地下水导流层，厚度应大于300mm；膜下防渗保护层，黏土的厚度应大于750m，渗透系数不应大于1.0×10^{-7}cm/s。

（5）库区底部单层衬里结构。基础，地下水导流层，厚度应大于300mm；膜下保护层，黏土厚度应大于100cm，渗透系数不应大于1.0×10^{-5}cm/s；HDPE土工膜；膜上保护层；渗沥液导流层，厚度应大于300mm。

（6）库区底部双层衬里应按下列结构铺设。基础，地下水导流层，厚度应大于300mm；膜下保护层，黏土厚度应大于100cm，渗透系数不应大于1.0×10^{-5}cm/s；HDPE土工膜；膜上保护层；渗沥液导流（检测）层，厚度应大于300mm；膜下保护层；HDPE土工膜；膜上保护层；渗沥液导流层，厚度应大于300mm。

（7）本部分所涉及具体数据应根据现行规范进行调整。

6.施工工艺与要点：

（1）基层处理。基础处理前必须根据现场的地形地貌特点进行引测，设控制点，

图名	垃圾填埋场	页次	11

布好控制桩，标明坐标及标高，采用机械施工，把表层植被、耕植土层及液化等级为中等的土层清除并压实。修整时应以相邻两个控制桩→截洪沟→中间锚固平添范围作为一个单元（工作面），从上到下修整。修好的基层（尤其是边坡）暴露时间不能太长，以免开裂及雨水冲刷。修好的边坡尽量平顺，不能有台阶状、反坡或突然变坡等情况。

（2）地下导排系统。库底基层处理后根据设计要求开挖导排盲沟，并在沟内安装HDPE管，HDPE管要提前用电钻开好排水孔。

（3）边坡与库底防水。根据现场边坡的实际情况，按由上往下的顺序铺设，坡度较缓的坡面可直接在坡岸上开卷铺设。铺设时可视具体情况划分若干施工段。边坡顶一般设有约2m宽的护岸，护岸外侧设锚固沟，坡形较长的边坡中间设有锚固平台。阴阳角修整成圆弧形或钝角，铺毯时先裁剪400mm宽度做加强处理，再大面积铺设，每块防水毯上下边必须锚进锚固沟，并用钢钉在沟侧壁固定钩，及时回填土方锚固。相邻两块防水毯必须进行有效搭接。考虑到库底基层可能下沉变形，必要时每块防水毯铺设时可以在底部打皱。

（4）HDPE土工膜。确定各施工段的膜铺设顺序，以边坡上某一点为基点，由一个方向按顺序展开工作面。膜铺设时必须与防水毯铺设工序密切配合，两工序之间应尽量紧凑，不要相隔太长时间，只要上一工序提供了足够的工作面，本工序应马上进行施工，一环扣一环，形成流水作业。

7.质量检验：

（1）铺设HDPE土工膜应焊接牢固，达到强度和防渗漏要求，局部不应产生下沉拉断现象。土工膜的焊（黏）接处应通过试验检验。

（2）在垂直高差较大的边坡铺设土工膜时，应设锚固平台，平台高差应结合实际地形确定，不宜大于10m。边坡坡度宜小于1∶2。

（3）防渗结构材料的基础处理应符合下列规定：平整度应达到每平方米黏土层误差不得大于20mm；HDPE土工膜的膜下保护层，垂直深度2.5cm内黏土层不应含有粒径大于5mm的尖锐物料；位于库区底部的黏土层压实度不得小于93%；位于库区边坡的黏土层压实度不得小于90%。

（4）填埋库区地基应是具有承载填埋体负荷的自然土层或经过地基处理的平稳层，不应因填埋垃圾的沉降而使基层失稳。填埋库区底部应有纵、横向坡度，纵、横向坡度均宜不小于2%。

（5）实际检验中应以现行标准对检验中的各具体数值进行调整。

8.垃圾填埋场附图：

图名	垃圾填埋场	页次	12

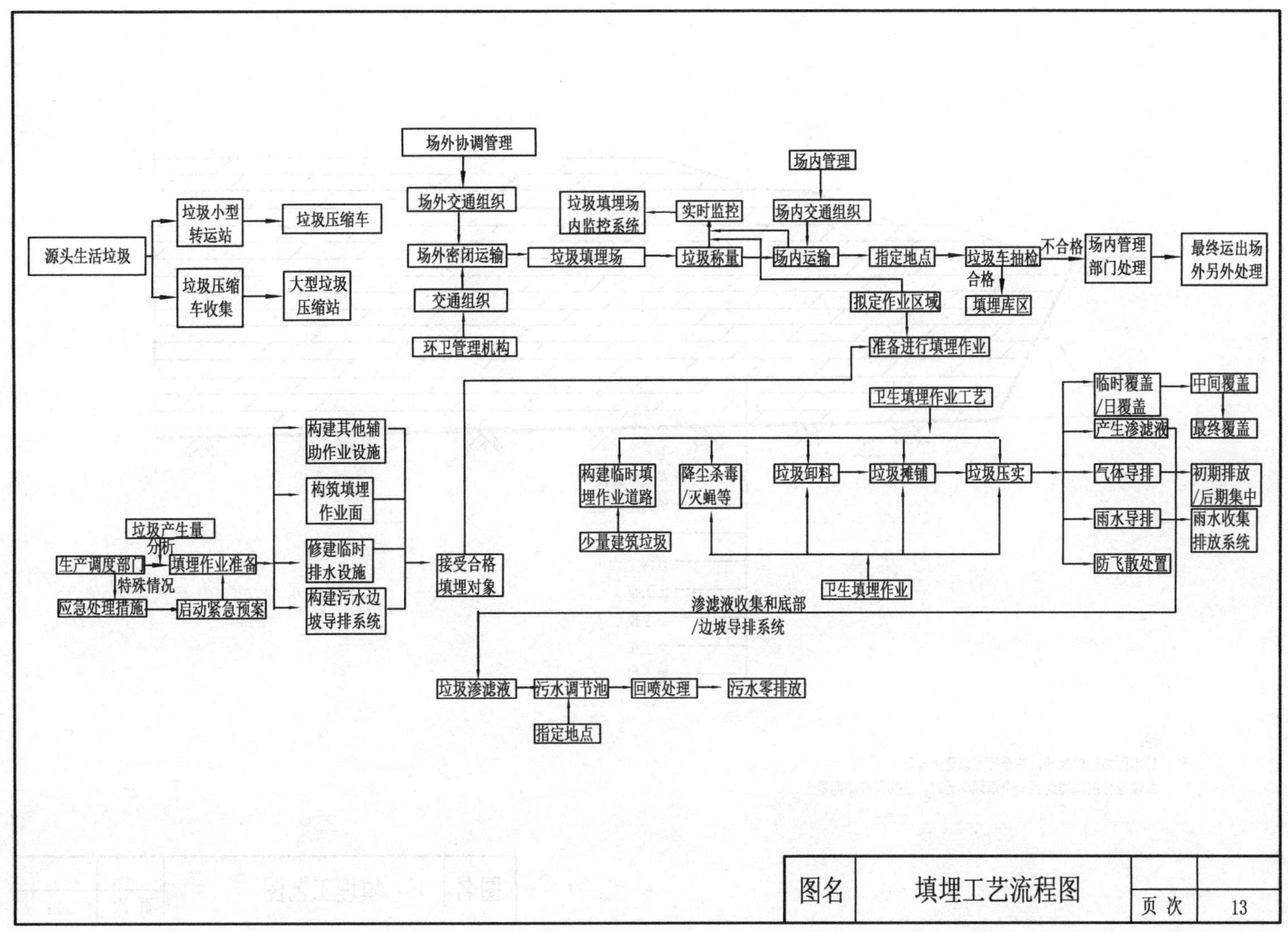
场外协调管理
场内管理
垃圾小型转运站
垃圾压缩车
场外交通组织
垃圾填埋场内监控系统
实时监控
场内交通组织
源头生活垃圾
场外密闭运输
垃圾填埋场
垃圾称量
场内运输
指定地点
垃圾车抽检
不合格
场内管理部门处理
最终运出场外另外处理
垃圾压缩车收集
大型垃圾压缩站
交通组织
拟定作业区域
合格
填埋库区
环卫管理机构
准备进行填埋作业
卫生填埋作业工艺
临时覆盖/日覆盖
中间覆盖
产生渗滤液
最终覆盖
构建其他辅助作业设施
构建临时填埋作业道路
降尘杀毒/灭蝇等
垃圾卸料
垃圾摊铺
垃圾压实
气体导排
初期排放/后期集中
构筑填埋作业面
雨水导排
雨水收集排放系统
垃圾产生量分析
少量建筑垃圾
生产调度部门
填埋作业准备
修建临时排水设施
接受合格填埋对象
防飞散处置
特殊情况
卫生填埋作业
应急处理措施
启动紧急预案
构建污水边坡导排系统
渗滤液收集和底部/边坡导排系统
垃圾渗滤液
污水调节池
回喷处理
污水零排放
指定地点
图名
填埋工艺流程图
页次
13

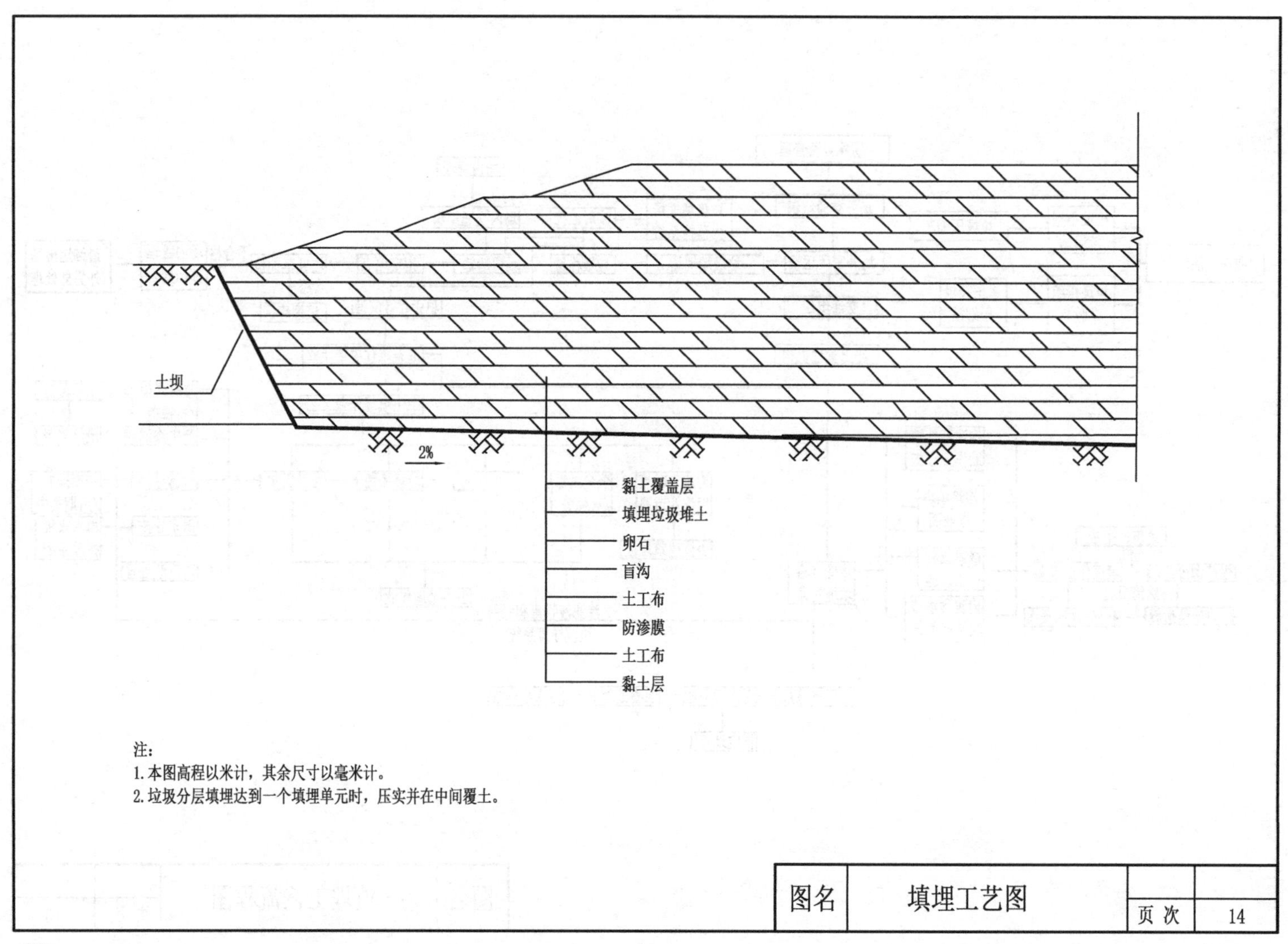
土坝
2%
黏土覆盖层
填埋垃圾堆土
卵石
盲沟
土工布
防渗膜
土工布
黏土层
注:
1.本图高程以米计，其余尺寸以毫米计。
2.垃圾分层填埋达到一个填埋单元时，压实并在中间覆土。
图名
填埋工艺图
页 次
14

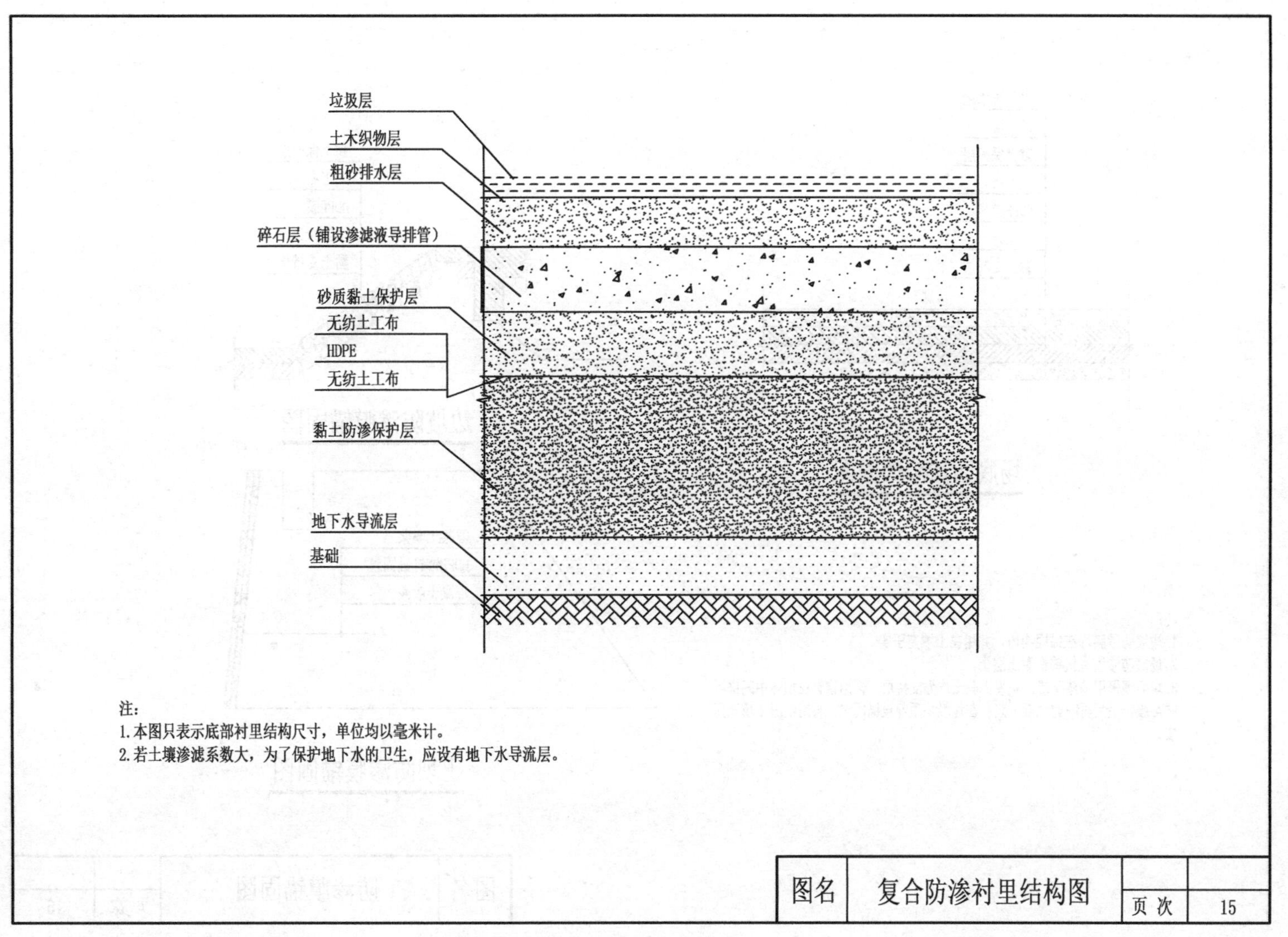

注：
1.本图只表示底部衬里结构尺寸，单位均以毫米计。
2.若土壤渗滤系数大，为了保护地下水的卫生，应设有地下水导流层。

图名	复合防渗衬里结构图	页 次	15

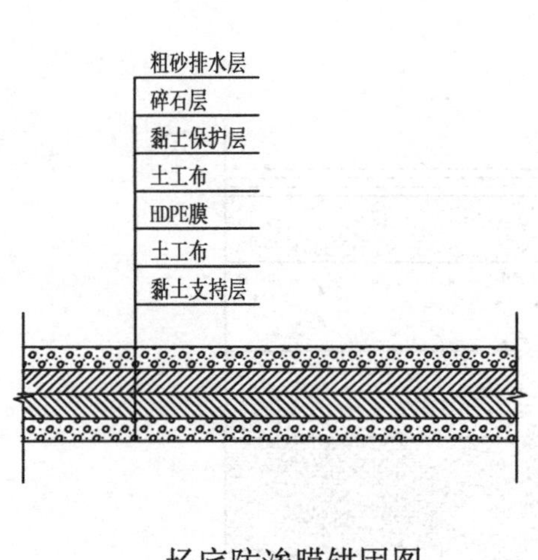

场底防渗膜锚固图

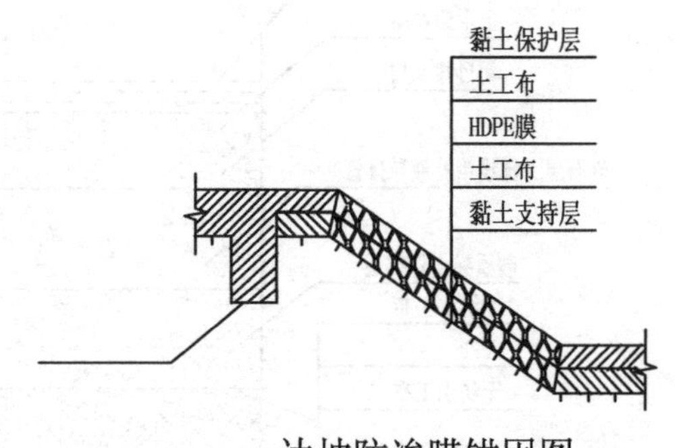

边坡防渗膜锚固图

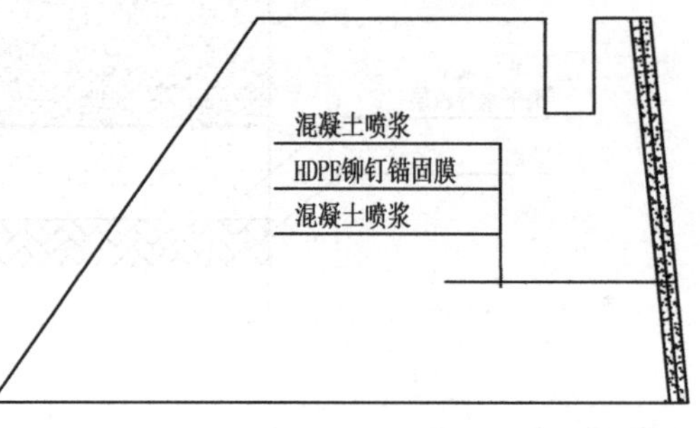

土坝防渗膜锚固图

注：
1. 边坡防渗膜埋在锚固沟内，并用黏土填充压实。
2. 场底防渗膜直接铺在黏土层上。
3. 垃圾坝采用喷漆防渗，先喷混凝土作为支持层，再用铆钉在坝体中间锚固防渗膜，最后再喷射混凝土浆；在垃圾坝顶部设锚固沟，再用混凝土填充压实。

图名	防渗膜锚固图		
		页 次	16

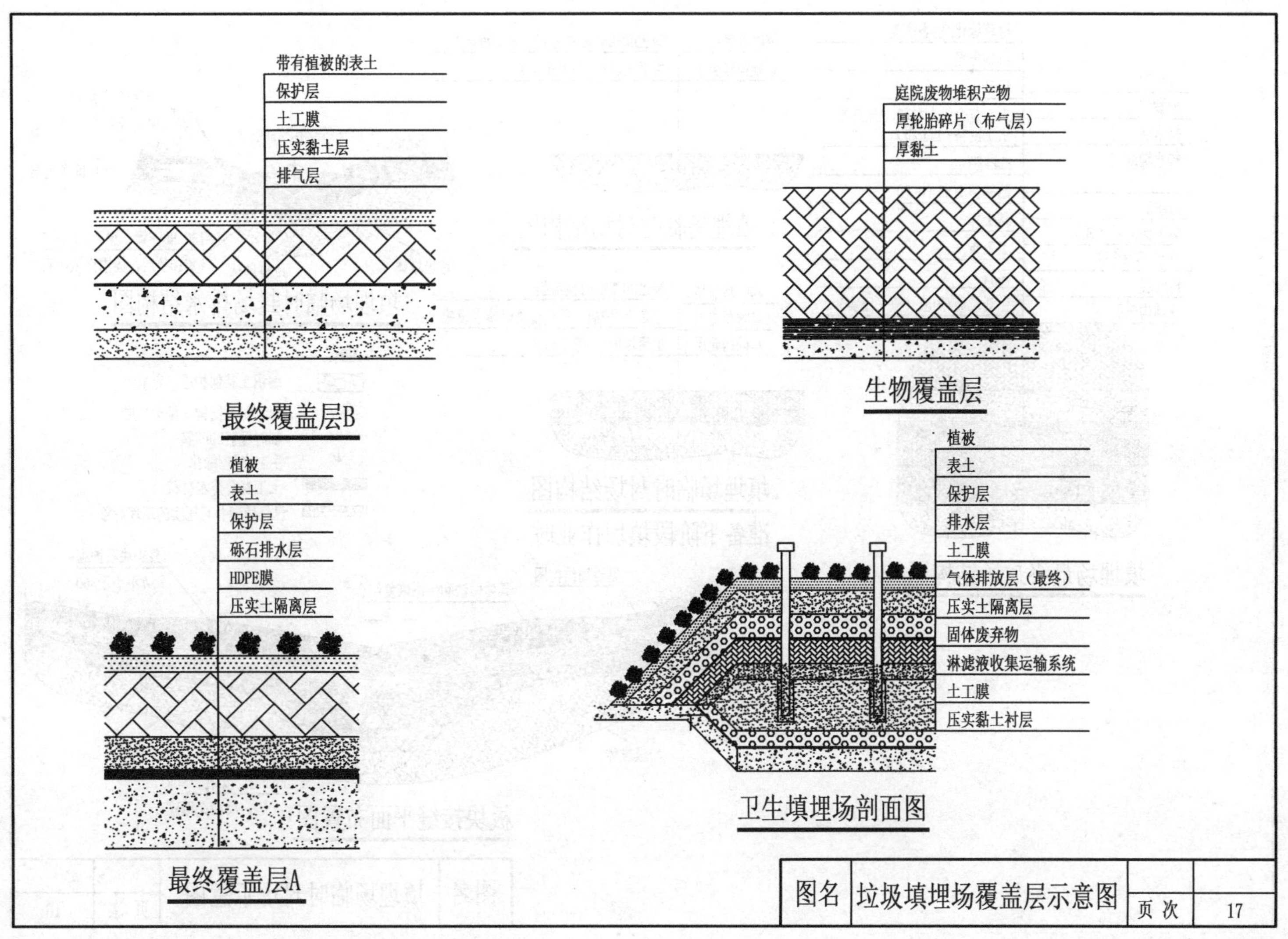

图名	垃圾填埋场覆盖层示意图		
		页 次	17

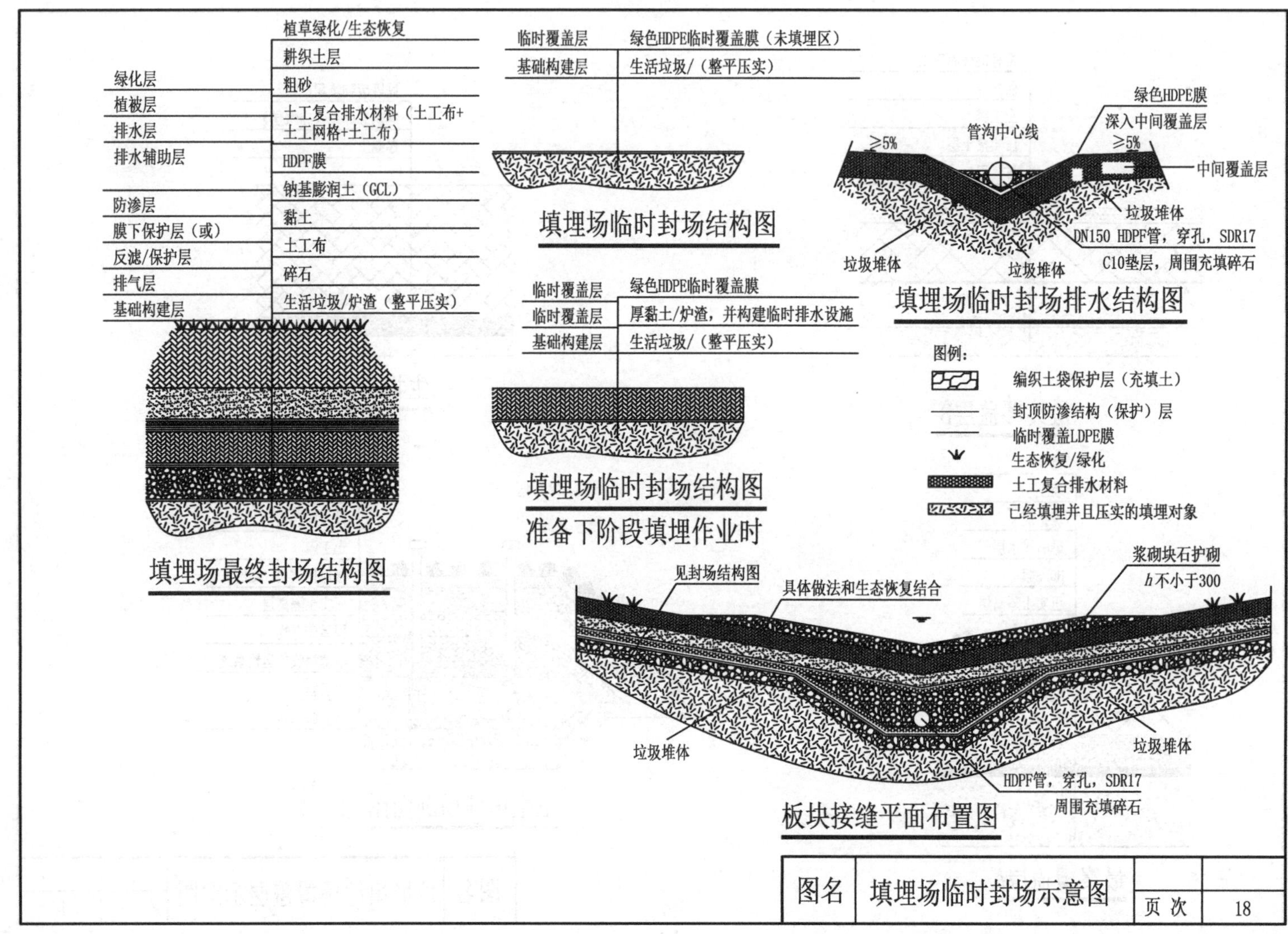

图名	填埋场临时封场示意图		
		页 次	18

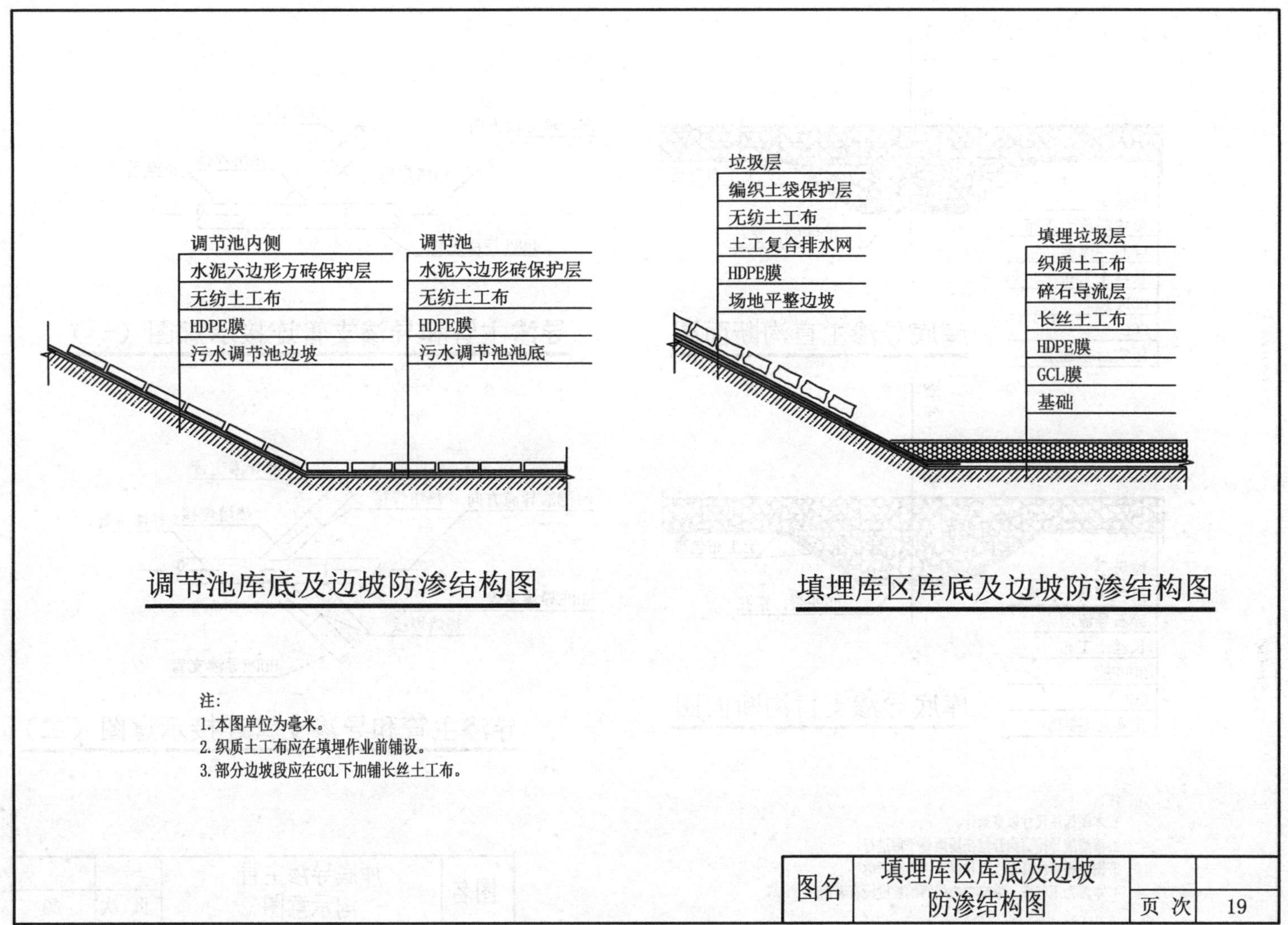

注：
1. 本图单位为毫米。
2. 织质土工布应在填埋作业前铺设。
3. 部分边坡段应在GCL下加铺长丝土工布。

图名	填埋库区库底及边坡防渗结构图		
		页 次	19

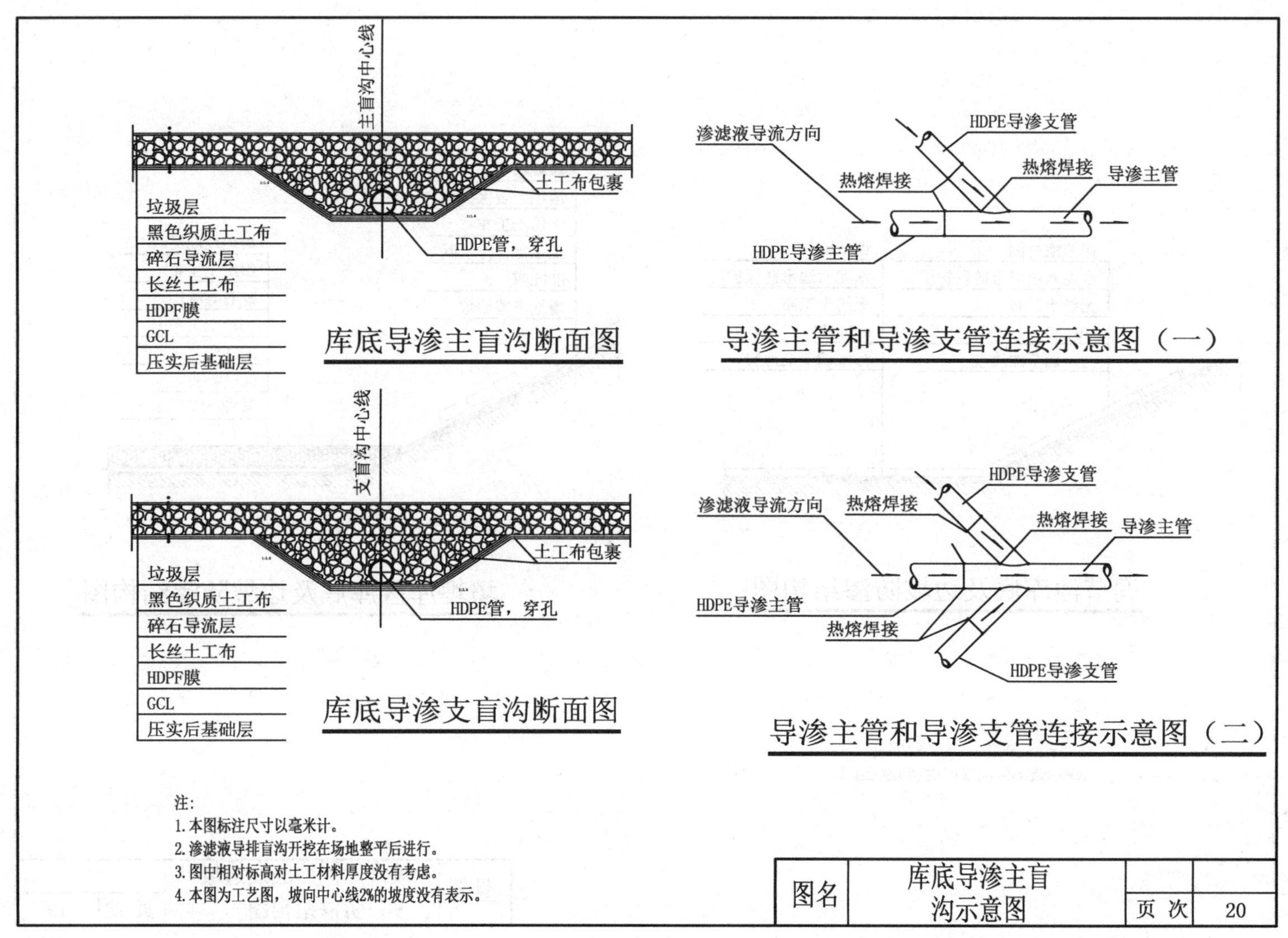
主盲沟中心线
土工布包裹
垃圾层
黑色织质土工布
碎石导流层
长丝土工布
HDPF膜
GCL
压实后基础层
HDPE管，穿孔
库底导渗主盲沟断面图
渗滤液导流方向
HDPE导渗支管
热熔焊接
热熔焊接
导渗主管
HDPE导渗主管
导渗主管和导渗支管连接示意图（一）
支盲沟中心线
土工布包裹
垃圾层
黑色织质土工布
碎石导流层
长丝土工布
HDPF膜
GCL
压实后基础层
HDPE管，穿孔
库底导渗支盲沟断面图
HDPE导渗支管
渗滤液导流方向
热熔焊接
热熔焊接
导渗主管
HDPE导渗主管
热熔焊接
HDPE导渗支管
导渗主管和导渗支管连接示意图（二）
注：
1.本图标注尺寸以毫米计。
2.渗滤液导排盲沟开挖在场地整平后进行。
3.图中相对标高对土工材料厚度没有考虑。
4.本图为工艺图，坡向中心线2%的坡度没有表示。
图名
库底导渗主盲沟示意图
页次
20

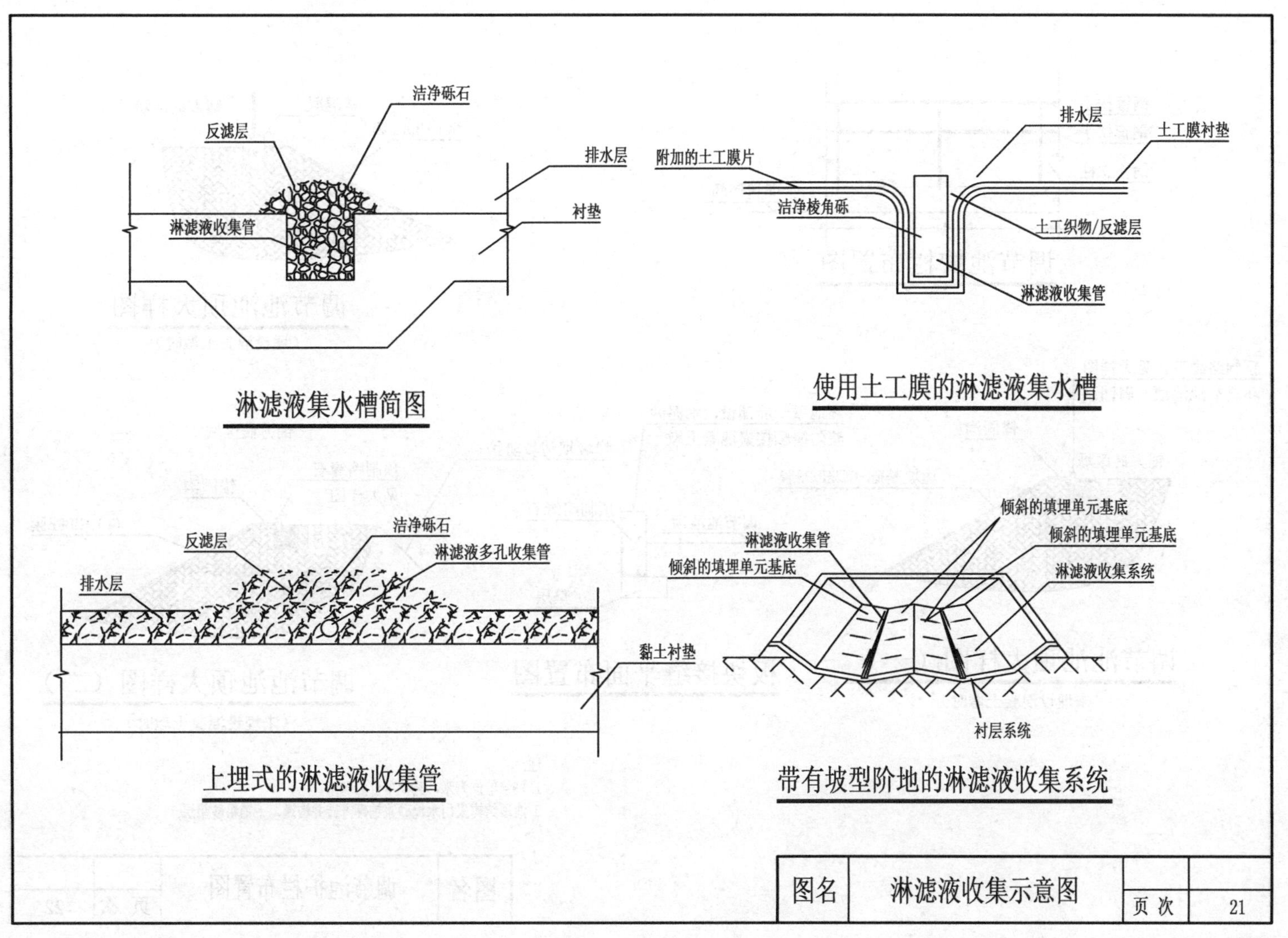

图名	淋滤液收集示意图	页 次	21

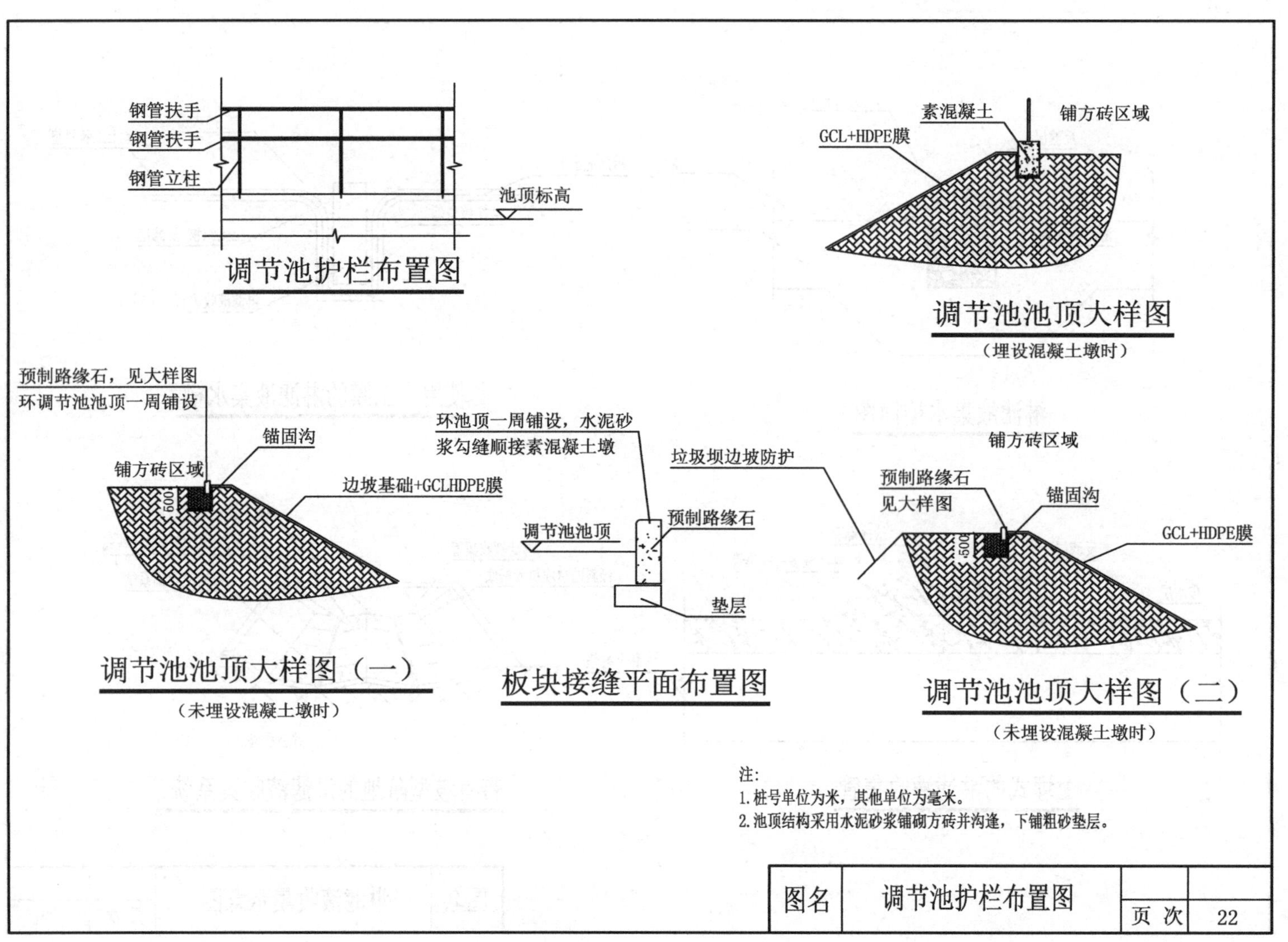

注:

1. 桩号单位为米，其他单位为毫米。
2. 池顶结构采用水泥砂浆铺砌方砖并沟逢，下铺粗砂垫层。

图名	调节池护栏布置图		
		页 次	22

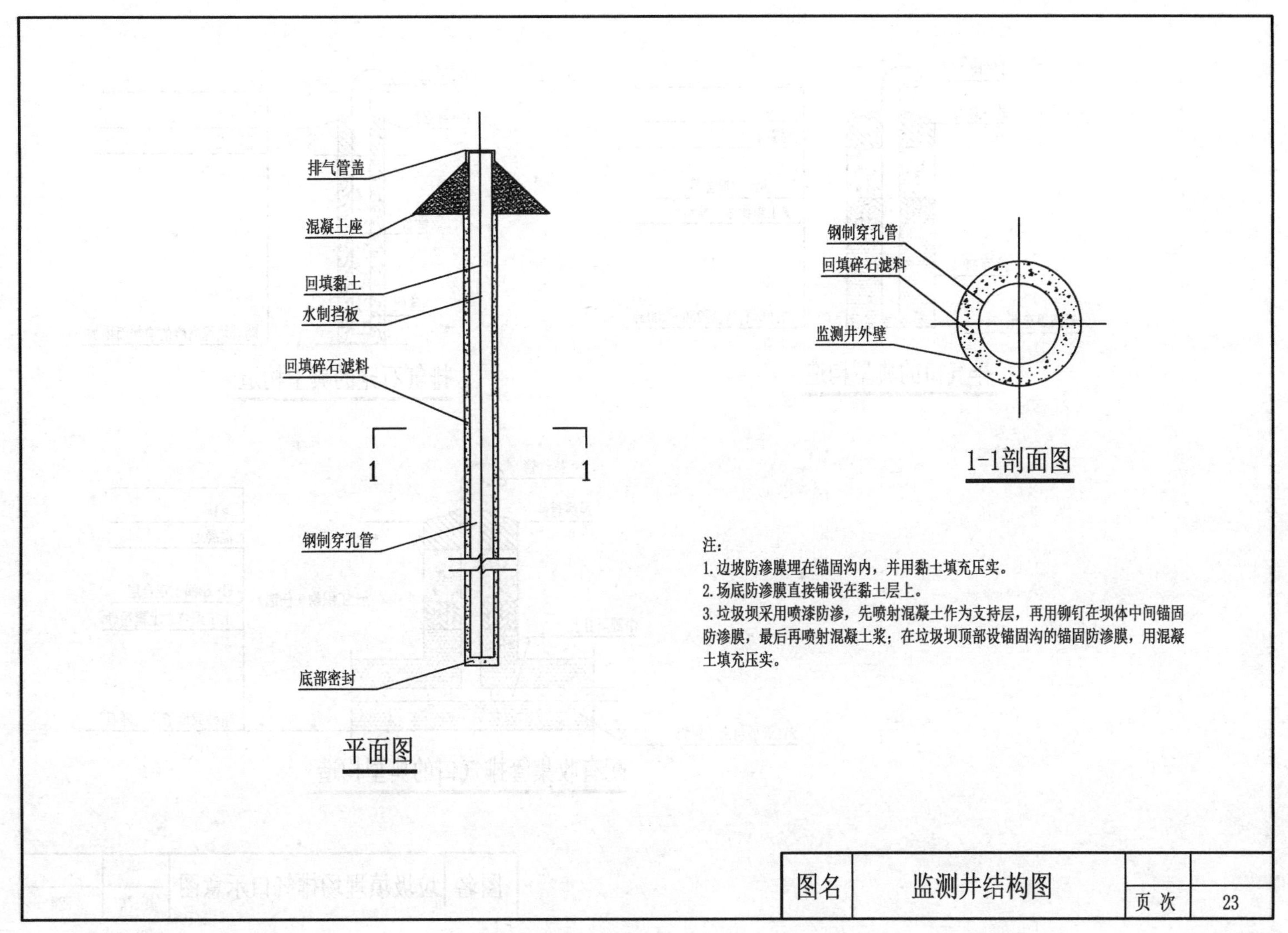

注：

1. 边坡防渗膜埋在锚固沟内，并用黏土填充压实。
2. 场底防渗膜直接铺设在黏土层上。
3. 垃圾坝采用喷漆防渗，先喷射混凝土作为支持层，再用铆钉在坝体中间锚固防渗膜，最后再喷射混凝土浆；在垃圾坝顶部设锚固沟的锚固防渗膜，用混凝土填充压实。

图名	监测井结构图	页 次	23

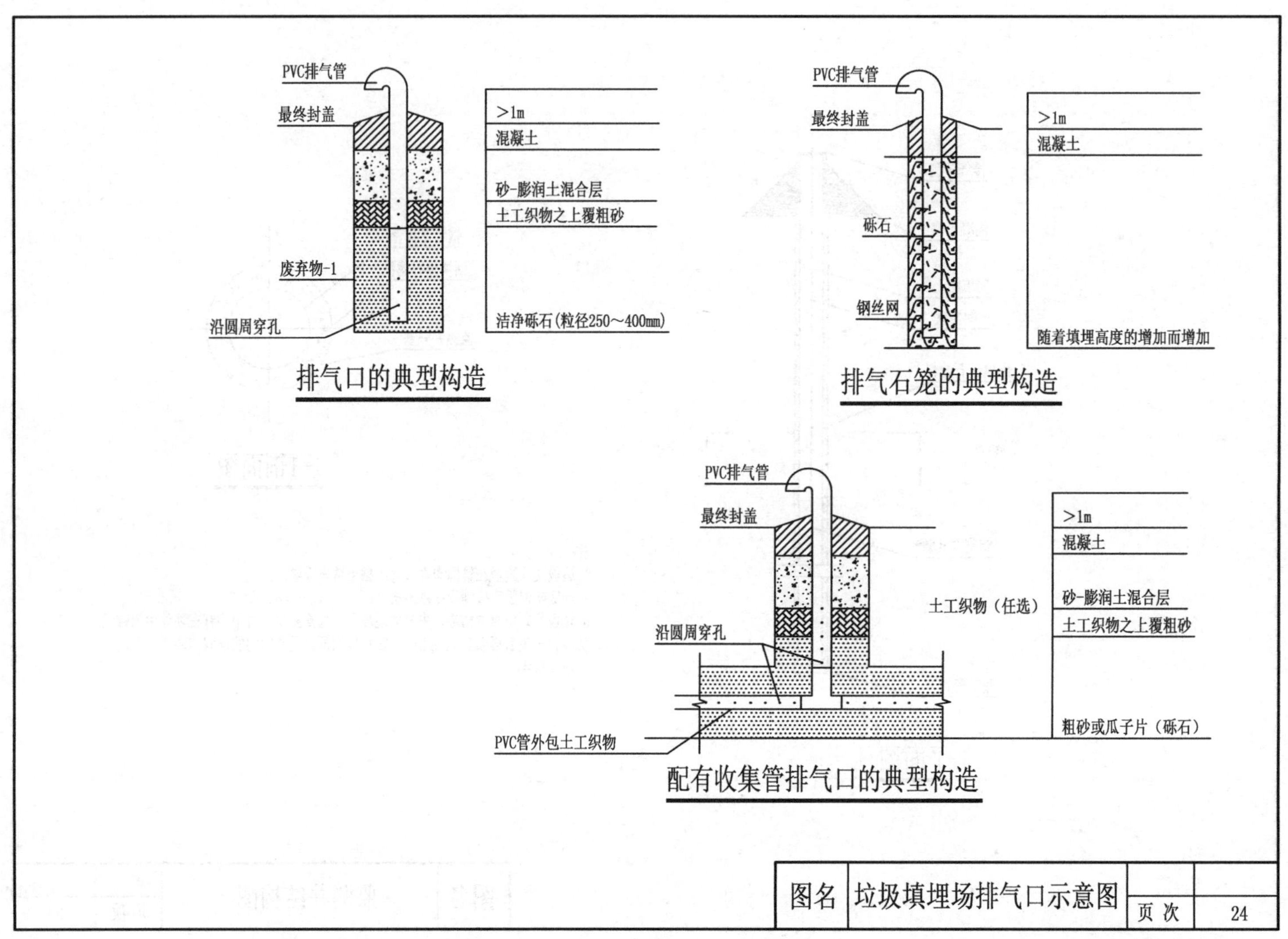
PVC排气管
最终封盖
>1m
混凝土
砂-膨润土混合层
土工织物之上覆粗砂
废弃物-1
沿圆周穿孔
洁净砾石(粒径250～400mm)
排气口的典型构造
PVC排气管
最终封盖
>1m
混凝土
砾石
钢丝网
随着填埋高度的增加而增加
排气石笼的典型构造
PVC排气管
最终封盖
>1m
混凝土
土工织物（任选）
砂-膨润土混合层
土工织物之上覆粗砂
沿圆周穿孔
PVC管外包土工织物
粗砂或瓜子片（砾石）
配有收集管排气口的典型构造
图名
垃圾填埋场排气口示意图
页 次
24

5.5 垃圾处理工程防震（选用）

1.特点：

大型垃圾处理类基础设施的抗震隔震工程往往参照构筑物抗震规范进行，而在农村地区建筑中，垃圾工程属于非结构构件。在地震中，为了减轻损失，也需对此类构件进行抗震设防。垃圾工程的抗震设防目标，要与主体结构体系的三水准设防目标相协调，容许垃圾工程构件的损坏程度略大于主体结构，但不得危及生命。我国的规范采用不同的计算系数和抗震措施来表征，把垃圾工程构件的抗震设防要求大致分为高、中、低三个层次。本部分涉及具体数据，应以现行标准为准进行调整。

2.设计原则：

（1）抗震设防烈度为6度及以上地区的构筑物，必须进行抗震设计。

（2）经综合评价后划分的危险地段，严禁建造甲类、乙类构筑物，不应建造丙类构筑物。

（3）工程场地为I类时，甲类、乙类构筑物可仍按本地区抗震设防烈度的要求采取抗震构造措施；丙类构筑物可按本地区抗震设防烈度降低1度要求采取抗震构造措施，但抗震设防烈度为6度时，仍应按本地区抗震设防烈度的要求采取抗震构造措施。工程场地为Ⅲ、Ⅳ类时，对设计基本地震加速度为0.15g和0.30g的地区，除另有规定外，宜分别按设计基本加速度0.20g（8度）和0.40g(9度)时各类抗震设防类别构筑物的要求采取抗震构造措施。

（4）构筑物设计应符合平面、立面和竖向剖面的规则性要求。不规则的构筑物应按规定采取加强措施；特别不规则的构筑物应进行专门的研究和论证，并应采取特别的加强措施；不应采用严重不规则的结构设计方案。

3.设计、施工与验收规范及标准：

（1）《建筑抗震设计规范（附条文说明）（2016年版）》GB 50011—2010。

（2）《建筑工程抗震设防分类标准》GB 50223—2008。

（3）《混凝土结构设计规范（2015年版）》GB 50010—2010。

（4）《叠层橡胶支座隔震技术规程》CEC S126—2001。

（5）《非结构构件抗震设计规范》JGJ 339—2015。

（6）《构筑物抗震设计规范》GB 50191—2012。

4.主要设计参数：

（1）结构高度。

（2）建筑场地。

（3）风荷载。

（4）地区设防烈度。

（5）结构竖向承载力。

（6）水平向减震系数。

5.材料要求：

（1）砌体结构材料应符合下列规定：普通砖和多孔砖的强度等级不应低于MU10，其砌筑砂浆强度等级不应低于M5；混凝土小型空心砌块的强度等级不应低于MU7.5，其砌筑砂浆强度等级不应低于Mb7.5。

图名	垃圾处理工程防震	页次	25

（2）混凝土结构材料应符合下列规定：混凝土的强度等级，框支梁、框支柱及抗震等级为一级的框架梁、柱、节点核心区，不应低于C30；构造柱、芯柱、圈梁及其他各类构件不应低于C20；抗震等级为一、二、三级的框架和斜撑构件(含梯段)，其纵向受力钢筋采用普通钢筋时，钢筋的抗拉强度实测值与屈服强度实测值的比值不应小于1.25；钢筋的屈服强度实测值与屈服强度标准值的比值不应大于1.3，且钢筋在最大拉力下的总伸长率实测值不应小于9%。

（3）钢结构的钢材应符合下列规定：钢材的屈服强度实测值与抗拉强度实测值的比值不应大于0.85；钢材应有明显的屈服台阶，且伸长率不应小于20%；钢材应有良好的焊接性和合格的冲击韧性。

6.施工工艺与要点：

（1）材料检验。各类抗震材料材料进场检验，可按进场批次、生产厂家、规格进行划分检验批。支座和阻尼器应进行见证检验，对检验判定为不合格的产品不得使用。

（2）上步工序确认。建筑隔震工程施工的每道工序完成后应按隐蔽工程要求检查验收，并形成记录。对重要工序需经设计人员确认合格后，方可进行下道工序的施工。

（3）隔震设施的安装。在上道工序交接检验合格后，方可进行后续工程施工。支座的支墩（柱）与承台或底板宜分开施工，承台或底板混凝土应振捣平整。承台、底板混凝土初凝前，应进行测量定位，绑扎支墩（柱）的钢筋及周边钢筋，应预留预埋锚筋或锚杆、套筒的位置；下支墩（柱）上的连接板在安装过程中，应对其轴线、标高和水平度进行精确的测量定位，并应用连接螺栓对螺栓孔进行临时旋拧封闭；下支墩（柱）侧模，应用水准仪测定模板高度，并应在模板上弹出水平线。浇筑下支墩（柱）混凝土时，应减少对预埋件的影响；混凝土浇筑完毕后，应对支座中心的平面位置和标高进行复测并记录，若有移动，应立即校正。

（4）模板拆除。模板拆除后，应采用同强度的水泥砂浆进行找平，找平后应对砂浆面进行标高复核。

7.质量检验：

（1）在砂浆搅拌机出料口或在湿拌砂浆的储存容器出料口随机取样制作砂浆试块（现场拌制的砂浆，同盘砂浆只应制作一组试块），试块标养28天后做强度试验。预拌砂浆中的湿拌砂浆稠度应在进场时取样检验。

（2）当施工中或验收时出现下列情况时，可采用现场检验方法对砂浆或砌体强度进行实体检测，并判定其强度：砂浆试块缺乏代表性或试块数量不足；对砂浆试块的试验结果有怀疑或有争议；砂浆试块的试验结果不能满足设计要求；发生工程事故，需要进一步分析事故原因。

（3）模板及支架用材料的技术指标应符合国家现行有关标准的规定。进场时必须抽样检验模板和支架材料的外观、规格和尺寸。

8.垃圾处理工程防震附图：

图名	垃圾处理工程防震		
		页 次	26

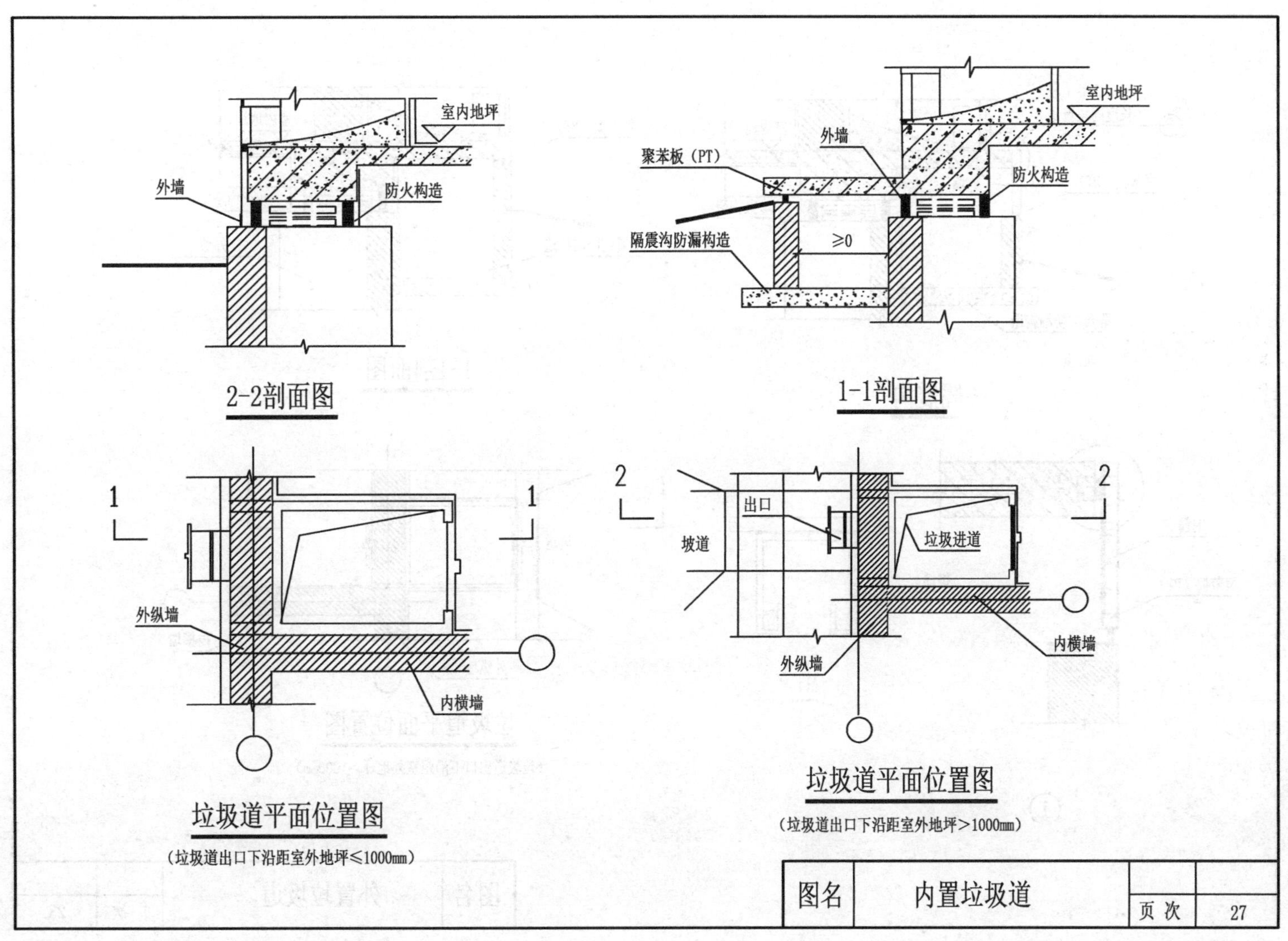

室内地坪
外墙
防火构造
2-2剖面图
室内地坪
外墙
聚苯板（PT）
防火构造
隔震沟防漏构造
≥0
1-1剖面图
1
1
外纵墙
内横墙
垃圾道平面位置图
（垃圾道出口下沿距室外地坪≤1000mm）
2
2
出口
坡道
垃圾进道
内横墙
外纵墙
垃圾道平面位置图
（垃圾道出口下沿距室外地坪＞1000mm）
图名
内置垃圾道
页次
27

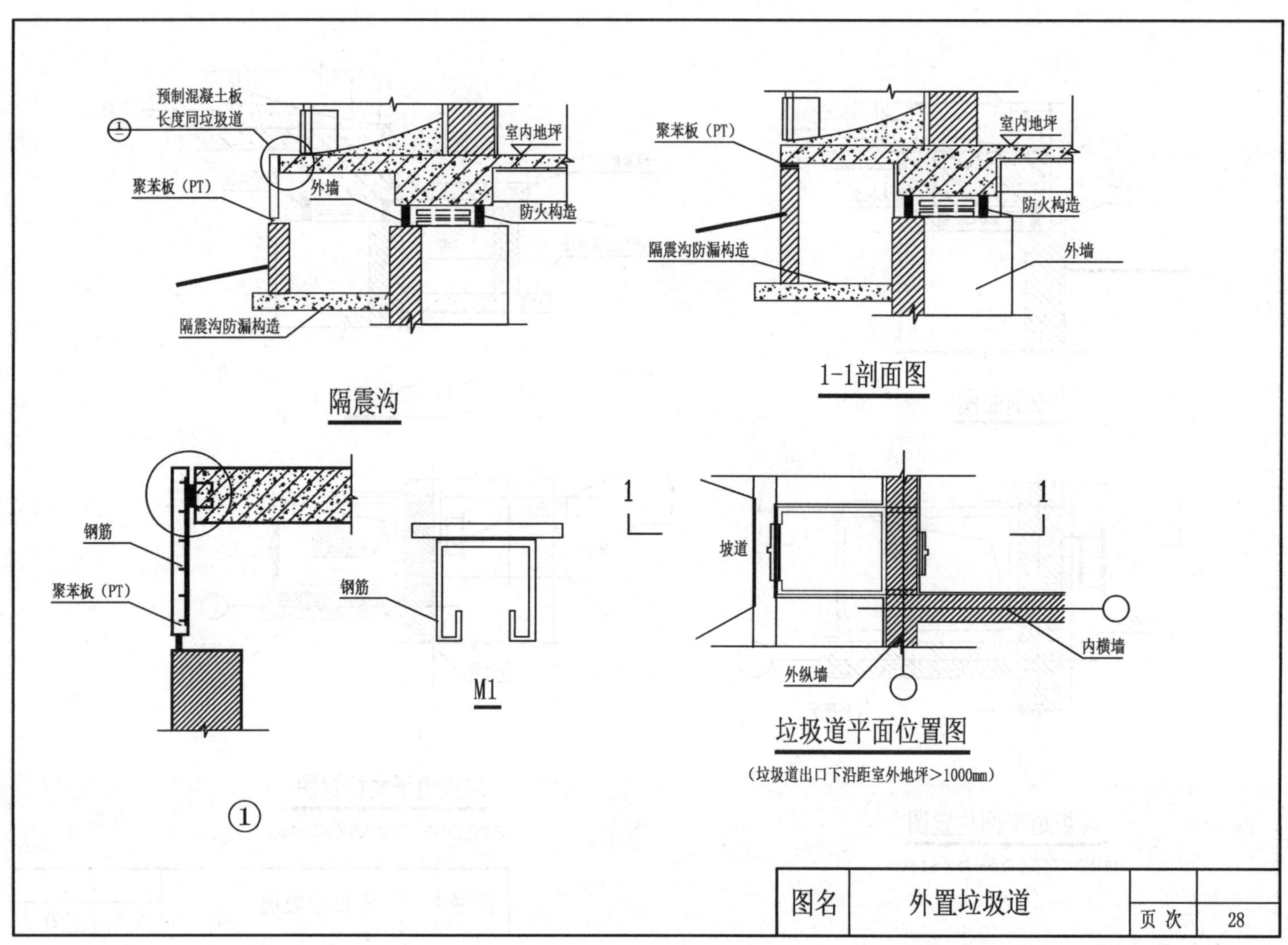

图名	外置垃圾道	页 次	28

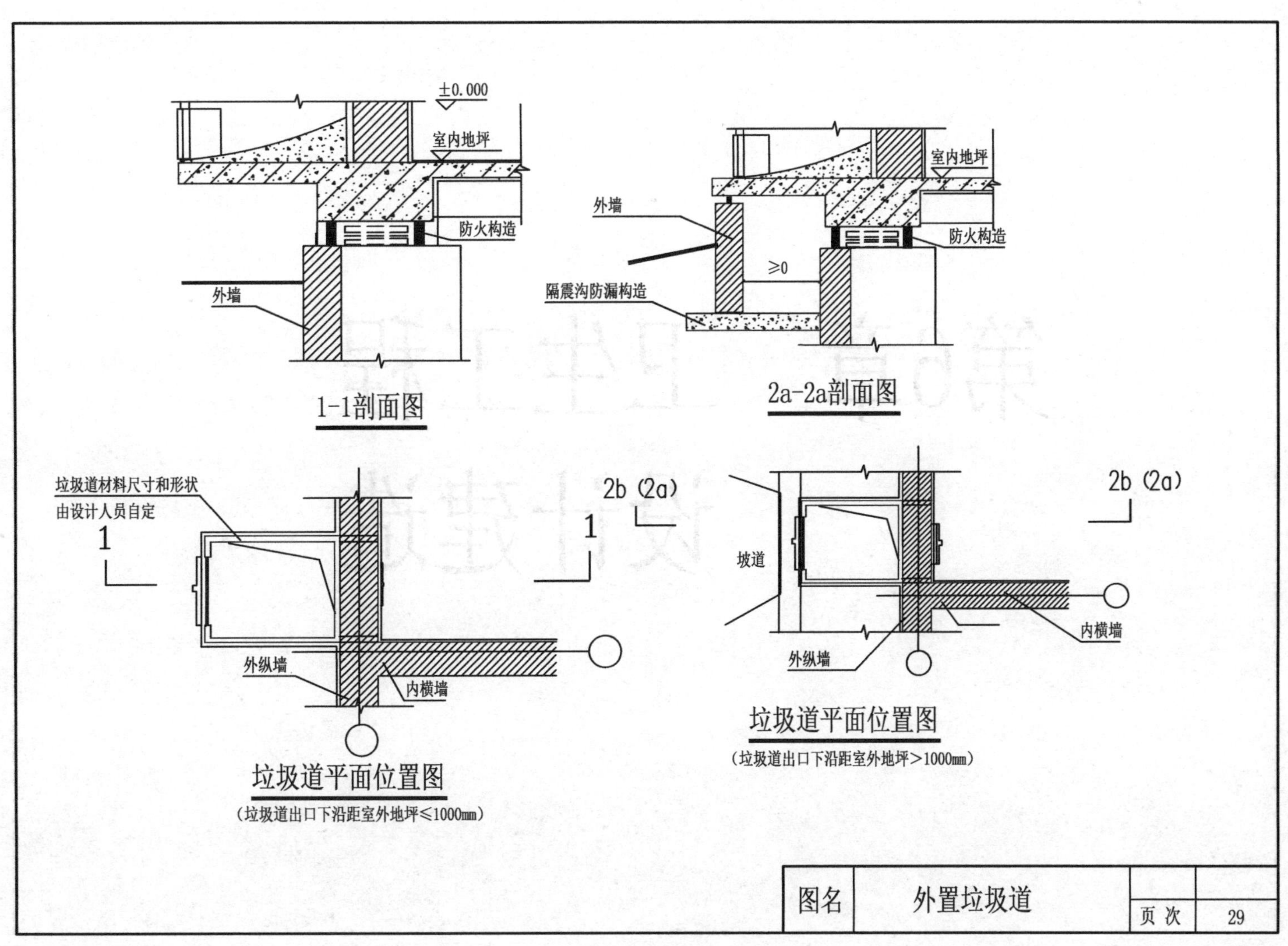
±0.000
室内地坪
防火构造
外墙
1-1剖面图
室内地坪
外墙
防火构造
≥0
隔震沟防漏构造
2a-2a剖面图
垃圾道材料尺寸和形状
由设计人员自定
1
1
2b (2a)
外纵墙
内横墙
垃圾道平面位置图
(垃圾道出口下沿距室外地坪≤1000mm)
2b (2a)
坡道
内横墙
外纵墙
垃圾道平面位置图
(垃圾道出口下沿距室外地坪>1000mm)
图名
外置垃圾道
页 次
29

第6章　卫生工程设计建造

6.1 卫生厕所

1. 特点：

厕所是人们日常生活中不可或缺的基本卫生设施。卫生工程具有如下特点：面积小，阴阳角多，施工难度大；穿墙、地面管道多；用水量大，用水频繁集中；工种复杂，交叉施工，互相干扰；主要渗漏部位在地面、墙面、穿墙地面管根、缝、立墙与地面相交部位、墙面相交部位、卫生洁具与地面相交部位、管道及顶板等。本部分所涉及具体数据应以现行规范为准进行适当调整。

2. 设计原则：

厕所卫生设备有大便器、小便器、洗手盆、污水池等。卫生设备的数量及小便槽的长度取决于使用人数、使用对象、使用特点。但总体应遵循以下原则。

(1) 使用要方便、舒适。

(2) 要保证安全，防水、防滑，进行必要的安全保护。

(3) 通风采光效果要好。

(4) 装饰风格要统一。

3. 设计、施工与验收规范及标准：

(1) 《粪便无害化卫生要求》GB 7959—2012。

(2) 《城市公共厕所设计标准》GJJ 14—2016。

(3) 《农村户厕卫生规范》 GB 19379—2012。

(4) 《民用建筑设计通则》GB 50352—2005。

4. 主要设计参数：

(1) 厕位长。

(2) 单排厕位外开门走道宽度。

(3) 隔断板及门与地面距离。

(4) 节水卫生设备。

5. 材料要求：

(1) 进粪管。塑料、铸铁、水泥管均可，内壁光滑、防止结粪。

(2) 三级池。用砖砌水泥粉壁面或水泥现浇、预制均可，以“目”字形为主要类型，若受地形限制，“品”字形、“丁”“个”型摆也可以。容积达到储粪2个月为宜。

(3) 公共厕所卫生器具的节水功能应符合现行行业标准的规定。大便器宜采用每次用水量为6L的冲水系统。采用生物处理或化学处理污水，循环用水冲便的公共厕所，处理后的水质必须达到国家现行标准的要求。

(4) 大便器应采用具有水封功能的前冲式蹲便器，小便器宜采用半挂式便斗。有条件时可采用单厕排风的空气交换方式。公共厕所在使用过程中的臭味应符合现行国家标准的要求。

6. 施工工艺与要点：

(1) 根据设计要求做好预排。严格检验进货地砖，不允许出现原材平整度、色差、色泽不一致、裂纹、局部污染、缺棱掉角等质量问题。

(2) 在混凝土垫层和混凝土楼板基层上铺设地砖，施工时一般应在顶棚、立墙抹灰或主要工序完成后进行。先铺地面，后安踢脚板。

(3) 找水平、弹线。在素混凝土找平层上贴水平灰饼，弹线找中找方。施工前1天洒水湿润基层。弹线后应先铺若干条干线作为基准，起标筋作用。

(4) 铺贴。地砖铺贴之前应先泼水湿润，阴干后备用。

(5) 进行给水管道单项试压，以及与卫生洁具连接的排水管道灌水试验。

(6) 将卫生洁具清理干净并对卫生洁具部分配件进行集中预装。家具盆、脸盆下水口预装；坐便器排出口预装；高低水箱配件的预装；浴盆下水配件的预装。

图名	卫生厕所		
		页 次	1

(7) 检查排水管下水口，周围清理干净，取下临时堵头，检查管内有无杂物。将坐便器出水口对准预留排水甩口放平找正，在座便器两侧固定螺栓眼孔处画好印记后，移开坐便器，将印记做十字线。

(8) 在十字线中心剔孔洞，将镀锌螺栓插入孔洞内用水泥栽牢。螺栓固定以后将排水口封堵在墙上画水箱孔位。

(9) 安装浮球阀。斜面橡胶垫不得装反，小头向下，如果背箱的孔不太 圆，可以少量加点油灰，上根母时不能缺少垫片，方向应使浮球靠边一侧有上下活动的间隙，活动时不得紧贴水箱壁，根母拧至松紧适度为宜。

(10) 安装溢水和出水阀。溢水管的方向、距离不能影响浮球上下移动，安装完试一下浮球是否影响翻板使用。

7.质量检验:

(1) 地面高差卫生间完成地面标高宜比楼面(含首层地面)完成地面标高低，其实际高差应根据楼地面建筑做法确定，并在地面建筑设计及楼板结构设计图纸中经核算无误后予以注明。

(2) 找平层顶面标高及泛水坡度应符合设计要求，表面应抹平压光、坚实，无松动、空鼓、起砂、开裂等缺陷，找平层与墙交接处及转角处、管根部，均要抹成均匀一致、平整光滑的小圆角，凡是靠墙的管根处宜抹出5%坡度，以避免此处留下积水隐患。

(3) 防水层涂刷完成干燥后，应对防水层质量进行认真检查和验收，检查内容包括防水层是否满涂、厚度是否均匀、封闭是否严密、厚度是否达到设计要求(切片取样)，表面无起鼓、开裂、翘边等缺陷。经甲方及监理工程师共同检查验收合格后方可进行闭水试验。

(4) 防水层必须进行闭水试验，试验时间不少于24小时，在楼板下方、管道周边及其他墙边角处等部位不得出现渗水、湿润现象。

8.卫生厕所附图:

图名	卫生厕所		
		页 次	2

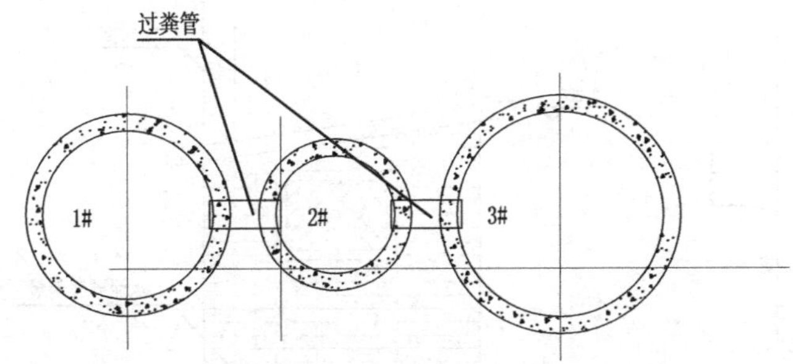

圆形化粪池平面图

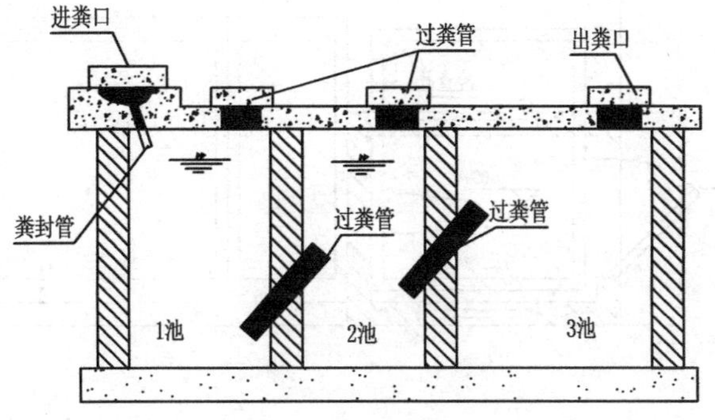

方形化粪池立面图

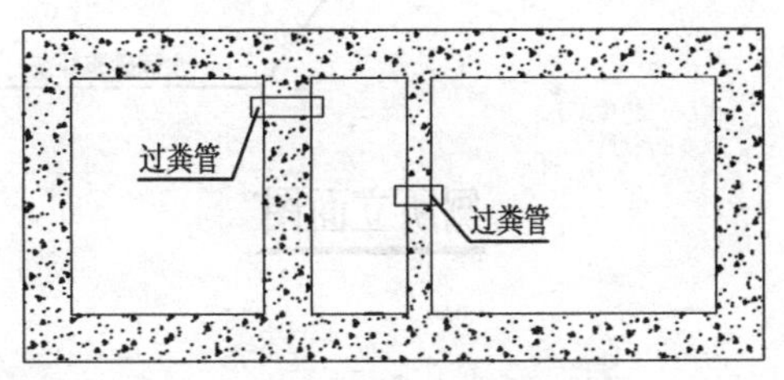

方形化粪池平面图

注：
进粪口、过粪管、出粪口的管径及材质参考相关图集、标准、规范进行选择。

图名	节水型水冲式厕所	页 次	3

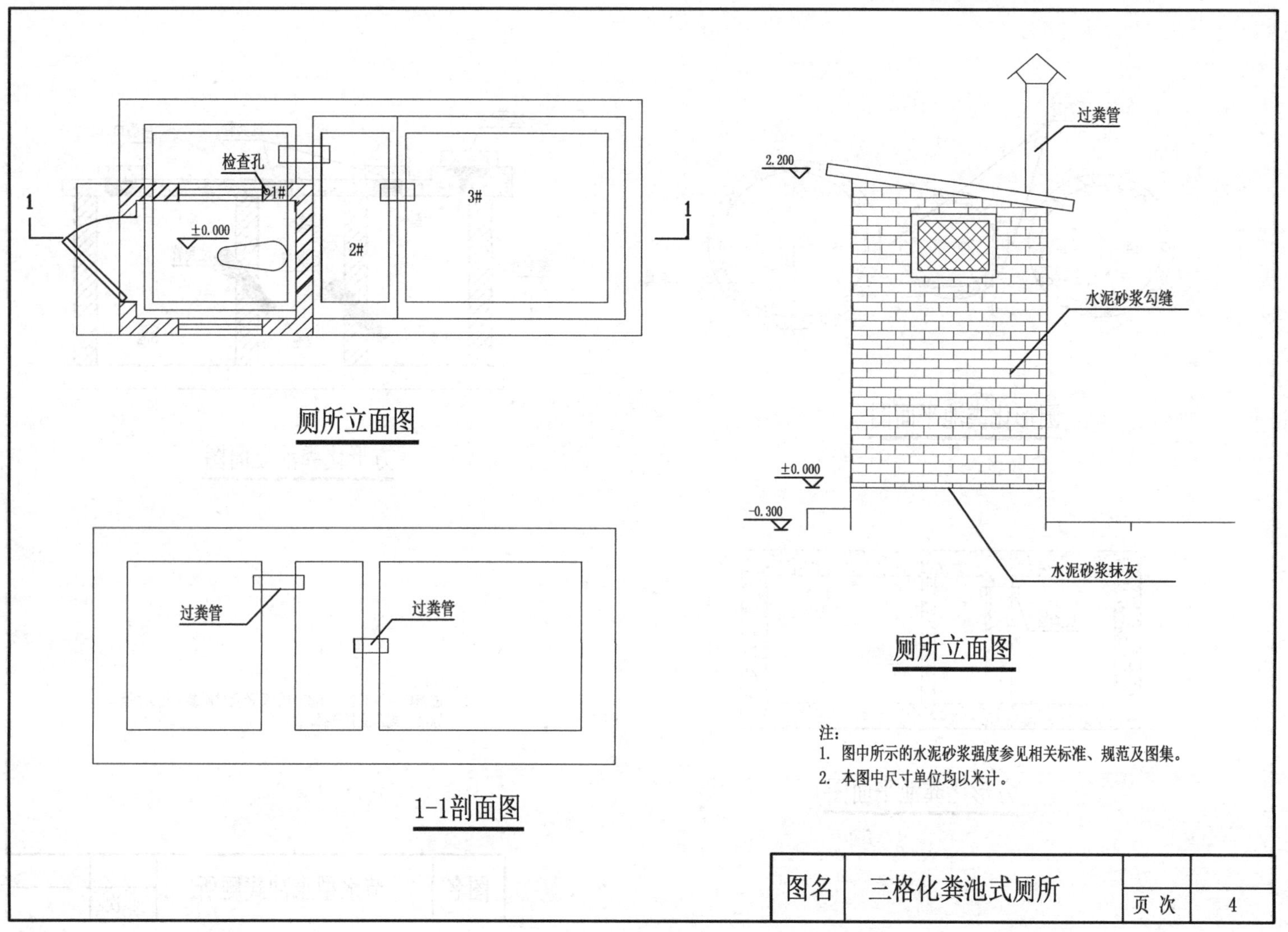

注：
1. 图中所示的水泥砂浆强度参见相关标准、规范及图集。
2. 本图中尺寸单位均以米计。

图名	三格化粪池式厕所	页 次	4

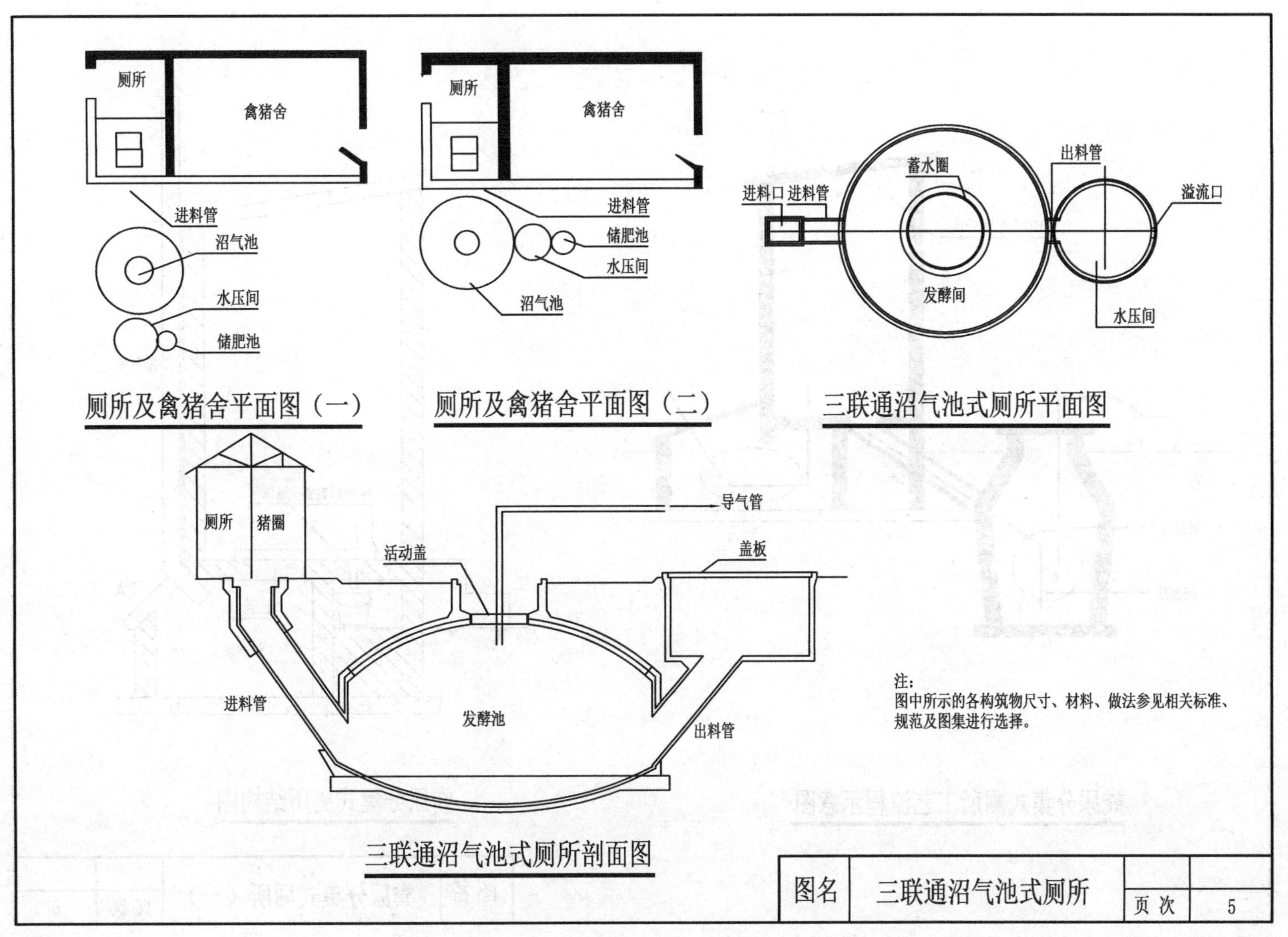

注：
图中所示的各构筑物尺寸、材料、做法参见相关标准、规范及图集进行选择。

图名	三联通沼气池式厕所	页 次	5

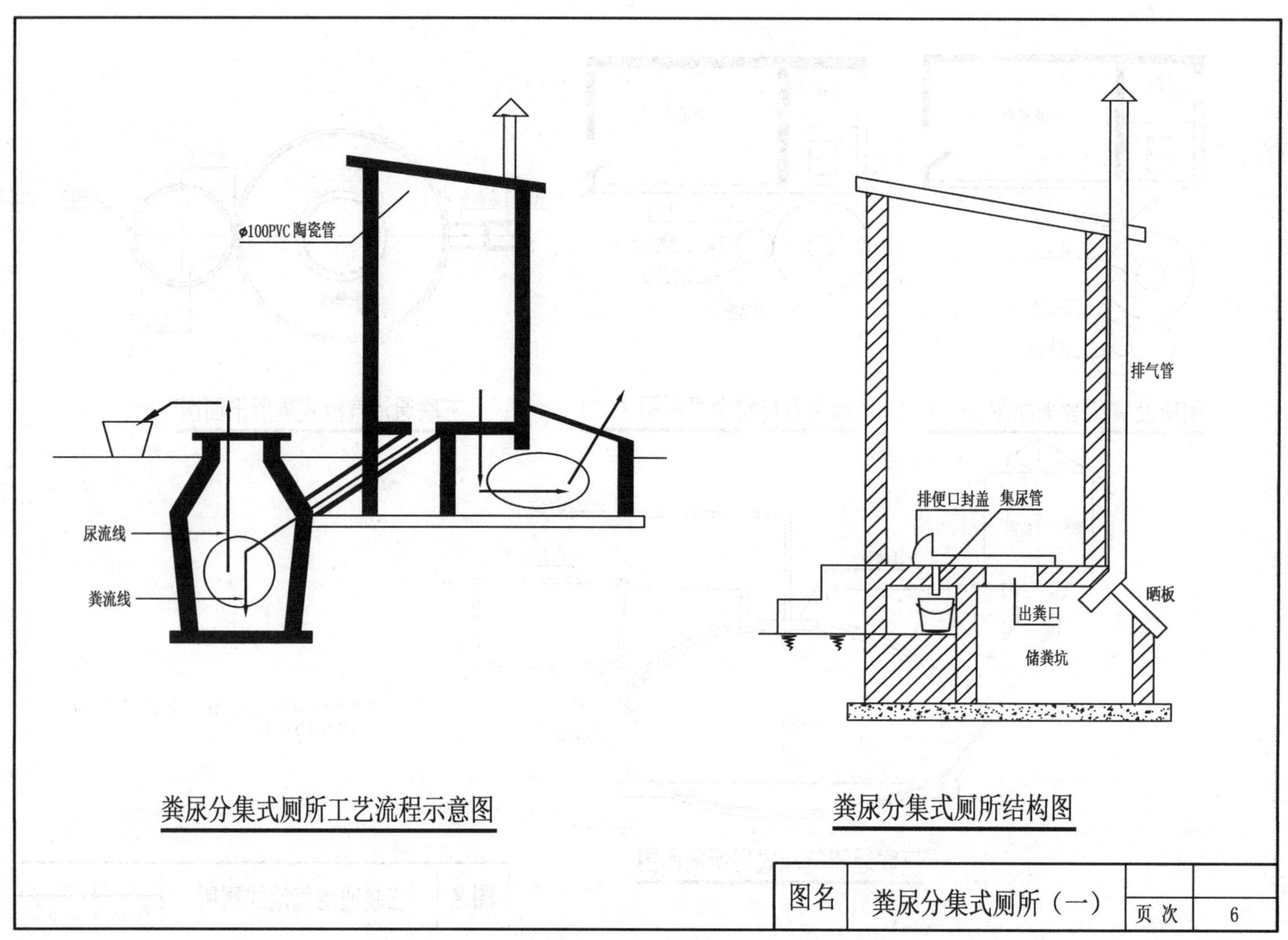
φ100PVC 陶瓷管
尿流线
粪流线
排气管
排便口封盖
集尿管
晒板
出粪口
储粪坑
粪尿分集式厕所工艺流程示意图
粪尿分集式厕所结构图
图名
粪尿分集式厕所（一）
页 次
6

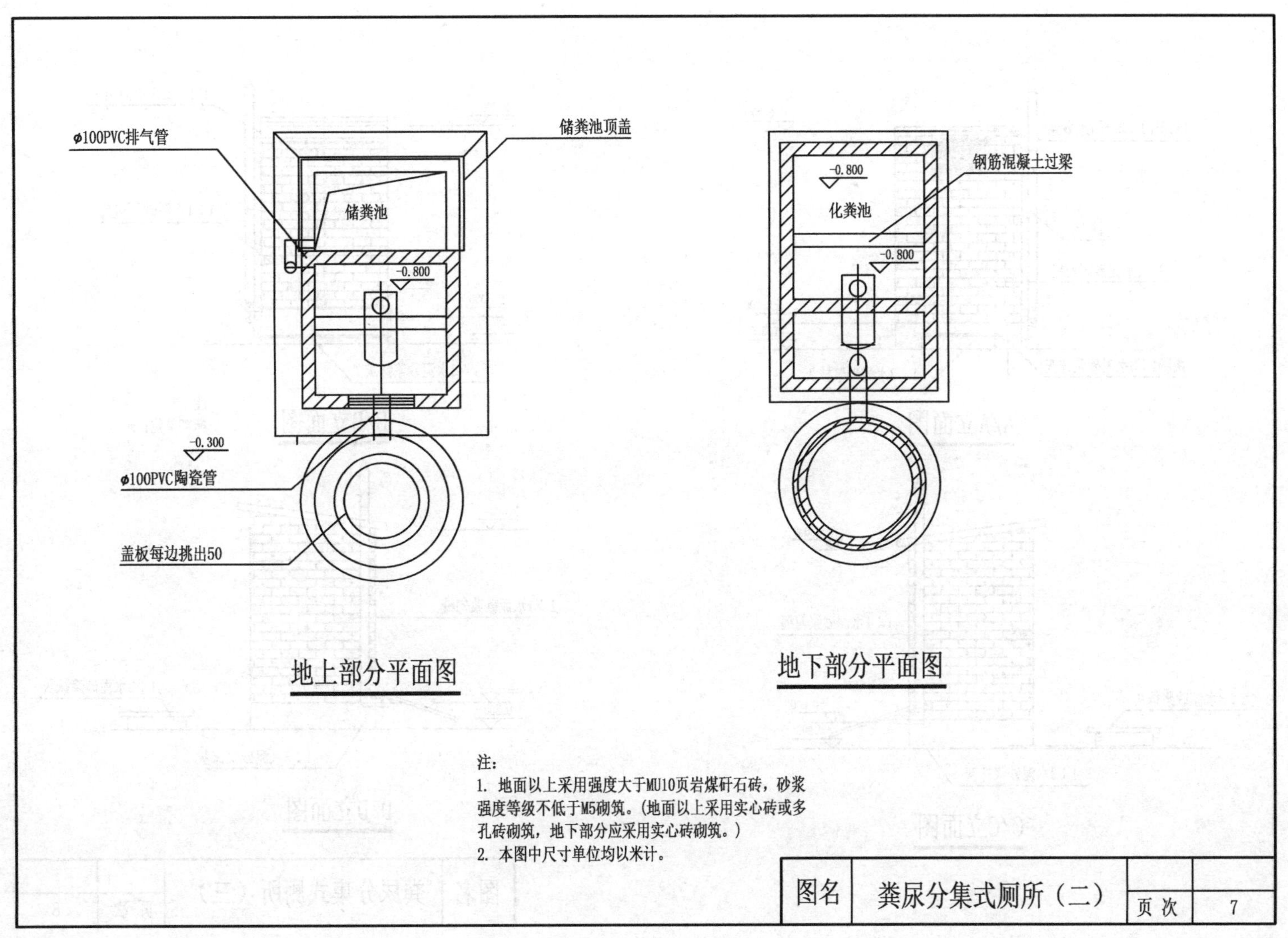

地上部分平面图

地下部分平面图

注：

1. 地面以上采用强度大于MU10页岩煤矸石砖，砂浆强度等级不低于M5砌筑。(地面以上采用实心砖或多孔砖砌筑，地下部分应采用实心砖砌筑。)
2. 本图中尺寸单位均以米计。

图名	粪尿分集式厕所（二）	页次	7

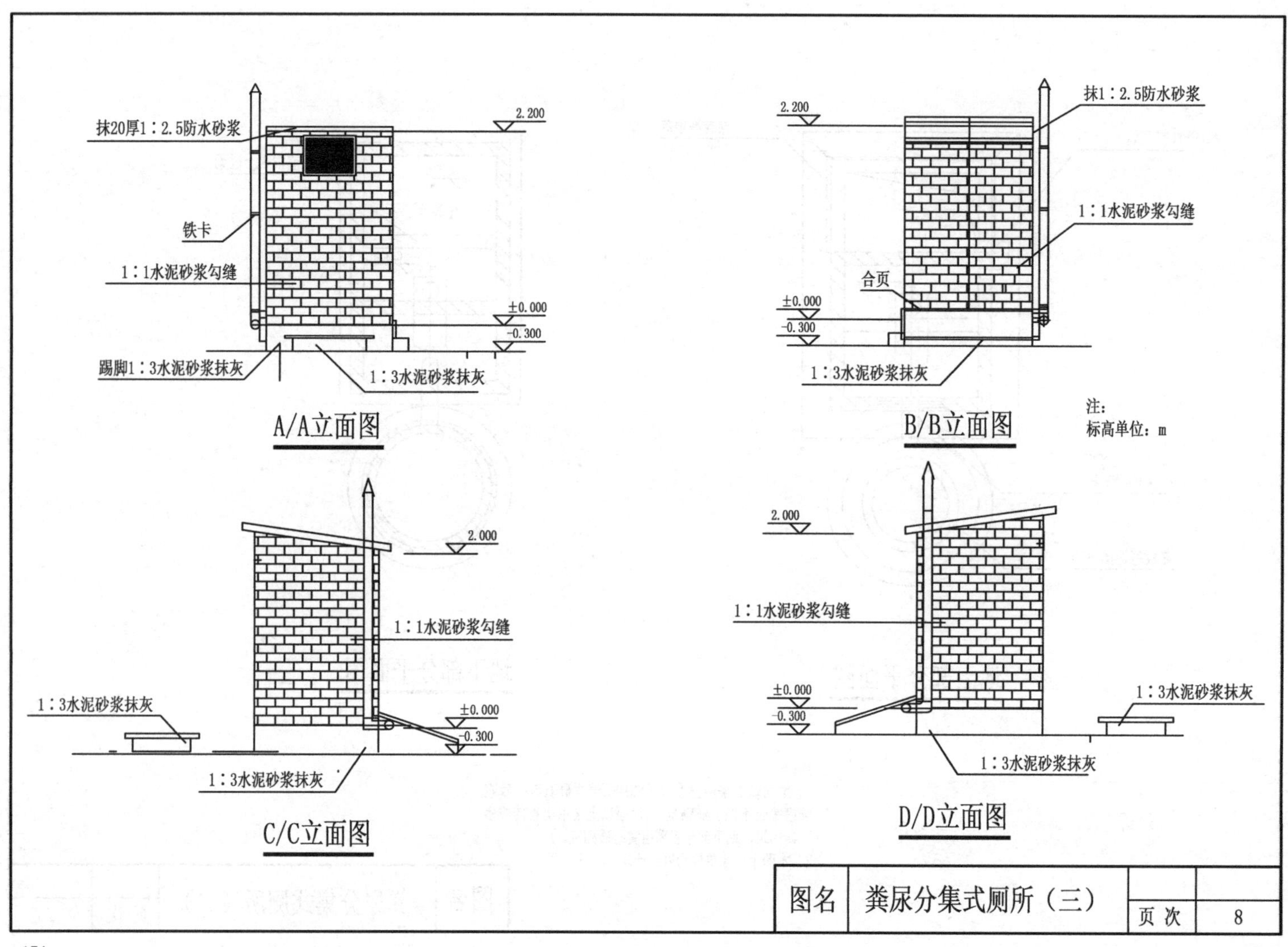
抹20厚1∶2.5防水砂浆
2.200
铁卡
1∶1水泥砂浆勾缝
±0.000
-0.300
踢脚1∶3水泥砂浆抹灰
1∶3水泥砂浆抹灰
A/A立面图
2.200
抹1∶2.5防水砂浆
1∶1水泥砂浆勾缝
合页
±0.000
-0.300
1∶3水泥砂浆抹灰
B/B立面图
注：
标高单位：m
2.000
1∶1水泥砂浆勾缝
1∶3水泥砂浆抹灰
±0.000
-0.300
1∶3水泥砂浆抹灰
C/C立面图
2.000
1∶1水泥砂浆勾缝
±0.000
-0.300
1∶3水泥砂浆抹灰
1∶3水泥砂浆抹灰
D/D立面图
图名
粪尿分集式厕所（三）
页次
8

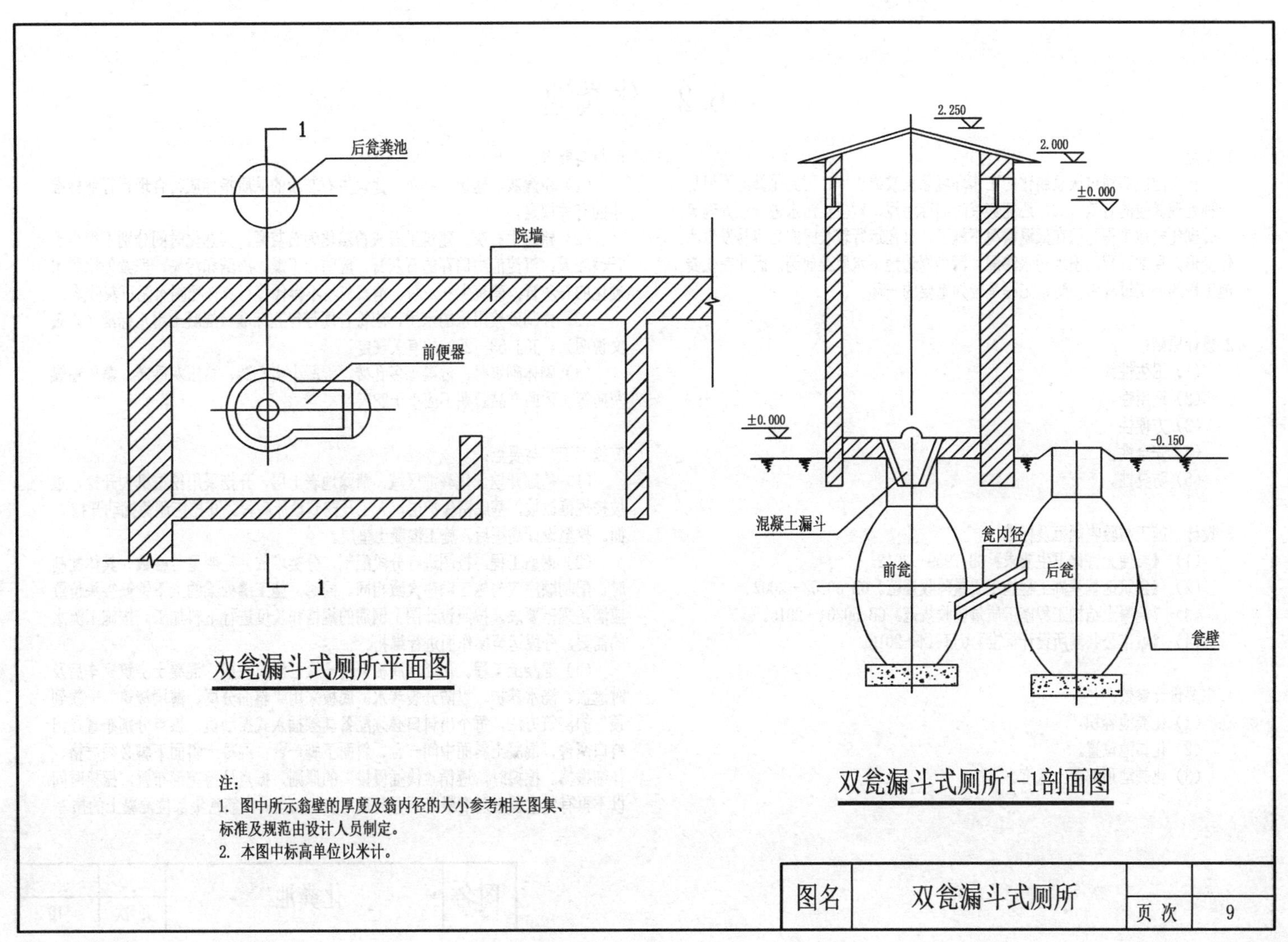

注：

1. 图中所示翁壁的厚度及翁内径的大小参考相关图集、标准及规范由设计人员制定。
2. 本图中标高单位以米计。

图名	双瓮漏斗式厕所	页次	9

6.2 化粪池

1.特点：

化粪池能够通过厌氧腐化的工作环境杀灭蚊蝇虫卵，因此化粪池不但是一种处理粪便的有效方式，还能够临时储存污泥，对生活污水进行预处理等。砖砌化粪池工程无法在低温情况下施工，且在运行较长时间后容易发生池体变形，局部开裂，出现污水渗漏、污染周边地下水质的问题。因此在化粪池工程的施工过程中，防水工程是较为重要的一环。

2.设计原则：

（1）卫生性。

（2）适用性。

（3）方便性。

（4）安全性。

（5）防臭性。

3.设计、施工与验收规范及标准：

（1）《粪便无害化卫生要求》GB 7959—2012。

（2）《建筑地基基础工程施工质量验收规范》GB 50202—2002。

（3）《混凝土结构工程施工质量验收规范》GB 50204—2015。

（4）《城市公共厕所设计标准》GJJ 14—2016。

4.主要设计参数：

（1）化粪池容积。

（2）化粪池位置。

（3）化粪池顶部覆土深度。

5.材料要求：

（1）粉煤灰、建筑生石灰、建筑生石灰粉的品质指标应符合现行行业标准中的有关规定。

（2）建筑生石灰、建筑生石灰粉熟化为石灰膏，其熟化时间分别不得少于7天和2天；沉淀池中储存的石灰膏，应防止干燥、冻结和污染，严禁使用脱水硬化的石灰膏；建筑生石灰粉、消石灰粉不得代替石灰膏配制水泥石灰砂浆。

（3）拌制砂浆用水的水质，应符合现行行业标准《混凝土用水标准（附条文说明）》JGJ 63—2006的有关规定。

（4）砌体砌筑时，混凝土多孔砖、混凝土实心砖、蒸压灰砂砖、蒸压粉煤灰砖等块体的产品龄期不应小于28天。

6.施工工艺与要点：

（1）基础开挖。化粪池区域，清除地表土层，开挖采用挖掘机大开挖，边坡按规范放坡，基底留保护层，人工开挖到设计高程。开挖应避免扰动开挖面。挖至设计高程后，施工混凝土垫层。

（2）钢筋工程。按图进行分段配制，分类堆放并注明型号根数。具体配制时，配制顺序应与施工顺序大致相同。同时，施工缝处梁的上下钢筋接头位置应满足规范要求。按照设计图上钢筋的规格和长度进行下料加工。按施工流水的需要，分段运至操作面进行绑扎。

（3）混凝土工程。化粪池底板采用一次性浇筑完成。混凝土浇筑完毕后及时遮盖，浇水养护，以防开裂渗水。底板采用“斜面分层、薄层浇筑、一次到顶”的浇筑方法，每个出料口必须配备高频插入式振动机，振点分别布置在出料口两台、混凝土斜面中间一台、斜面下脚一台；混凝土斜面下脚必须严格、仔细振捣。振捣时，遵循“快插慢拔”的原则，振点呈梅花形布置，振捣时间以不再有气泡冒出及混凝土不再沉陷为准。加强对钢筋密集部位混凝土的振

图名	化粪池		
		页次	10

捣，确保密实。振动机插入时，不宜碰撞钢筋、埋件、模板。墙体混凝土采用分层浇筑振捣的方法进行浇筑。

（4）混凝土养护。混凝土浇筑后立即进行养护。在养护期间，使混凝土表面保持湿润，防止雨淋、日晒和受冻。对混凝土外露面，待表面收浆，凝固后即用草帘等物覆盖，并经常在模板及草帘上洒水，洒水养护的时间应不少于7天。

7.质量检验：

（1）检查门进入塔内，清理底盆上的杂物和淤泥，检查管道是否淤塞。用高压水洗涤散热胶片及底盆上泥土，并通过排水口将污水排出。

（2）检查马达接线是否正确、牢靠，马达接线盒是否盖紧，玻璃钢化粪池是否密封，以免水气渗入。

（3）检查浮阀组合件是否装妥，检查各层胶片的数量和疏密程度是否合适，检查玻璃钢化粪池所有螺栓是否已拧紧。

（4）水位调校。将玻璃钢化粪池水盆和水管先充水至运行水位，浮阀组合也调至运行水位，保证水泵开启后底盆的水位仍处于运行水位高度，即在溢水口以下位置。

8.化粪池附图：

图名	化粪池	页次	11

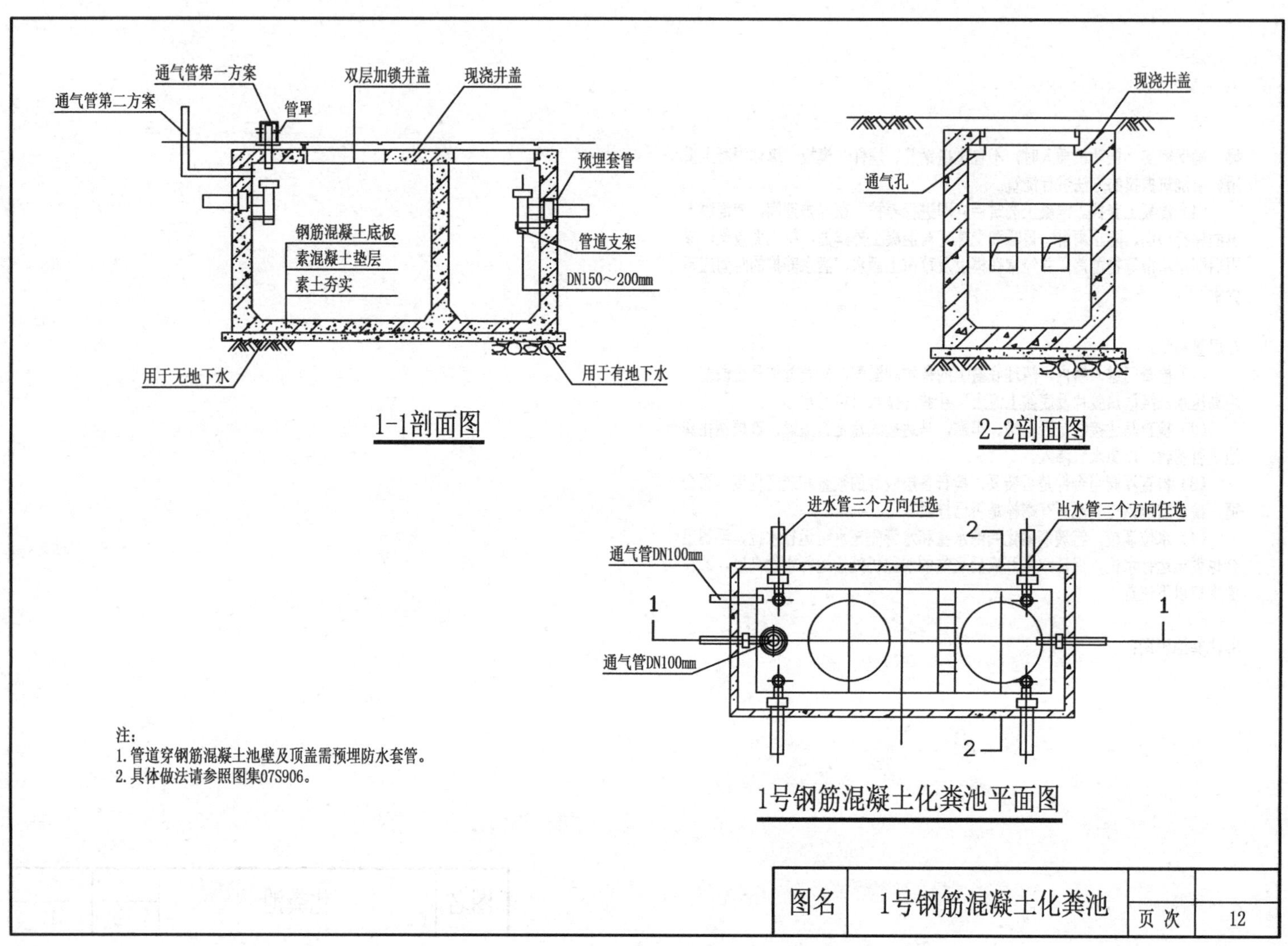
通气管第一方案
双层加锁井盖
现浇井盖
通气管第二方案
管罩
预埋套管
钢筋混凝土底板
素混凝土垫层
素土夯实
管道支架
DN150～200mm
用于无地下水
用于有地下水
1-1剖面图
现浇井盖
通气孔
2-2剖面图
进水管三个方向任选
出水管三个方向任选
通气管DN100mm
通气管DN100mm
1号钢筋混凝土化粪池平面图
注：
1.管道穿钢筋混凝土池壁及顶盖需预埋防水套管。
2.具体做法请参照图集07S906。
图名
1号钢筋混凝土化粪池
页 次
12

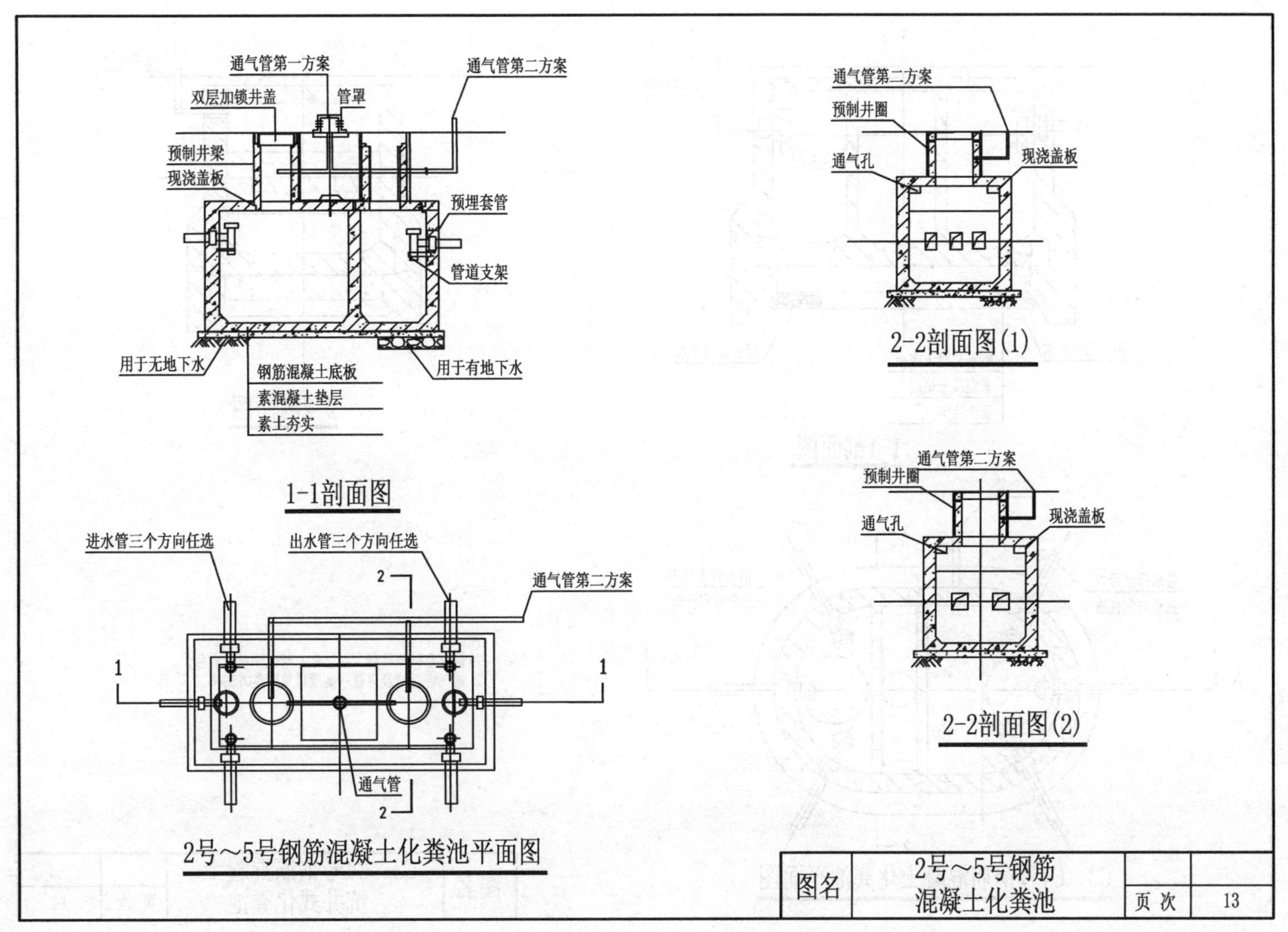

图名	2号～5号钢筋混凝土化粪池	页 次	13

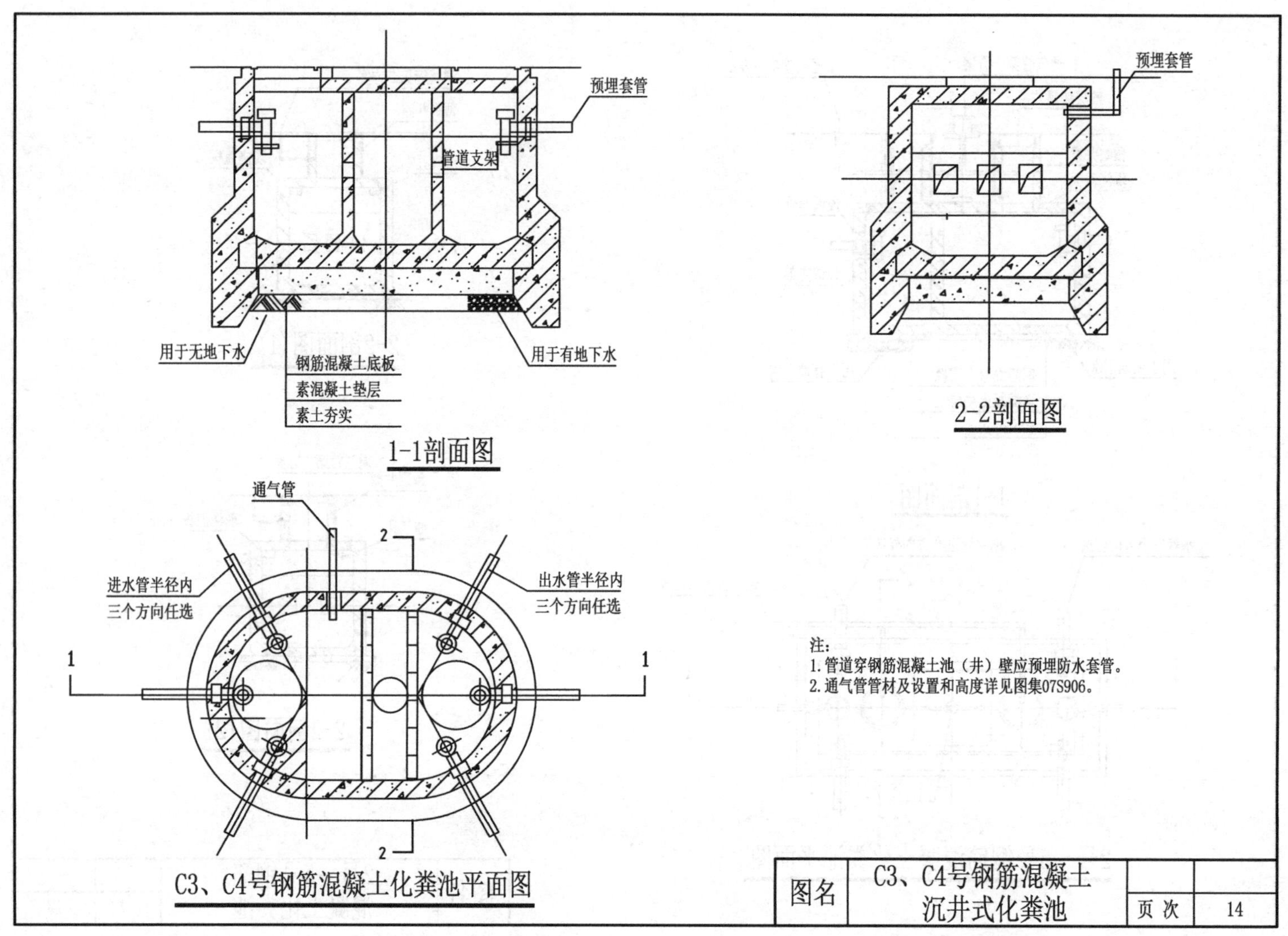
预埋套管
管道支架
用于无地下水
钢筋混凝土底板
素混凝土垫层
素土夯实
用于有地下水
1-1剖面图
预埋套管
2-2剖面图
通气管
进水管半径内
三个方向任选
出水管半径内
三个方向任选
1
1
2
2
C3、C4号钢筋混凝土化粪池平面图
注:
1.管道穿钢筋混凝土池（井）壁应预埋防水套管。
2.通气管管材及设置和高度详见图集07S906。
图名
C3、C4号钢筋混凝土
沉井式化粪池
页次
14

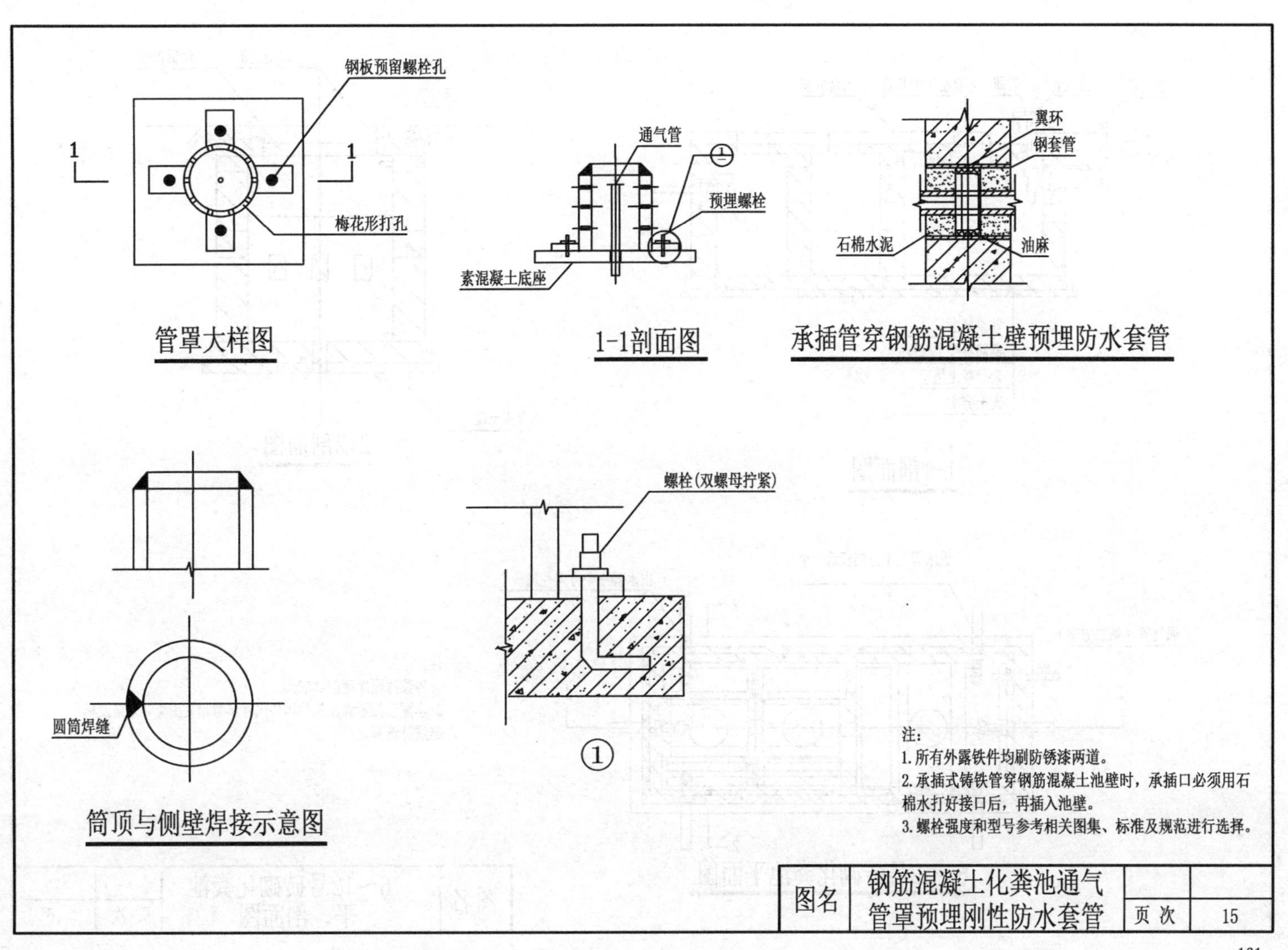

注:

1. 所有外露铁件均刷防锈漆两道。
2. 承插式铸铁管穿钢筋混凝土池壁时，承插口必须用石棉水打好接口后，再插入池壁。
3. 螺栓强度和型号参考相关图集、标准及规范进行选择。

图名	钢筋混凝土化粪池通气管罩预埋刚性防水套管	页次	15

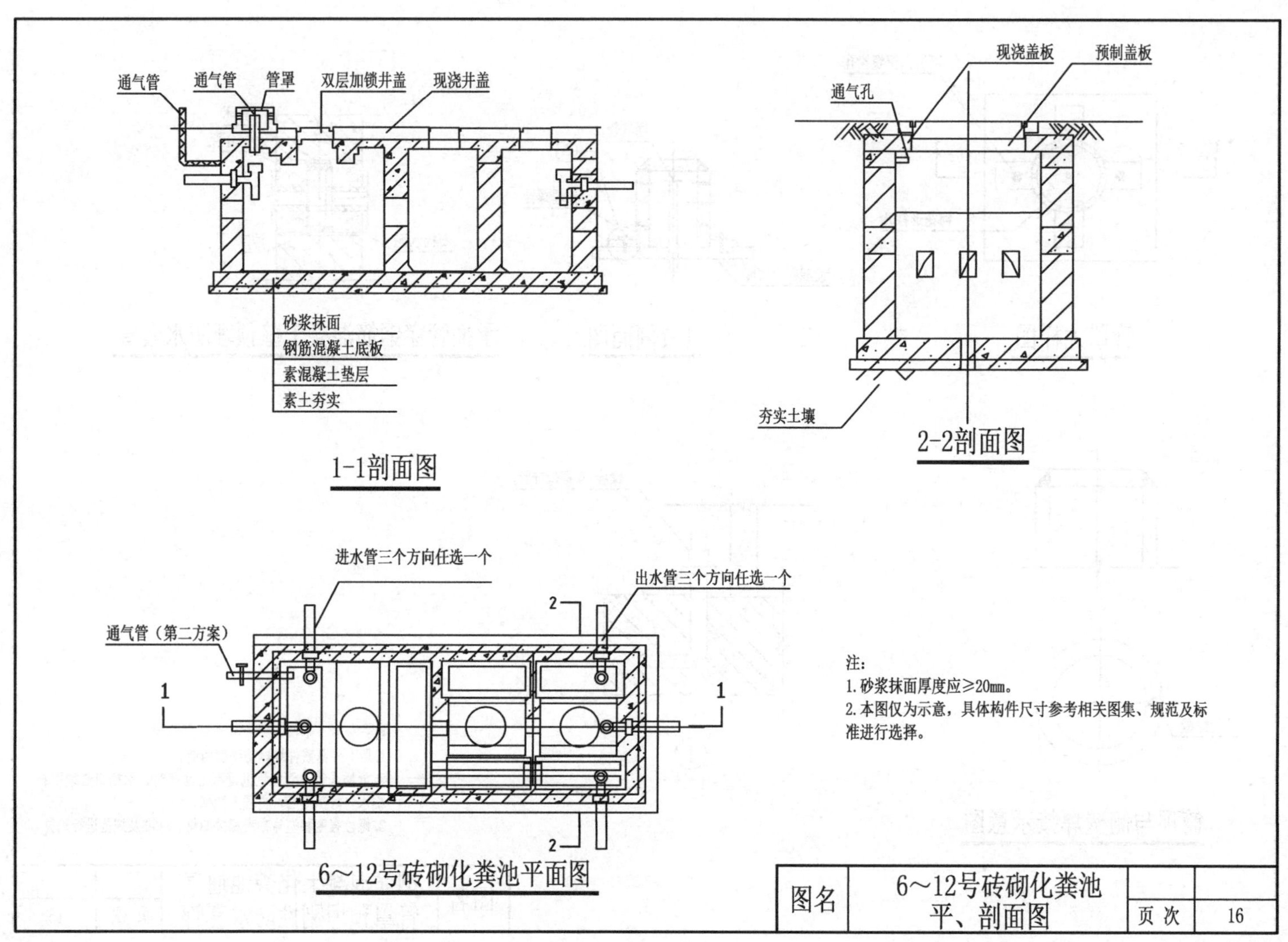

注：

1. 砂浆抹面厚度应≥20mm。
2. 本图仅为示意，具体构件尺寸参考相关图集、规范及标准进行选择。

图名	6～12号砖砌化粪池平、剖面图		
		页次	16

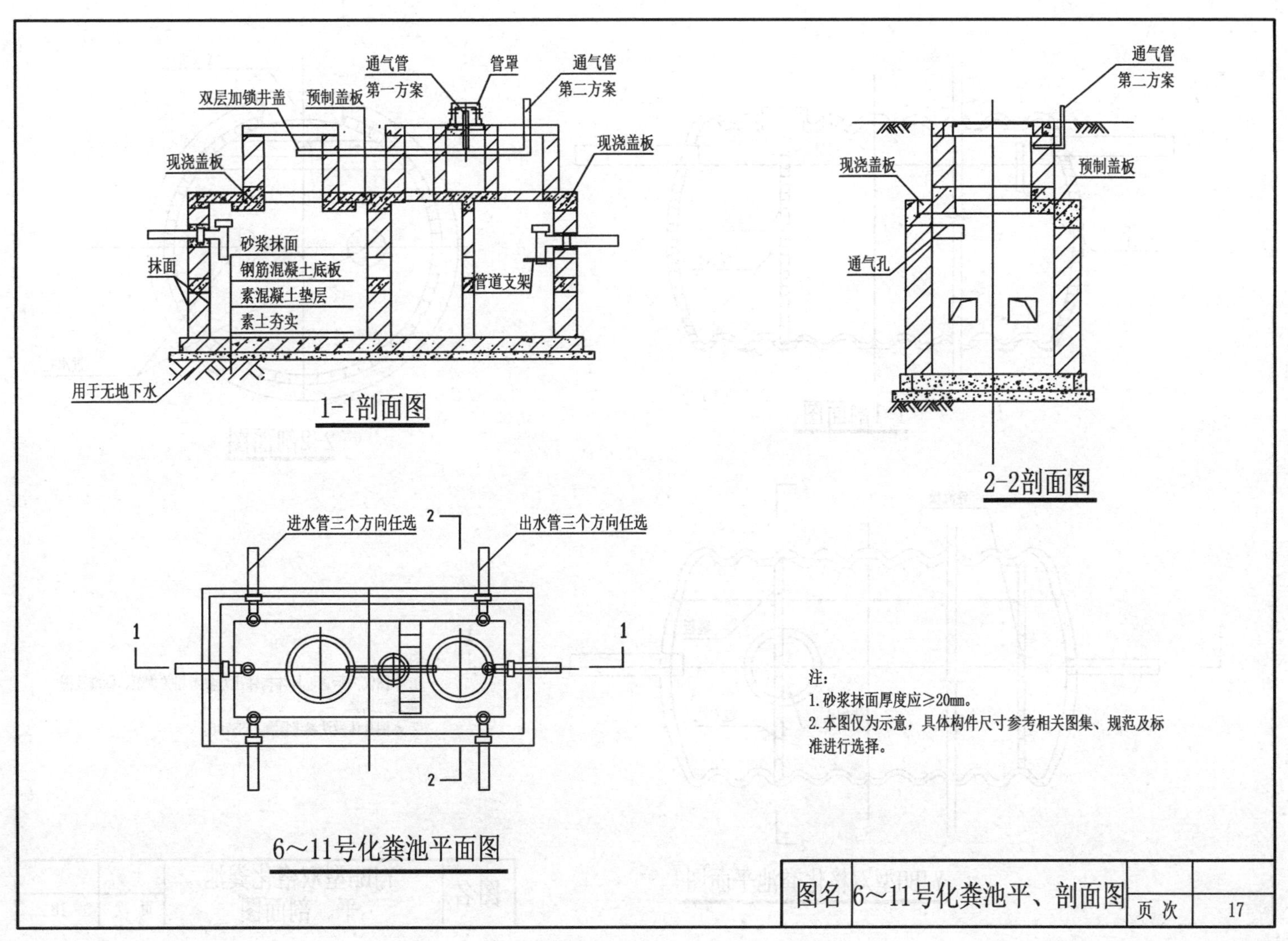

注：

1.砂浆抹面厚度应≥20mm。

2.本图仅为示意，具体构件尺寸参考相关图集、规范及标准进行选择。

图名	6~11号化粪池平、剖面图	页 次	17

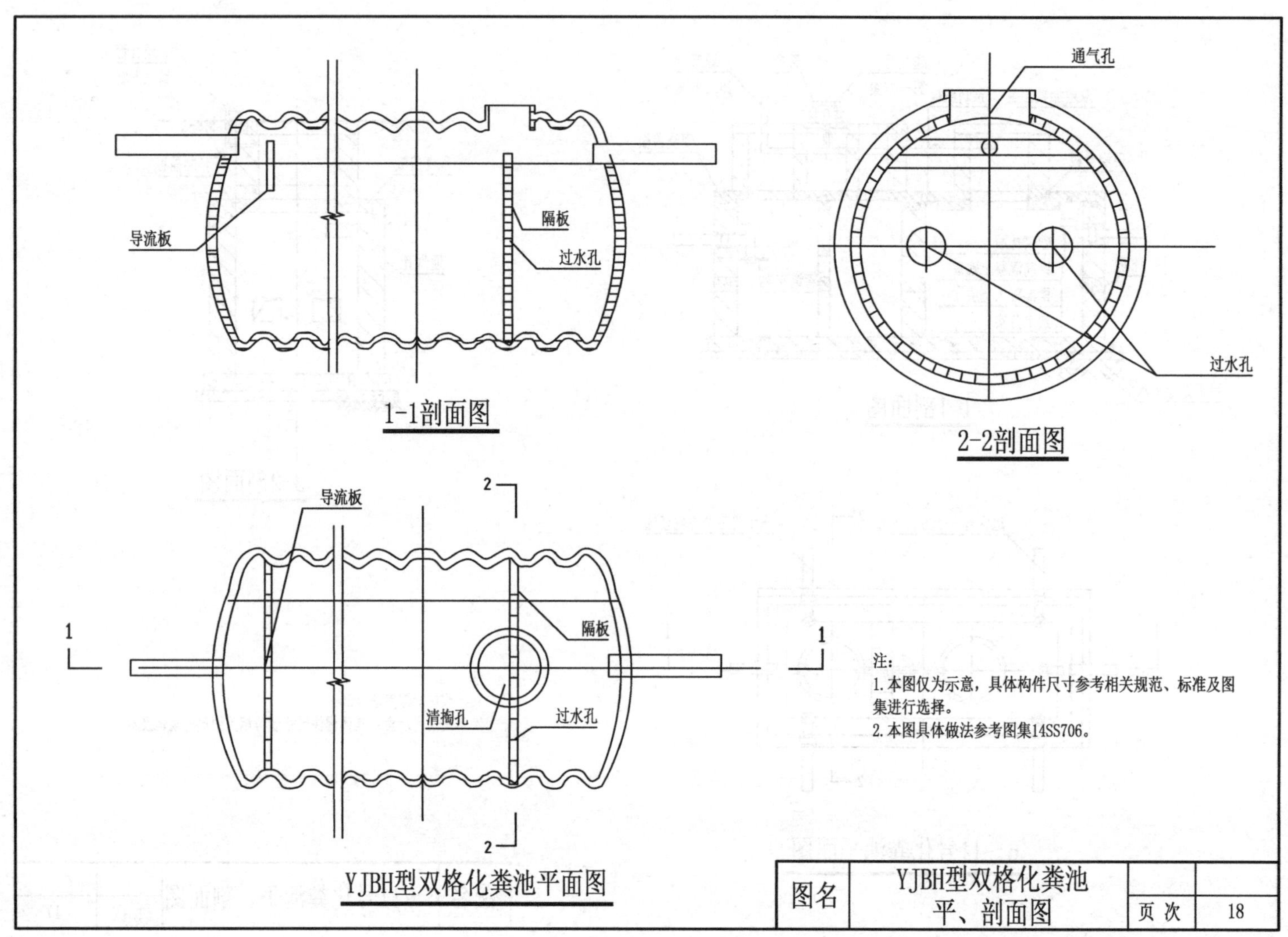

注：

1. 本图仅为示意，具体构件尺寸参考相关规范、标准及图集进行选择。
2. 本图具体做法参考图集14SS706。

图名	YJBH型双格化粪池 平、剖面图		
		页次	18

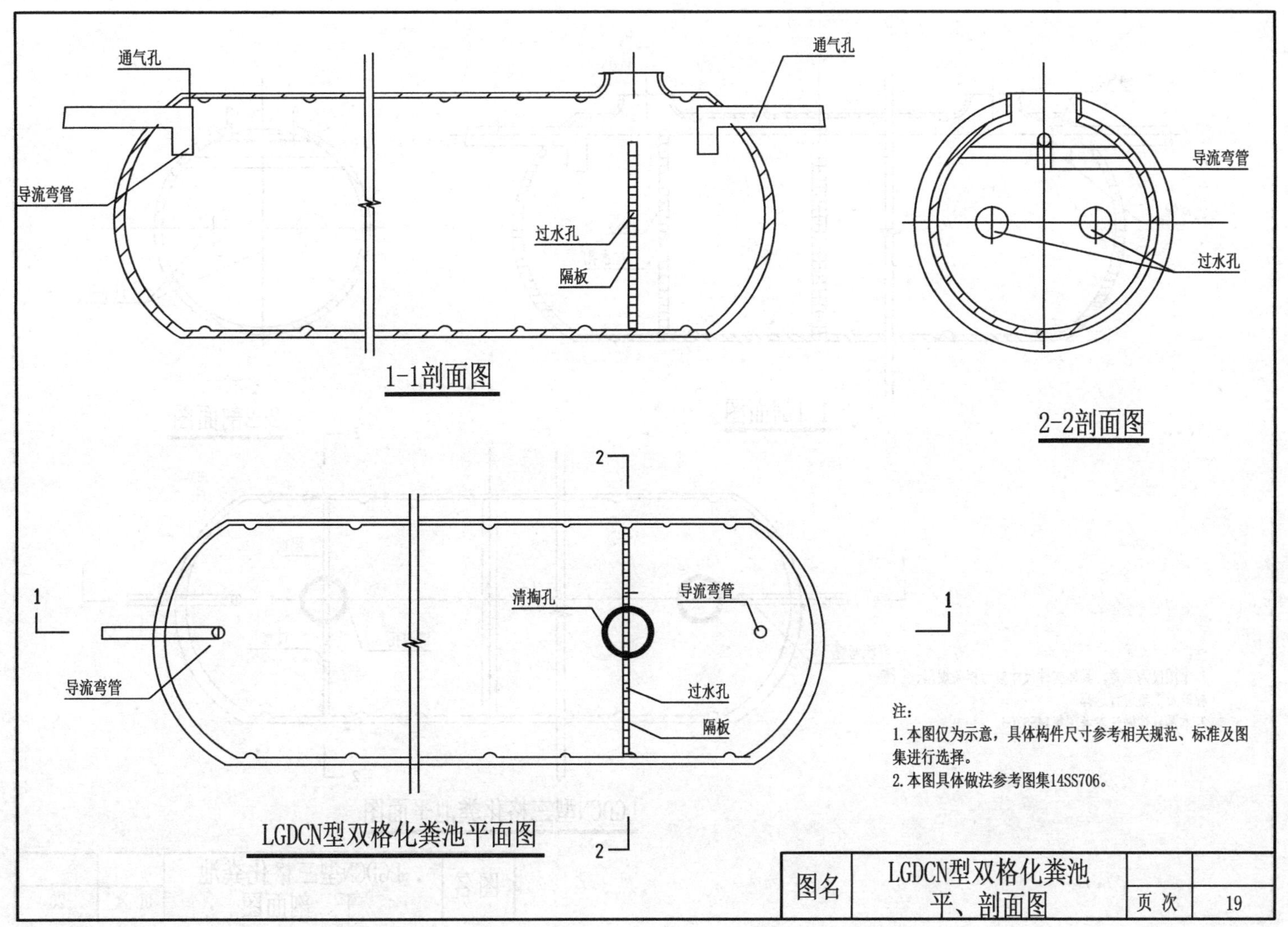

注：

1. 本图仅为示意，具体构件尺寸参考相关规范、标准及图集进行选择。
2. 本图具体做法参考图集14SS706。

图名	LGDCN型双格化粪池 平、剖面图		
		页 次	19

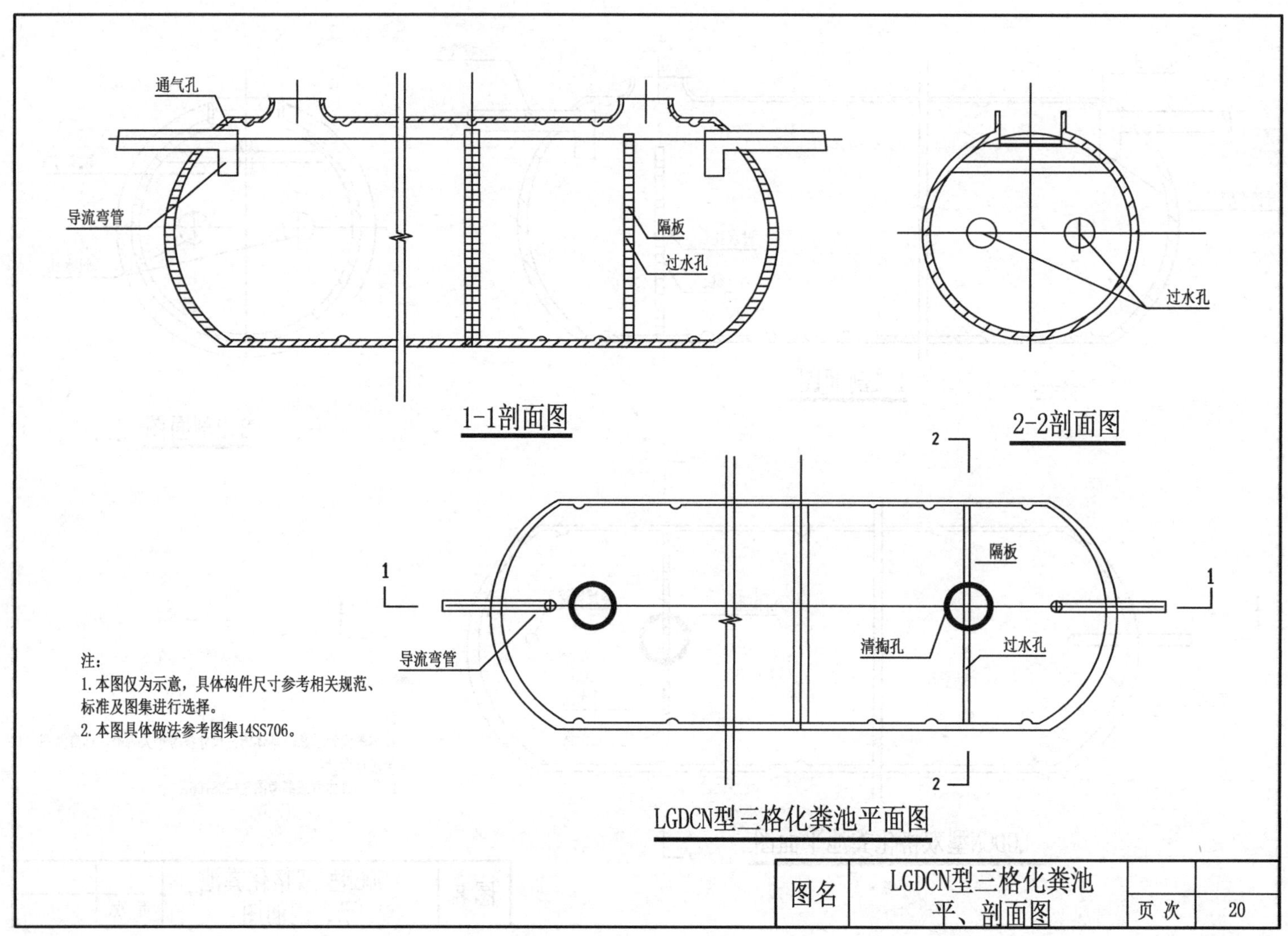

注：
1. 本图仅为示意，具体构件尺寸参考相关规范、标准及图集进行选择。
2. 本图具体做法参考图集14SS706。

图名	LGDCN型三格化粪池平、剖面图	页次	20

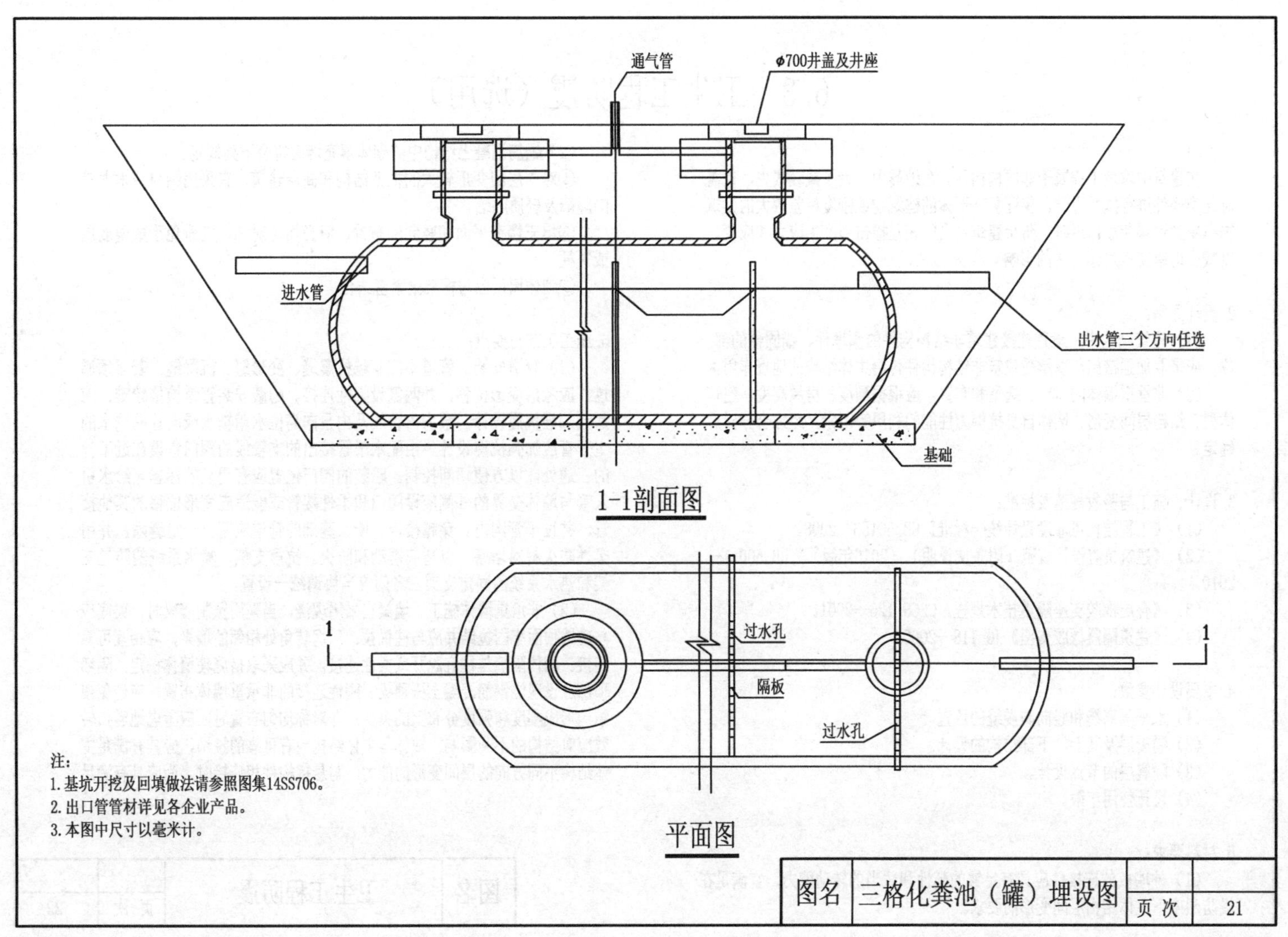

注：
1. 基坑开挖及回填做法请参照图集14SS706。
2. 出口管管材详见各企业产品。
3. 本图中尺寸以毫米计。

图名	三格化粪池（罐）埋设图	页 次	21

6.3 卫生工程防震（选用）

1.作用：

在建筑中垃圾工程属于非结构构件。在地震中，为了减轻损失，也需对此类构件进行抗震设防。保证复杂形体的建筑物或刚度相差较大的建筑物在受到地震荷载作用时，防止建筑物之间相互撞击而产生应力和应变，以减少地震荷载对建筑物的影响。

2.设计原则：

（1）建筑结构中，设置连接建筑非结构构件的预埋件、锚固件的部位，应采取加强措施，以承受建筑非结构构件传给主体结构的地震作用。

（2）非承重墙体的材料、选型和布置，应根据烈度、房屋高度、建筑体型、结构层间变形、墙体自身抗侧力性能的利用等因素，经综合分析后确定。

3.设计、施工与验收规范及标准：

（1）《工程结构可靠度设计统一标准》GB 50153—2008。

（2）《建筑抗震设计规范（附条文说明）（2016年版）》GB 50011—2010。

（3）《叠层橡胶支座隔震技术规程》CECS 126—2001。

（4）《建筑隔震橡胶支座》JG 118—2000。

4.主要设计参数：

（1）水平隔离缝和竖向防震缝的位置。

（2）隔震层及其上、下部结构的设计。

（3）隔震层的节点设计。

（4）设计使用年限。

5.材料要求：

（1）外墙板的连接件应具有足够的延性和适当的转动能力，宜满足在设防烈度下主体结构层间变形的要求。

（2）钢筋混凝土结构中的砌体填充墙应符合下列规定。

①对于层间变形较大的框架结构和高层建筑，宜采用钢材或木龙骨的隔墙及轻质隔墙。

②填充墙在平面和竖向的布置，应当均匀对称，宜避免形成薄弱层或短柱。

③砌体墙顶应与框架梁紧密结合。

6.施工工艺与要点：

（1）管道安装。管道不应穿越抗震缝、变形缝、沉降缝。若必须通过，应考虑变形位移，并两侧设柔性连接。隐蔽安装管道检修较难，应适当加强抗震设计。泵房内管线及由泵向高位水箱输水或向管网输水的主干管应加强抗震设计。由配水干管接出的支管线的阀门宜设在近干管的三通处，以方便切断控制。暗装的阀门位置应有明显的标志。给水引入管与墙体交界的外侧应设阀门和柔性接管或能适应变形位移的其他接管，并设于管沟内。穿越楼板、墙、基础的管道应留有一定缝隙，并用柔性防火材料堵塞，以适应震动和防火。抗震支架、喷水系统的防晃支架和热水系统的固定支架三者间应当协调统一设置。

（2）非承重墙体施工。墙梁宜采用现浇，当采用预制墙梁时，梁底应与砖墙顶面牢固拉结并应与柱锚拉；厂房转角处相邻的墙梁，应相互可靠连接。砌体隔墙与柱宜脱开或柔性连接，并应采取措施使墙体稳定，隔墙顶部应设现浇钢筋混凝土压顶梁。刚性连接的非承重墙体布置，应避免使结构形成刚度和强度分布上的突变；非对称均匀布置时，应考虑地震扭转效应对结构的不利影响；墙体与主体结构应有可靠的拉结，应具有满足主体结构不同方向的层间变形的能力，与悬挑构件相连接时，尚应具有满足

图名	卫生工程防震	页次	22

节点转动引起的竖向变形的能力；圆弧形外墙应加密构造柱，墙高中部宜设置钢筋混凝土现浇带或腰梁；应避免设备管线的集中设置对填充墙的削弱。

7.质量检验：

（1）钢筋进场时，应检查其牌号、产品合格证、出厂检验报告，并在见证员的见证下，按规格型号、炉批号取样检测。检测内容应包含抗拉强度、屈服强度、伸长率、冷弯性能、焊接性能、直径偏差或重量偏差。

（2）水泥进场时，应检查其品种、级别、包装或散装仓号、出厂日期，并在见证员的见证下，由取样员按生产厂家、等级、品种、进场批取样检验。检验内容应包含强度、安定性、凝结时间。

（3）对于砌体结构应当重点检查砂浆试块留置、数量、养护条件、纵横墙交接处和转角处的留槎形式、构造柱、圈梁的施工、预制板的搁置长度、圆孔板堵孔情况等。

（4）对于混凝土结构应当重点检查主要受力钢筋与箍筋的级别、种类、直径、根数和间距，以及混凝土试块留置、数量、养护条件等。

8.卫生工程防震附图：

图名	卫生工程防震		
		页 次	23

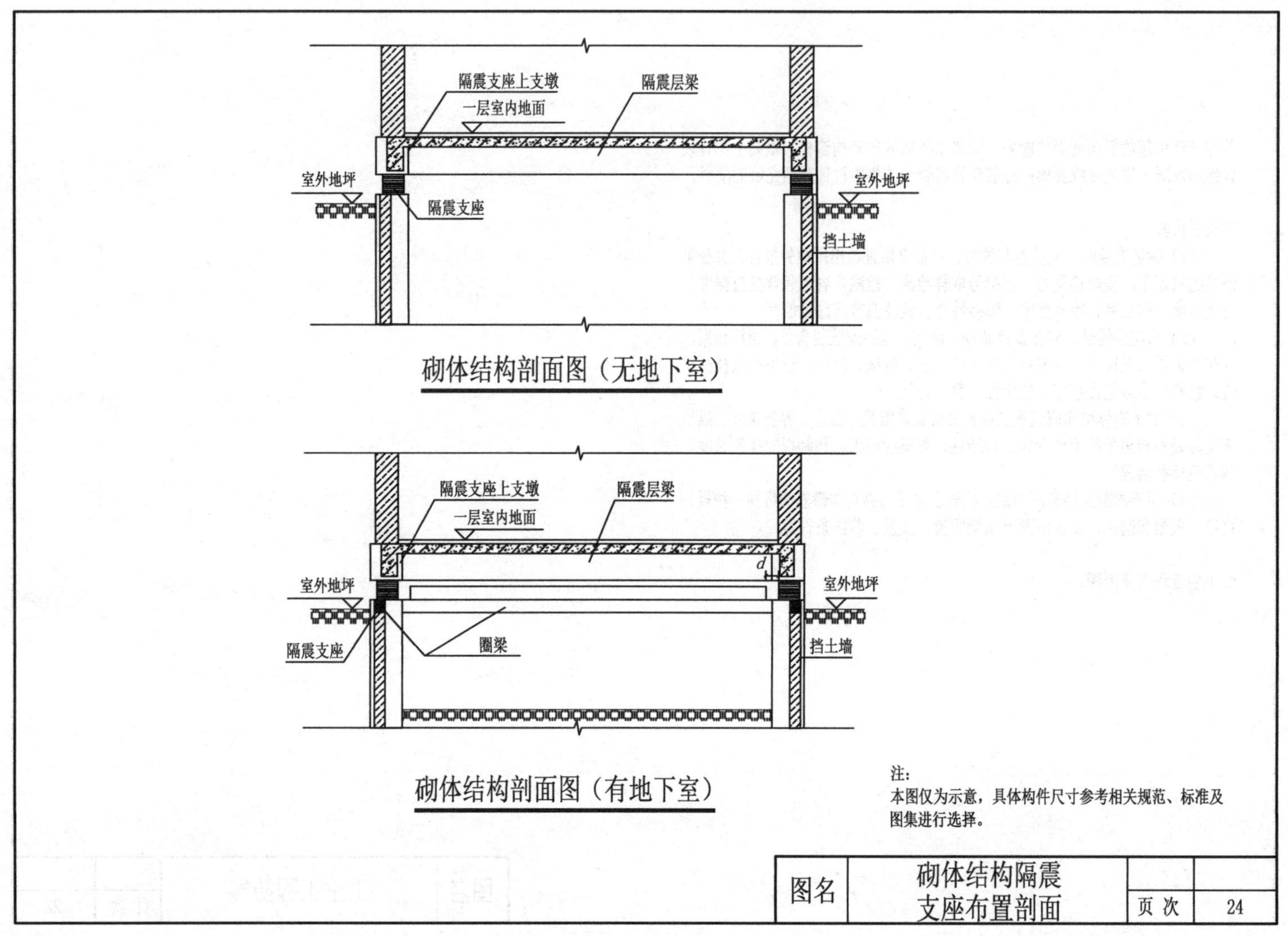
隔震支座上支墩
隔震层梁
一层室内地面
室外地坪
隔震支座
室外地坪
挡土墙
砌体结构剖面图（无地下室）
隔震支座上支墩
隔震层梁
一层室内地面
d
室外地坪
室外地坪
隔震支座
圈梁
挡土墙
砌体结构剖面图（有地下室）
注：
本图仅为示意，具体构件尺寸参考相关规范、标准及图集进行选择。
图名
砌体结构隔震支座布置剖面
页次
24

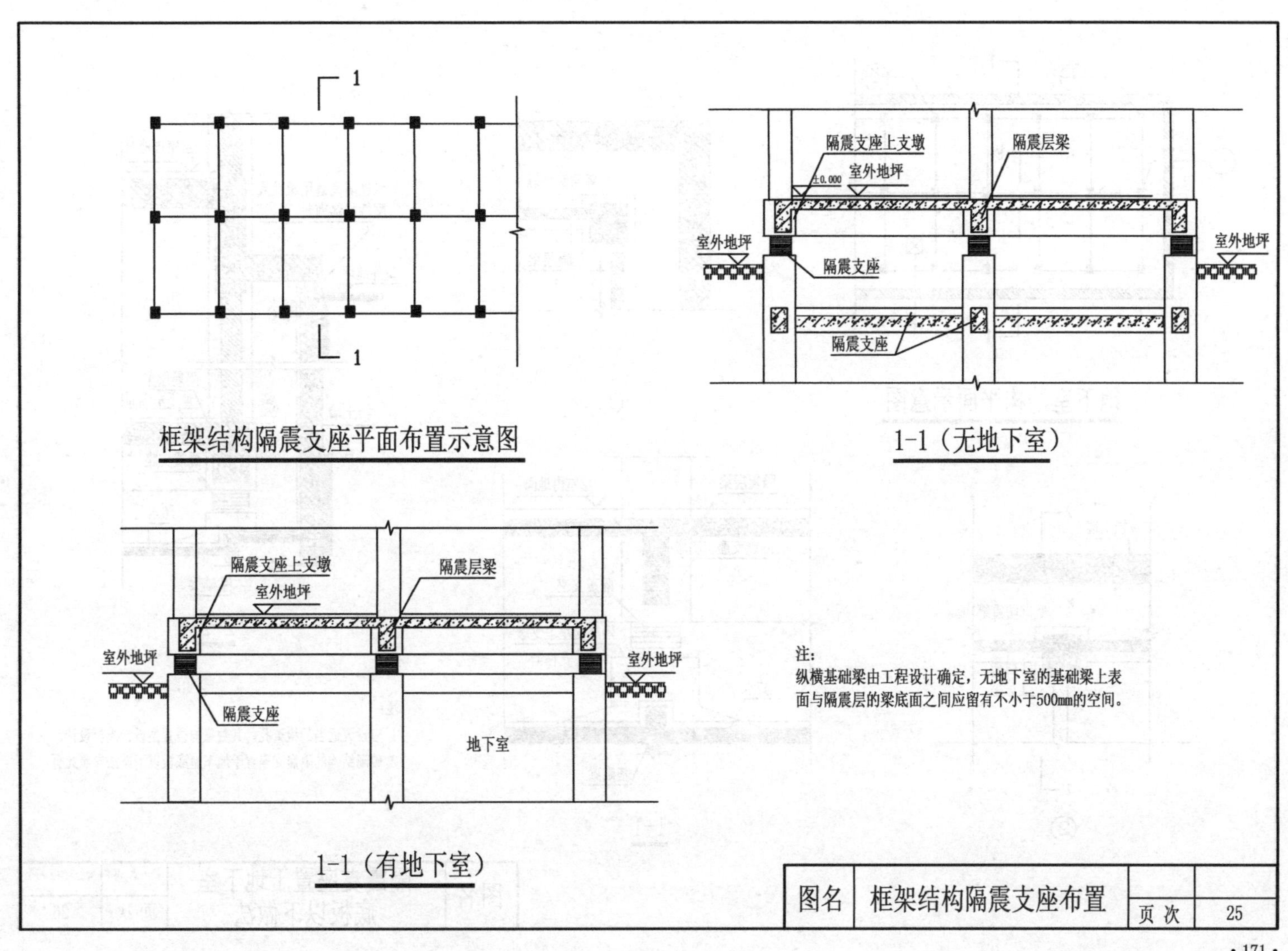

注：

纵横基础梁由工程设计确定，无地下室的基础梁上表面与隔震层的梁底面之间应留有不小于500mm的空间。

图名	框架结构隔震支座布置	页次	25

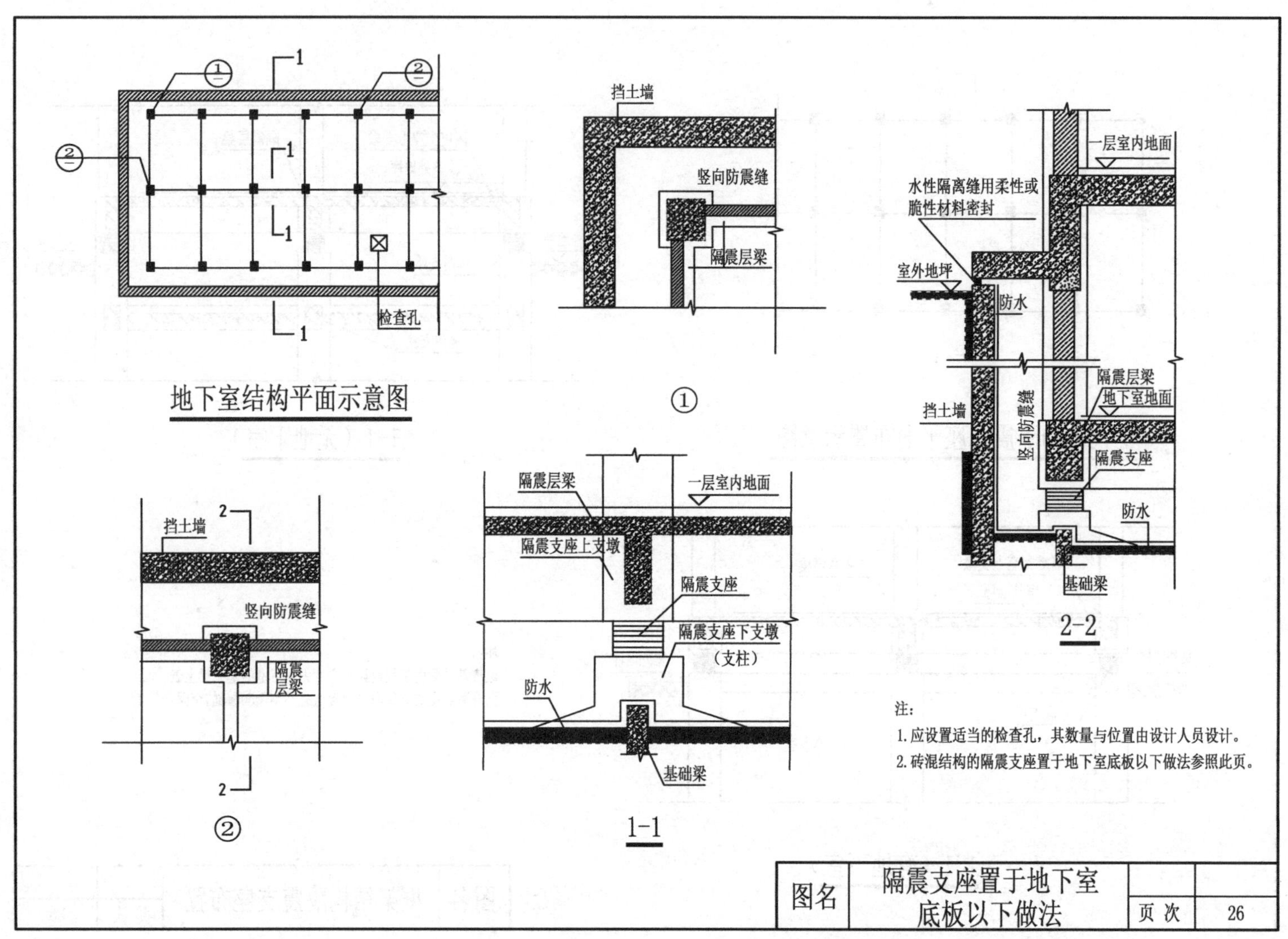

注：

1. 应设置适当的检查孔，其数量与位置由设计人员设计。
2. 砖混结构的隔震支座置于地下室底板以下做法参照此页。

图名	隔震支座置于地下室底板以下做法	页次	26

第7章 电气工程设计建造

7.1 电气设施

1.特点：

电气工程由于涉及设计、制造、生产、运输、 物资供应、地方关系以及有关单位等多个方面的协作配合，因此具有如下特点：施工周期长，投入的资金、人力、物力多；土石方、混凝土、金属结构、电缆、管道等工程量大；露天作业、高处作业、交叉作业多；高温、高压、精密设备多，自动化程度高，技术复杂。本部分所涉及具体数据应以现行规范为准进行适当调整。

2.设计原则：

（1）适用性、经济性、安全性原则。

（2）提高电气设计运行效率，减少电能的直接或间接损耗。

（3）合理调整负荷，选取合理的设计系数，提高负荷率和设备利用率。

3.设计、施工与验收规范及标准：

（1）《电气装置安装工程电缆线路施工及验收规范》GB 50168—2006。

（2）《电气装置安装工程接地装置施工及验收规范》GB 50169—2006。

（3）《电气装置安装工程盘、柜及二次回路结线施工及验收规范》GB 50171—2012。

（4）《电气装置安装工程高压电器施工及验收规范》GB 50147—2010。

（5）《电气装置安装工程母线装置施工及验收规范》GB 50149—2010。

（6）《电气装置安装工程电力变压器、油浸电抗器、互感器施工及验收规范》GB 50148—2010。

4.主要设计参数：

（1）额定功率。

（2）额定电压。

（3）电阻。

（4）电枢电感。

5.材料要求：

（1）钢制接线盒壁厚、盒底厚度均应符合相关规范要求。PVC接线盒壁厚、强度必须符合要求。

（2）电缆桥架钢板厚度、配电柜钢板厚度、钢板箱门盘面厚度均应符合相关规范要求。箱柜内电气安装系统图应与箱柜内电气安装一致。

（3）当布线管采用PVC（硬质或半硬质）塑料导管、塑料线槽及其非金属制品附件时，应用相应等级难燃材料制成，氧指数、烟密度等级均应符合相关规范要求。在墙体内或混凝土内敷设的导管，氧指数应符合相关规范要求。塑料线槽或导管上应有阻燃标识。

6.施工工艺与要点：

（1）配合阶段的主要工作内容有：预埋高压供电线路进户钢套管，预埋接地装置，配合土建检查设备位置基础及预留孔洞。

（2）配线工程中的金属部件应做防腐处理。除设计有要求外，均应镀锌或刷防锈漆两道（刷漆前应做除锈处理），露明部分还应刷灰色漆两道（镀锌件除外）。埋入土层和有腐蚀性的（焦渣层）垫层内的钢管应采用镀锌焊接钢管并用水泥砂浆保护。

（3）电气设备到达现场后，应及时对其进行检查：应有产品出厂合格证，技术文件应齐全。型号、规格应和设计相符，附件、备件应齐全完好。外表不应有机械损伤，轮距应与设计轨距相符。若无异常，即可就位安装。

（4）就位可用汽车吊直接甩进变压器室内或用道木搭设临时轨道，用三步塔、吊链吊至临时轨道上，然后用吊链拉入室内合适位置。

图名	电气设施		
		页 次	1

（5）当需要在设备顶部工作时，必须使用梯子上下，不得攀拉附件。设备顶部应用油布盖好，严防工具材料跌落，损坏附件。

（6）单独一根导线不应穿在金属管内。吊顶内不允许用瓷珠敷设的方法施工，导线在吊顶内必须穿金属管敷设。敷设在地面垫层内的塑料管边敷设边用水泥砂浆保护。

（7）导线应采用压接的方法，可采用铜（铝）套管、线夹等连接。当导线采用鸡爪连接时，裸导线缠绕的长度必须是导线截面的10倍，裸导线缠绕后应刷锡处理。铜铝导线相连接时，应采用可靠的过渡连接措施，使用铜铝过渡端子、铜/铝过渡套管或过渡线夹连接，铜铝端子相连时，应将铜端子刷锡处理。不得将铜铝导线直接缠绕连接。

（8）电器安装板后的配线须排列整齐，用尼龙绑带绑扎成束或敷于专用塑料线槽内，并卡固在板后或柜内安装架处。配线应留有适当余度。配电箱、配电柜内与电器元件连接的导线当为多芯铜软线时，须盘圈后刷锡或压铜线鼻子；当为多芯铜线时须采用套管线鼻压接。

7.质量检验：

（1）线管预埋敷设。管路预埋前，必须有准确的建筑标高线，电工应以此线定标高。成排管线在墙体内暗敷，线槽恢复时应挂钢丝网，管路水平敷设时，两拉线点之间距离应符合以下要求：无弯的管路数量、两个拉线点之间有一个弯时长度、两个拉线点之间有两个弯时长度、两个拉线点之间有三个弯时长度。

（2）分层桥架安装。先安装上层，后安装下层，上、下层之间距离要留有余量，以利于后期电缆敷设和检修。水平相邻桥架净距、层间距离与弱电电缆桥架均应符合相关规范要求。

（3）电缆桥架、线槽外观检查。部件齐全，表面光滑、不变形；镀锌或喷塑钢制桥架涂层完整，无锈蚀；玻璃钢制桥架色泽均匀，无破损碎裂；铝合金桥架涂层完整，无扭曲变形，不压扁，表面不划伤。

（4）预埋在墙体或混凝土板内的线管，保护面层的厚度应符合相关规范要求。管线在剔槽敷设后，必须采用强度等级、厚度符合标准的水泥砂浆面层保护。

（5）器件及导线按相序及用途分色一致，线鼻子根部用热缩管或绝缘塑料带包扎，颜色与分色一致，包扎整齐、美观。

8.电气设施附图：

图名	电气设施		
		页 次	2

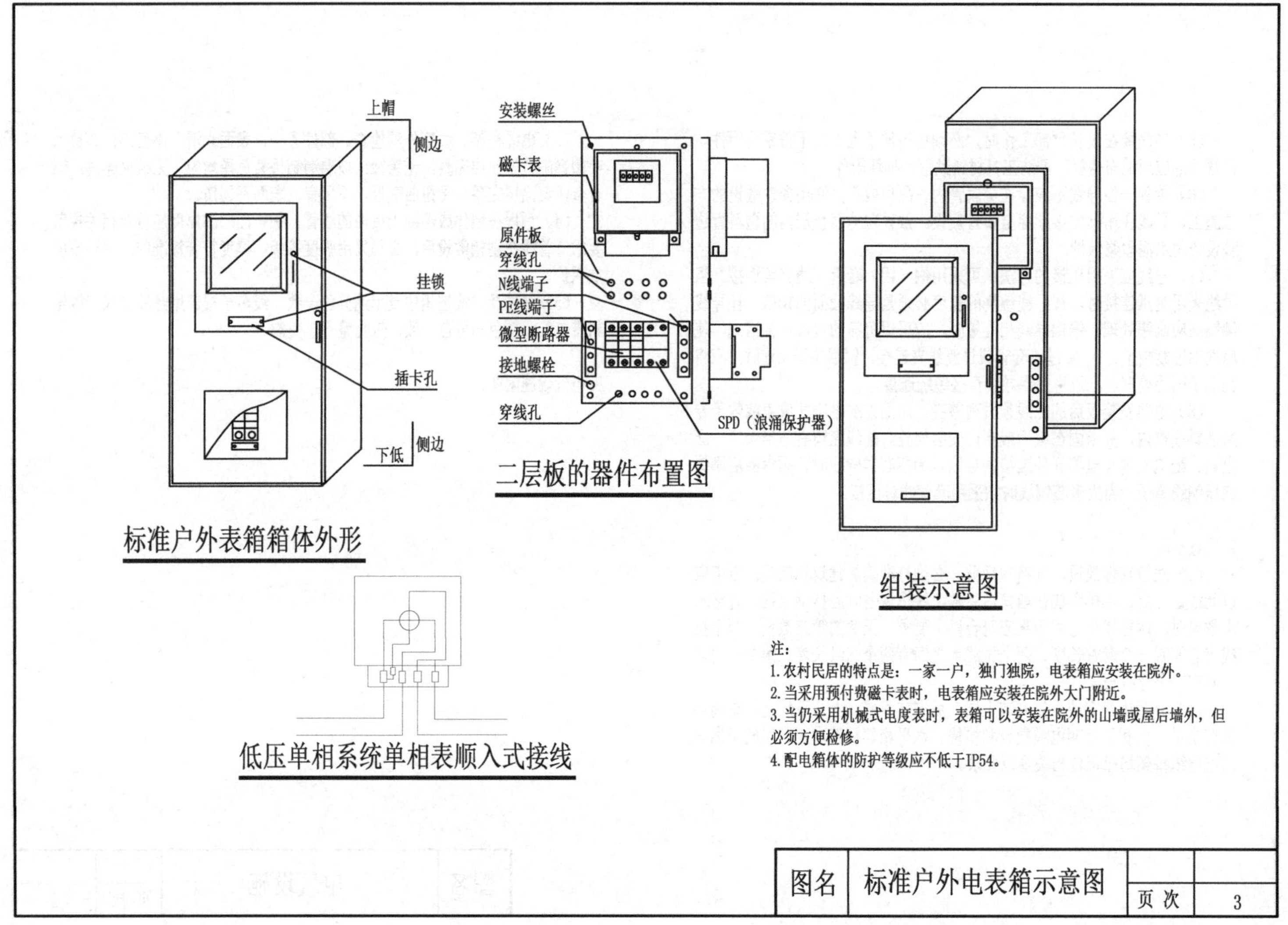

注：

1. 农村民居的特点是：一家一户，独门独院，电表箱应安装在院外。
2. 当采用预付费磁卡表时，电表箱应安装在院外大门附近。
3. 当仍采用机械式电度表时，表箱可以安装在院外的山墙或屋后墙外，但必须方便检修。
4. 配电箱体的防护等级应不低于IP54。

图名	标准户外电表箱示意图	页 次	3

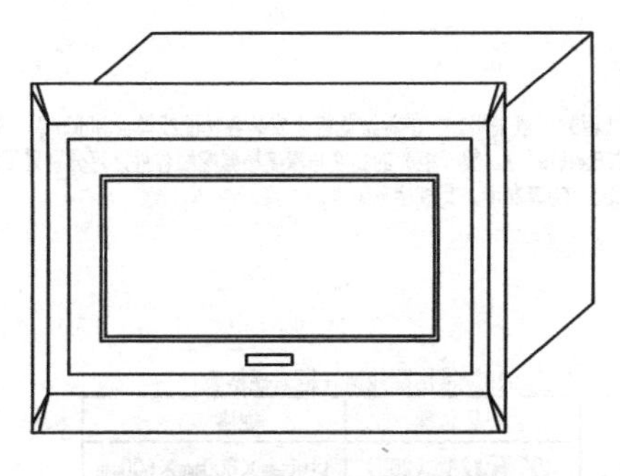

嵌墙安装户箱箱体图

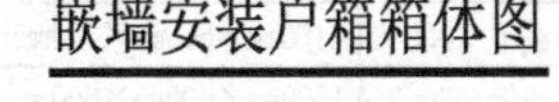

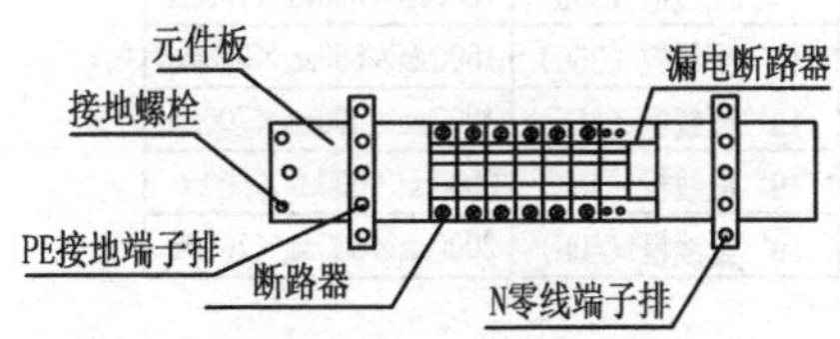

配电箱内断路器排列示意图

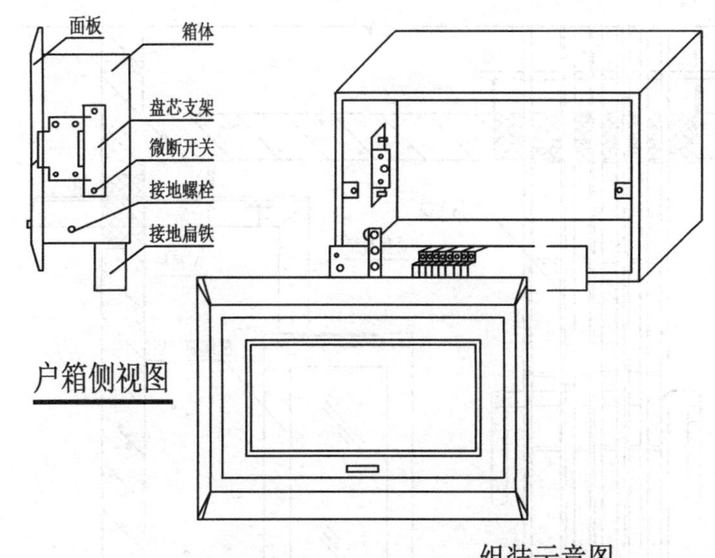

户箱侧视图

组装示意图

注：
1. 本图提供的配电箱尺寸是结合15套户型图给出的，若系统回路数超过图注数量，配电箱尺寸应加大。
2. 微型断路器并列安装时，应考虑断路器的降容因素。
3. 配电箱一定要选有资质的厂家加工。
4. 配电箱为金属箱体，箱体采用喷塑，颜色由设计人员确定。

户外配电箱规格尺寸及编号

配电箱编号	W宽/mm	H高/mm	L深/mm	备注
MXR-H-01	420	240	120	可装18位
MXR-H-02	480	240	120	可装18位
MXR-H-03	520	240	120	可装18位

表注：
微断开关，1位宽度为18mm。
双极（2P）隔离开关占2位宽度；双极（2P）漏电开关占4位宽度。
单极（1P）照明开关占1位宽度；单极（1P）浪涌保护器占1位宽度。

图名	配电箱规格尺寸示意图	页次	4

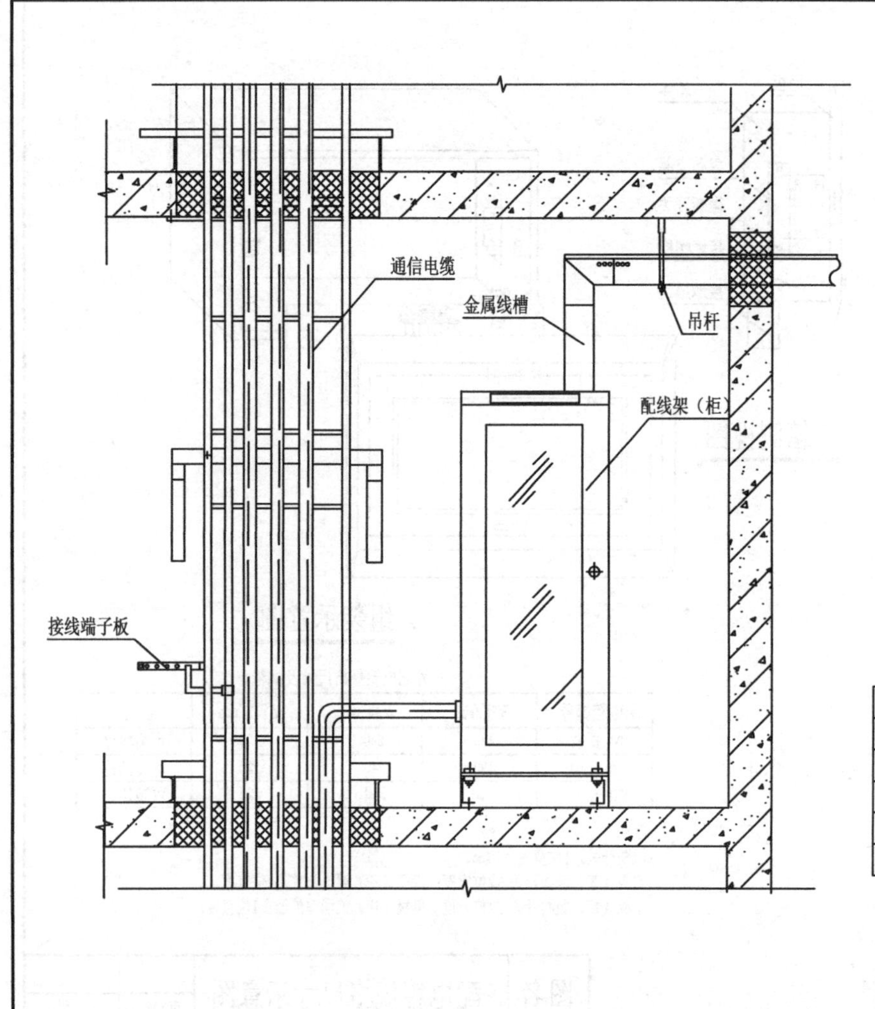

注：
配线架（柜）一般采用19″的标准规格来安装各种配线模板和HUB等，模板宽度为482.6mm(19″)。架（柜）的高度与深度根据配线容量，可分别采用20U、30U、35U、40U等高度，其规格见下表。

19″常用配线架（柜）规格表

产品名称	规格
19″配线柜（20U）	1100mm×600mm×600mm
19″配线柜（20U）	1100mm×600mm×700mm
19″配线柜（30U）	1500mm×600mm×600mm
19″配线柜（30U）	1500mm×600mm×700mm
19″配线柜（35U）	1800mm×600mm×600mm
19″配线柜（35U）	1800mm×600mm×700mm
19″配线柜（40U）	2000mm×600mm×600mm
19″配线柜（40U）	2000mm×600mm×700mm

设备材料表

序号	名称	型号及规格	单位	数量	备注
1	通信电缆	见工程设计			
2	金属线槽				
3	配线架（柜）	见工程设计	个	1	
4	接线端子板				
5	吊杆	Φ12mm	根	1	

图名	配线架（柜）安装	页次	5

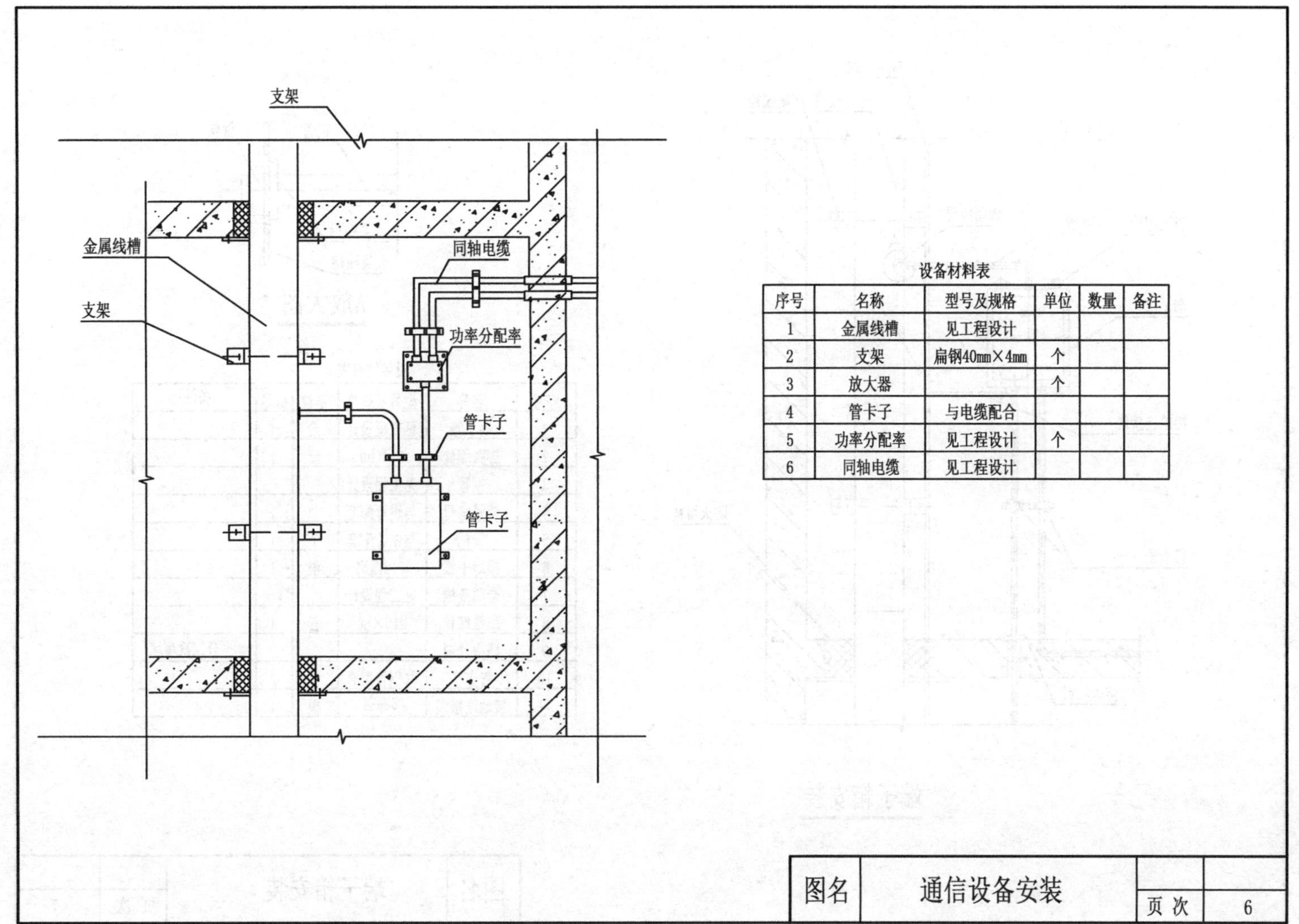

设备材料表

序号	名称	型号及规格	单位	数量	备注
1	金属线槽	见工程设计			
2	支架	扁钢40mm×4mm	个		
3	放大器		个		
4	管卡子	与电缆配合			
5	功率分配率	见工程设计	个		
6	同轴电缆	见工程设计			

图名	通信设备安装	页次	6

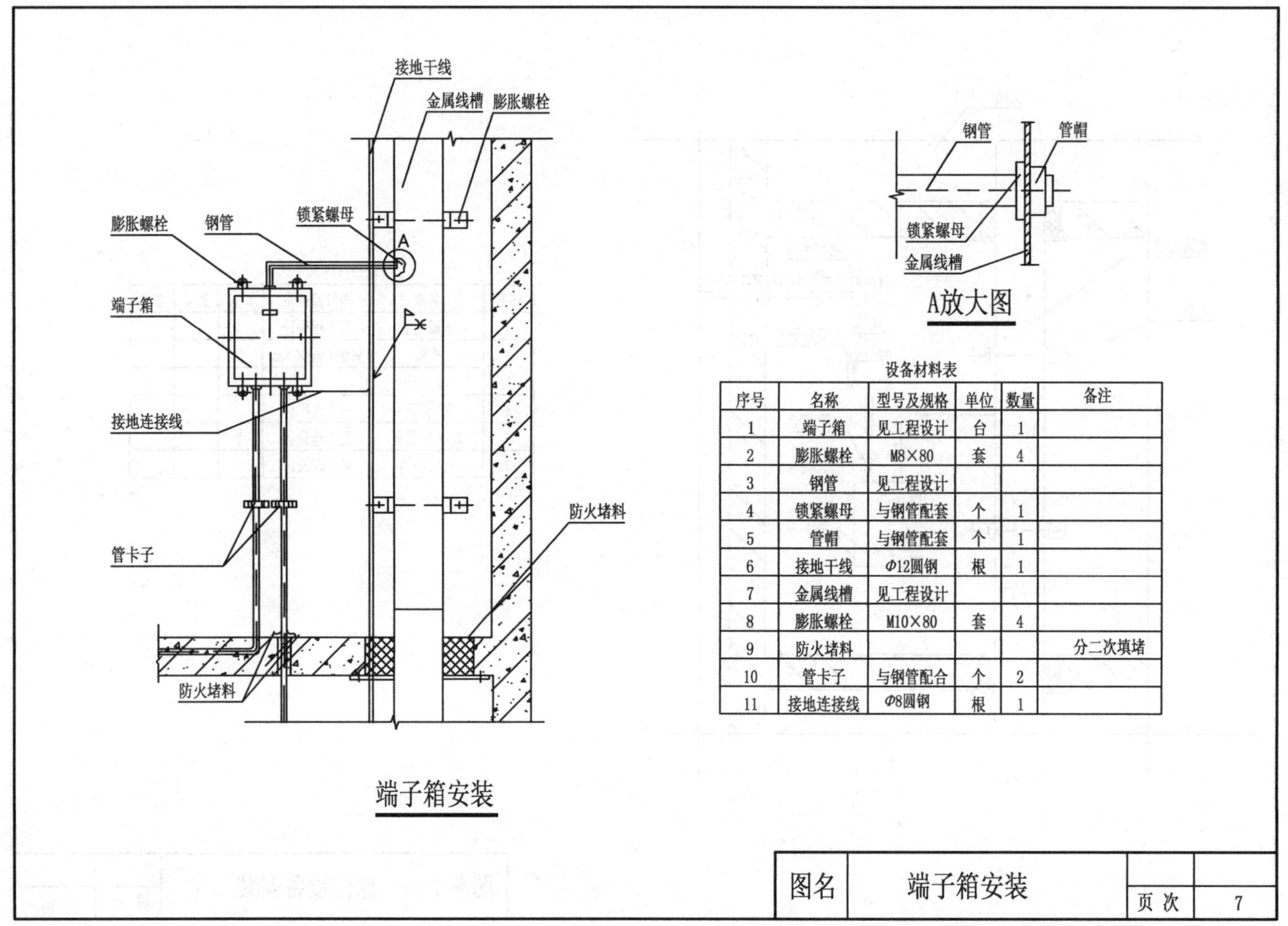

端子箱安装

A放大图

设备材料表

序号	名称	型号及规格	单位	数量	备注
1	端子箱	见工程设计	台	1	
2	膨胀螺栓	M8×80	套	4	
3	钢管	见工程设计			
4	锁紧螺母	与钢管配套	个	1	
5	管帽	与钢管配套	个	1	
6	接地干线	Φ12圆钢	根	1	
7	金属线槽	见工程设计			
8	膨胀螺栓	M10×80	套	4	
9	防火堵料				分二次填堵
10	管卡子	与钢管配合	个	2	
11	接地连接线	Φ8圆钢	根	1	

图名	端子箱安装	页次	7

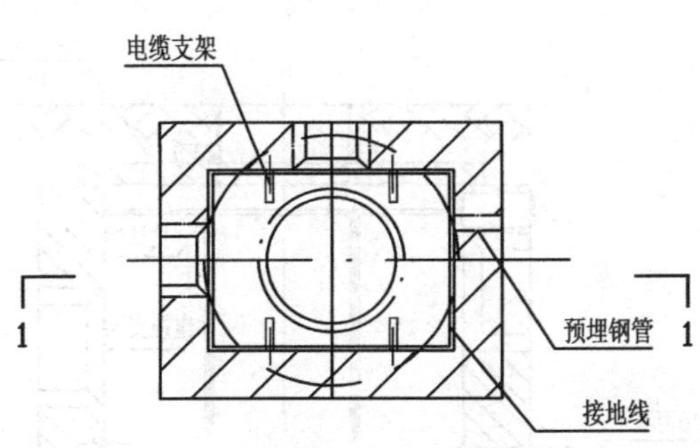

小型电缆手孔井平面图

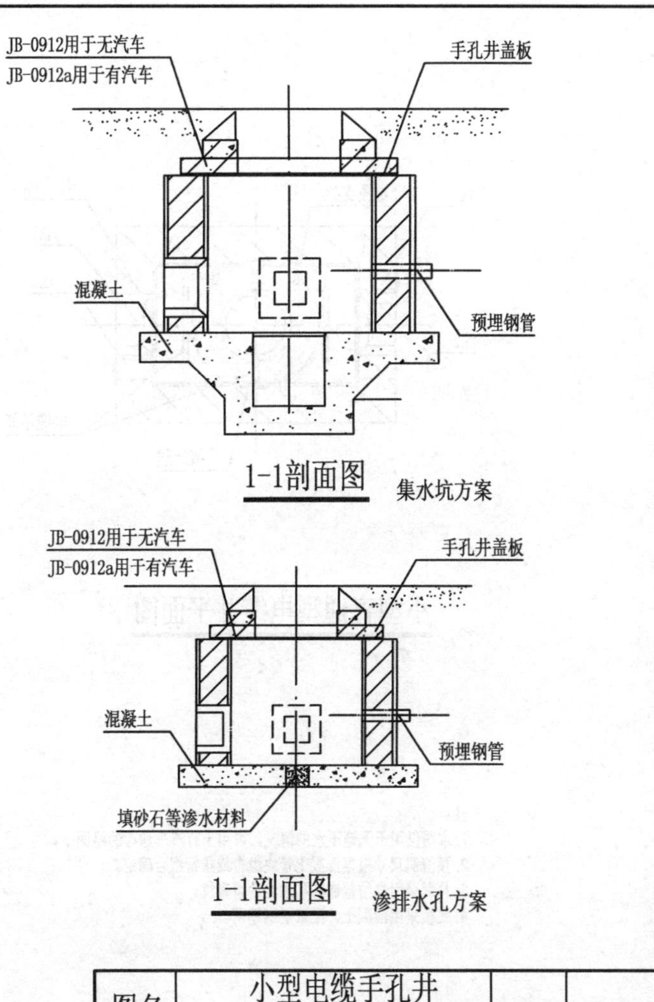

1-1剖面图 渗排水孔方案

注:
1.小型手孔井的井壁厚度视环境及荷载而定。
2.预留洞尺寸根据混凝土管块组合或排管组合确定。
3.高地下水位地点或手孔井埋深较深时，应将直径200mm渗排水孔改为集水坑。
4.侧墙采用烧结普通砖和水泥砂浆砌筑。
5.本图为直通型电缆手孔井，可根据需要改为转角型手孔井。
6.井壁内外用1：2.5水泥砂浆抹面。

图名	小型电缆手孔井 平、剖面图（砖砌）		
		页 次	8

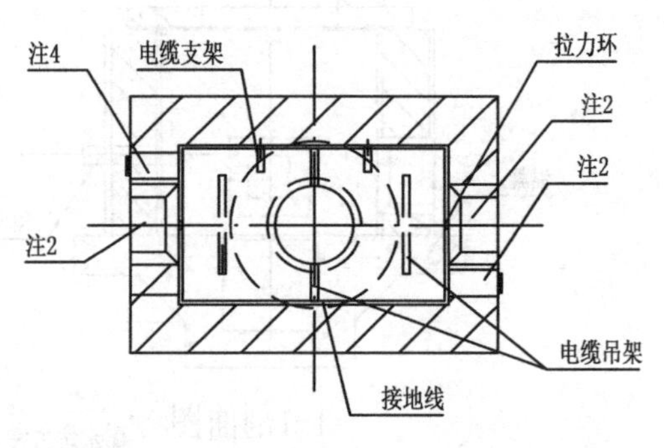

小型直通型电缆井平面图

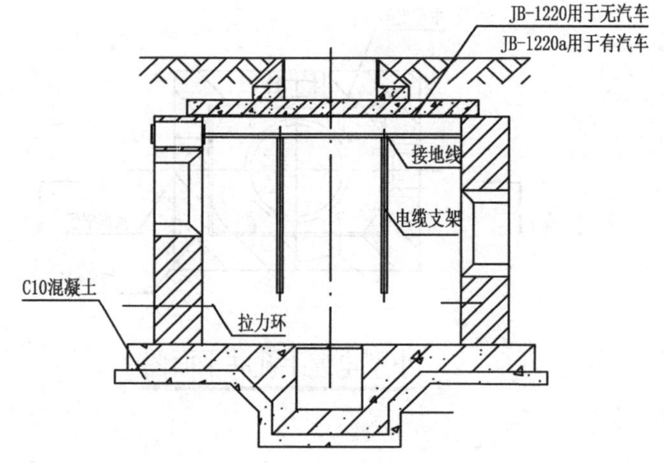

1-1剖面图

注:
1. 本图仅用于无地下水的情况，可用于有汽车通行的路面下。
2. 预留洞尺寸根据混凝土管块组合或排管组合确定。
3. 井壁采用烧结普通砖和水泥砂浆砌筑。
4. 底板采用混凝土，配双层钢筋网。

图名	小型直通型电缆井 平、剖面图（砖砌）		
		页 次	9

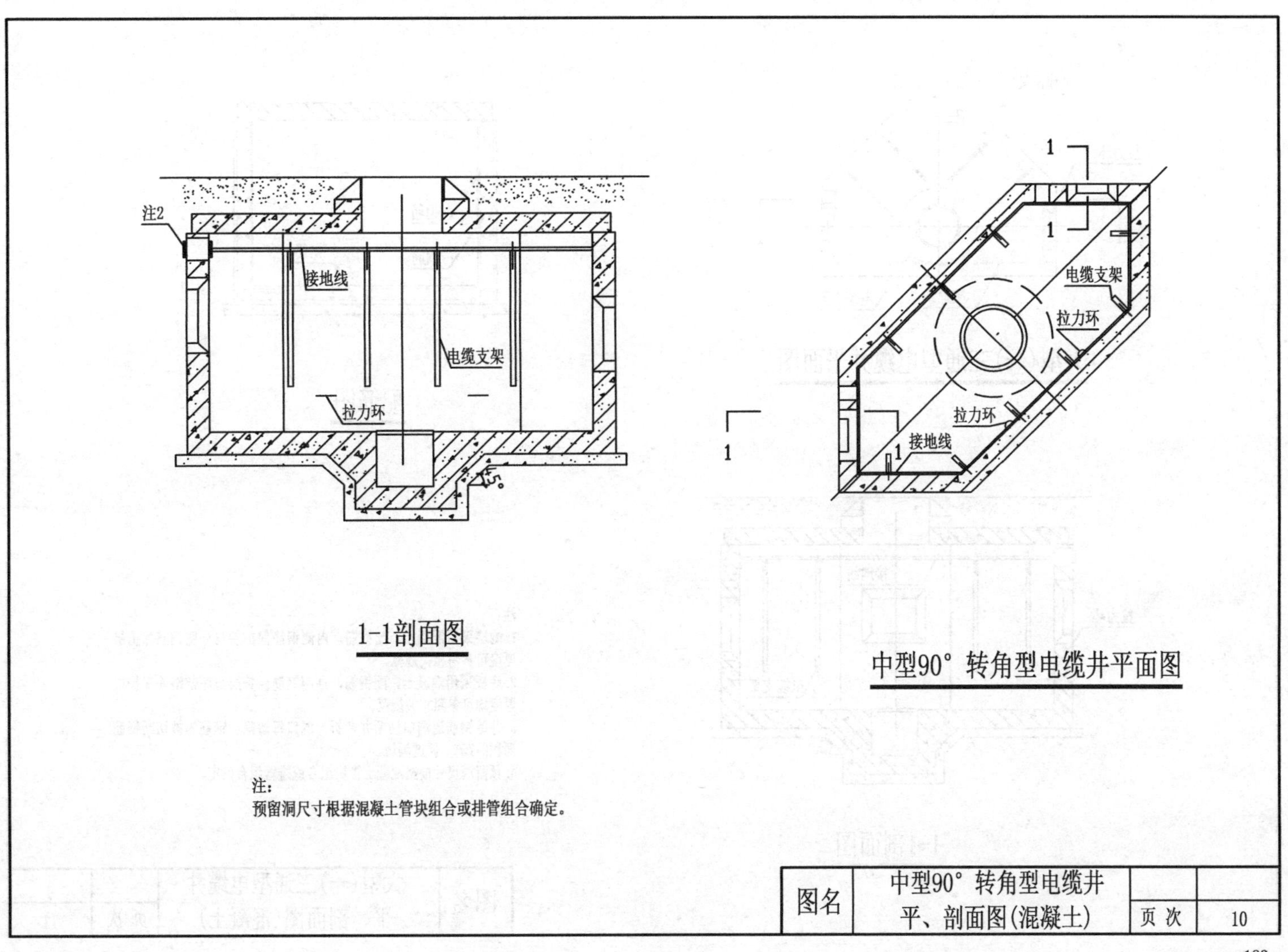

注：
预留洞尺寸根据混凝土管块组合或排管组合确定。

图名	中型90° 转角型电缆井 平、剖面图(混凝土)		
		页 次	10

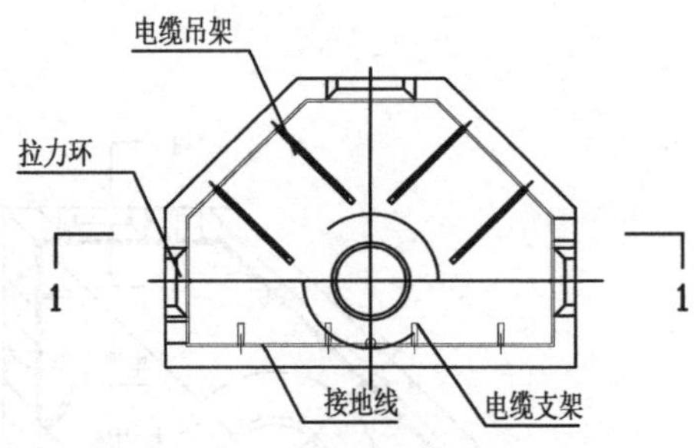

大型(一)三通型电缆井平面图

钢筋
钢筋
钢筋

配筋图

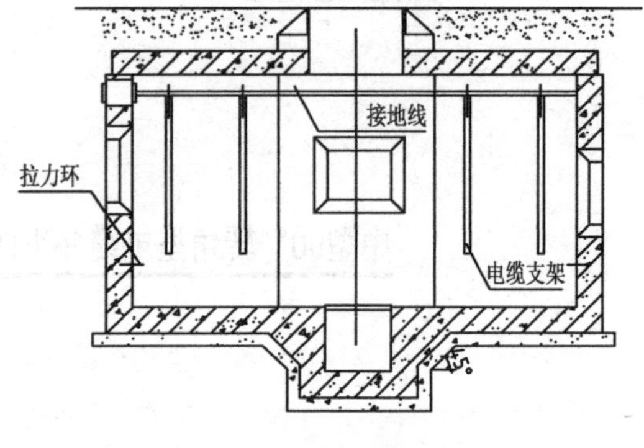

1-1剖面图

注：
1. 侧墙采用混凝土，配钢筋，内侧钢筋保护层与外侧钢筋保护层厚度可参考相关规范。
2. 底板采用混凝土，配钢筋，顶部钢筋保护层与底部钢筋保护层厚度均可参照相关规范。
3. 井壁钢筋遇洞口切断并弯折，洞口每边附加钢筋为被切断钢筋面积的75%，伸过洞边。
4. 预留洞尺寸根据混凝土管块组合或排管组合确定。

图名	大型(一)三通型电缆井 平、剖面图(混凝土)		
		页 次	11

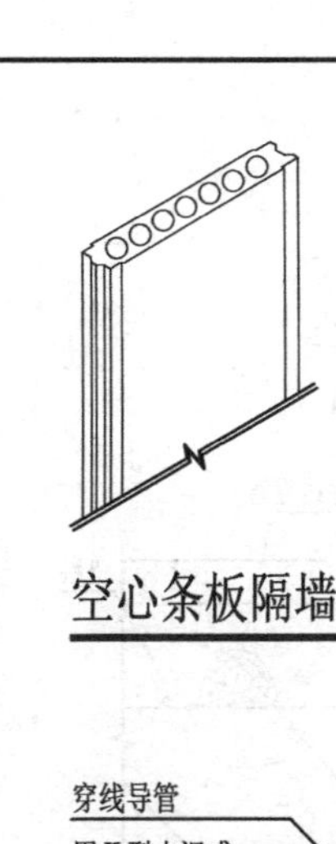

空心条板隔墙

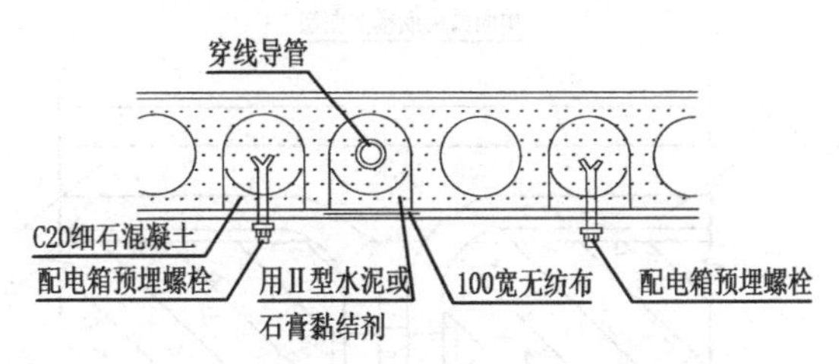

空心条板板孔敷设管线示意图

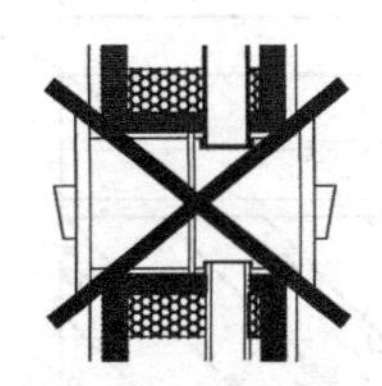

不允许灯开关或插座背靠背安装

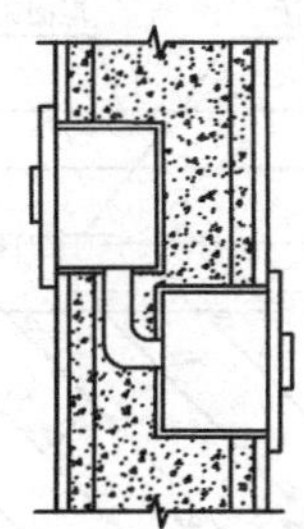

灯开关或插座水平错开安装

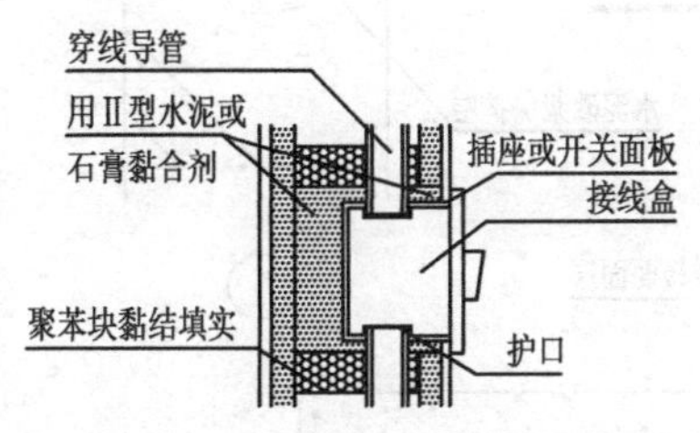

灯开关或插座安装示意图

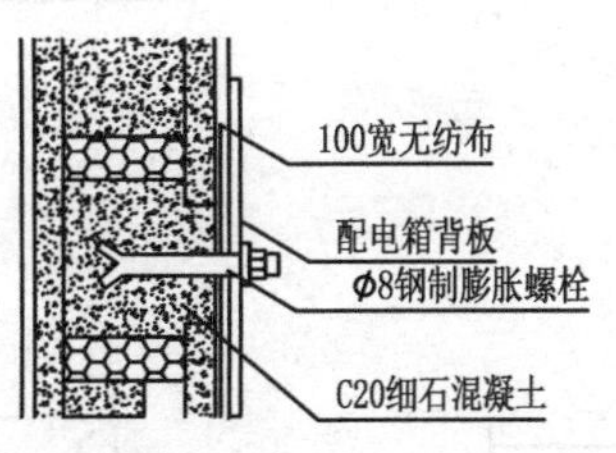

空心条板明装配电箱预埋螺栓做法

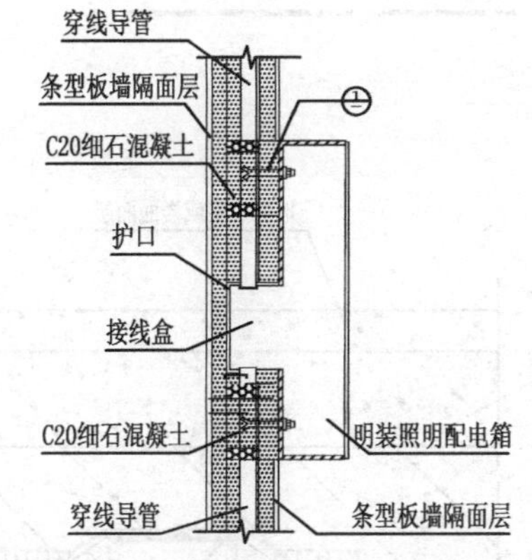

轻质隔墙明装配电箱做法示意图

图名	轻质隔墙电气装置件 安装做法示意图		
		页 次	12

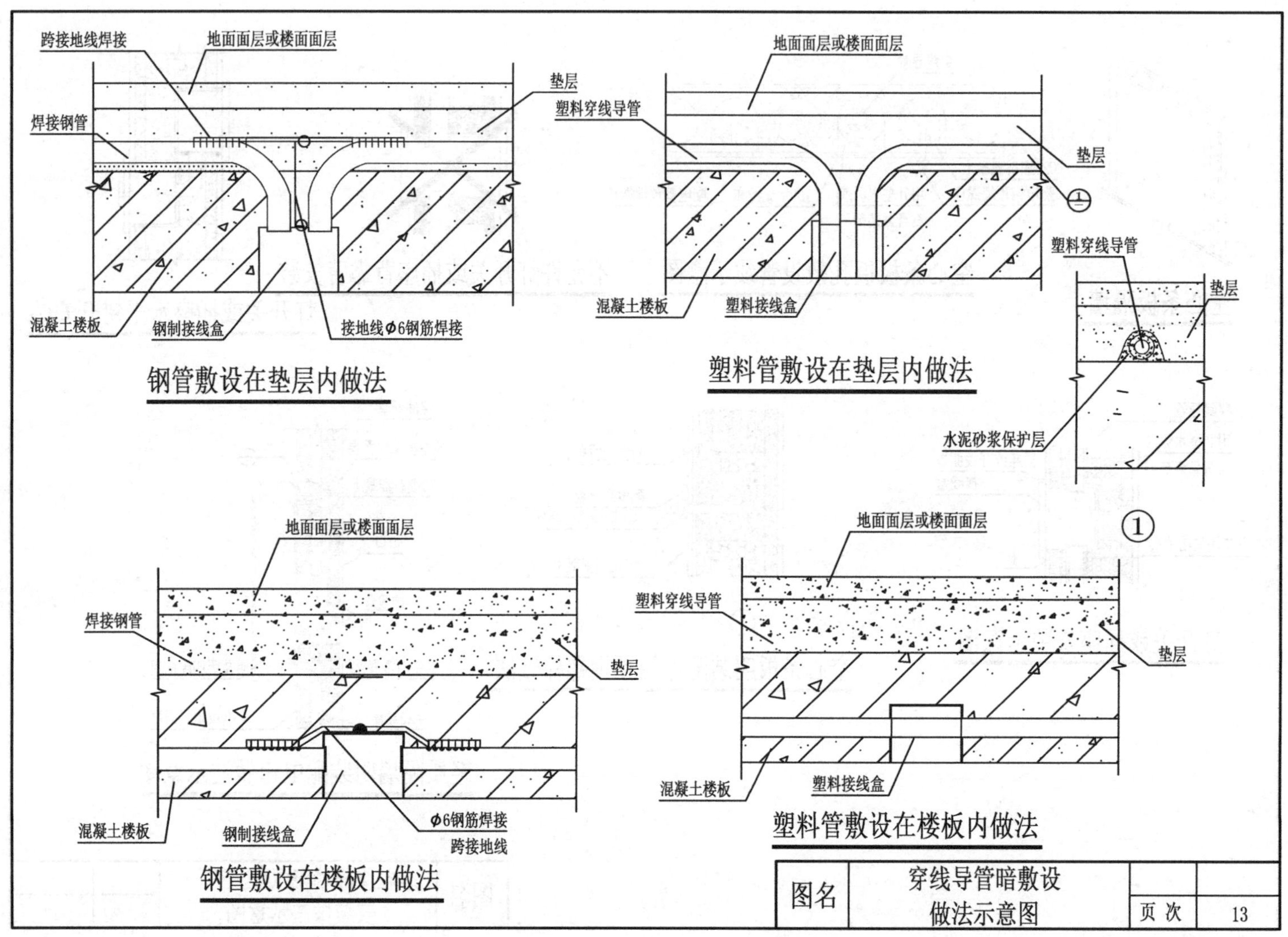
跨接地线焊接
地面面层或楼面面层
垫层
焊接钢管
混凝土楼板
钢制接线盒
接地线Φ6钢筋焊接
钢管敷设在垫层内做法
地面面层或楼面面层
塑料穿线导管
垫层
混凝土楼板
塑料接线盒
塑料管敷设在垫层内做法
塑料穿线导管
垫层
水泥砂浆保护层
①
地面面层或楼面面层
焊接钢管
垫层
混凝土楼板
钢制接线盒
Φ6钢筋焊接
跨接地线
钢管敷设在楼板内做法
地面面层或楼面面层
塑料穿线导管
垫层
混凝土楼板
塑料接线盒
塑料管敷设在楼板内做法
图名
穿线导管暗敷设
做法示意图
页 次
13

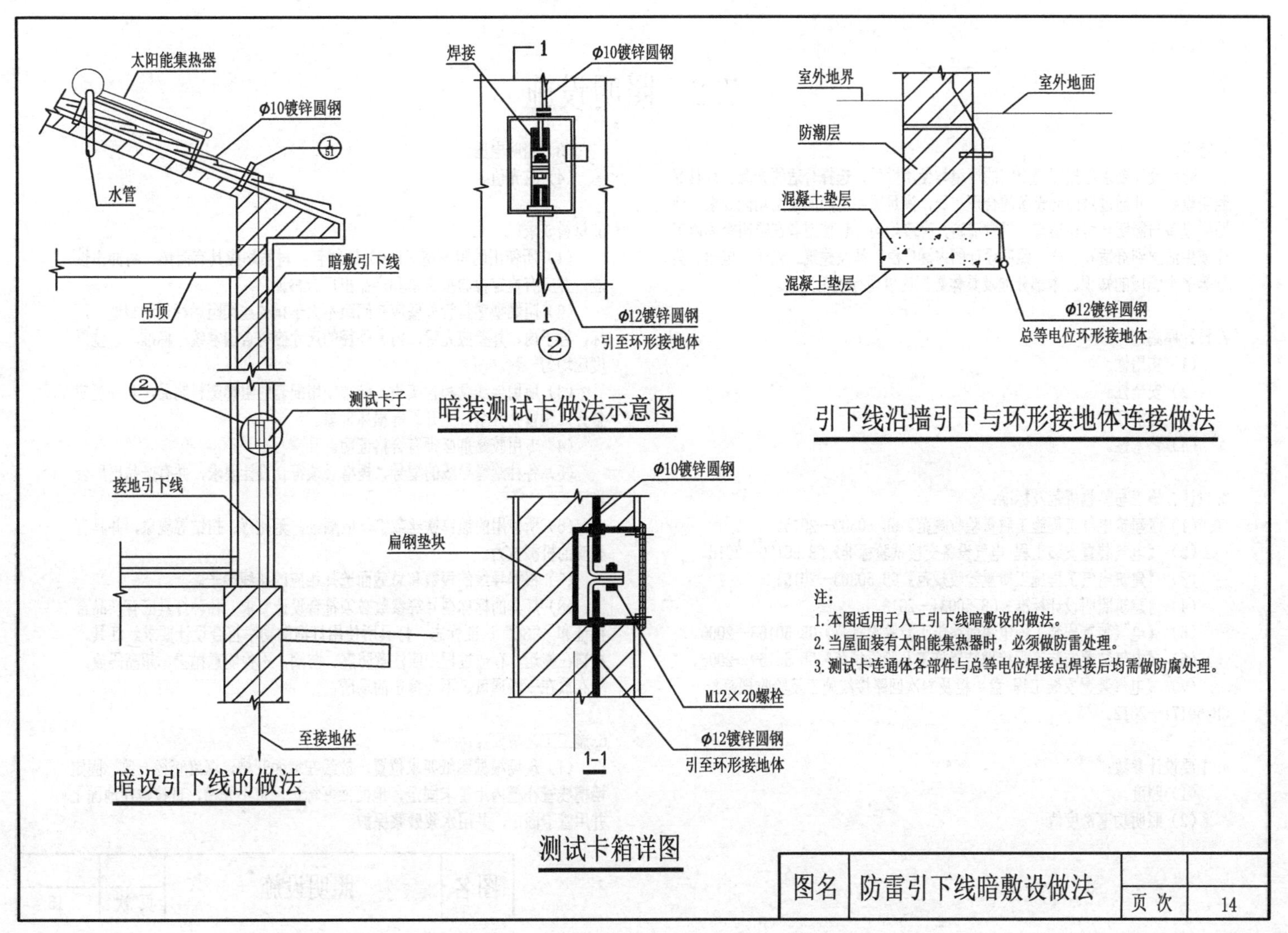

注：
1. 本图适用于人工引下线暗敷设的做法。
2. 当屋面装有太阳能集热器时，必须做防雷处理。
3. 测试卡连通体各部件与总等电位焊接点焊接后均需做防腐处理。

图名	防雷引下线暗敷设做法	页 次	14

7.2 照明设施

1.特点：

照明设计要求根据照明空间的环境与使用性质，选择合适的光源、灯具等照明设备。并通过对照明设备的合理布局，满足照明空间的使用功能要求，使照明设备与照明环境相适宜，视觉清晰，亮度均匀，让使用者在照明空间内工作或生活感到舒适和轻松。照明设计的内涵广泛，涉及建筑、光学、电学、美学等多个领域的知识。本部分涉及具体数据应以现行规范为准。

2.设计原则：

（1）实用性。

（2）安全性。

（3）经济性。

（4）艺术性。

3.设计、施工与验收规范及标准：

（1）《建筑电气工程施工质量验收规范》GB 50303—2015。

（2）《电气装置安装工程 电气设备交接试验标准》GB 50150—2016。

（3）《建筑电气工程施工质量验收规范》GB 50303—2015。

（4）《建筑照明设计标准》GB 50034—2013。

（5）《电气装置安装工程电缆线路施工及验收规范》GB 50168—2006。

（6）《电气装置安装工程接地装置施工及验收规范》GB 50169—2006。

（7）《电气装置安装工程 盘、柜及二次回路接线施工及验收规范》GB 50171—2012。

4.主要设计参数：

（1）照度。

（2）照明功率密度值。

（3）照明电压。

（4）眩光值。

5.材料要求：

（1）所使用的阻燃型（PVC）塑料管，材质均应具有阻燃、耐冲击性能，并应有检定检验报告单和产品出厂合格证。

（2）阻燃型塑料管外壁应有间距不大于1m的连续阻燃标记和制造厂厂标，管子内、外壁应光滑，内、外径的尺寸应符合国家统一标准。管壁厚度应均匀一致。

（3）所用接线盒和管接头，必须使用配套的阻燃塑料制品，其外观应整齐，预留孔齐全，无开裂等损坏现象。

（4）专用胶黏剂必须有合格证明。

（5）各种绝缘导线的型号、规格必须符合设计要求，并有产品出厂合格证。

（6）所使用的镀锌铁丝或钢丝应顺直，无死弯、扭结等现象，并具有相应的机械拉力。

（7）根据导线的根数和总截面选择相应的接线端子。

（8）灯具的标称型号等参数必须符合设计要求，各种灯具应有产品合格证和“3C”认证标志。灯具所使用灯泡的功率符合设计要求。灯具、材料在搬运、存放过程中应注意防震、防潮，不得随意抛扔、超高码放。应存放在干燥通风、不受撞击的场所。

6.施工工艺与要点：

（1）现场根据图纸要求位置，放线在墙面开槽，深度管径一致，固定墙槽线管在槽内用管卡固定，地面做好标记，可不开槽，直接敷在地面上并用管卡固定，并用水浆砂浆保护。

图名	照明设施		
		页次	15

（2）预埋开关插座底盒。将开关插座底盒在墙地面预先开好，槽内按标准要求用水泥砂浆固定好。线管若需要转弯，可用弹簧弯管器，人工冷弯成型，直接连接，应由管直接配件用胶水黏接。

（3）在工程所有工序完成后，即开始安装开关、插座、空开箱以及灯具，灯具安装前应对照图纸要求检查灯具规格数量是否符合，是否有破损，并实施对号入座安装，开关插座内的电线接头均应用绝缘胶布包好，以防漏电和短路。

（4）在天棚安装灯具应先按规定尺寸，以及灯具大小在顶上开好孔，如“主龙骨”，应加固好后再切除主龙骨，格栅灯盘应用铁丝挂住吊杆固定。

（5）顶上若有重型灯具，必须先在楼板底固定或预埋吊钩，焊接或用铁丝绑扎固定。

（6）全部开关灯具完成后，必须先通电，逐个测量电路是否畅通和灯是否亮，并找出原因，及时整改完好。

7.质量检验：

（1）管路连接时，使用胶黏剂连接紧密、牢固。

（2）箱、盒设置正确，固定牢固，管子入箱、盒处顺直，使用紧锁母时，应拧紧盒壁不松动。

（3）管路穿越建筑物和设备基础处，应加保护管，穿过变形缝处，应有补偿装置。

（4）导线的规格、型号必须符合设计要求和有关规范规定。

（5）开关安装位置便于操作，同一场所安装高差不应过大。

（6）大管煨弯时，有凹扁、裂痕及烤伤、烤变色现象。因烤烘面积小，加热不均匀，应灌砂用电炉间接烤，或用水烤。面积要大，热要均匀，并用型具一次煨成。

8.照明设施附图：

图名	照明设施		
		页 次	16

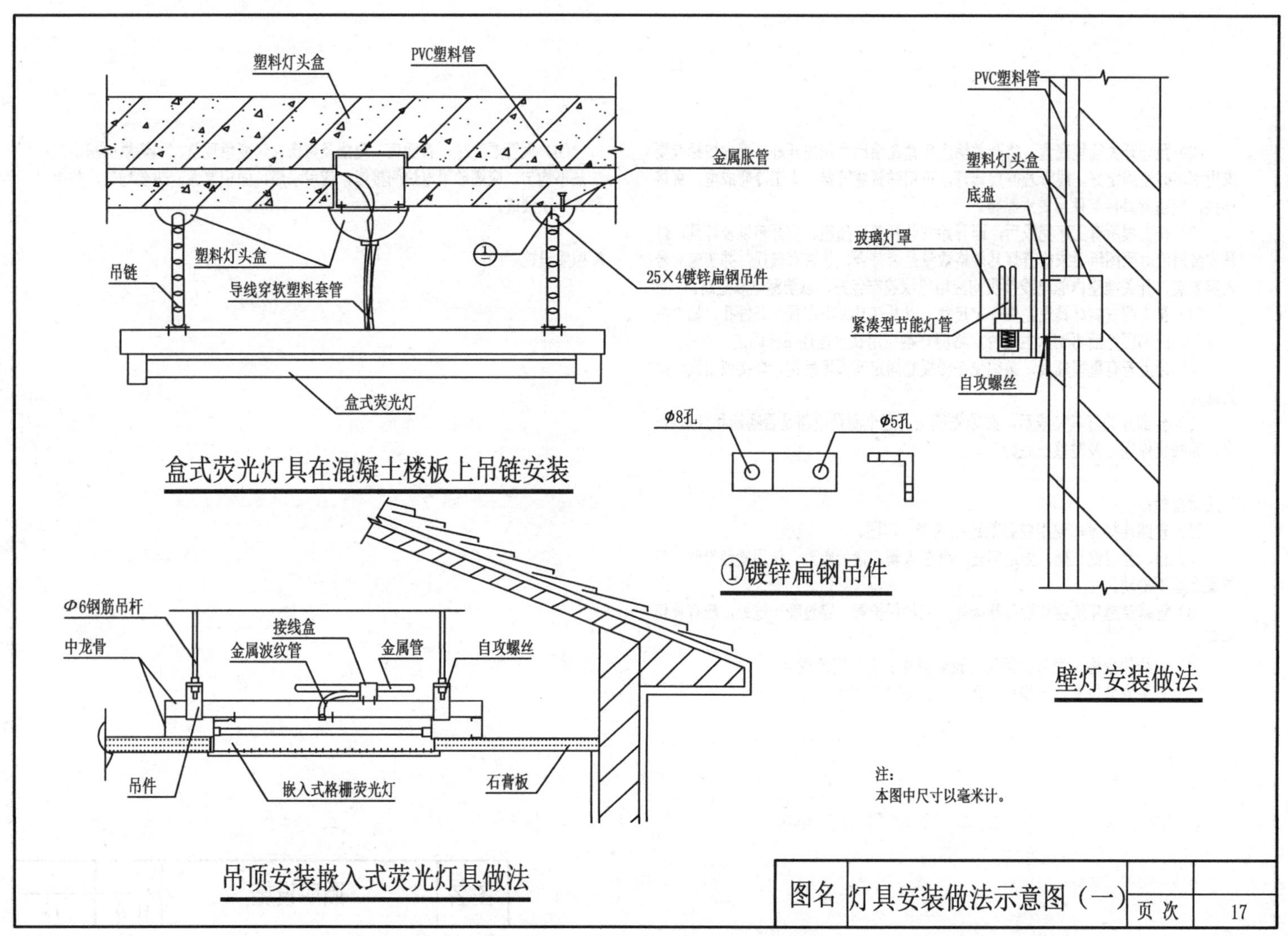
塑料灯头盒
PVC塑料管
金属胀管
塑料灯头盒
吊链
导线穿软塑料套管
25×4镀锌扁钢吊件
盒式荧光灯
盒式荧光灯具在混凝土楼板上吊链安装
Φ8孔
Φ5孔
①镀锌扁钢吊件
PVC塑料管
塑料灯头盒
底盘
玻璃灯罩
紧凑型节能灯管
自攻螺丝
壁灯安装做法
Φ6钢筋吊杆
中龙骨
接线盒
金属波纹管
金属管
自攻螺丝
吊件
嵌入式格栅荧光灯
石膏板
吊顶安装嵌入式荧光灯具做法
注：
本图中尺寸以毫米计。
图名
灯具安装做法示意图（一）
页 次
17

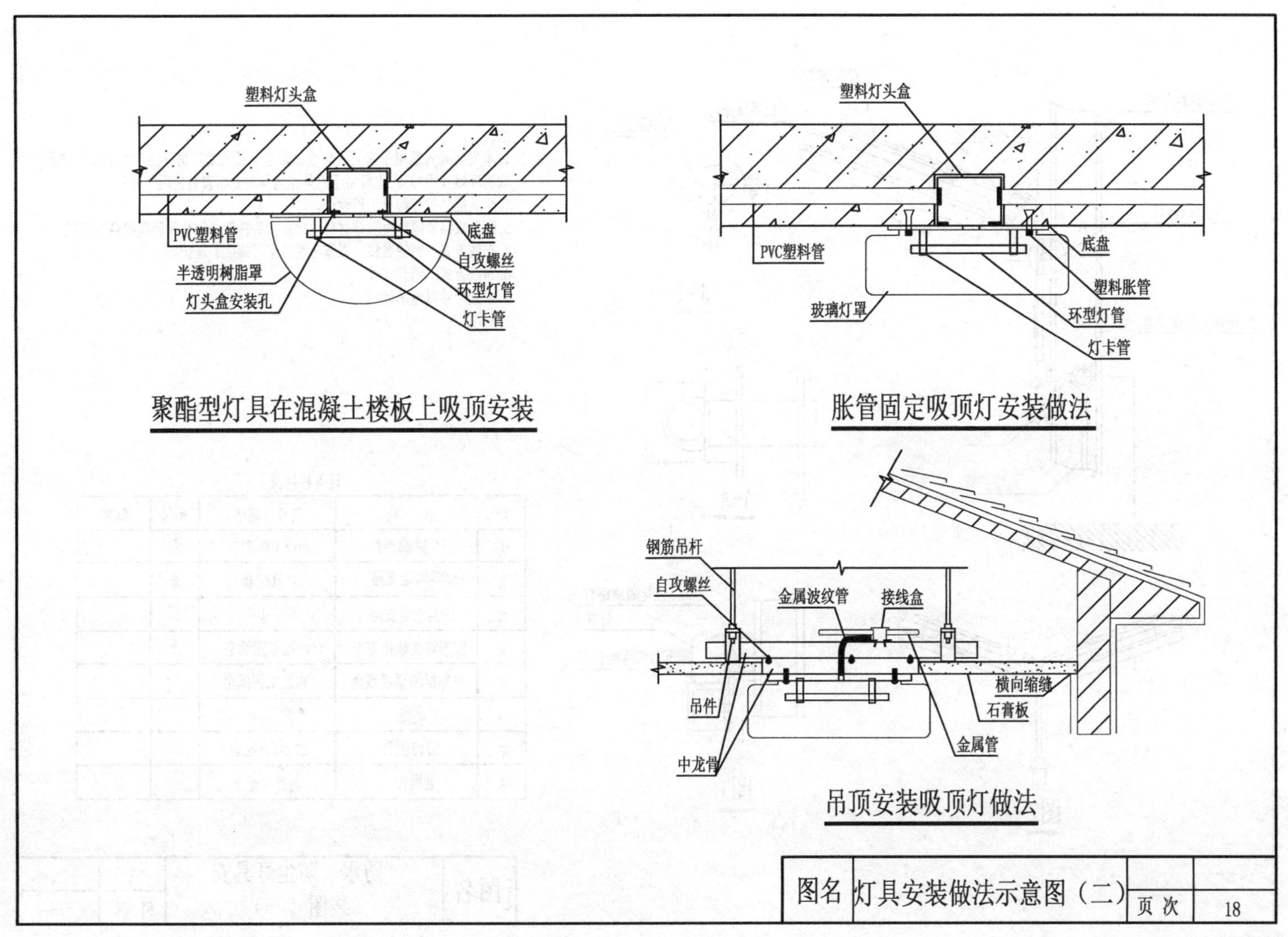

图名	灯具安装做法示意图（二）	页 次	18

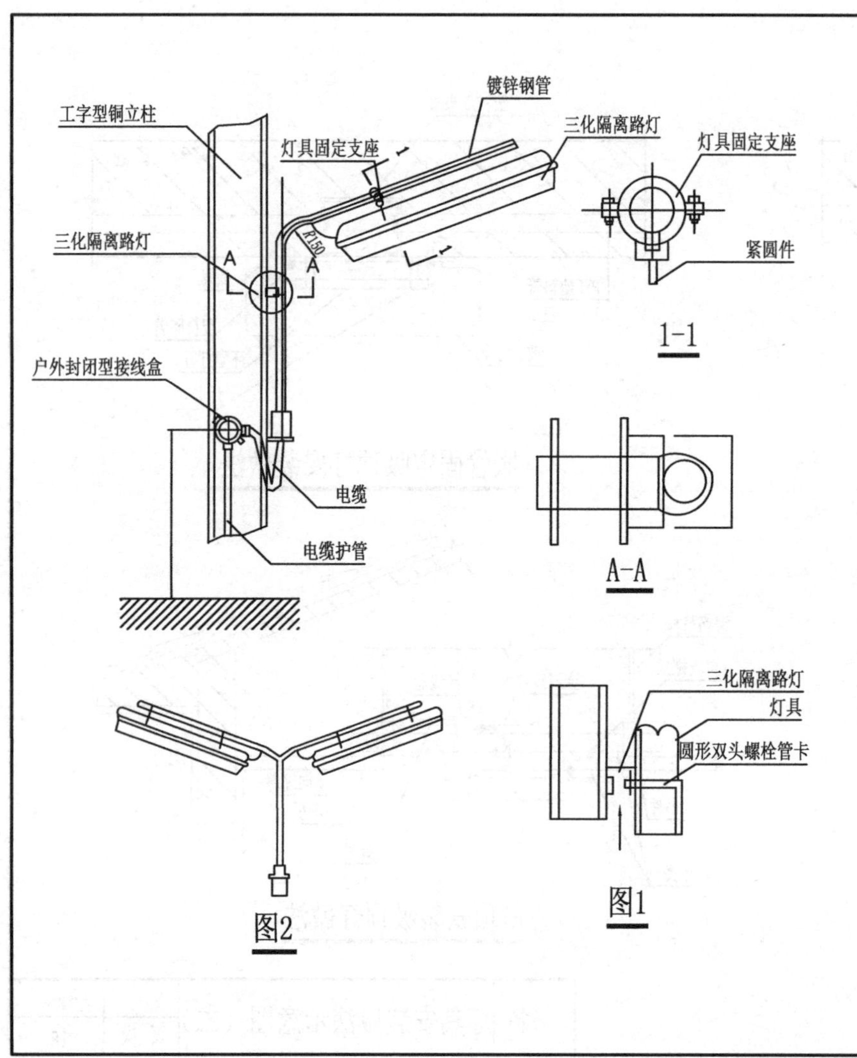

注：

1. 本安装方式适用于露天（防水、防尘）及大型厂房（防尘）中有防护要求的环境（图1）；也可用于户外作为马路照明安装使用（图2）。
2. 灯具的防护等级见工程设计。
3. 灯具安装紧固需用防锈材料，焊接安装件应在钢柱涂防腐涂料前完成。
4. 布线方式：钢管布线，裸露过渡段穿可绕性管保护。
5. 布线方式：钢管布线。
6. 本图尺寸以毫米计。

设备材料表

编号	名　称	型号及规格	单位	数量
1	三化隔离路灯	BTC8300 2136	盏	
2	灯具固定支座	灯具配套	个	
3	槽钢固定支座	5 L=150	板	
4	圆形双头螺栓管卡	由施工图纸定	个	
5	户外封闭型接线盒	由施工图纸定	个	
6	电缆	外径 Φ8mm-12m		
7	镀锌钢管	D32灯具配套		
8	紧圆件	与件二配套		

图名	防水、防尘灯具安装图（一）	页 次	19

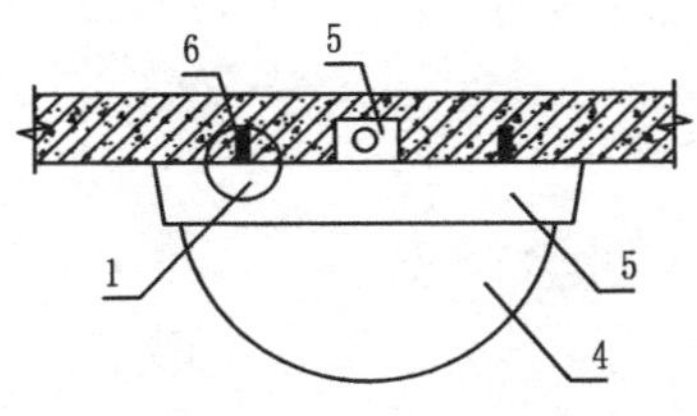

半圆防潮、防尘型吸顶灯

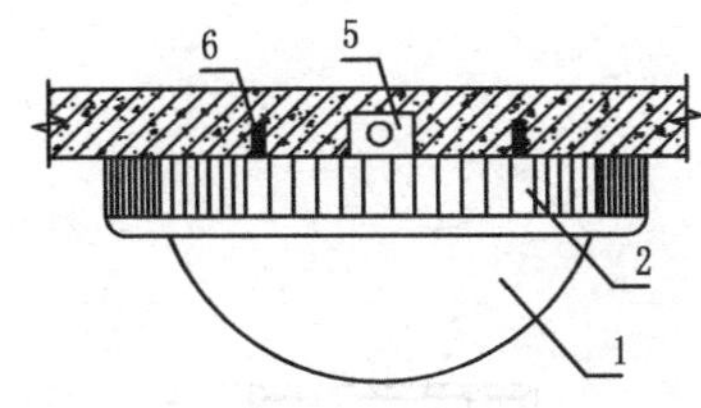

半圆宽边防潮、防尘型吸顶灯

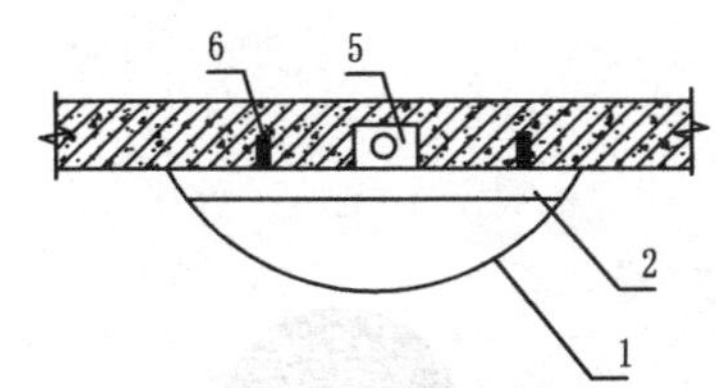

单、双环管防潮型吸顶灯

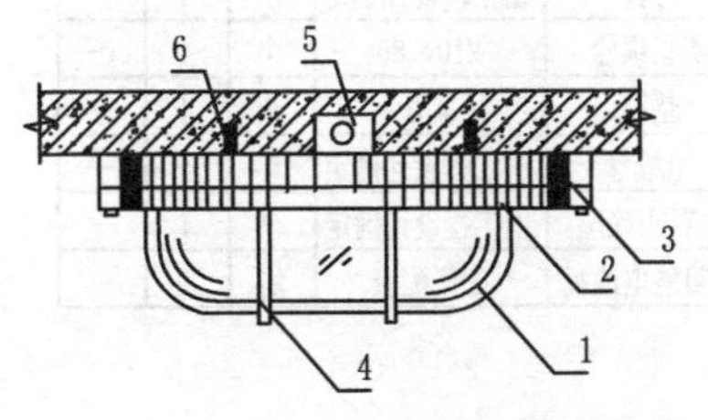

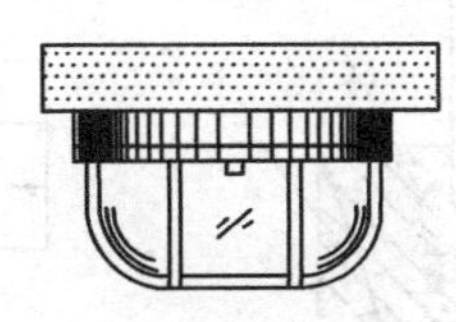

带金属护栅型防潮、防尘型吸顶灯

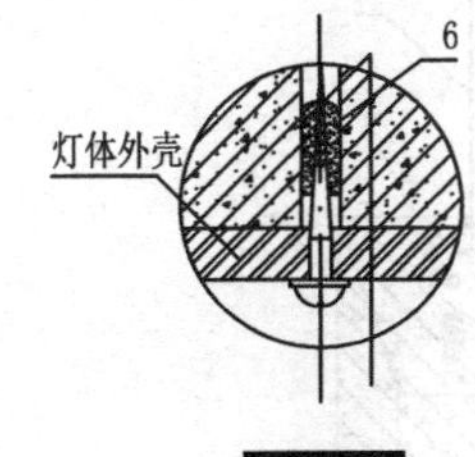

设备材料表

编号	名称	型号及规格	单位	数量	备注
1	灯罩	灯具配套			
2	灯罩连接饰圈	灯具配套			
3	灯具底座	灯具配套			
4	防护栅	灯具配套			
5	灯头盒	施工单位选择	个	1	
6	塑料胀塞及自攻螺钉	施工单位选择	只	2	

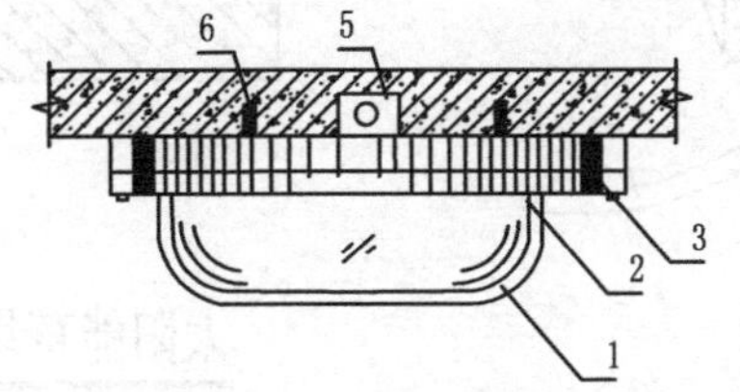

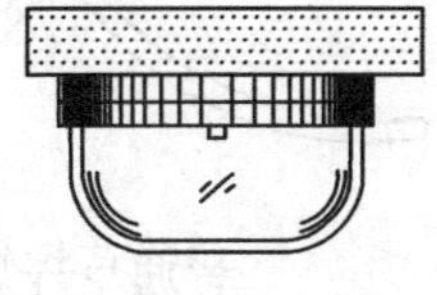

防潮、防尘型吸顶灯

图名	防水、防尘灯具安装图（二）		
		页 次	20

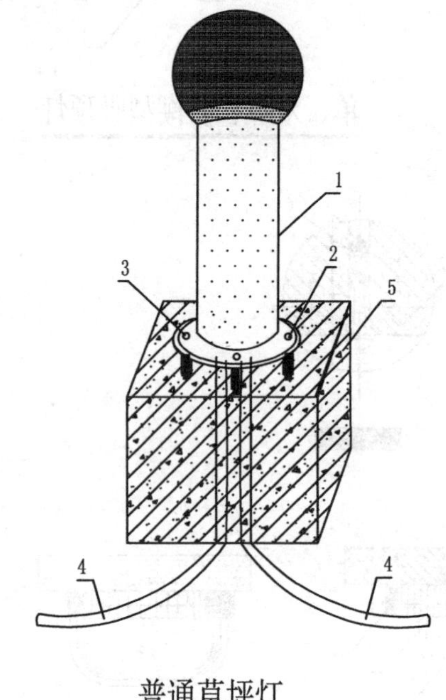

普通草坪灯

太阳能草坪灯

设备材料表

编号	名称	型号及规格	单位	数量	备注
1	灯具	由工程设计确定	个	1	—
2	膨胀螺栓	M10×80	个	4	—
3	垫圈	M10	个	4	—
4	电线管	由工程设计确定	m	—	—
5	混凝土底座	由工程设计确定	个	1	—
6	太阳能电池板	工厂配套	块	1	—

注：
1. 所有金属构件均应做防腐处理。
2. 混凝土底座下素土夯实。
3. 灯具的金属外壳应可靠接地。

图名	草坪灯安装图	页次	21

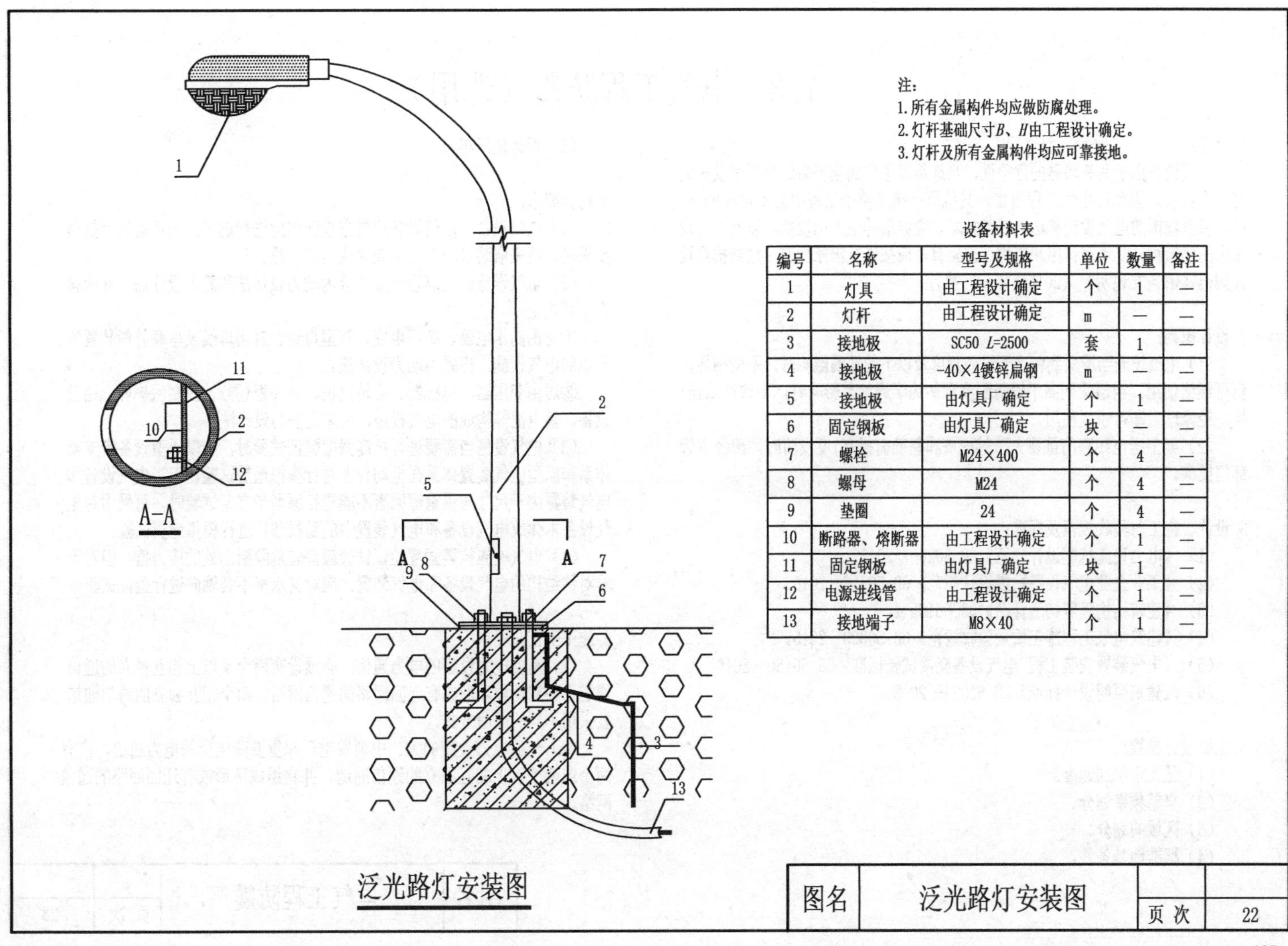

注：

1. 所有金属构件均应做防腐处理。
2. 灯杆基础尺寸B、H由工程设计确定。
3. 灯杆及所有金属构件均应可靠接地。

设备材料表

编号	名称	型号及规格	单位	数量	备注
1	灯具	由工程设计确定	个	1	—
2	灯杆	由工程设计确定	m	—	—
3	接地极	SC50 L=2500	套	1	—
4	接地极	-40×4镀锌扁钢	m	—	—
5	接地极	由灯具厂确定	个	1	—
6	固定钢板	由灯具厂确定	块	—	—
7	螺栓	M24×400	个	4	—
8	螺母	M24	个	4	—
9	垫圈	24	个	4	—
10	断路器、熔断器	由工程设计确定	个	1	—
11	固定钢板	由灯具厂确定	块	1	—
12	电源进线管	由工程设计确定	个	1	—
13	接地端子	M8×40	个	1	—

泛光路灯安装图

图名	泛光路灯安装图	页次	22

7.3 电气工程防震（选用）

1.特点：

电气设备由于具有较强的危险性，当地震发生受到损害后还容易引发火灾等次生灾害，因此对电气工程而言，其抗震措施是整个工程中必不可少的一环。目前我国的电气设施和送电线路杆塔、微波塔等电力构筑物，以及电力设施中的建筑物，其地震作用和结构抗震验算，应按现行国家标准《建筑抗震设计规范（附条文说明）（2016年版）》执行。

2.设计原则：

（1）电气设施当遭受到相当于设防烈度及以下的地震影响时，不受损坏，仍可继续使用；当遭受到高于设防烈度预估的罕遇地震影响时，不致严重损坏，经修理后即可恢复使用。

（2）架空送电线路的重要大跨越杆塔和基础需提高1度设防时，应经主管部门批准。

3.设计、施工与验收规范及标准：

（1）《电力设施抗震设计规范》GB 50260—2013。

（2）《工业企业电气设备抗震设计规范》GB 50556—2010。

（3）《建筑结构隔震构造详图》03SG610—1。

（4）《建筑电气工程施工质量验收规范》GB 50303—2015。

（5）《电气装置安装工程 电气设备交接试验标准》GB 50150—2016。

（6）《建筑照明设计标准》GB 50034—2013

4.主要设计参数：

（1）最大水平加速度。

（2）卓越频率划分。

（3）区域的划分。

（4）标准地基条件。

（5）设计使用年限。

5.材料要求：

（1）电气设备、通信设备应根据设防烈度进行选择，当不能满足抗震要求时，可采取装设减震阻尼装置或其他措施。

（2）电气设施的抗震设计方法分为动力设计法和静力设计法，并应符合下列规定。

①对由高压电器、高压电瓷、管型母线、封闭母线及串联补偿装置等构成的电气设施，应采用动力设计法。

②对由变压器、电抗器、旋转电机、开关柜(屏)、控制保护屏、通信设备、蓄电池等构成的电气设施，可采用静力设计法。

（3）电气设施当需要进行抗震强度验证试验时，应以原型设备带支架体系和原型电气装置体系在振动台上进行模拟地震试验。但当电气设备和电气装置由于尺寸与重量等因素不能进行原型带支架试验时，可采用对电气设备本体或电气设备和电气装置中的易损部件进行模拟地震试验。

（4）电气设施抗震强度验证试验应检验危险断面处的应力值。但对于非对称结构的电气设备和电气装置，应对其水平不利轴向进行验证试验。

6.施工工艺与要点：

（1）重要电力设施的电力通信，必须设有两个及以上相互独立的通信通道，并应组成环形或有迂回回路的通信网络。两个相互独立的通信通道宜采用不同的通信方式。

（2）一般电力设施的大、中型发电厂和重要变电所的电力通信，应有两个或两个以上相互独立的通信通道，并宜组成环形或有迂回回路的通信网络。

图名	电气工程防震	页 次	23

（3）设备引线和设备间连线宜采用软导线，其长度应留有余量。当采用硬母线时，应有软导线或伸缩接头过渡。

（4）电气设备、通信设备和电气装置的安装必须牢固可靠。设备和装置的安装螺栓或焊接强度必须满足抗震要求。

（5）装设减震阻尼装置时应根据电气设备结构特点、自振频率、安装地点场地土类别，选择相适应的减震阻尼装置，并应符合下列要求。

①安装减震阻尼装置的基础或支架的平面必须平整，使每个减震阻尼装置受力均衡。

②根据减震阻尼装置的水平刚度及转动刚度来验算电气设备体系的稳定性。

（6）变压器类安装设计应符合下列要求。

①变压器类宜取消滚轮及其轨道，并应固定在基础上。

②变压器类本体上的油枕、潜油泵、冷却器及其连接管道等附件以及集中布置的冷却器与本体间连接管道，应符合抗震要求。

③变压器类的基础台面宜适当加宽。

（7）旋转电机安装设计应符合下列要求。

①安装螺栓和预埋铁件的强度应符合抗震要求。

②在调相机、空气压缩机和柴油发电机附近应设置补偿装置。

（8）断路器、隔离开关的操作电源或气源的安装设计应符合抗震要求。

（9）蓄电池、电力电容器的安装设计应符合下列要求。

①蓄电池安装应装设抗震架。

②蓄电池间连线宜采用软导线或电缆连接，端电池宜采用电缆作为引出线。

③电力电容器应牢固地固定在支架上，电力电容器引线宜采用软导线。当采用硬母线时，应装设伸缩接头装置。

（10）开关柜(屏)、控制保护屏、通信设备等应采用螺栓或焊接的固定方式。当地震强度为8度或9度时，可将几个柜(屏)在重心位置以上连成整体。柜(屏)上的表计应组装牢固。

（11）电缆、空气压缩机管道、接地线等， 应采取防止地震时被切断的措施。

7.质量检验：

（1）电线槽支撑于墙上或悬挂在顶板上,且垂直和水平的间距应符合相关规范要求。

（2）金属线槽内敷设的导线或电缆不应有接头，接头应在接线箱内。垂直、倾斜或槽口向下敷设金属线槽时，应有防止导线或电缆移动的措施。金属线槽的连接不得在穿过楼板或墙壁等处进行。

（3）线槽的接口应平整，接缝处应紧密平直，槽盖盖上后应平整无翘角，出线口位置正确，不容许将穿过墙壁的线槽与墙上的空洞一起抹死。

（4）桥架安装横平竖直、整齐美观、距离一致、连接牢固，同一水平面内水平度偏差、直线度偏差应符合相关规范要求。

8.电气工程防震附图：

图名	电气工程防震		
		页 次	24

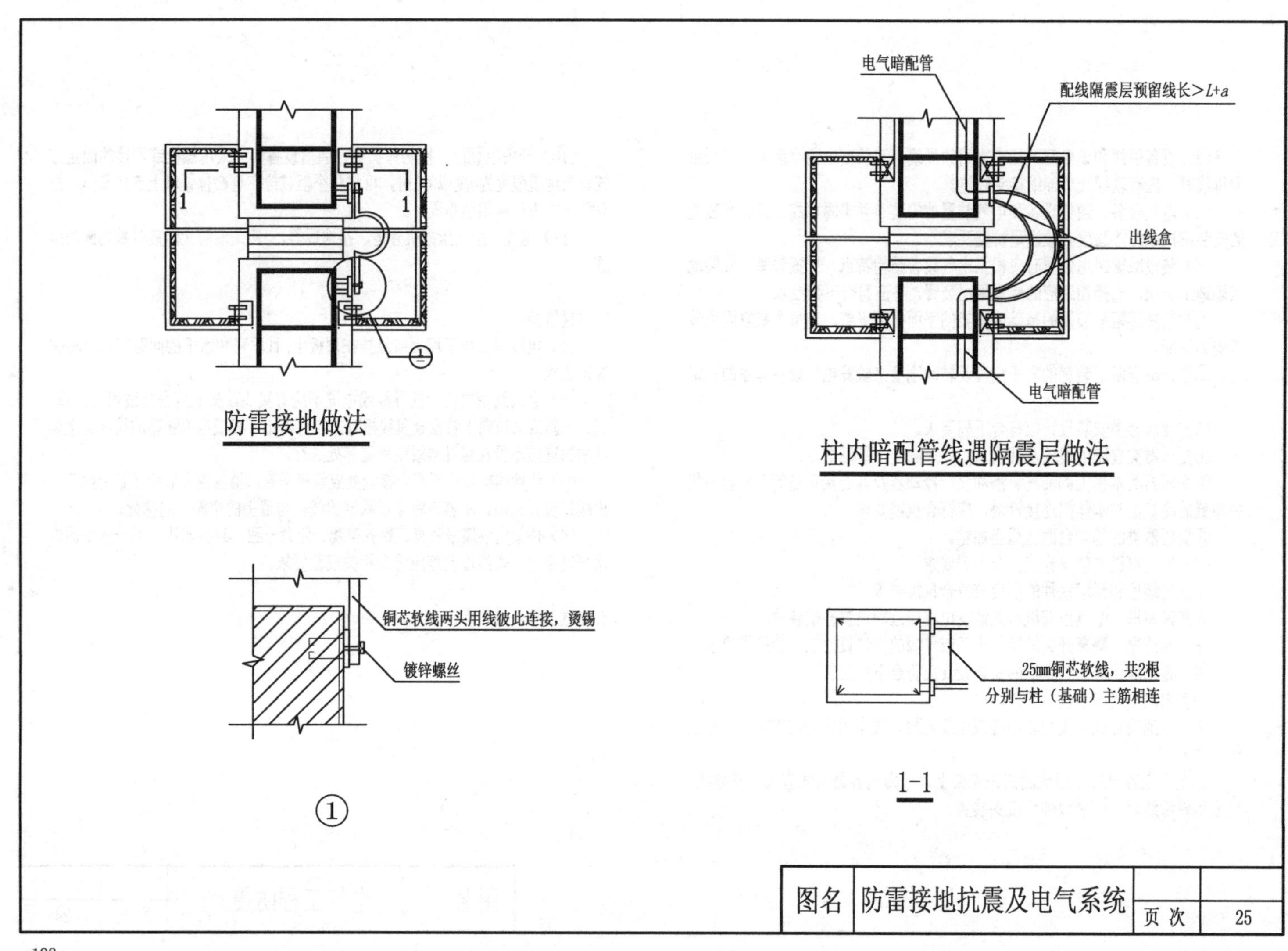

图名	防雷接地抗震及电气系统		
		页 次	25

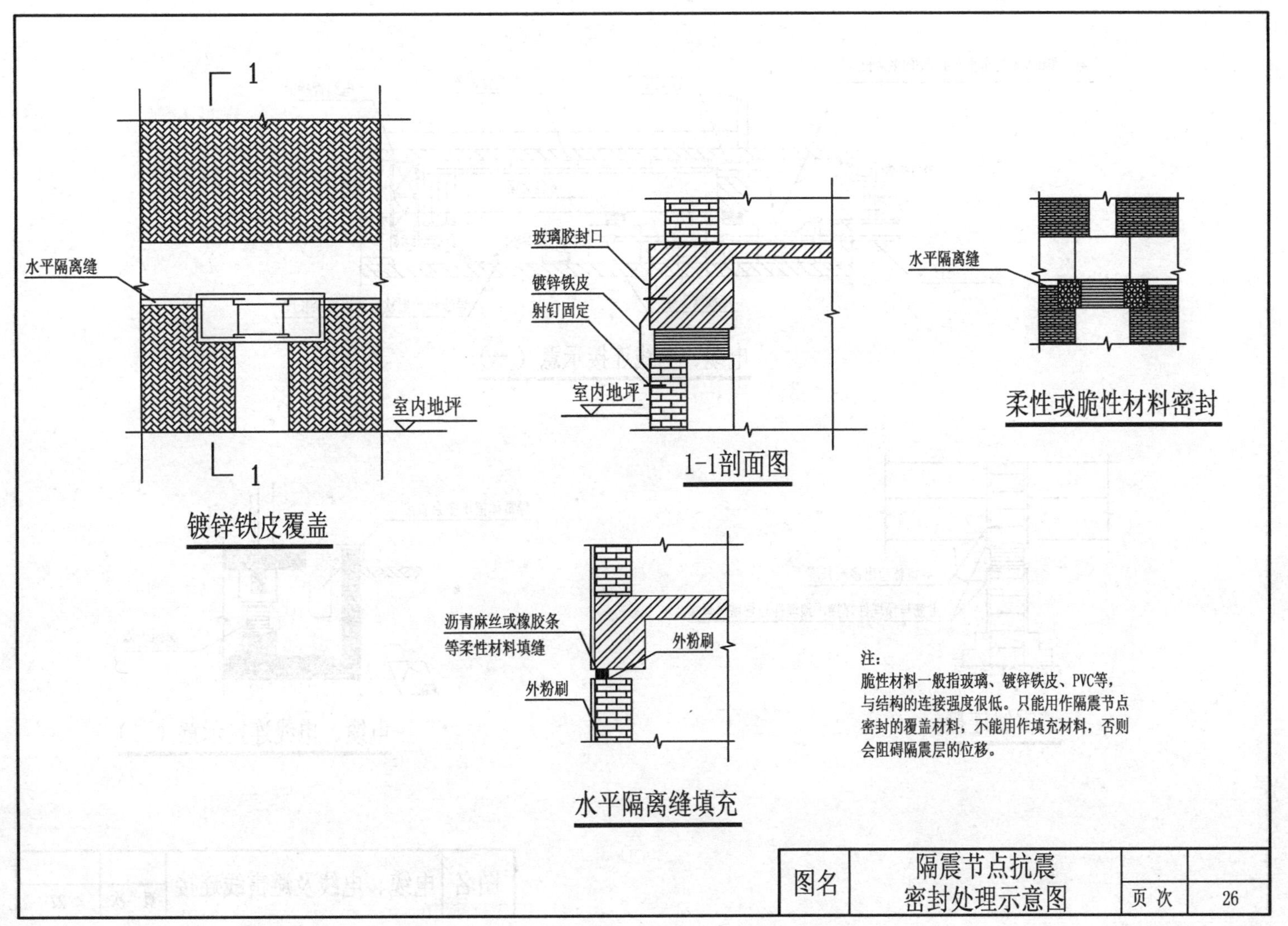

注:

脆性材料一般指玻璃、镀锌铁皮、PVC等，与结构的连接强度很低。只能用作隔震节点密封的覆盖材料，不能用作填充材料，否则会阻碍隔震层的位移。

图名	隔震节点抗震 密封处理示意图	页 次	26

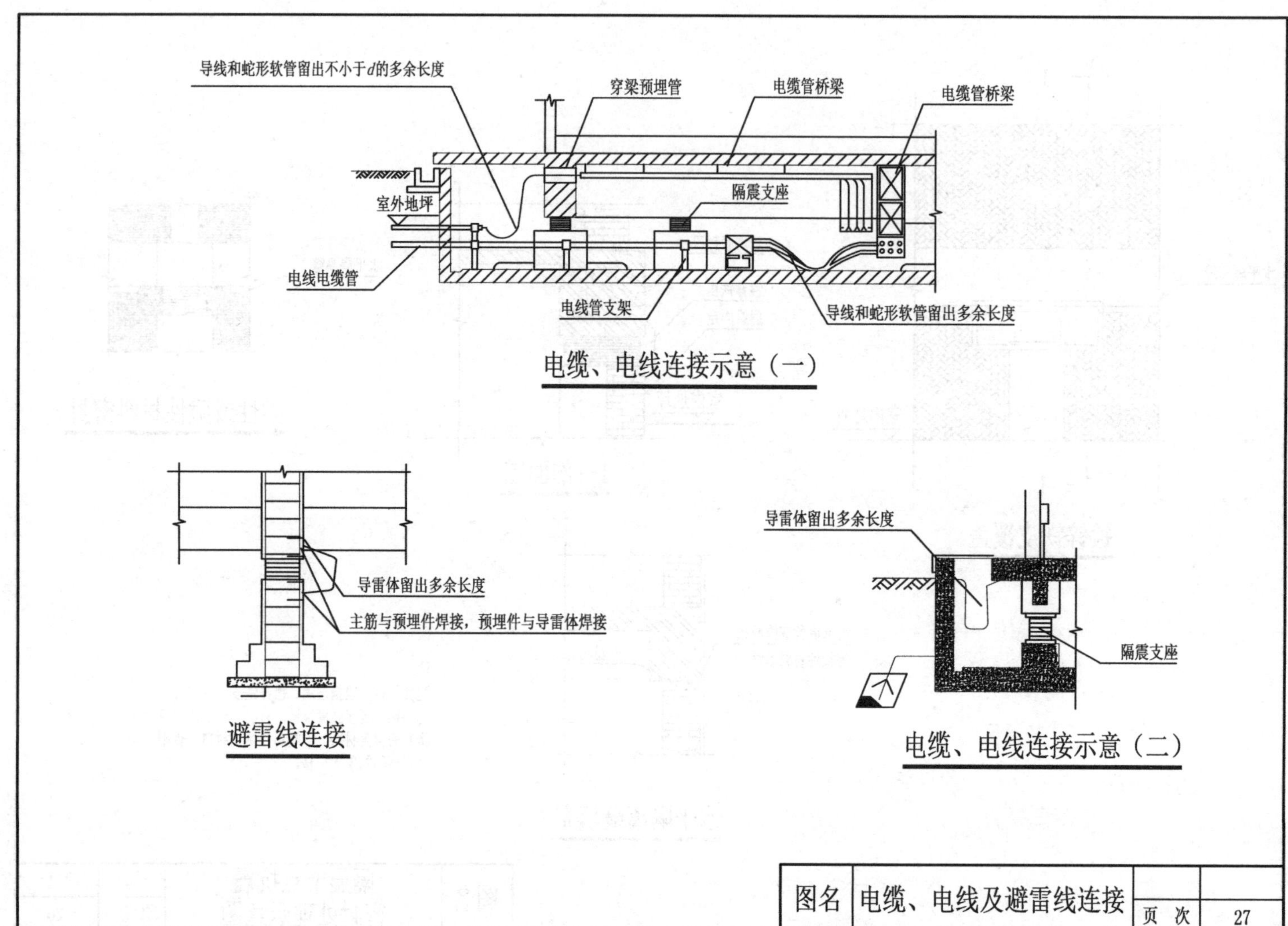

图名	电缆、电线及避雷线连接	页 次	27

第8章　能源工程设计建造

8.1 太阳能

1.特点：

太阳能工程是利用太阳能与建筑结合，使用太阳能采暖以及洗浴的系统工程。太阳能工程可以实现建筑节能10%～15%，而住宅采用太阳能供暖系统，将节省建筑能耗45%左右。由于太阳能设施形态结构灵活随意，结构简单，设计时不受形态或尺寸的约束，易于实现与建筑构件的结合，因此在施工的时候可以采用丝结、焊接等连接方式，具有安装、维护和使用便利，加工方便等特点。本部分涉及具体数据以现行规范为准。

2.设计原则：

（1）太阳能集热器面积应根据热水用量、建筑允许的安装面积、当地的气象条件、供水水温等因素综合确定。

（2）设置储水箱应有相应的排水、防水措施，要充分考虑储水箱设置处的荷载要求。

（3）管道设置应合理有序地安排走向，有组织地布置，做到安全、隐蔽、易于检修，并不能影响建筑功能及建筑外观。

3.设计、施工与验收规范及标准：

（1）《建筑结构荷载规范》GB 50009—2012。

（2）《光伏发电站施工规范》GB 50794—2012。

（3）《建筑物防雷设计规范》GB 50057—2010。

（4）《公共建筑节能设计标准》GB 50189—2015。

（5）《民用建筑太阳能热水系统应用技术规范》GB 50364—2005。

（6）《全玻璃真空太阳集热器》GB/T 17049—2005。

（7）《真空管型太阳能集热器》GB/T 17581—2007。

（8）《太阳热水系统设计、安装及工程验收技术规范》GB/T 18713—2002。

（9）《民用建筑太阳能热水系统评价标准》GB/T 50604—2010。

（10）《平板型太阳能集热器》GB/T 6424—2007。

（11）《太阳能热利用术语》GB/T 12936—2007。

4.主要设计参数：

（1）真空管长度。

（2）热损系数。

（3）空晒温度。

（4）玻璃热膨胀系数。

（5）太阳能选择性吸收涂层。

（6）真空度。

5.材料要求：

（1）太阳能吸热板芯。吸热板芯厚度、吸热板芯涂层的吸收比、吸热板芯涂层的发射率应符合相关规范规定。表层附着力好，耐腐蚀，寿命长。

（2）储水箱的容量应与日均用水量相适应。大面积太阳热水系统的储水箱一般为常压水箱，水箱应有足够的强度和刚度。在储水箱的适当位置应设有通气口、溢流口、排污口和必要的入孔。储水箱应满足防腐要求，保持水质清洁。为了减少热量损失，储水箱上应设有保温层。

（3）太阳热水系统可采用位于储水箱内的单循环换热器，大型太阳热水系统宜选用双循环外部换热器。在采用双循环外部换热器时，应使换热器两边的热容流量（比热乘以质量流量）相等。换热器应与传热工质有较好的相容性，不会对水产生二次污染。如果系统用在水硬度高的地区并且水温高于

图名	太阳能		
		页次	1

60℃，那么换热器应有防垢措施或采取适当的清垢方法。在间接太阳热水系统中，换热器不应明显降低集热器效率。当集热器的太阳能收益达到可能的最大值时，换热器导致的集热器效率降低不应超过规定；如果系统中有几个换热器，那么每个换热器导致的集热器效率降低的总和不应超过规定。在双回路太阳热水系统中，当使用无害传热工质时，可采用单壁的换热器，对于有害传热工质，应采用双壁的换热器。

6.施工工艺与要点：

（1）安装准备。根据设计要求核对规格型号，配件是否齐全。清理现场，画线定位。

（2）安装组装。支座架制作安装，应根据设计详图配制。集热器安装最佳倾角应根据使用季节和当地纬度确定。给水应引至水箱底部，可采用补给水箱或漏斗配水方式。热水应从水箱上部流出，接管高度一般比上循环管进口低，为保证水箱内的水能全部使用，应从水箱底部接出管与上部热水管并联。上循环管接至水箱上部，一般比水箱顶低，但要保证正常循环时淹没在水面以下，并使浮球阀安装后工作正常。下循环管接自水箱下部，为防止水箱沉积物进入集热器，出水口宜高出水箱底。 由集热器上、下集管接往热水箱的循环管道，应不小于规定的坡度。

（3）配水管路安装。为减少循环水头损失，应尽量缩短上、下循环管道的长度，减少弯头数量；应采用大于规定倍数的曲率半径、内壁光滑的弯头和顺流三通。管路上不宜设置阀门。在设置几台集热器时，集热器可以并联、串联或混联，但要保证循环流量均匀分布，为防止短路和滞流，循环管路要对称安装，各回路的循环水头损失平衡。为防止气阻和滞流，循环管路（包括上、下集管）安装应不小于规定坡度，以便于排气。管路最高点应设通气管或自动排气阀。循环管路系统最低点应加泄水阀，使系统存水能全部泄净。每台集热器出口应加温度计。

（4）管路系统试压。应在未做保温前进行水压试验，其压力值应为管道系统工作压力的规定倍数。

（5）管路系统冲洗或吹洗。系统试压完毕后应做冲洗或吹洗工作，直至将污物冲净。热水器系统安装完毕，在交工前按设计要求安装温控仪表。按设计要求做好防腐和保温工作。

（6）系统调试运行。太阳能系统交工前进行调试运行，系统上满水，排出空气，检查循环管路有无气阻和滞流等。

7.质量检验：

（1）在自然循环系统中，为了促进热虹吸循环和防止夜间倒流散热，水箱底部一般应比集热器顶部高。

（2）储水箱上面及周围应有能容纳至少1个人的作业空间，要求与四周保持不小于规定的距离，与顶面保持不小于规定的距离。

（3）集热器安装倾角等于当地纬度；若系统侧重在夏季使用，其安装角应等于当地纬度减10°；若系统侧重在冬季使用，其安装角应等于当地纬度加10°。安装倾角误差为±3°。全玻璃真空管东西向放置的集热器安装倾角可适当减小。

8.太阳能附图：

图名	太阳能		
		页次	2

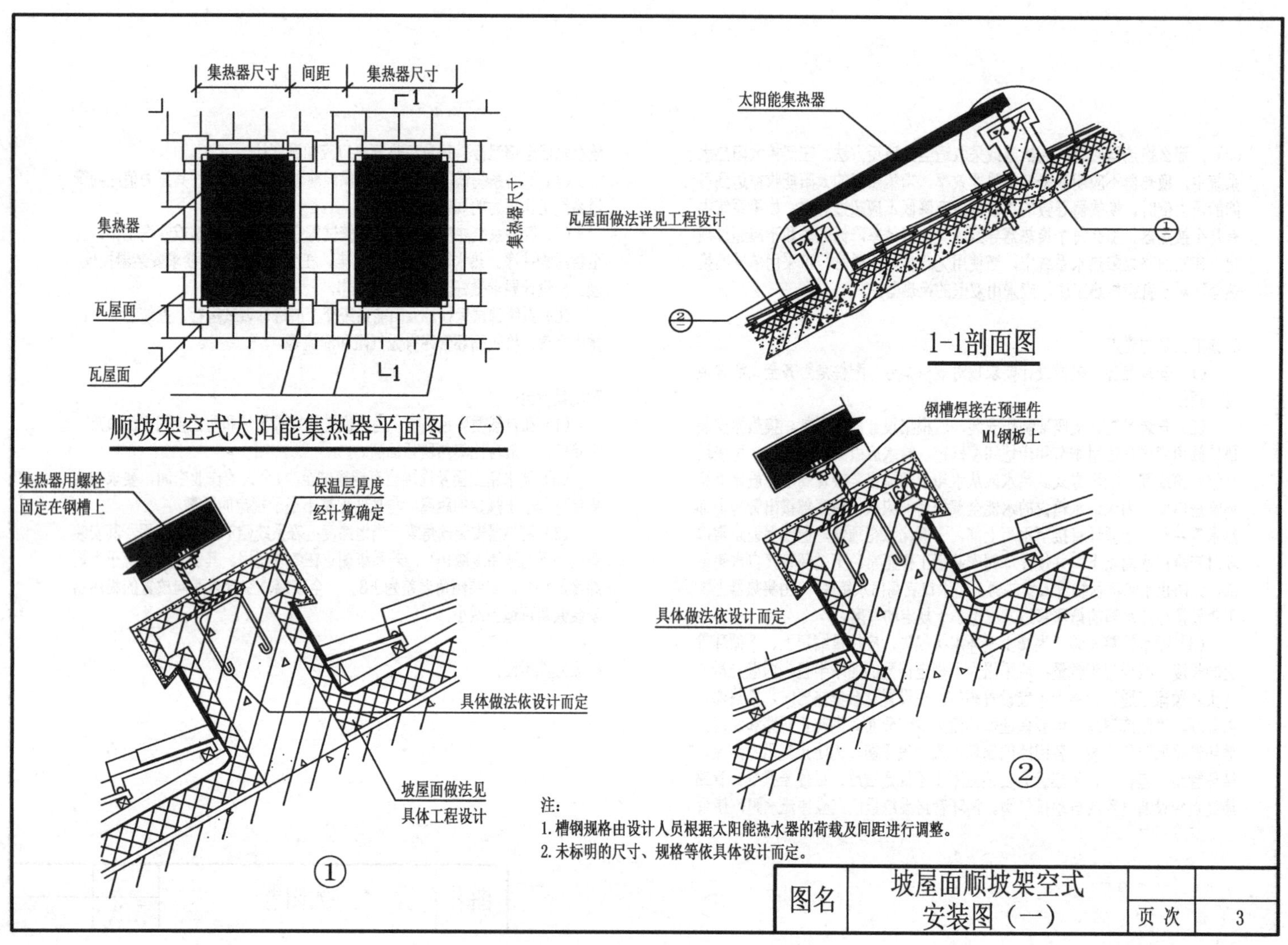

注：

1. 槽钢规格由设计人员根据太阳能热水器的荷载及间距进行调整。
2. 未标明的尺寸、规格等依具体设计而定。

图名	坡屋面顺坡架空式安装图（一）		
		页 次	3

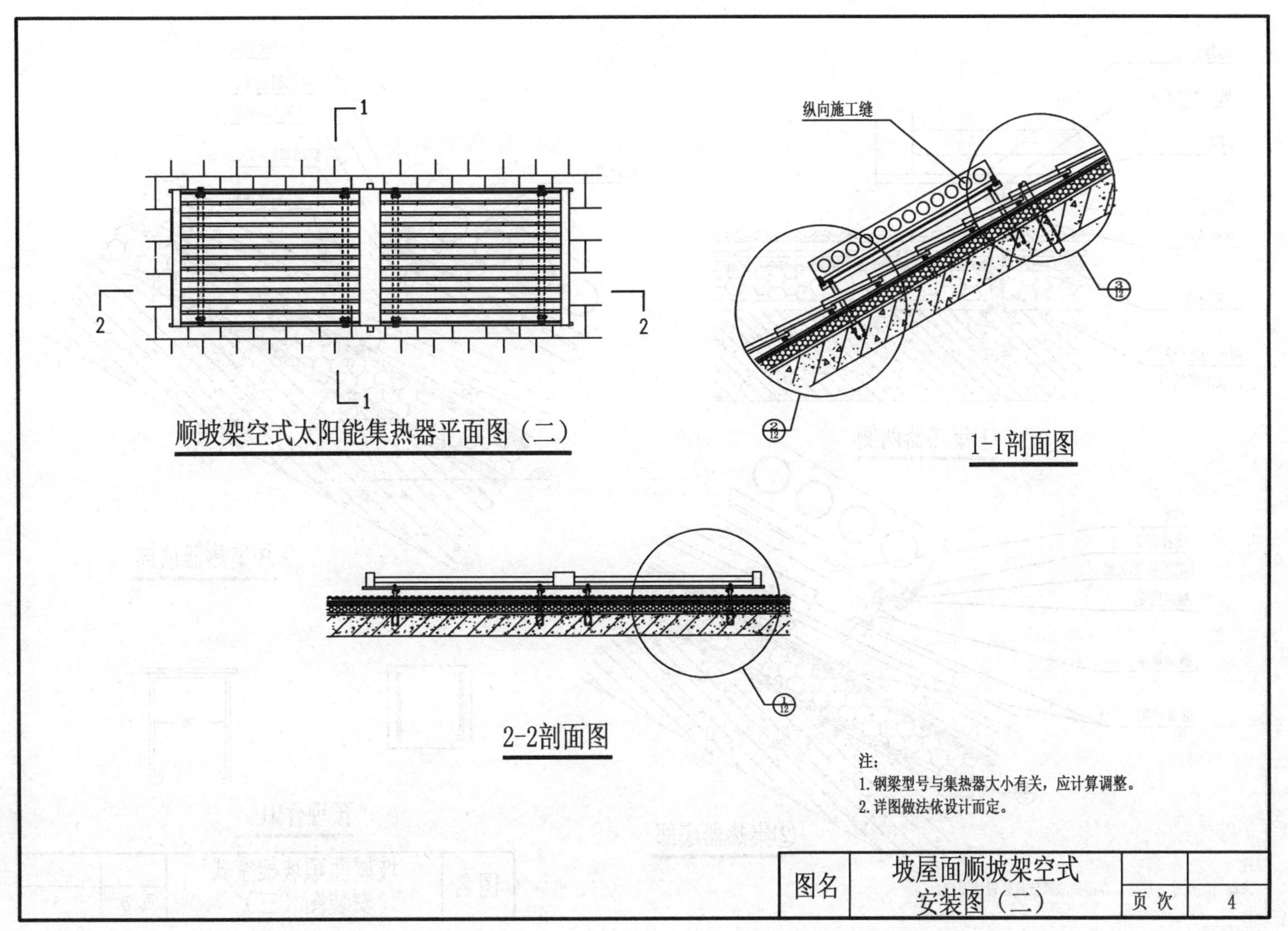

注：

1. 钢梁型号与集热器大小有关，应计算调整。
2. 详图做法依设计而定。

图名	坡屋面顺坡架空式 安装图（二）		
		页 次	4

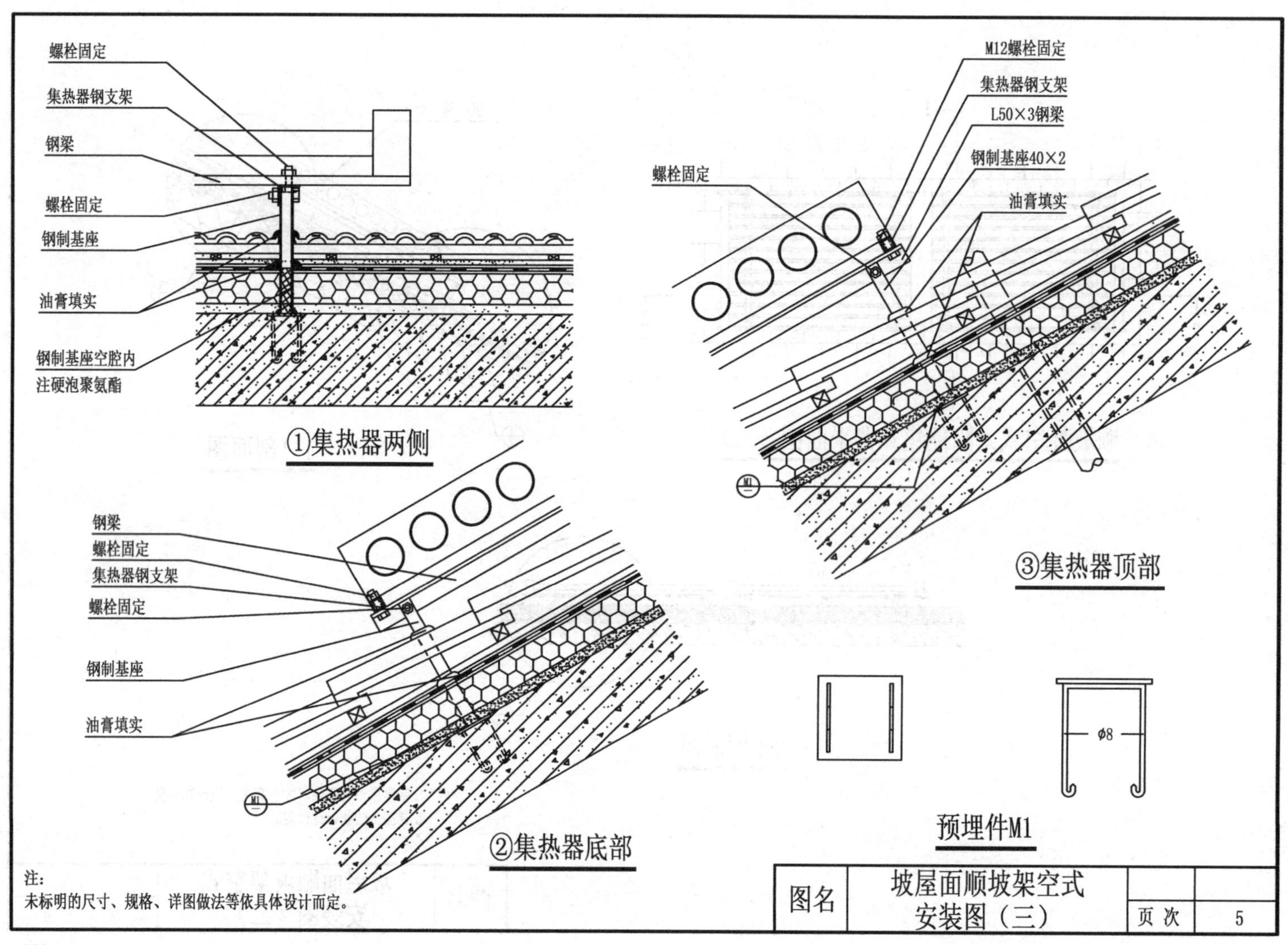

注：
未标明的尺寸、规格、详图做法等依具体设计而定。

图名	坡屋面顺坡架空式安装图（三）		
		页 次	5

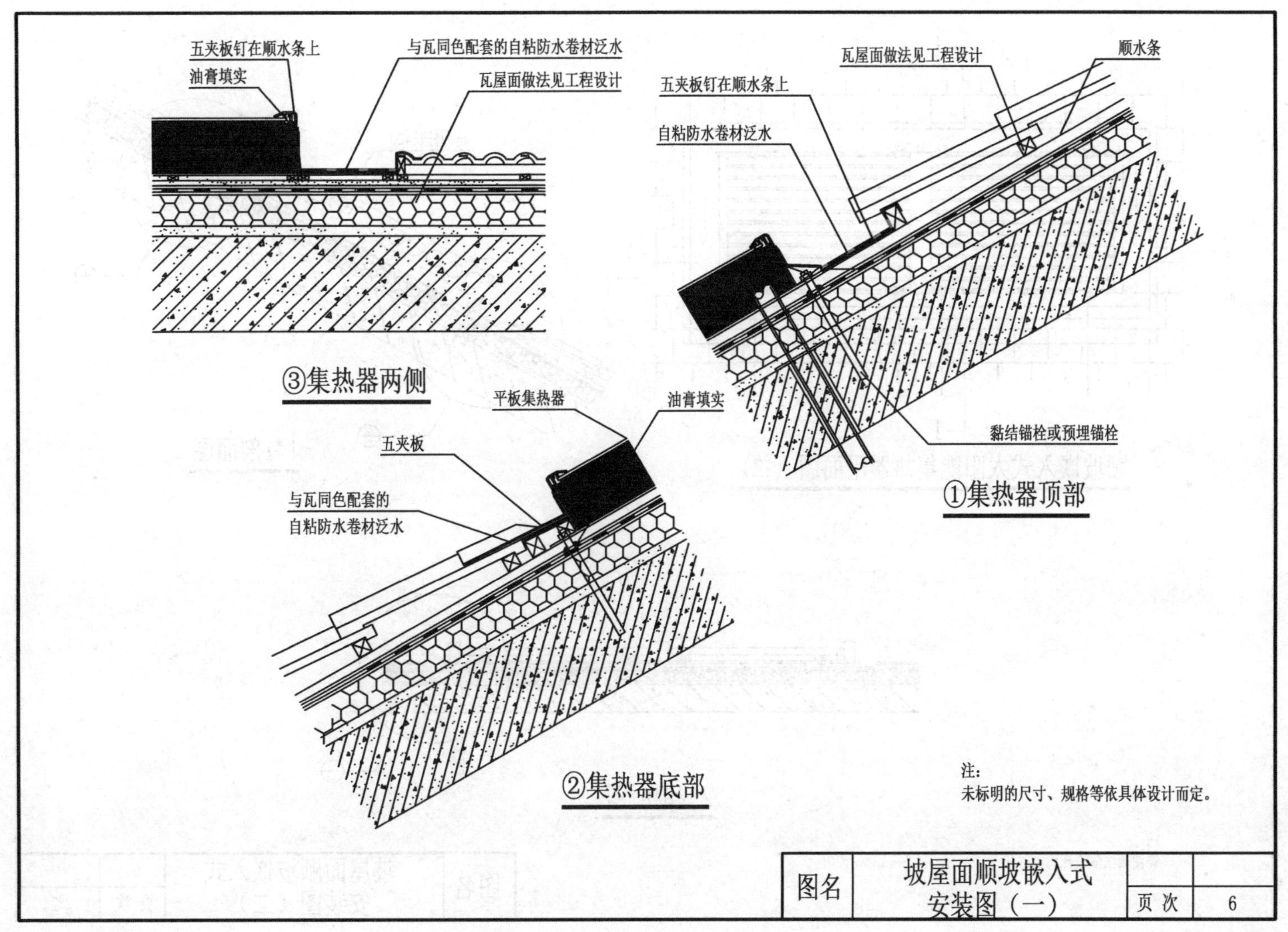

注：
未标明的尺寸、规格等依具体设计而定。

图名	坡屋面顺坡嵌入式 安装图（一）		
		页 次	6

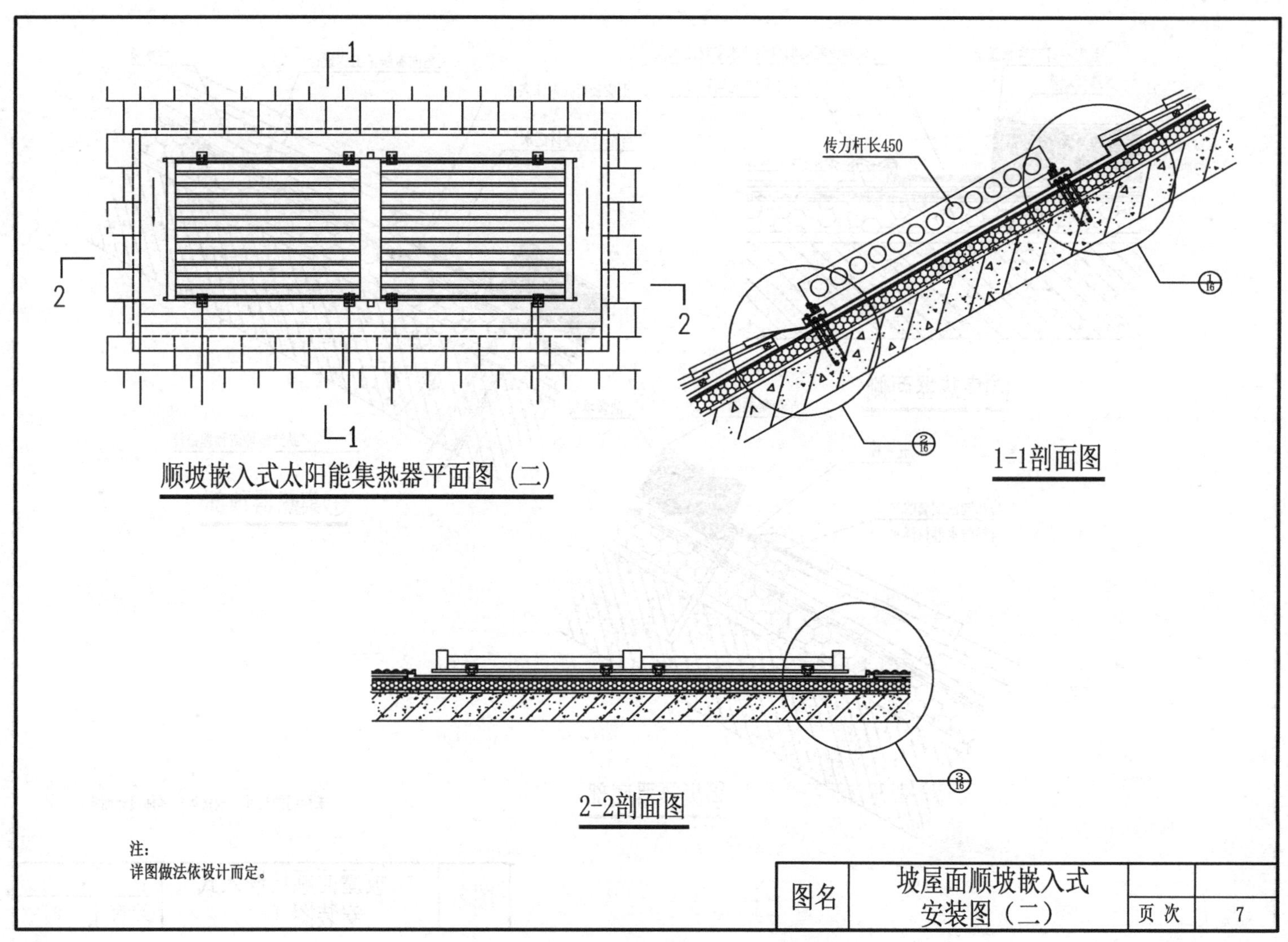
1
1
2
2
顺坡嵌入式太阳能集热器平面图（二）
传力杆长450
1/16
2/16
1-1剖面图
3/16
2-2剖面图
注：
详图做法依设计而定。
图名
坡屋面顺坡嵌入式
安装图（二）
页 次
7

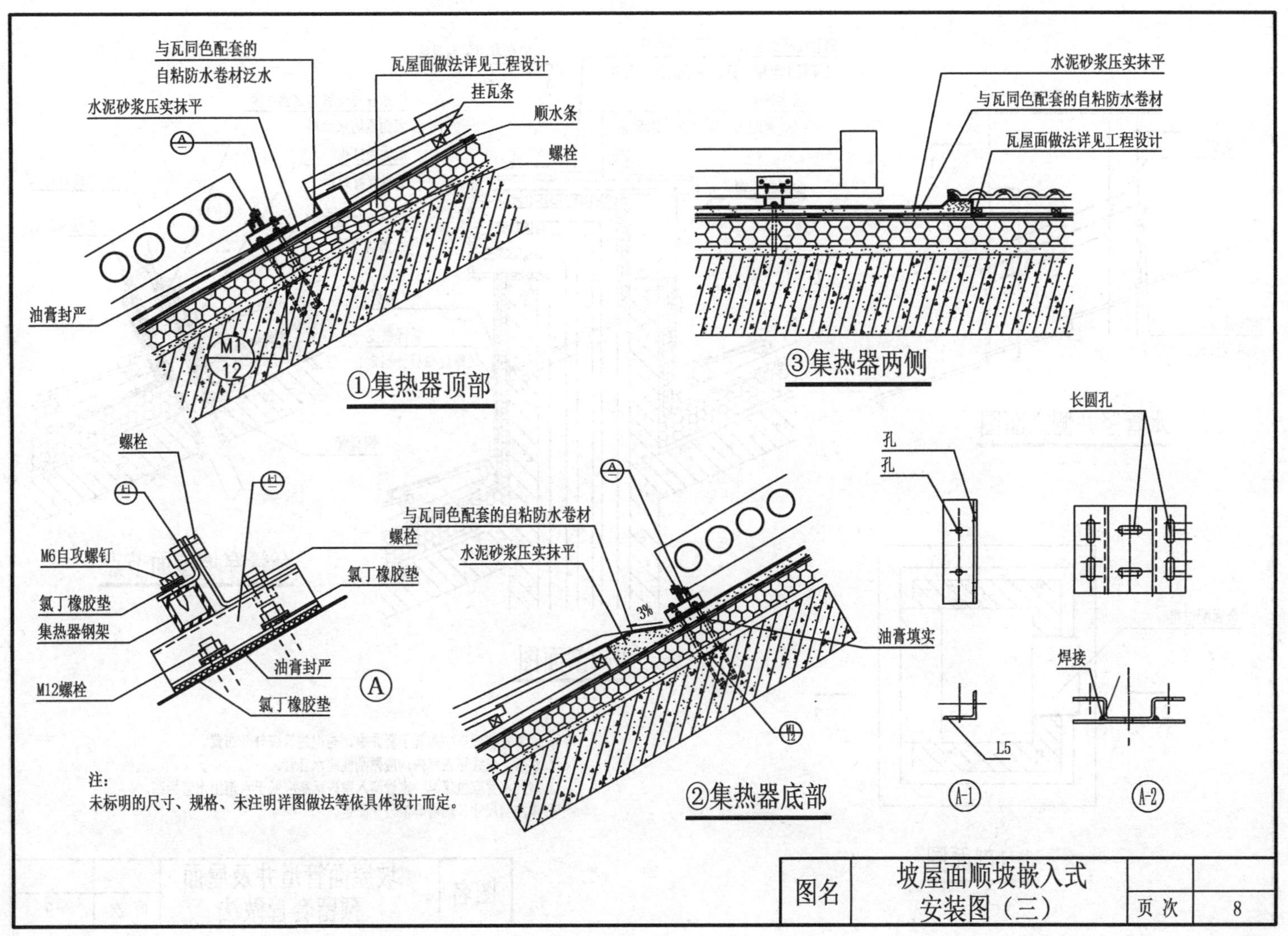

注：
未标明的尺寸、规格、未注明详图做法等依具体设计而定。

图名	坡屋面顺坡嵌入式安装图（三）		
		页 次	8

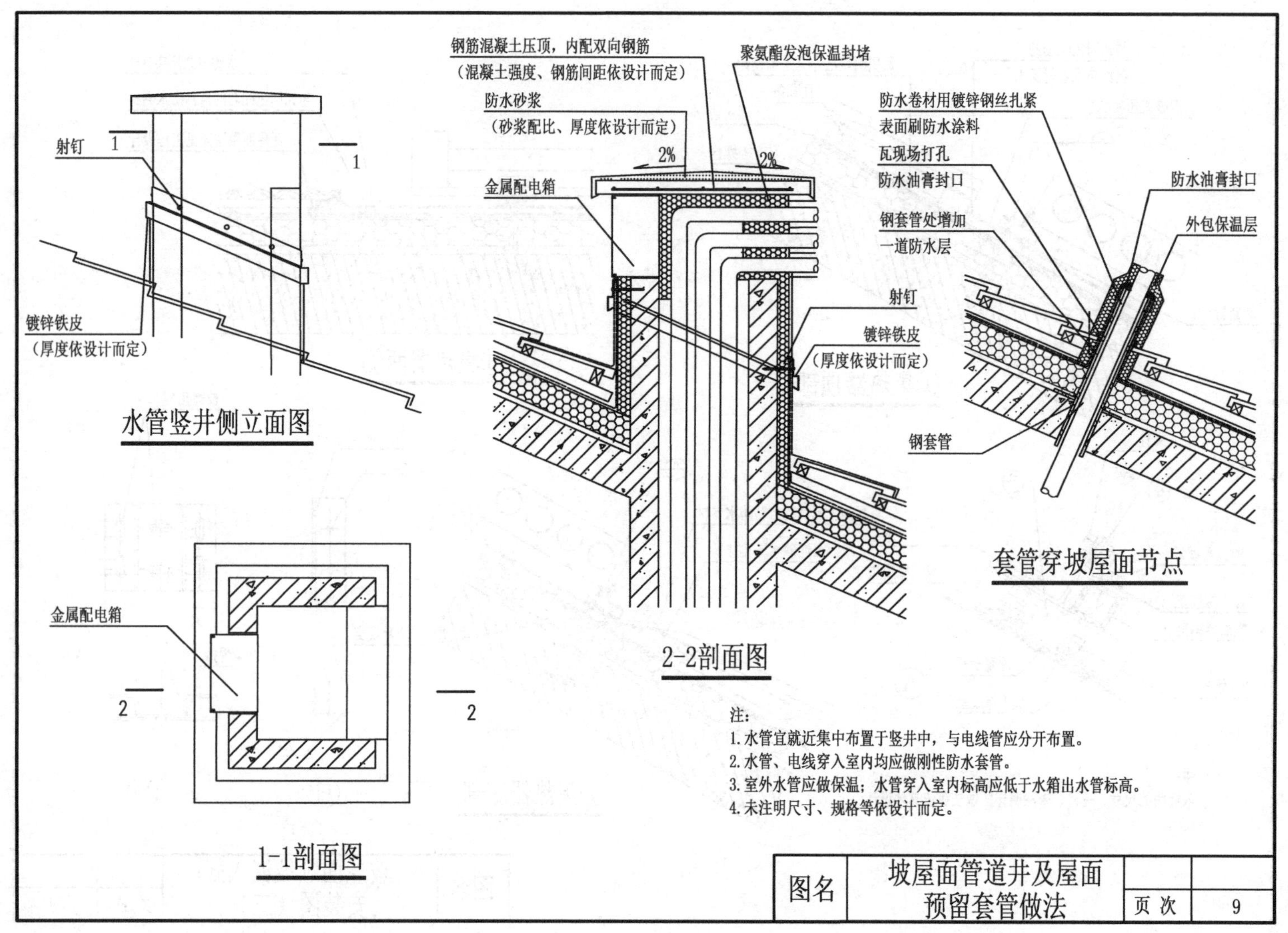

水管竖井侧立面图

2-2剖面图

套管穿坡屋面节点

1-1剖面图

注：
1. 水管宜就近集中布置于竖井中，与电线管应分开布置。
2. 水管、电线穿入室内均应做刚性防水套管。
3. 室外水管应做保温；水管穿入室内标高应低于水箱出水管标高。
4. 未注明尺寸、规格等依设计而定。

图名	坡屋面管道井及屋面 预留套管做法		
		页 次	9

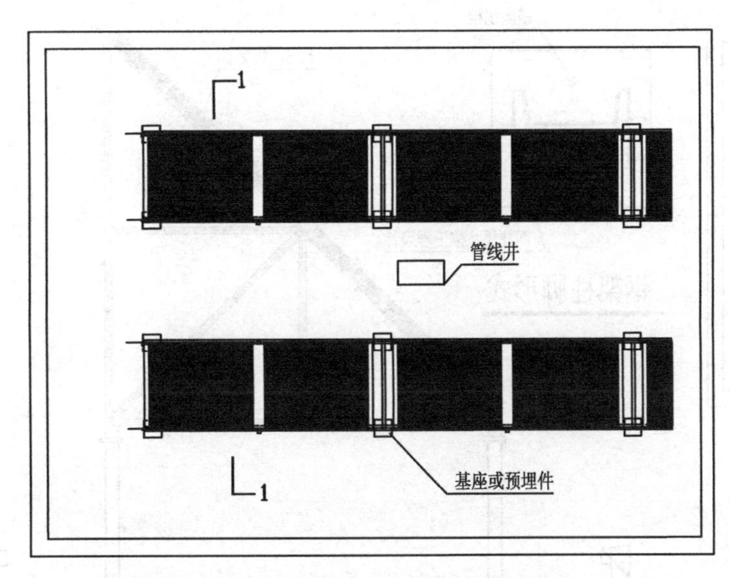

平屋面集连式太阳能热水器平面布置图

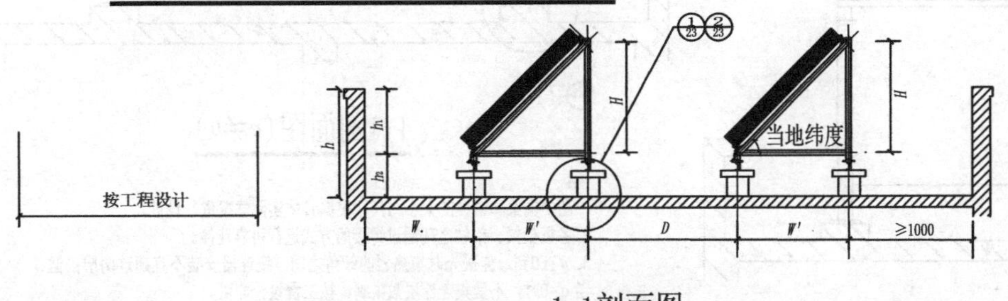

1-1剖面图

注:

1. 太阳能热水器前后排间距，按当地冬至时太阳高度角确定，如银川冬至日12时太阳高度角a=28° 07′，则前后排热水器间距$D \geq H$/tan28° 07′，即$D \geq 1.87H$。
2. 热水器安装应考虑防雷措施。
3. 图中符号：L-集热器长度；
   W' —热水器支点前后距离；
   $W.$ —热水器距檐口距离；
   $W. \geq h/\tan a$且$W. \geq 1000$；
   D—前后排热水器间距；
   $D \geq H/\tan a$且$D \geq 1000$；
   a—冬至日12时太阳高度角；
   H—热水器支架高度；
   h—建筑物女儿墙高度（距屋面）；
   $h_1=h-h_2$；
   h_2—热水器支点高度（距屋面）。
4. 详图做法依设计而定。

图名	平屋面集连式安装图	页 次	10

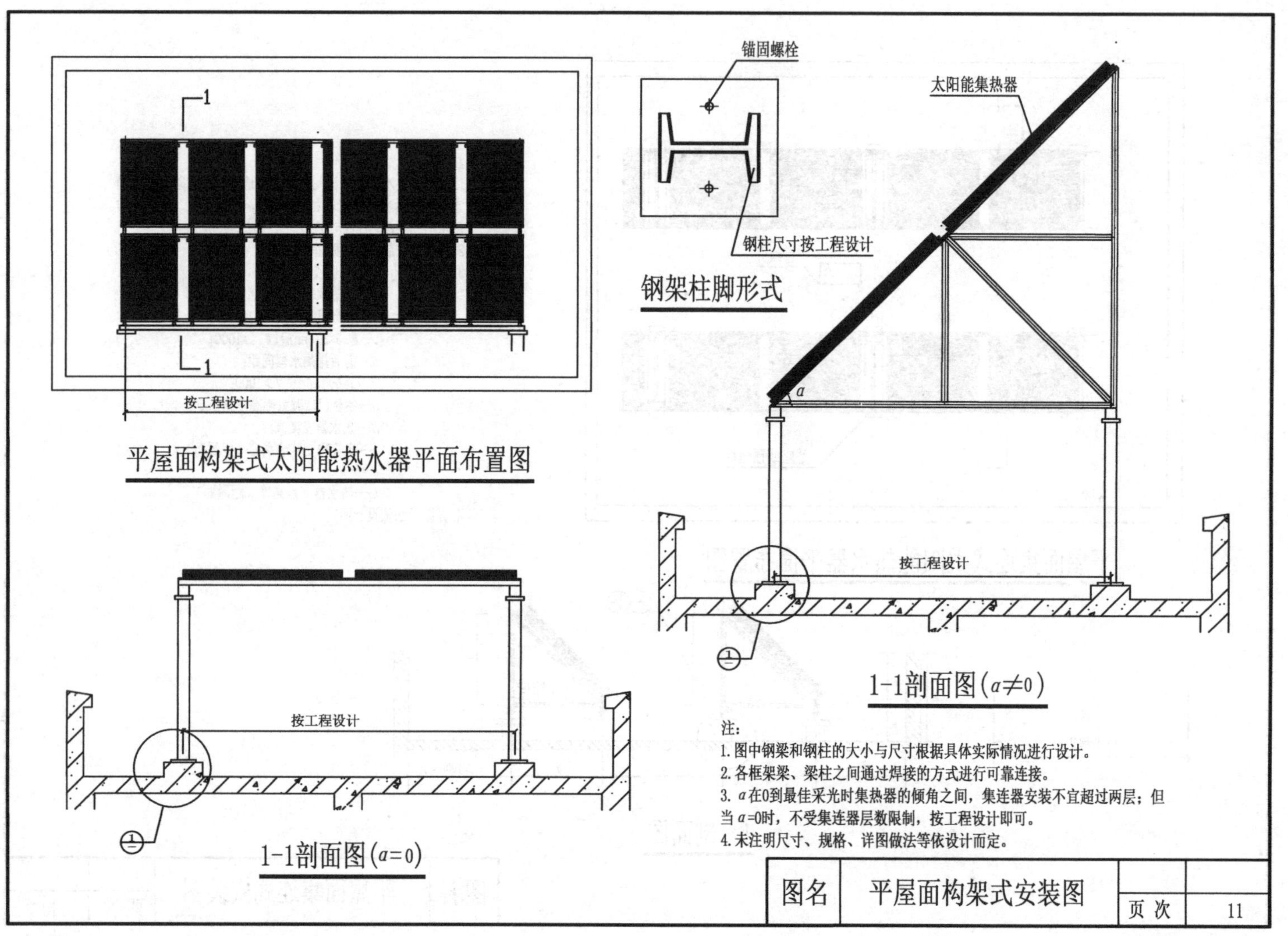

注：

1. 图中钢梁和钢柱的大小与尺寸根据具体实际情况进行设计。
2. 各框架梁、梁柱之间通过焊接的方式进行可靠连接。
3. α在0到最佳采光时集热器的倾角之间，集连器安装不宜超过两层；但当α=0时，不受集连器层数限制，按工程设计即可。
4. 未注明尺寸、规格、详图做法等依设计而定。

图名	平屋面构架式安装图	页次	11

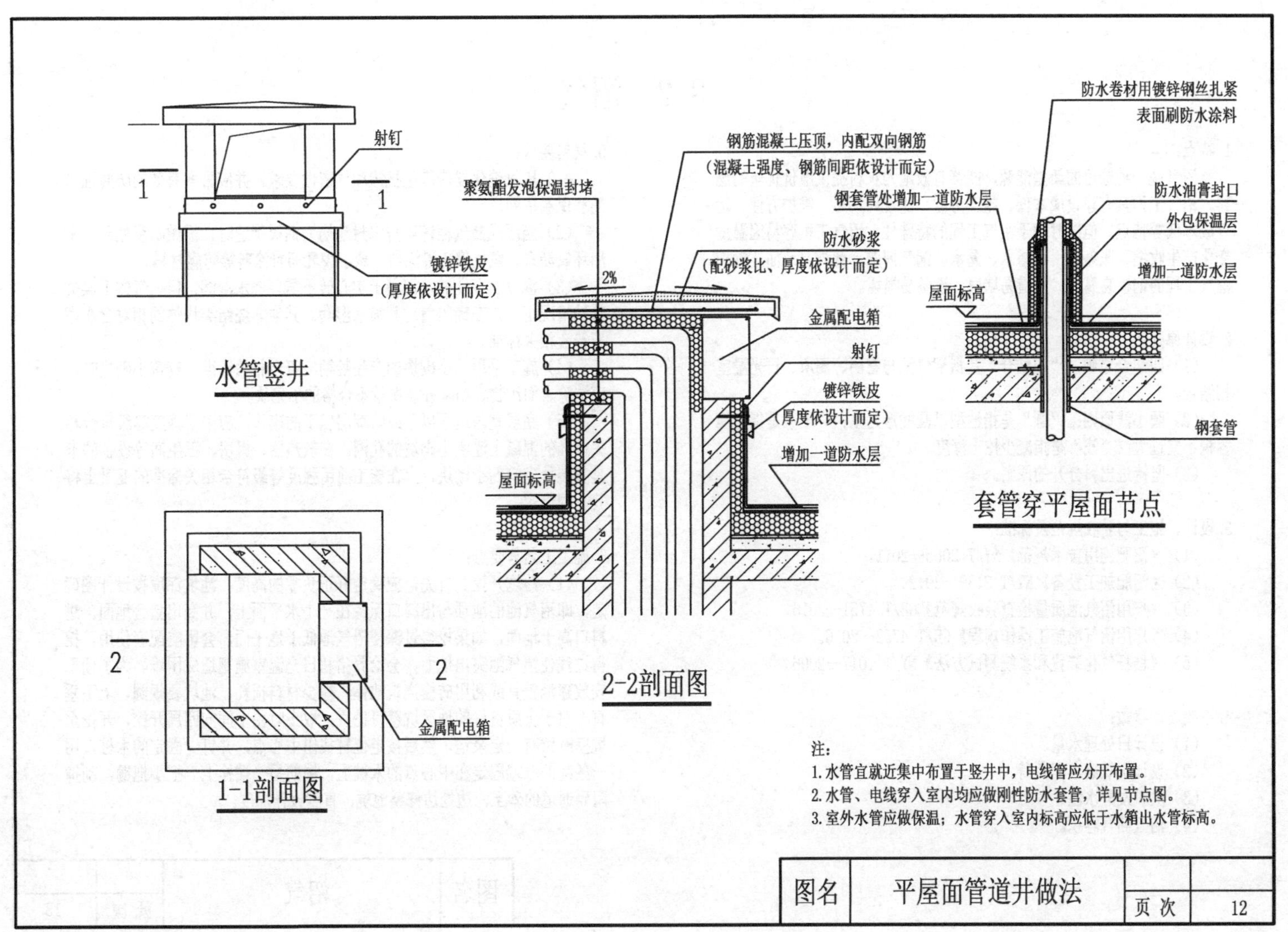

注：
1. 水管宜就近集中布置于竖井中，电线管应分开布置。
2. 水管、电线穿入室内均应做刚性防水套管，详见节点图。
3. 室外水管应做保温；水管穿入室内标高应低于水箱出水管标高。

图名	平屋面管道井做法	页次	12

8.2 沼气

1.特点:

沼气是一种绿色的新型能源，能够有效地为农村提供廉价优质的燃料。沼气工程具有建设成本低、施工方便、建设周期短、维护方便、运行成本低等特点。但同时由于沼气工程的特殊性，沼气工程容易因温度变化产生收缩、胀裂而引起渗水、漏水、漏气问题，此外，地面式钢板沼气工程的钢板易腐蚀、管道易堵塞、设备易损坏。

2.设计原则:

(1) 四结合原则:“四结合”是指沼气池与畜圈、厕所、日光温室相结合。

(2) 圆小浅原则:“圆”是指池型以圆柱形为主;“小”是指主池容积不宜过大;“浅”是指减少挖土深度。

(3) 坚持进出料分开的原则。

3.设计、施工与验收规范及标准:

(1)《沼肥施用技术规范》NY/T 2065—2011。

(2)《沼肥加工设备》NY/T 2139—2012。

(3)《户用沼气池质量检查验收规范》GB/T 4751—2016。

(4)《户用沼气池施工操作规程》GB/T 4752—2016。

(5)《秸秆气化装置和系统测试方法》NY/T 1017—2006。

4.主要设计参数:

(1) 设计日处理水量。

(2) 设计厌氧罐容积负荷。

(3) 厌氧发酵水温。

(4) 沼气储气容积。

5.材料要求:

(1) 厌氧消化器应满足抗渗和气密性要求，并应采取有效的防腐蚀措施和保温措施。

(2) 当湿式储气柜钟罩与水封池均为钢板制造时，需做防腐处理，采用环氧沥青、氯化聚乙烯涂料、聚丁胶乳沥青涂料等防腐材料。

(3) 混凝土多孔砖及混凝土实心砖不需要浇水湿润，但在气候干燥炎热的情况下，宜在砌筑前对其喷水湿润。其他非烧结类块体的相对含水率应符合相关标准。

(4) 施工采用的小砌块的产品龄期应符合相关标准。砌筑小砌块时，应清除表面污物、剔除外观质量不合格的小砌块。

(5) 底层室内地面以下或防潮层以下的砌体，应采用强度等级符合相关标准的混凝土灌实小砌块的孔洞。在散热器、厨房、卫生间等设备的卡具安装处砌筑的小砌块，宜在施工前用强度等级符合相关标准的混凝土将其孔洞灌实。

6.施工工艺与要点:

(1) 池坑开挖。首先，应确定好正负零的高度。池坑深度按设计图确定，即沼气池的池顶与出料口保持在一个水平面上，并高出猪舍地面。进料口高于地面，如果挖得过深使沼气池低于地平面，会影响配套使用，挖得过浅使沼气池突出地面，会给养猪和日光温室施肥造成困难。为了便于安放建池模具或利用砖模浇筑池体，减少材料损耗，池坑要规圆、上下垂直。对于土质良好的地区坑壁可挖直，取土时由中间向四周开挖，开挖至坑壁时留有一定余地，然后按定位桩找出中心点，并钉一固定的木桩，用一条绳的一端固定在中心点的木桩上，绳的另一端拴上一把小把锄，刮掉阻碍通道的砂土，边挖边修整池坑，直到设计深度。

图名	沼气		
		页次	13

（2）测量放线。为保证池壁模安装后的几何尺寸和轴线位置，宜事先设定模板定位基准。其设置方法采用钢筋定位：将钢筋切割成与池壁厚相等长度，焊在池壁的主筋上，点焊时应以池壁轴线为准，以保证模板安装位置准确。采用铁丝对拉保证内外模连接，既保证了模板的整体性，又能控制其位移。

（3）支模板。所有构件支模前均应由专人进行配板设计、画出配板放样图并编号，余留量由缝模调节。池壁脚模板应加垫木和导模，防止混凝土浆流失过多，造成烂根。

（4）混凝土浇筑。结合工程具体条件，底板混凝土的浇筑顺序采用一台泵车，采取分层推进法进行，严禁一次性浇筑过厚和铺展过宽（易形成冷缝），确保混凝土的顺序浇筑。由于池壁较高，为确保混凝土不胀模，除模板的合理支撑和加强外，在混凝土浇筑时，每次下料高度不宜过大，应分次注入混凝土，且应振捣密实，并且池壁应分层推进，杜绝冷缝产生。

（5）混凝土养护。底板混凝土浇筑完毕后，待混凝土初凝，即可开始养护。池壁混凝土浇筑后3天以后方可拆除外模板，模板拆除后立即挂草袋浇水养护；使混凝土保持湿润状况，养护时间应符合相关标准规定。主（池）体底板混凝土浇水养护。

7.质量检验：

（1）在地面上观察各部位布局是否合理，构件是否符合要求，输气管道安装是否整齐，粪便能否自流入池。

（2）进入池内，仔细观察上下池及各部构件与池体结合部位有无砂眼、裂缝、翘壳，并敲击上述各处，若发出“空”响声音，则该处有翘壳或者空间，应采取相应修补措施。

（3）池体侧面下部应设有检修人孔、排泥管，排泥管管径应符合相关标准规定，人孔中心与池外地平的距离、直径应符合相关标准规定。

（4）厌氧消化器应满足抗渗和气密性要求，并应采取有效的防腐蚀措施和保温措施。

8.沼气附图：

图名	沼气	页次	14

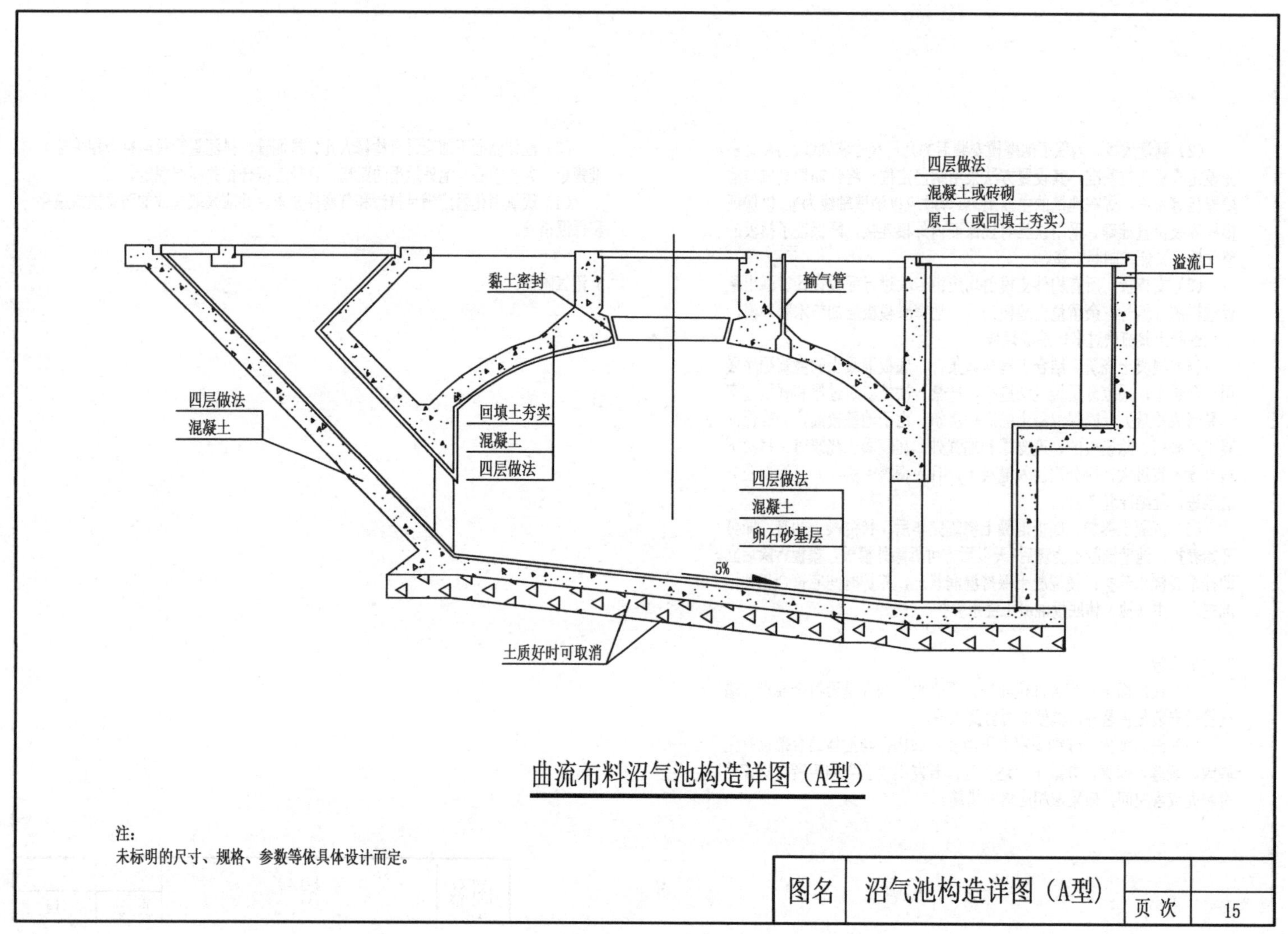
四层做法
混凝土或砖砌
原土（或回填土夯实）
溢流口
黏土密封
输气管
四层做法
混凝土
回填土夯实
混凝土
四层做法
四层做法
混凝土
卵石砂基层
5%
土质好时可取消
曲流布料沼气池构造详图（A型）
注：
未标明的尺寸、规格、参数等依具体设计而定。
图名
沼气池构造详图（A型）
页次
15

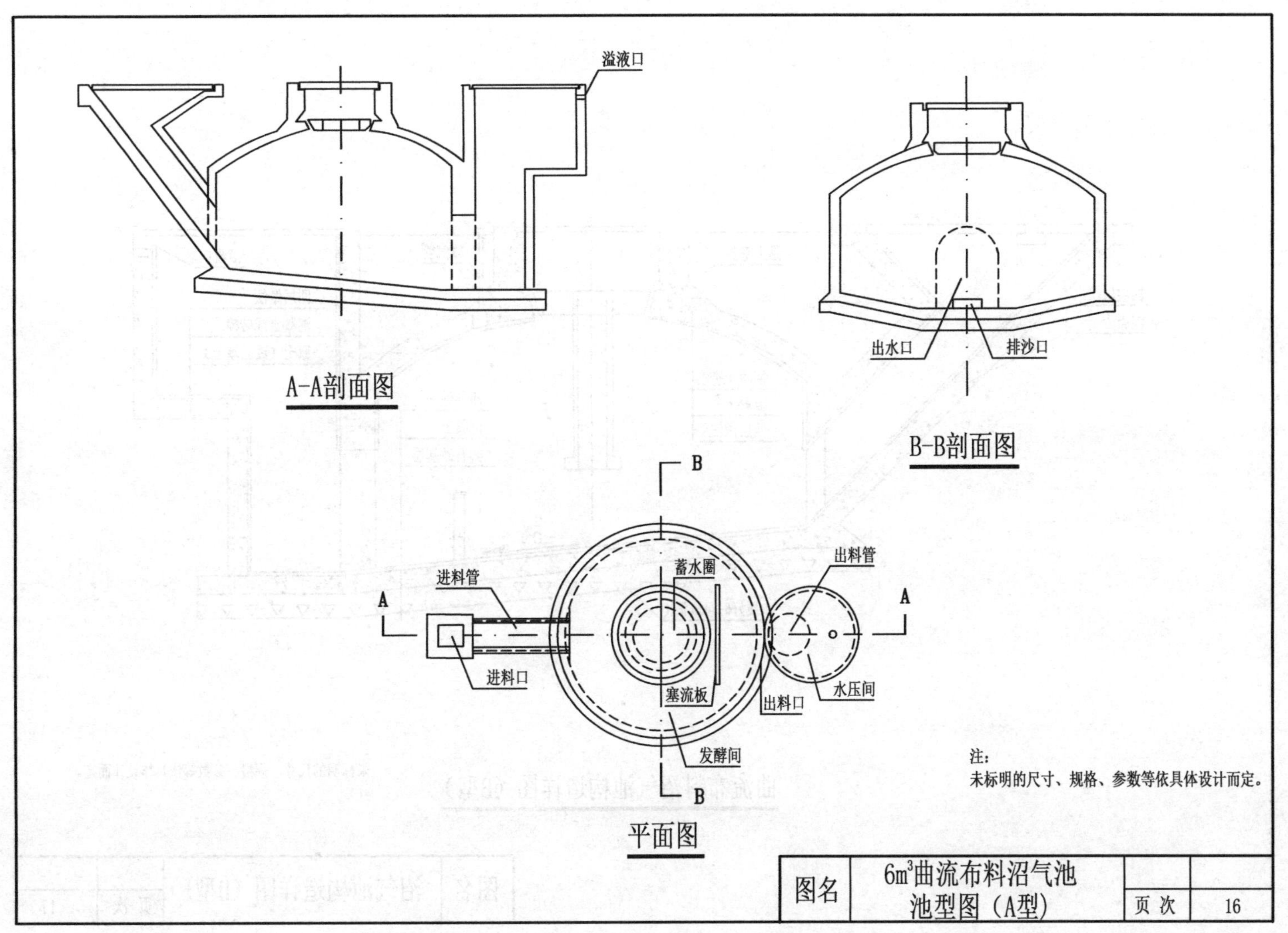

图名	6m³曲流布料沼气池 池型图（A型）		
		页 次	16

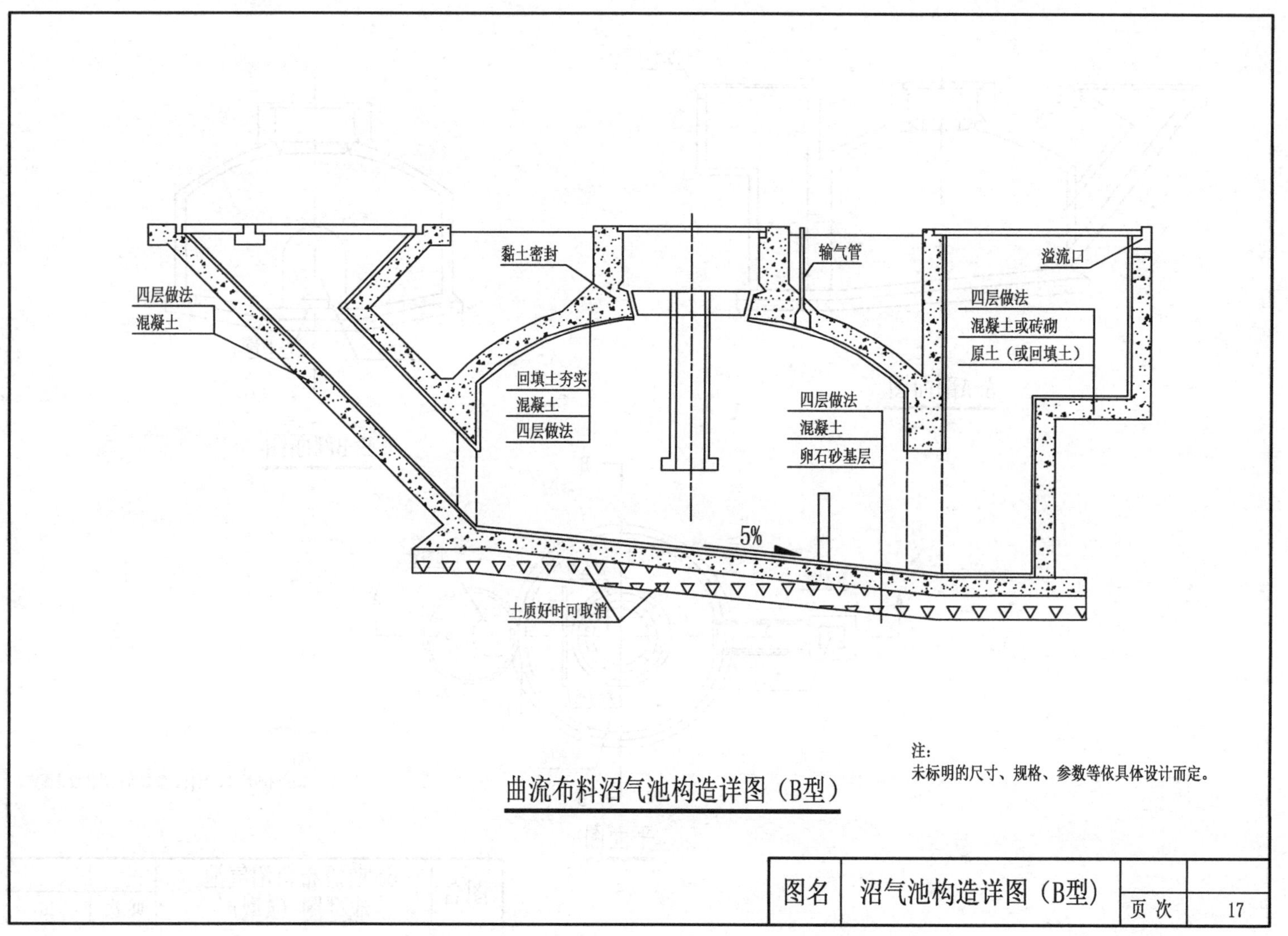

曲流布料沼气池构造详图（B型）

注：
未标明的尺寸、规格、参数等依具体设计而定。

图名	沼气池构造详图（B型）	页 次	17

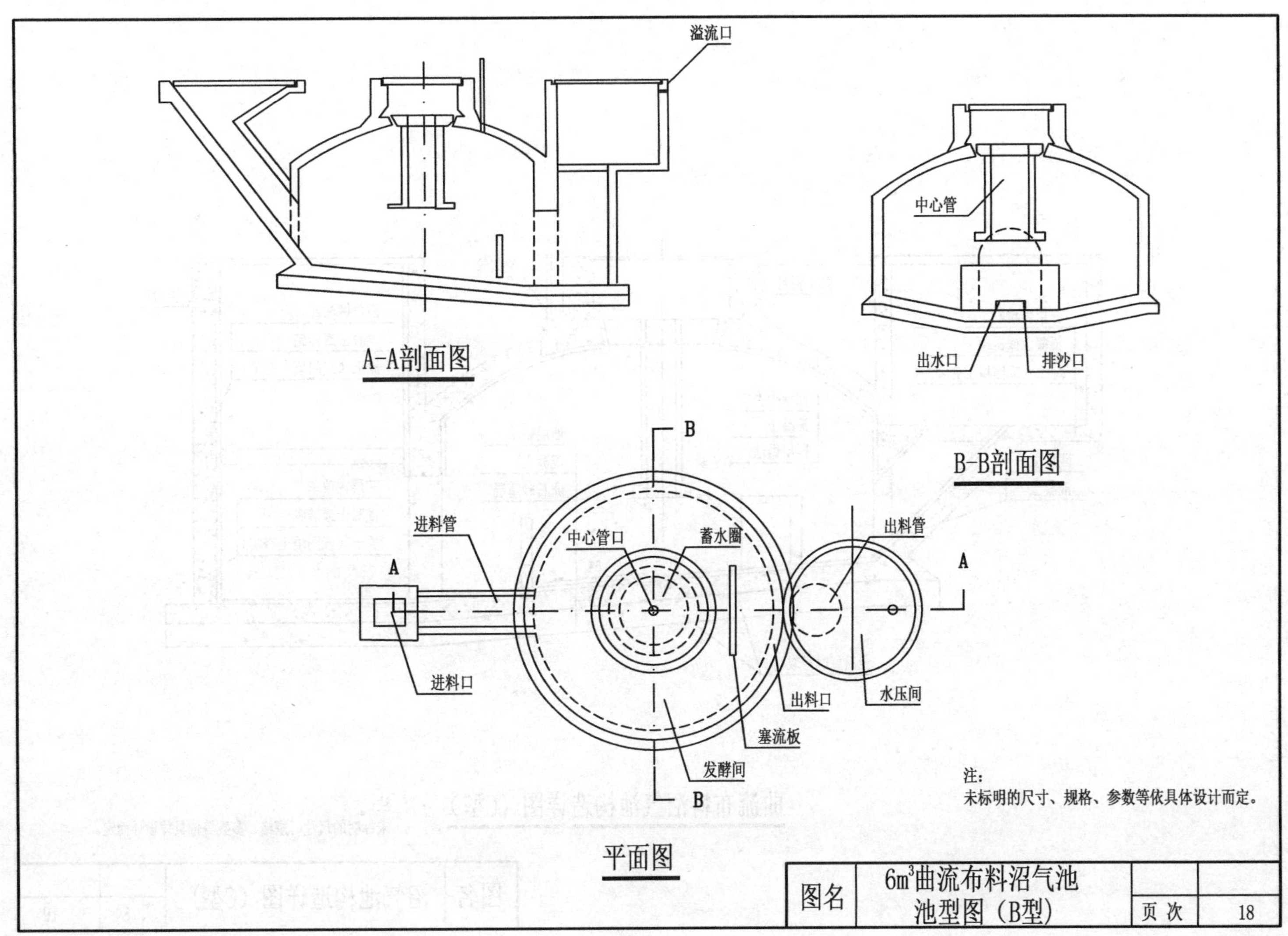

注：
未标明的尺寸、规格、参数等依具体设计而定。

图名	6m³曲流布料沼气池 池型图（B型）		
		页 次	18

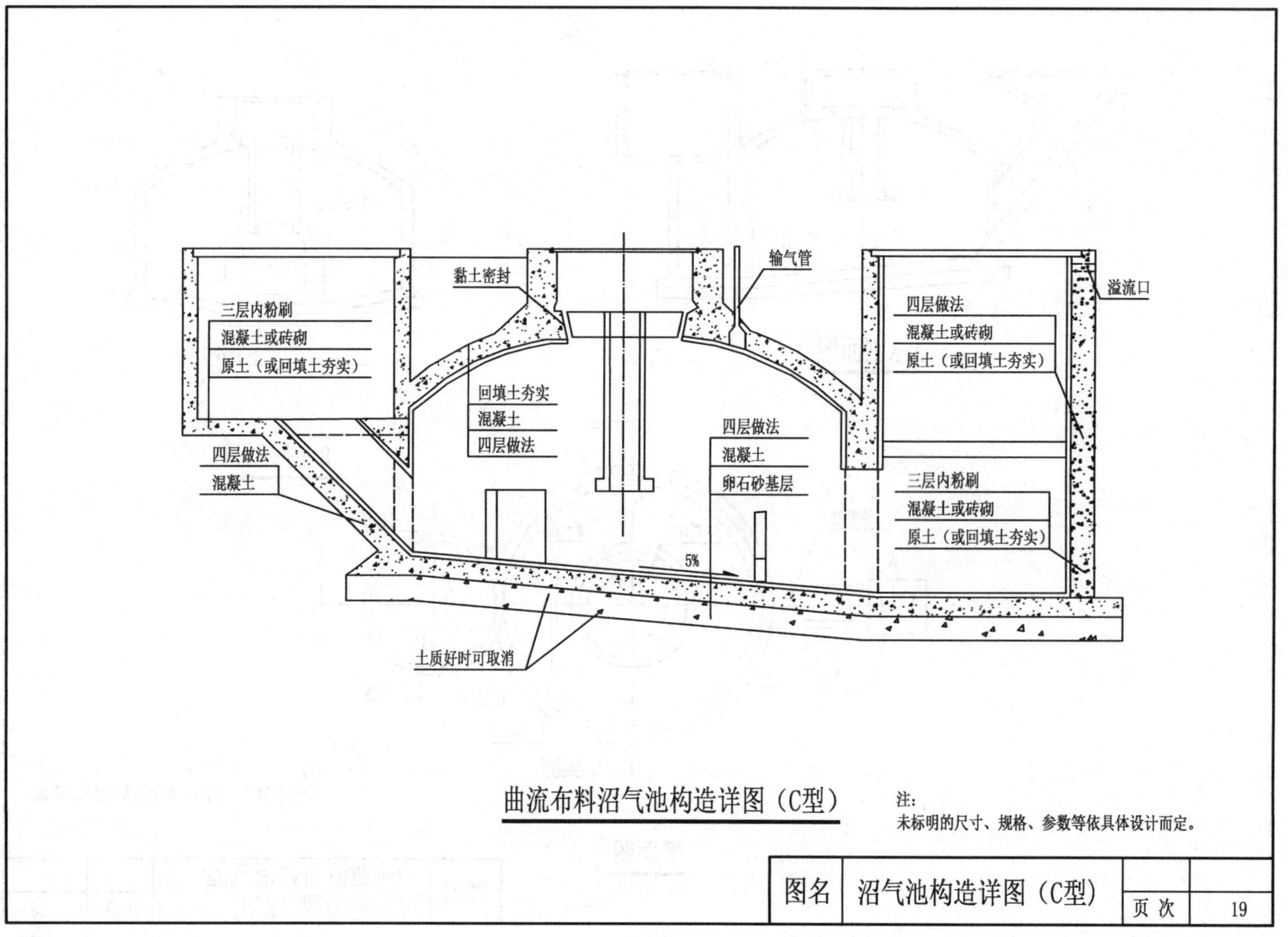

曲流布料沼气池构造详图（C型）

注：
未标明的尺寸、规格、参数等依具体设计而定。

图名	沼气池构造详图（C型）		
		页 次	19

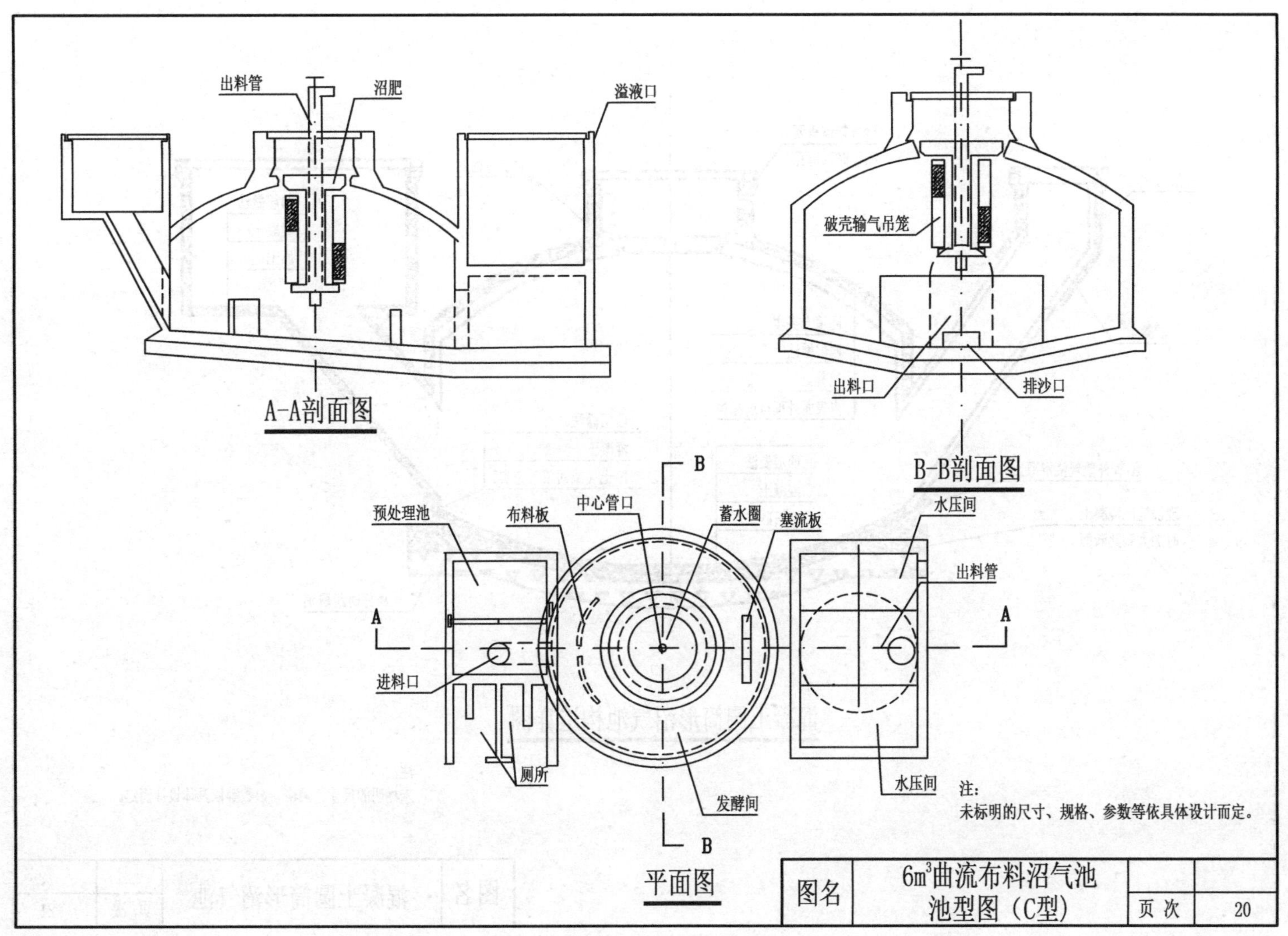

注：
未标明的尺寸、规格、参数等依具体设计而定。

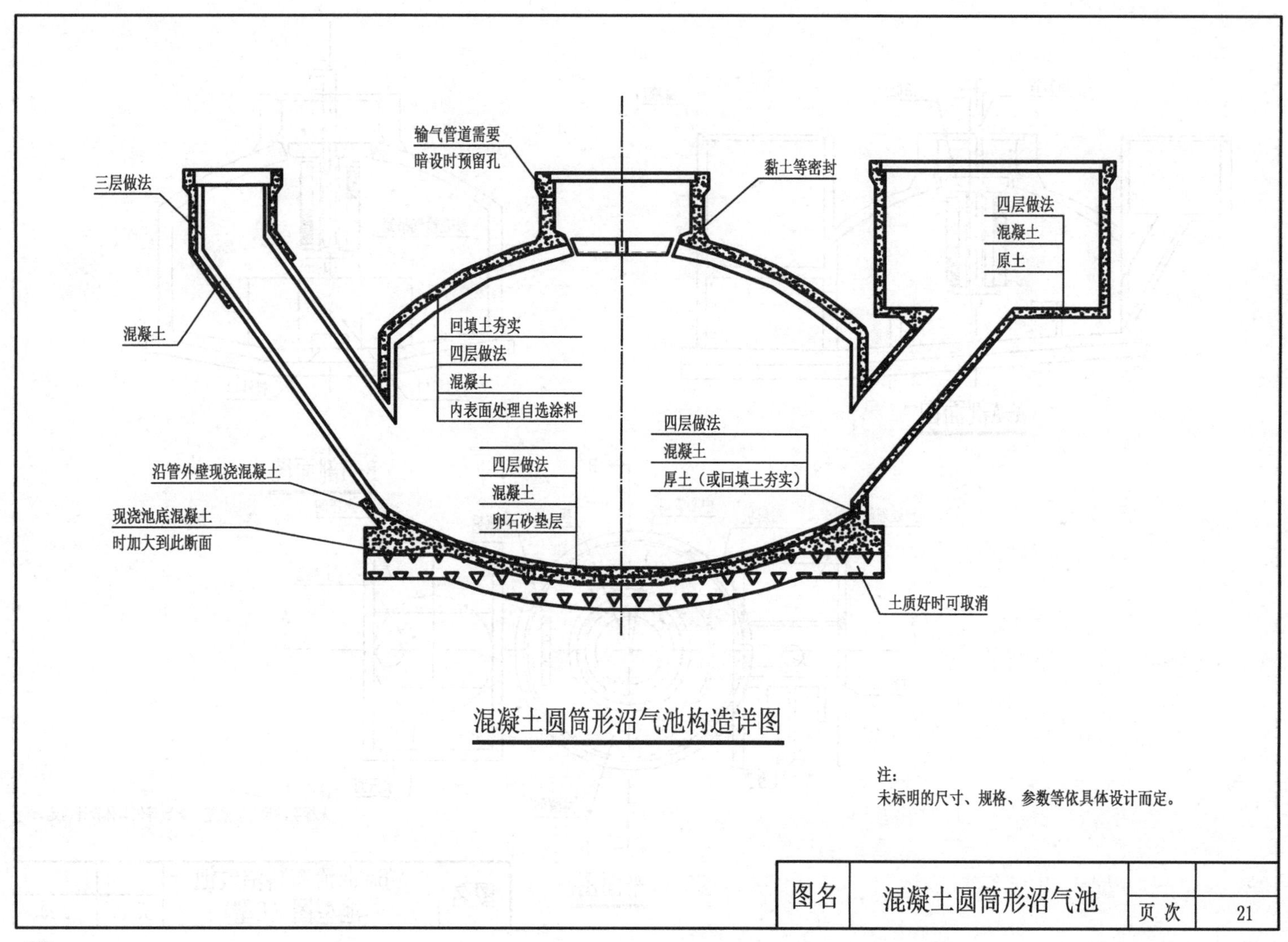

混凝土圆筒形沼气池构造详图

注：
未标明的尺寸、规格、参数等依具体设计而定。

图名	混凝土圆筒形沼气池	页次	21

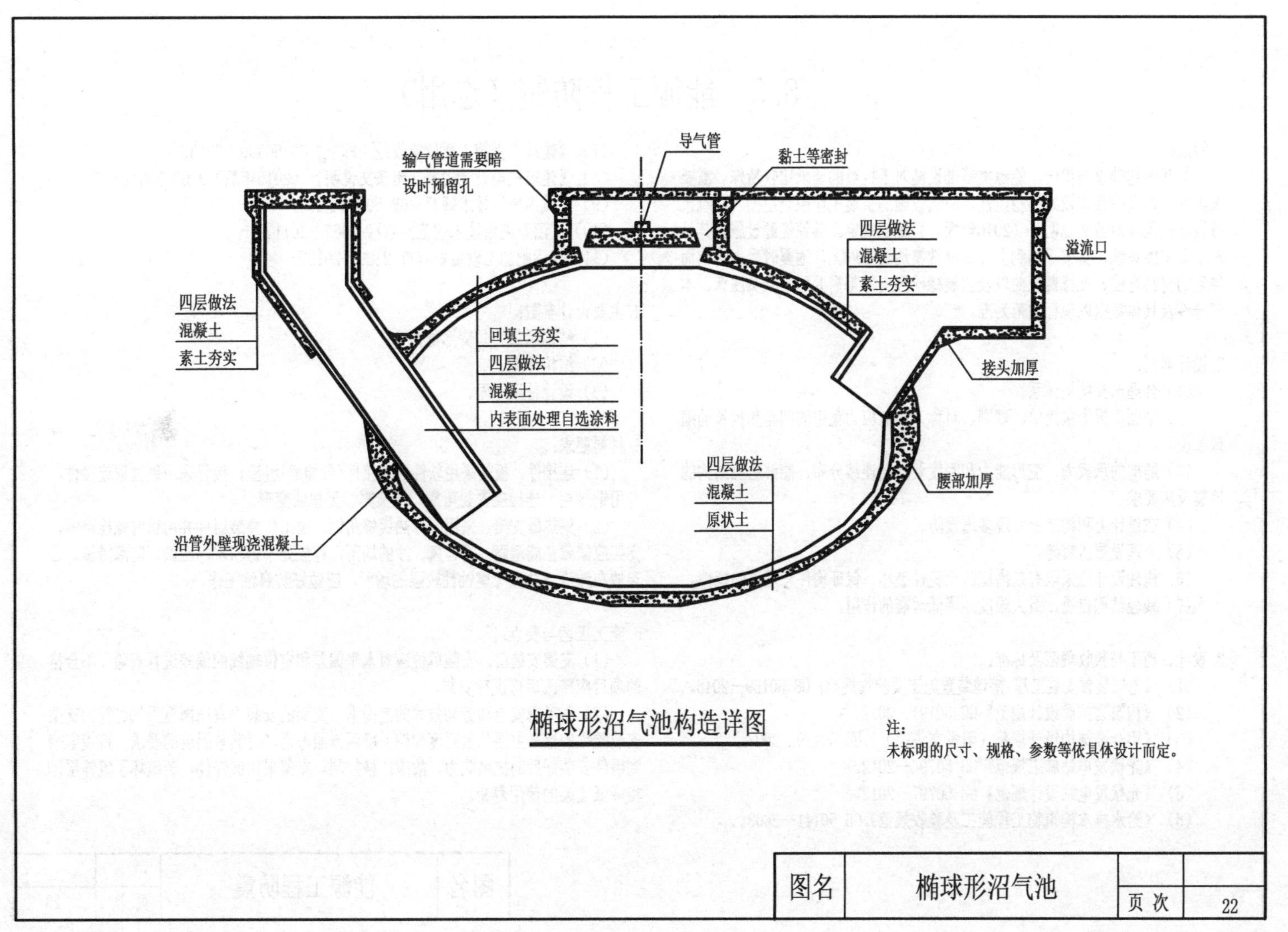

椭球形沼气池构造详图

注：
未标明的尺寸、规格、参数等依具体设计而定。

图名	椭球形沼气池	页 次	22

8.3 能源工程防震（选用）

1.特点：

与其他基础设施相比，能源类基础设施对于抗震的要求比较特殊。需要保障其在地震中具有较好的稳定性。沼气设施的抗震工作应当遵循《建筑抗震设计规范（附条文说明）（2016年版）》等的规定。其他能源设施尤其是对于太阳能系统，支架下端到上端高度常常达到4m以上，地震时受力影响而导致的材料弯曲、支撑臂压曲以及安装螺栓强度等都需要建设人员注意。本部分涉及具体数据以现行规范为准。

2.设计原则：

（1）合理选择结构体系。

（2）平面布置力求简单、规则、对称，避免应力集中的凹角和狭长的缩颈部位。

（3）结构的承载力、变形能力和刚度要均匀连续分布，能够适应结构的地震反应要求。

（4）在设计上和构造上实现多道设防。

（5）合理设置防震缝。

（6）构件设计应采取有效措施防止脆性破坏，保证构件有足够的延性。

（7）减轻结构自重，最大限度地降低地震的作用。

3.设计、施工与验收规范及标准：

（1）《电气装置安装工程 接地装置施工及验收规范》GB 50169—2016。

（2）《构筑物抗震设计规范》GB 50191—2012。

（3）《铝合金结构设计规范（附条文说明）》GB 50429—2007。

（4）《光伏发电站施工规范》GB 50794—2012。

（5）《光伏发电站设计规范》GB 50797—2012。

（6）《给水排水构筑物工程施工及验收规范》GB 50141—2008。

（7）《建筑工程施工质量验收统一标准》GB 50300—2013。

（8）《建筑抗震设计规范（附条文说明）（2016年版）》GB 50011—2010。

（9）《城镇燃气技术规范》GB 50494—2009。

（10）《沼肥施用技术规范》NY/T 2065—2011。

（11）《沼肥加工设备》NY/T 2139—2012。

4.主要设计参数：

（1）结构承载力与变形能力。

（2）结构体系。

（3）设计使用年限。

5.材料要求：

（1）连接件。板间采用软性铜连接件(带伸缩功能)，接管采用硬性铜连接件，专用铜封头。连接应密封可靠，无泄露、无扭曲变形。

（2）集热器支架。采用国标热镀锌角钢，需工厂整装组件并用镀锌螺栓铆固。支架应储藏在能避雨、雪、风、沙的场所，存放处不得积水，应做好防潮措施。若存放在滩涂、盐碱等腐蚀性较强的场所，应做好防腐蚀工作。

6.施工工艺与要点：

（1）支架安装前，安装单位应对水平偏差和定位轴线的偏差进行查验，不合格的项目应整改后再进行安装。

（2）在考虑安全和劳动效率的前提下，支架的安装不宜在雨雪天气进行。支架安装验收的标准主要从紧固度和偏差度两方面考虑，对其紧固度的要求，直接影响到组件安装好后的抗风能力，故应严格控制。支架采用镀锌件，若破坏了镀锌层，将降低支架的使用寿命。

图名	能源工程防震		
		页 次	23

（3）组合式支架应当采用先组合框架后组合支撑及连接件的方式进行安装。

（4）调整首末两根电池板固定杆的位置并将其紧固紧，将施工绳系于首末两根电池板固定杆的上、下两端，并将其绷紧。以施工绳为基准分别调整其余电池板固定杆，使其在一个平面内。

（5）安装组件前，应根据组件参数对每个光伏板进行检查测试，其参数值应符合产品出厂指标。组件安装和移动的过程中，不应拉扯导线。组件安装时，不应造成玻璃和背板的划伤或破损。组件之间连接线不应承受外力。同一组串的正负极不宜短接。单元间组串的跨接线缆若采用架空方式敷设，宜采用PVC管进行保护。

（6）施工人员安装组件过程中严禁在组件上踩踏。进行组件连线施工时，施工人员应配备安全防护用品，不得触摸金属带电部位。对组串完成但不具备接引条件的部位，应用绝缘胶布包扎好。严禁在雨天进行组件的连线工作。

（7）将前后立柱、斜撑、斜梁、支撑角钢用螺栓连接，形成立柱总成。连接螺栓不要拧紧，以便于后续调节，每八个立柱组成一个单元。根据土建螺旋桩的位置，先将第一、第四个立柱总成点固定在基础上，再用施工线安装第二、第三个立柱，以此来保证在同一条直线上。

（8）在调整好整排支架的高度后，采用顶丝的方法固定好支架，然后开孔固定。

（9）预埋件与基座之间的空隙，应采用细石混凝土填捣密实。

（10）钢基座及混凝土基座顶面的预埋件，在太阳能热水系统安装前应涂防腐材料，并妥善保护。

（11）支架应按设计要求安装在主体结构上，位置准确，与主体结构固定牢靠。

（12）根据现场条件，支架应采取抗风措施。

7.质量检验：

（1）检查支架有无明显扭曲变形，方钢的平直度误差应符合相关规定。

（2）支架垂直度偏差每米不应大于±1°，支架角度偏差度不应大于±1°。

（3）太阳能热水系统的支架及其材料应符合设计要求。钢结构支架的焊接应符合现行国家标准的要求。

（4）钢结构支架焊接完毕，应做防腐处理。防腐施工应符合现行国家标准的要求。

8.能源工程防震附图：

图名	能源工程防震	页次	24

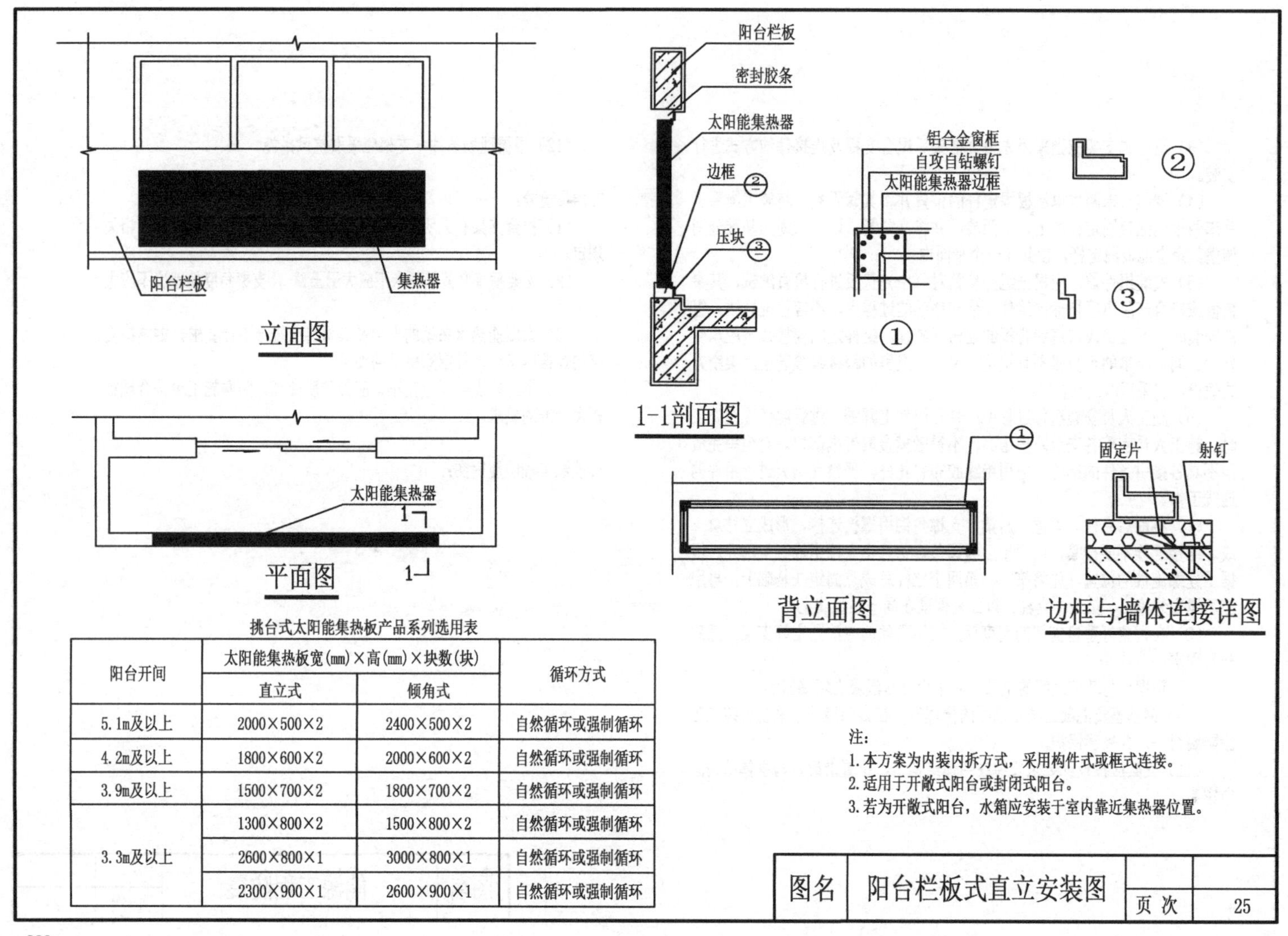

挑台式太阳能集热板产品系列选用表

阳台开间	太阳能集热板宽(mm)×高(mm)×块数(块)		循环方式
	直立式	倾角式	
5.1m及以上	2000×500×2	2400×500×2	自然循环或强制循环
4.2m及以上	1800×600×2	2000×600×2	自然循环或强制循环
3.9m及以上	1500×700×2	1800×700×2	自然循环或强制循环
3.3m及以上	1300×800×2	1500×800×2	自然循环或强制循环
	2600×800×1	3000×800×1	自然循环或强制循环
	2300×900×1	2600×900×1	自然循环或强制循环

注：

1. 本方案为内装内拆方式，采用构件式或框式连接。
2. 适用于开敞式阳台或封闭式阳台。
3. 若为开敞式阳台，水箱应安装于室内靠近集热器位置。

图名	阳台栏板式直立安装图	页 次	25

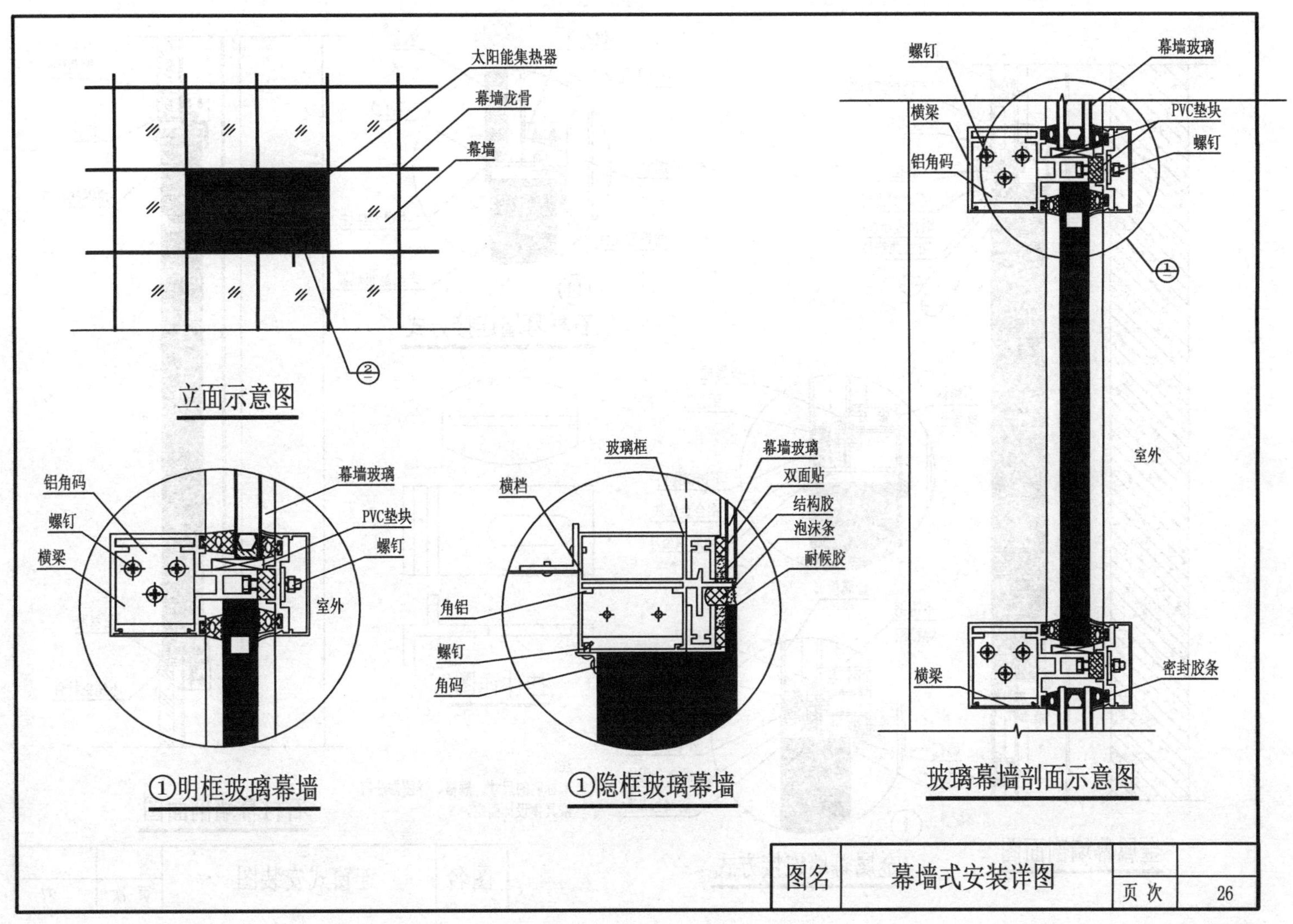

图名	幕墙式安装详图		
		页 次	26

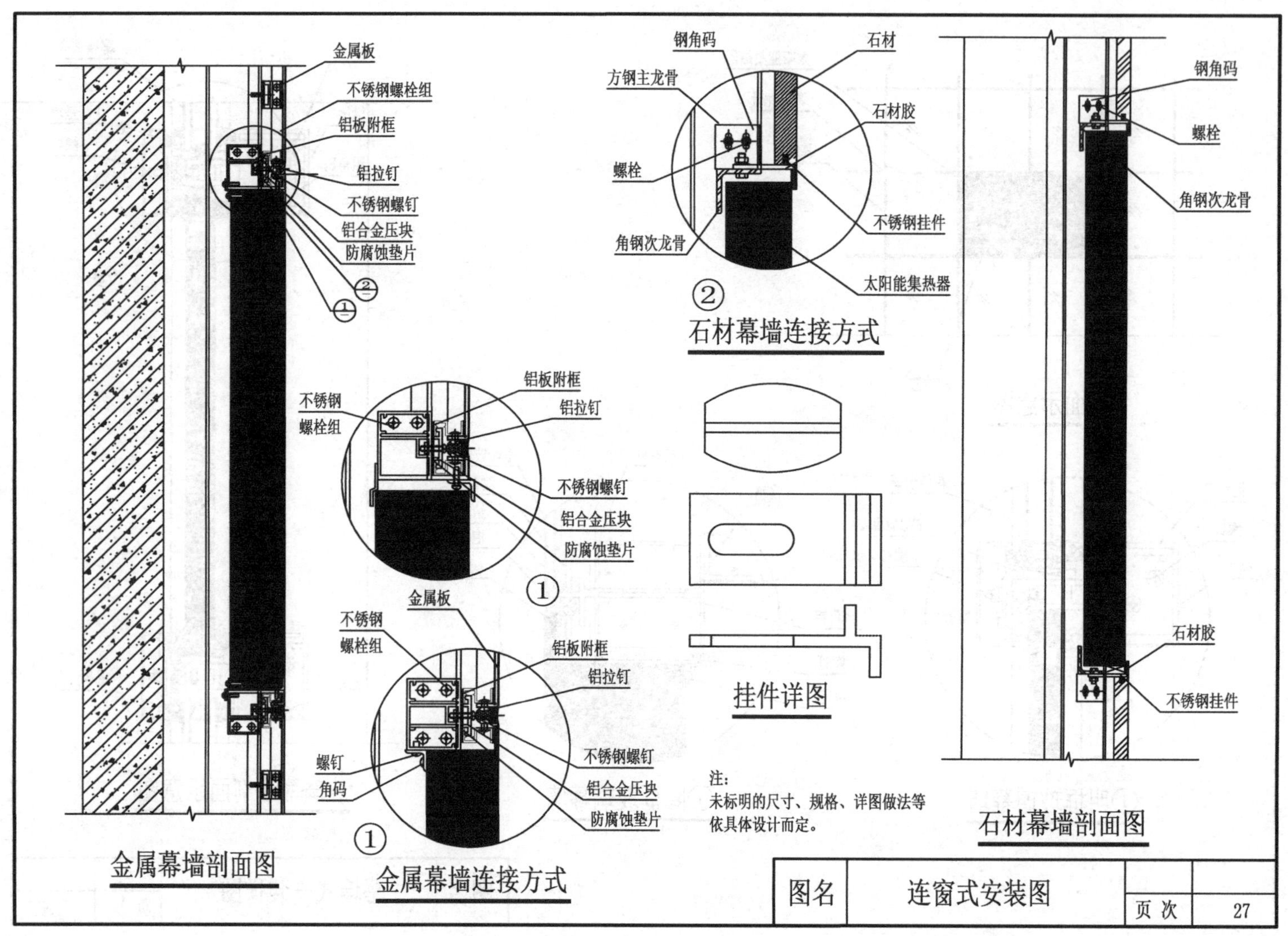

图名	连窗式安装图		
		页 次	27

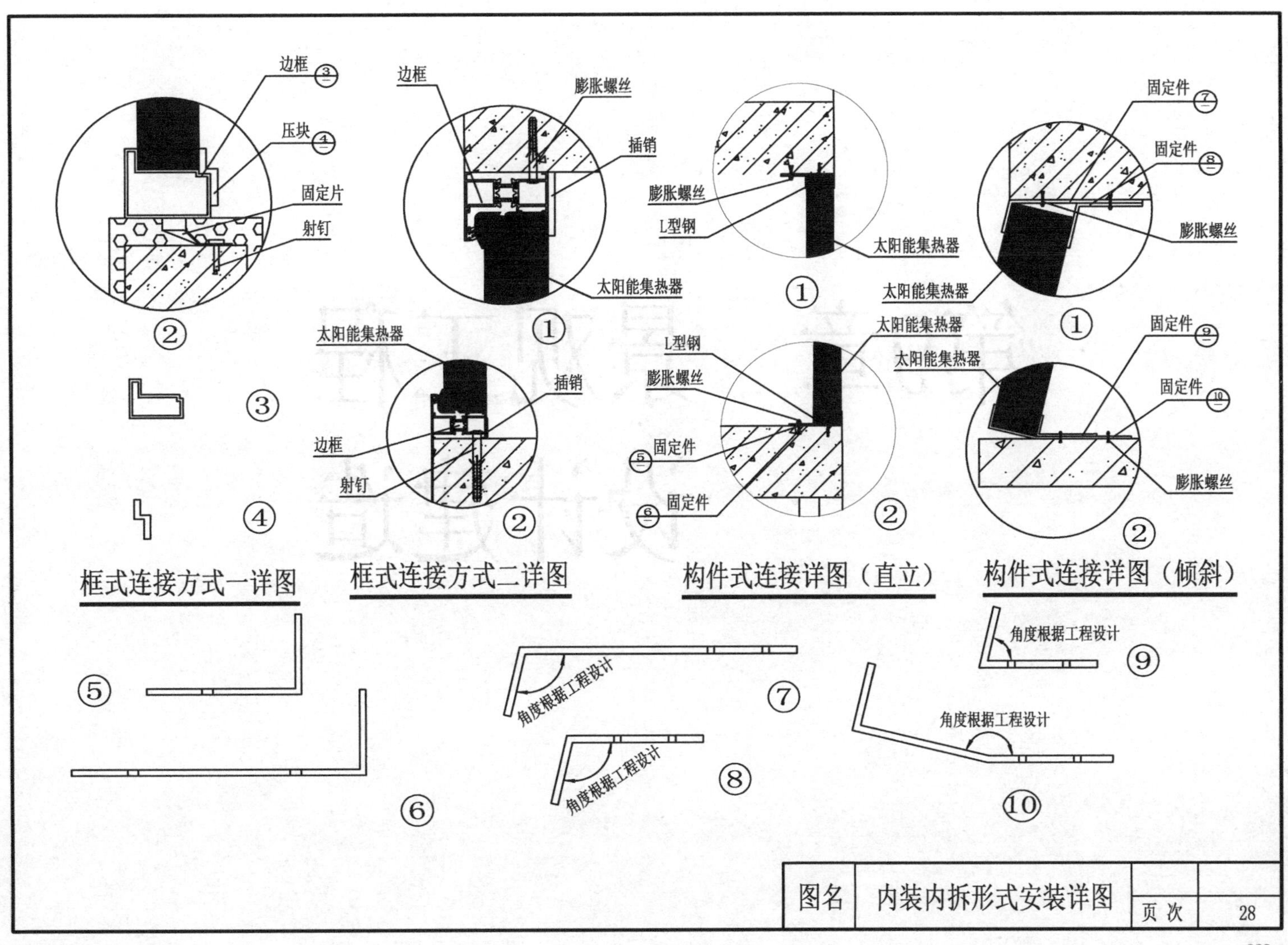

图名	内装内拆形式安装详图		
		页 次	28

第9章 景观工程设计建造

9.1 景观工程

1.特点：

景观工程是一种综合性的工程，它包含的内容有道路、广场、围墙、围栏、花池、大门等。当前我国的景观工程规模从单一化（纯绿化）、小规模向多元化（综合性）、大规模发展，并具有如下施工特征：范围广，涵盖专业多；工程量少，施工工艺复杂；工期紧，各工种交叉施工频繁；变更量大，造价及施工成本控制难度大。本部分所涉及具体数据以现行规范规定为准。

2.设计原则：

（1）均衡原则。

（2）多样统一原则。

（3）和谐原则。

（4）比例原则。

（5）简单原则。

3.设计、施工与验收规范及标准：

（1）《园林基本术语标准(附条文说明)》CJJ/T 91—2017。

（2）《园林绿化工程工程量计算规范》GB 50858—2013。

（3）《天然石材术语》GB/T 13890—2008。

（4）《广场路面用天然石材》JC/T 2114—2012。

（5）《园林绿化工程施工及验收规范》CJJ 82—2012。

（6）《全国民用建筑工程设计技术措施－规划·建筑·景观》2015JSCS-1。

4.主要设计参数：

（1）微地形、园路。

（2）场地。

（3）植物、构筑物。

（4）项目环境。

（5）建筑风格。

（6）朝向。

（7）业主喜好。

5. 材料要求：

（1）混凝土砖性能要求。执行标准为《混凝土路面砖》（GB/T 446—2012）。地砖的耐磨度：≥1.5；磨坑长度：≤32.0mm；摩擦系数：≥0.6；吸水率：≤6.5%，抗压强度：Cc50；抗折强度：Cf5.0。路面砖顶面四周应有倒角，其尺寸宜为2mm×2mm，以利于接缝砂和排渗水，并起到自然美观的装饰效果。抗冻性：25次冻融循环试验后，外观质量合格，强度损失不大于20.0%。

（2）橡胶地垫性能要求。 EPDM橡胶颗粒的构造要求：上层为EPDM耐候性环保彩色颗粒混合合成面层，机械喷涂，下层为机械摊铺的缓冲垫层。面层颜色根据施工图，按施工图要求划线、分色。

（3）植物材料和种子要求。植物材料和种子应品种准确、纯正、无病虫害。植物材料：植物材料应根系发达，生长健壮，规格及形态应符合设计要求。木本苗木：木本苗木使用应符合设计要求和DB11/T 211—2003的规定。对于孤植的树木，树冠和树形一定要外形优美完整，满足设计要求。

（4）露地栽培花卉要求。 一、 二年生花卉：株高一般为10～50cm，冠径为 15～35cm，分枝不少于3，植株健壮，色泽明亮。宿根花卉：根系必须完整，无腐烂变质。观叶植物：叶片分布均匀，排列整齐，形状完好，色泽正常。水生植物：水生植物根、茎、叶发育良好，植株健壮。

6.施工工艺与要点：

（1）地形细整。根据施工场地，对照设计施工图进行场地细整，使整个地形的坡面曲线保持排水通畅，堆筑地形时，根据放样标高，由里向外施

图名	景观工程	页次	1

工，边造型，边压实，施工过程中始终把握地形骨架，翻松辗压板结土，机械设备不得在栽植表层土上施工。必须使场地与四周道路、广场的标高合理衔接，使绿地排水通畅。

（2）定点放线。按工程布置的图纸标出种植地段、种植位置及品种的轮廓，并进行放样，按现场监理工程师提供的水准点、坐标基准点并结合图纸，确定放样基准点。分别对绿化苗木栽植位置等进行放样。

（3）树穴开挖。挖坑挖槽的位置要准确，坑应根据根系、土球大小、土质情况而定，刨坑刨槽为直上直下桶形，不得上大下小或上小下大，否则会造成窝根或填土不实。坑径一般可比规定的根系或土球直径大30～40cm。

（4）苗木栽植与养护管理。苗木栽植前2天，对比较干旱的树穴先灌穴，待水全部渗下去后方可栽植，同时为提高成活率，可使用一定浓度的ABT生根粉以促进新根的萌发。在种植时，先在坑底填约150mm厚的表土，同时要掺入腐熟的有机肥料作为底肥，要注意在底肥上覆盖一层土，不至于直接接触苗木根系而损伤根系。禁忌使用耕作层以下的深层生土（阴土）。

7.质量检验：

（1）所有木材均需“三防”处理，表面不得有大的节疤，应光滑平直，含水率<15%。

（2）基层夯实应控制灰土等不利种植土壤的使用范围。

（3）水池施工应配合专业管线设施进行土建施工。水池长度每超过20m需设变形缝一条。

（4）基层土壤应为排水良好、土质为中性及富含有机质的土壤，不应含砾石，或其他有毒或有碍生长的杂物。

（5）在土壤处理中一定要保证种植土壤的翻土深度,在地被植物的种植土壤中确保基肥的足量。土地翻耕过程中确定坡度与设计要求及规范相符。土球苗木的提运中需要以绳将土球下部束缚捆扎，防止土球损坏。

在苗木运到施工现场后如果无法及时栽种，应将苗木直立，将土球码放整齐并固定，以土壤培好。

（6）草皮铺设时注意疏密均匀铺设后用滚筒滚压，以确保草皮与土层充分黏结，并且草坪平整排水通畅。

8.景观工程附图：

图名	景观工程		
		页次	2

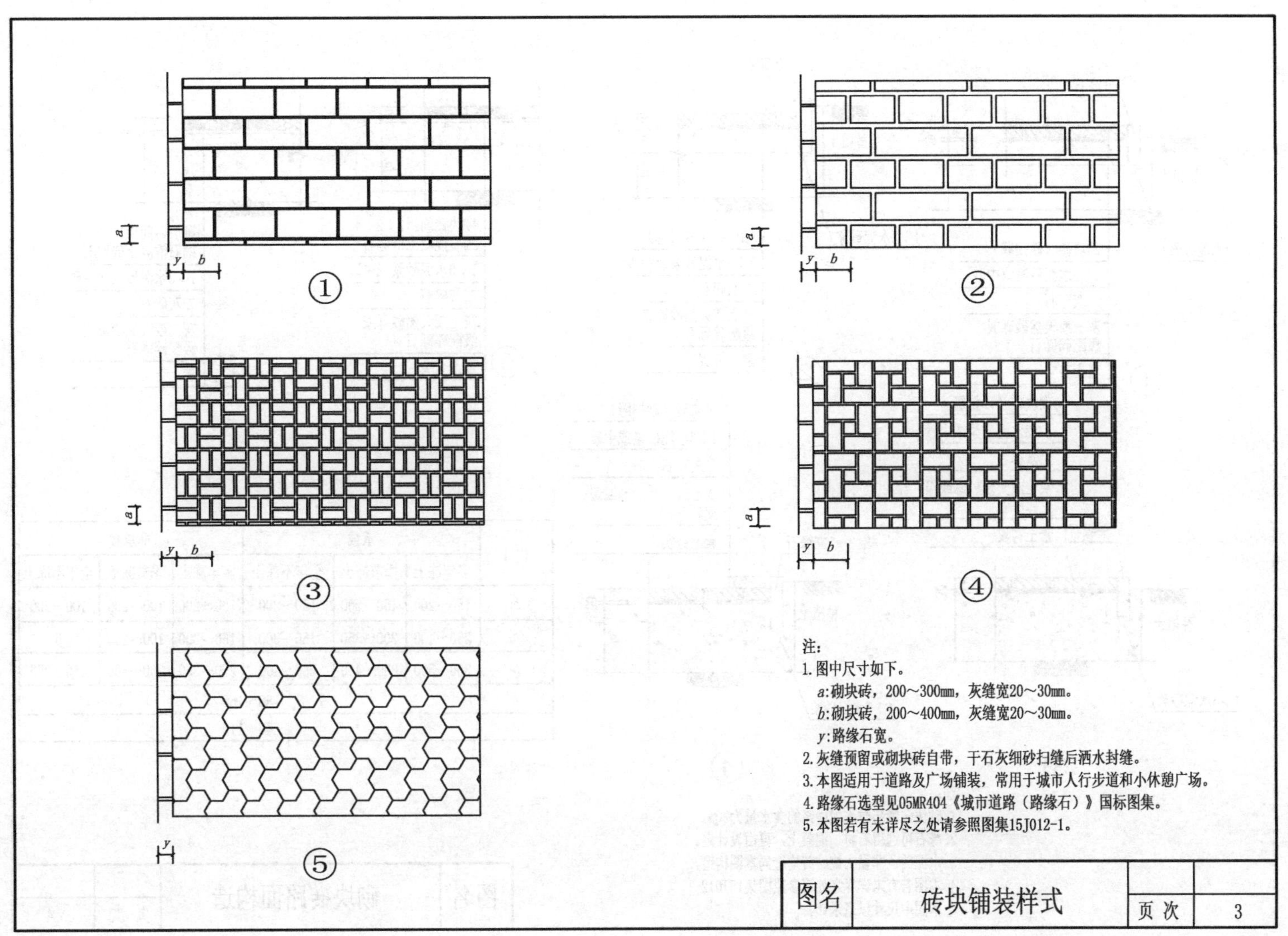

注:

1. 图中尺寸如下。
   a:砌块砖，200～300mm，灰缝宽20～30mm。
   b:砌块砖，200～400mm，灰缝宽20～30mm。
   y:路缘石宽。
2. 灰缝预留或砌块砖自带，干石灰细砂扫缝后洒水封缝。
3. 本图适用于道路及广场铺装，常用于城市人行步道和小休憩广场。
4. 路缘石选型见05MR404《城市道路（路缘石）》国标图集。
5. 本图若有未详尽之处请参照图集15J012-1。

图名	砖块铺装样式	页次	3

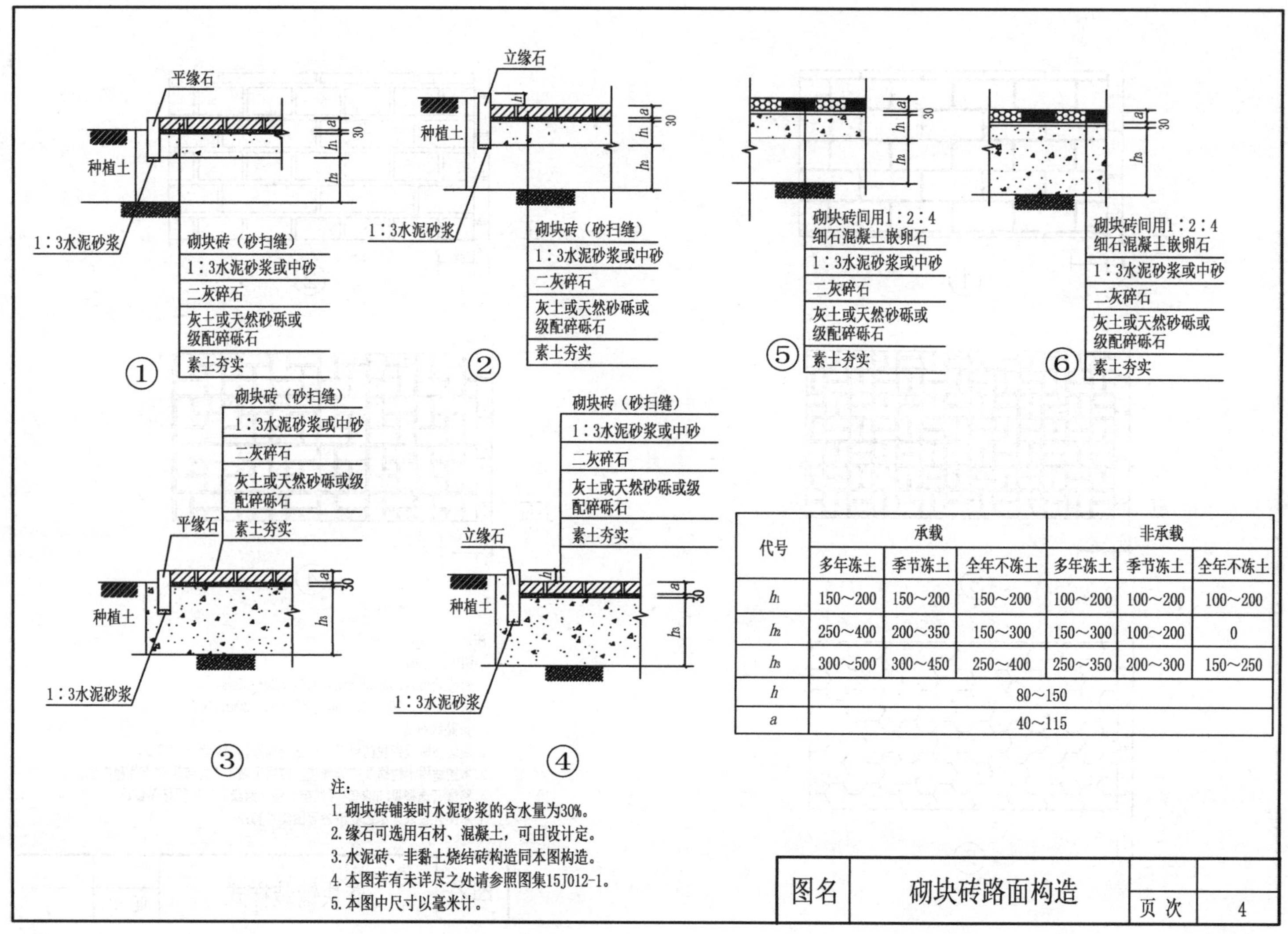

代号	承载			非承载		
	多年冻土	季节冻土	全年不冻土	多年冻土	季节冻土	全年不冻土
h_1	150～200	150～200	150～200	100～200	100～200	100～200
h_2	250～400	200～350	150～300	150～300	100～200	0
h_3	300～500	300～450	250～400	250～350	200～300	150～250
h	80～150					
a	40～115					

注：
1. 砌块砖铺装时水泥砂浆的含水量为30%。
2. 缘石可选用石材、混凝土，可由设计定。
3. 水泥砖、非黏土烧结砖构造同本图构造。
4. 本图若有未详尽之处请参照图集15J012-1。
5. 本图中尺寸以毫米计。

图名	砌块砖路面构造		
		页次	4

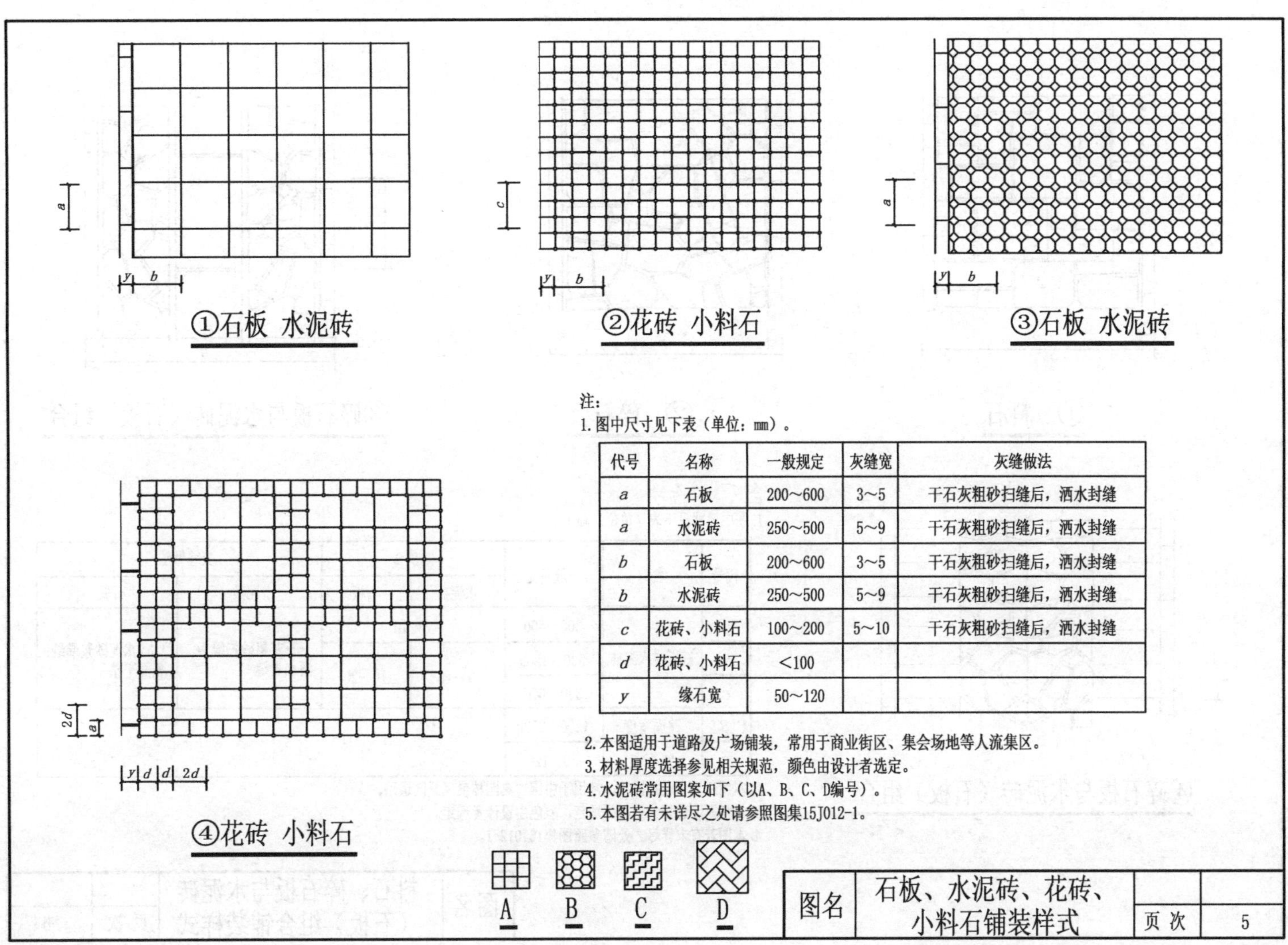

注：

1. 图中尺寸见下表（单位：mm）。

代号	名称	一般规定	灰缝宽	灰缝做法
a	石板	200～600	3～5	干石灰粗砂扫缝后，洒水封缝
a	水泥砖	250～500	5～9	干石灰粗砂扫缝后，洒水封缝
b	石板	200～600	3～5	干石灰粗砂扫缝后，洒水封缝
b	水泥砖	250～500	5～9	干石灰粗砂扫缝后，洒水封缝
c	花砖、小料石	100～200	5～10	干石灰粗砂扫缝后，洒水封缝
d	花砖、小料石	<100		
y	缘石宽	50～120		

2. 本图适用于道路及广场铺装，常用于商业街区、集会场地等人流集区。
3. 材料厚度选择参见相关规范，颜色由设计者选定。
4. 水泥砖常用图案如下（以A、B、C、D编号）。
5. 本图若有未详尽之处请参照图集15J012-1。

图名	石板、水泥砖、花砖、小料石铺装样式	页次	5

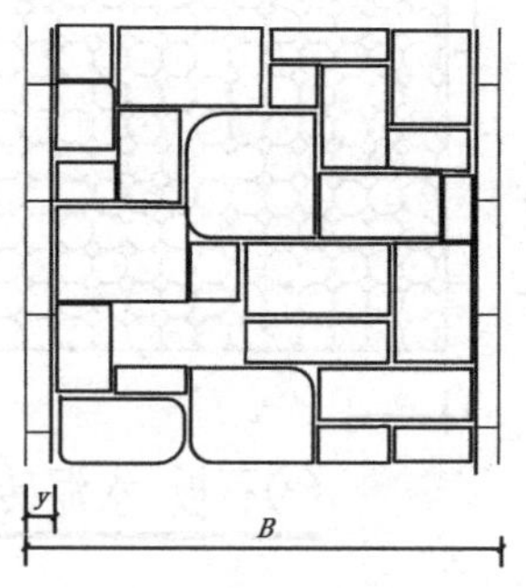

① 料石

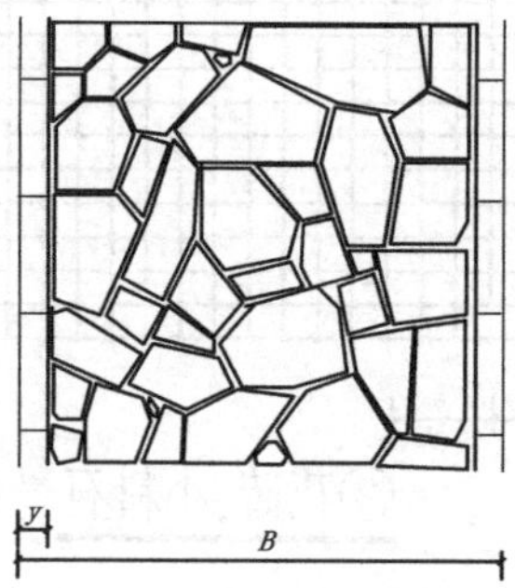

② 碎石板

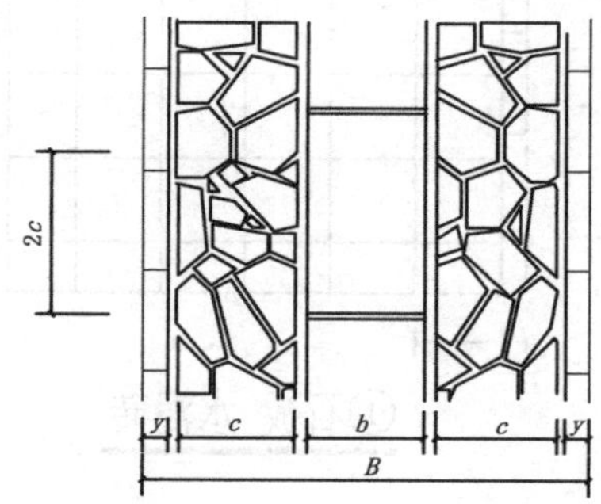

③碎石板与水泥砖（石板）组合

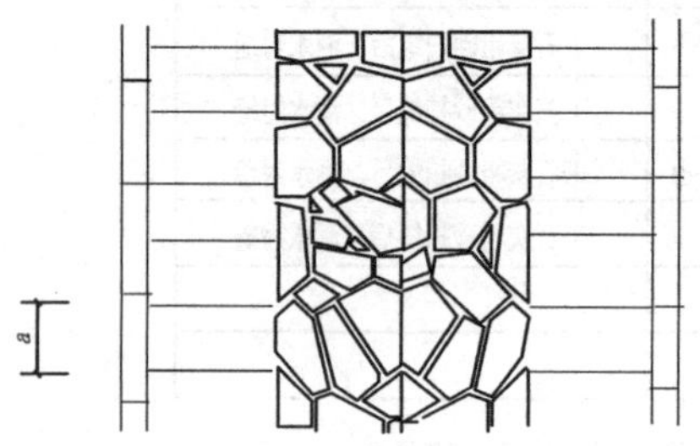

④碎石板与水泥砖（石板）组合

注:

1.图中尺寸见下表（单位：mm）。

代号	名称	一般规定	灰缝宽		灰缝做法	
			水泥砖	石板	水泥砖	石板
a	石板或水泥砖	300～500	3～10		干石灰粗砂扫缝后，洒水封缝	1∶2水泥砂浆灌缝，表面平整
b		300～1200	3～10	10～20		
c		300～600				
B	路面宽度	1200～2700				
y	缘石宽	50～120				

2.本图适用于道路铺装，常用于中国古典园林或风景区道路。

3.材料厚度选择参见相关规范，颜色由设计者选定。

4.本图若有未详尽之处请参照图集16J012-1。

图名	料石、碎石板与水泥砖（石板）组合铺装样式		
		页 次	6

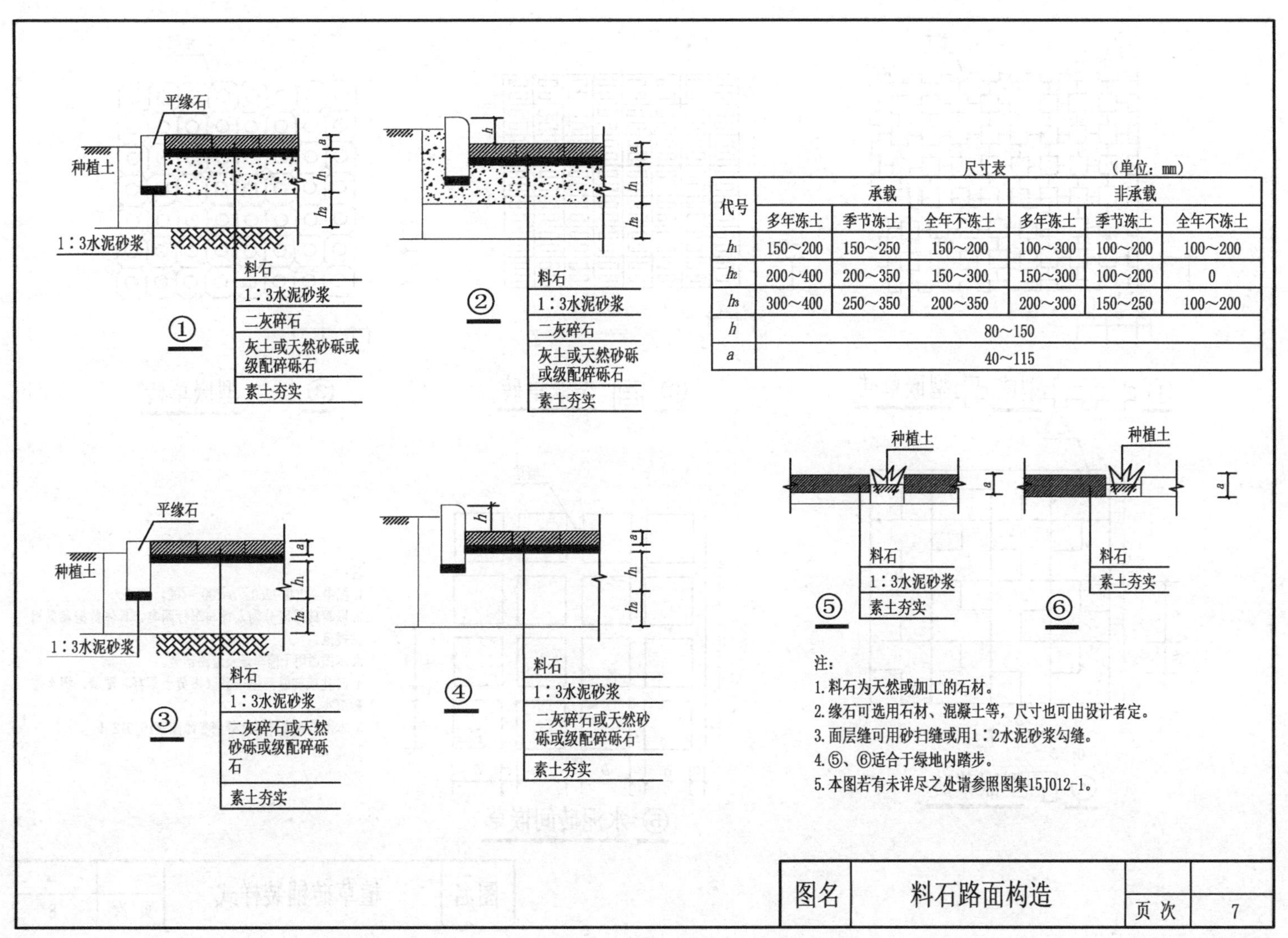

尺寸表（单位：mm）

代号	承载			非承载		
	多年冻土	季节冻土	全年不冻土	多年冻土	季节冻土	全年不冻土
h_1	150～200	150～250	150～200	100～300	100～200	100～200
h_2	200～400	200～350	150～300	150～300	100～200	0
h_3	300～400	250～350	200～350	200～300	150～250	100～200
h	80～150					
a	40～115					

注：

1. 料石为天然或加工的石材。
2. 缘石可选用石材、混凝土等，尺寸也可由设计者定。
3. 面层缝可用砂扫缝或用1∶2水泥砂浆勾缝。
4. ⑤、⑥适合于绿地内踏步。
5. 本图若有未详尽之处请参照图集15J012-1。

图名	料石路面构造	页次	7

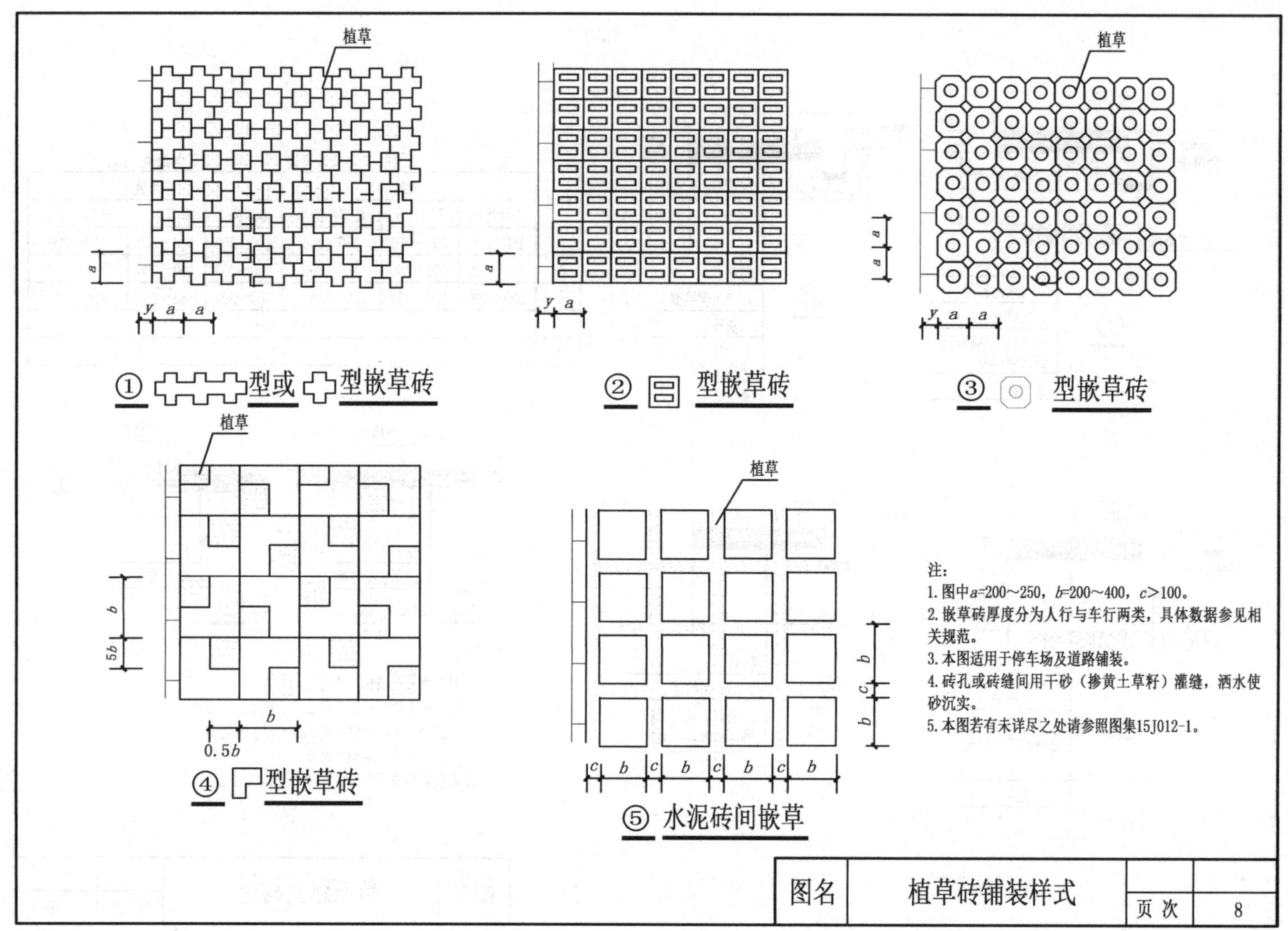

注：

1. 图中a=200～250，b=200～400，c>100。
2. 嵌草砖厚度分为人行与车行两类，具体数据参见相关规范。
3. 本图适用于停车场及道路铺装。
4. 砖孔或砖缝间用干砂（掺黄土草籽）灌缝，洒水使砂沉实。
5. 本图若有未详尽之处请参照图集15J012-1。

图名	植草砖铺装样式		
		页次	8

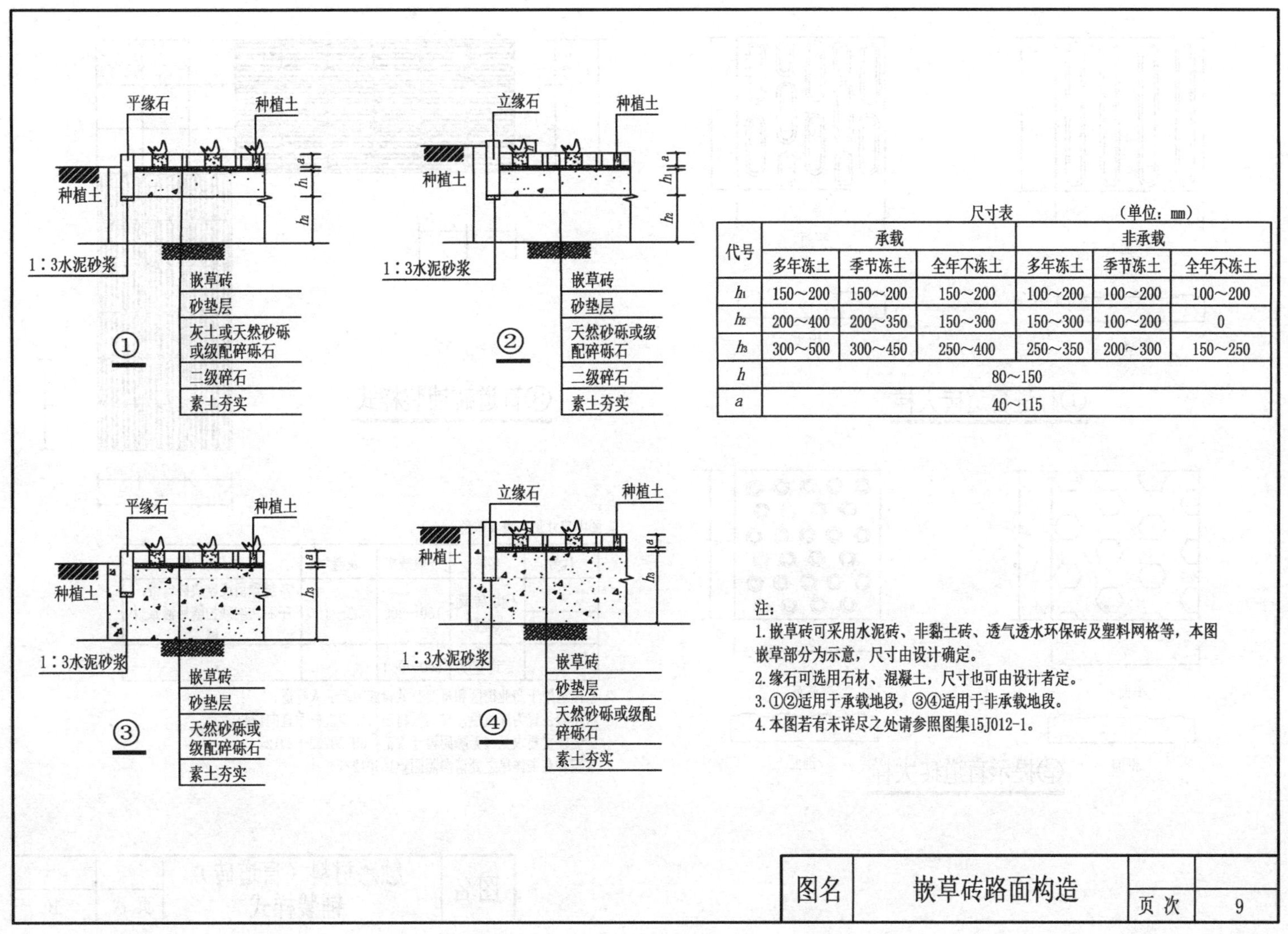

尺寸表　　　　(单位：mm)

代号	承载			非承载		
	多年冻土	季节冻土	全年不冻土	多年冻土	季节冻土	全年不冻土
h_1	150～200	150～200	150～200	100～200	100～200	100～200
h_2	200～400	200～350	150～300	150～300	100～200	0
h_3	300～500	300～450	250～400	250～350	200～300	150～250
h	80～150					
a	40～115					

注：

1. 嵌草砖可采用水泥砖、非黏土砖、透气透水环保砖及塑料网格等，本图嵌草部分为示意，尺寸由设计确定。
2. 缘石可选用石材、混凝土，尺寸也可由设计者定。
3. ①②适用于承载地段，③④适用于非承载地段。
4. 本图若有未详尽之处请参照图集15J012-1。

图名	嵌草砖路面构造		
		页 次	9

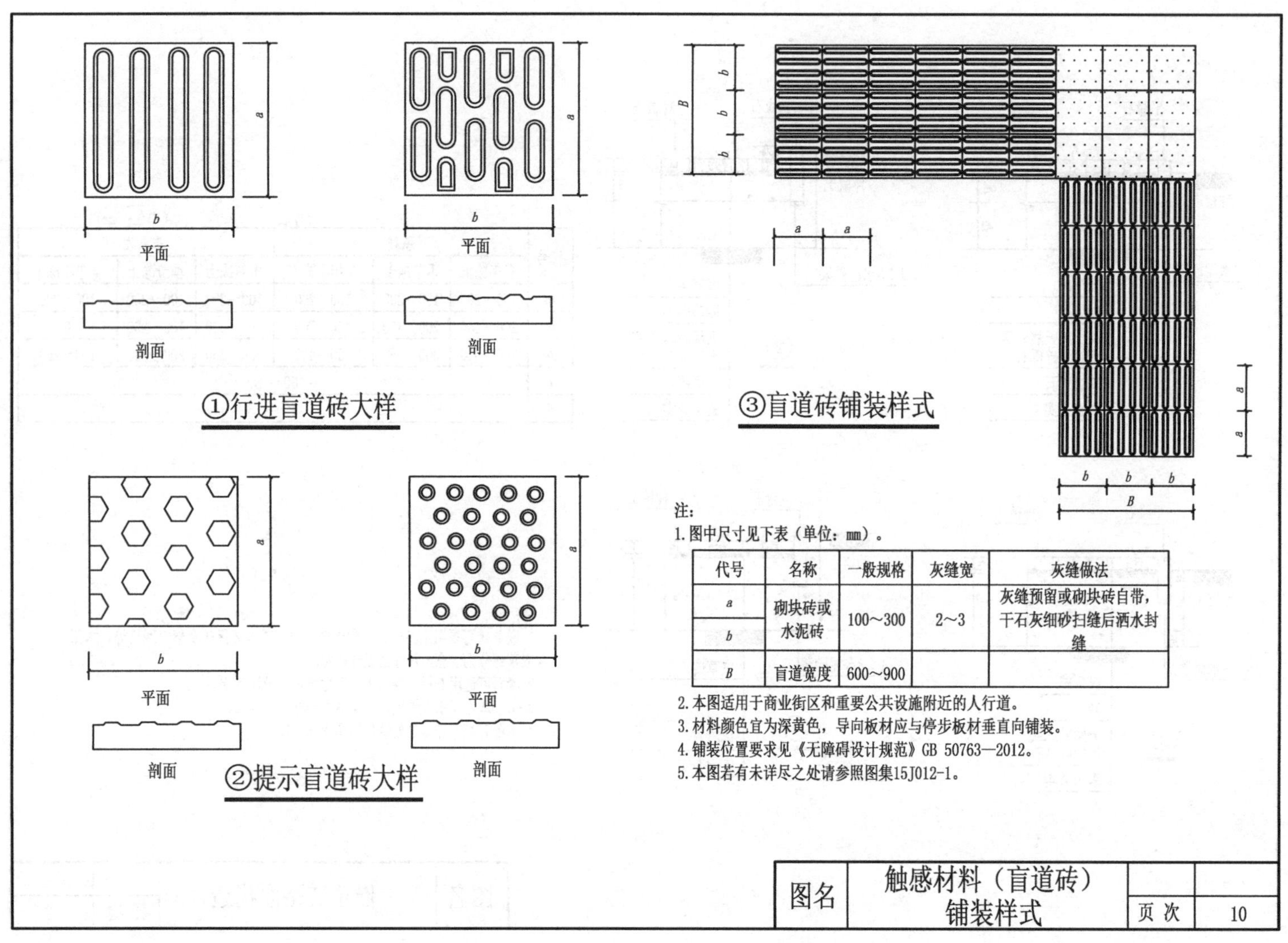

注:

1.图中尺寸见下表（单位：mm）。

代号	名称	一般规格	灰缝宽	灰缝做法
a	砌块砖或水泥砖	100～300	2～3	灰缝预留或砌块砖自带，干石灰细砂扫缝后洒水封缝
b				
B	盲道宽度	600～900		

2.本图适用于商业街区和重要公共设施附近的人行道。

3.材料颜色宜为深黄色，导向板材应与停步板材垂直向铺装。

4.铺装位置要求见《无障碍设计规范》GB 50763—2012。

5.本图若有未详尽之处请参照图集15J012-1。

图名	触感材料（盲道砖）铺装样式	页 次	10

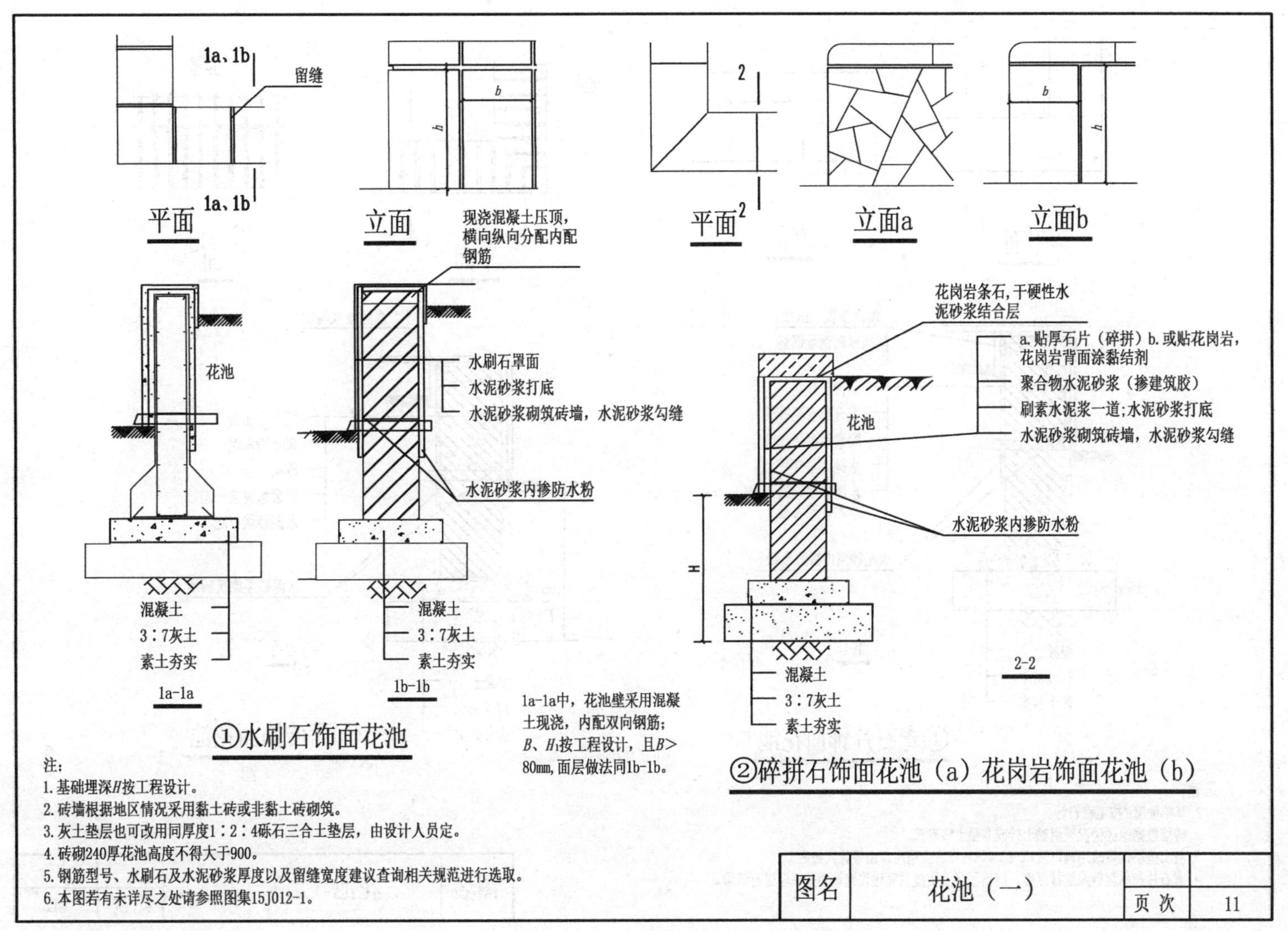

注：
1. 基础埋深H按工程设计。
2. 砖墙根据地区情况采用黏土砖或非黏土砖砌筑。
3. 灰土垫层也可改用同厚度1∶2∶4砾石三合土垫层，由设计人员定。
4. 砖砌240厚花池高度不得大于900。
5. 钢筋型号、水刷石及水泥砂浆厚度以及留缝宽度建议查询相关规范进行选取。
6. 本图若有未详尽之处请参照图集15J012-1。

图名	花池（一）	页次	11

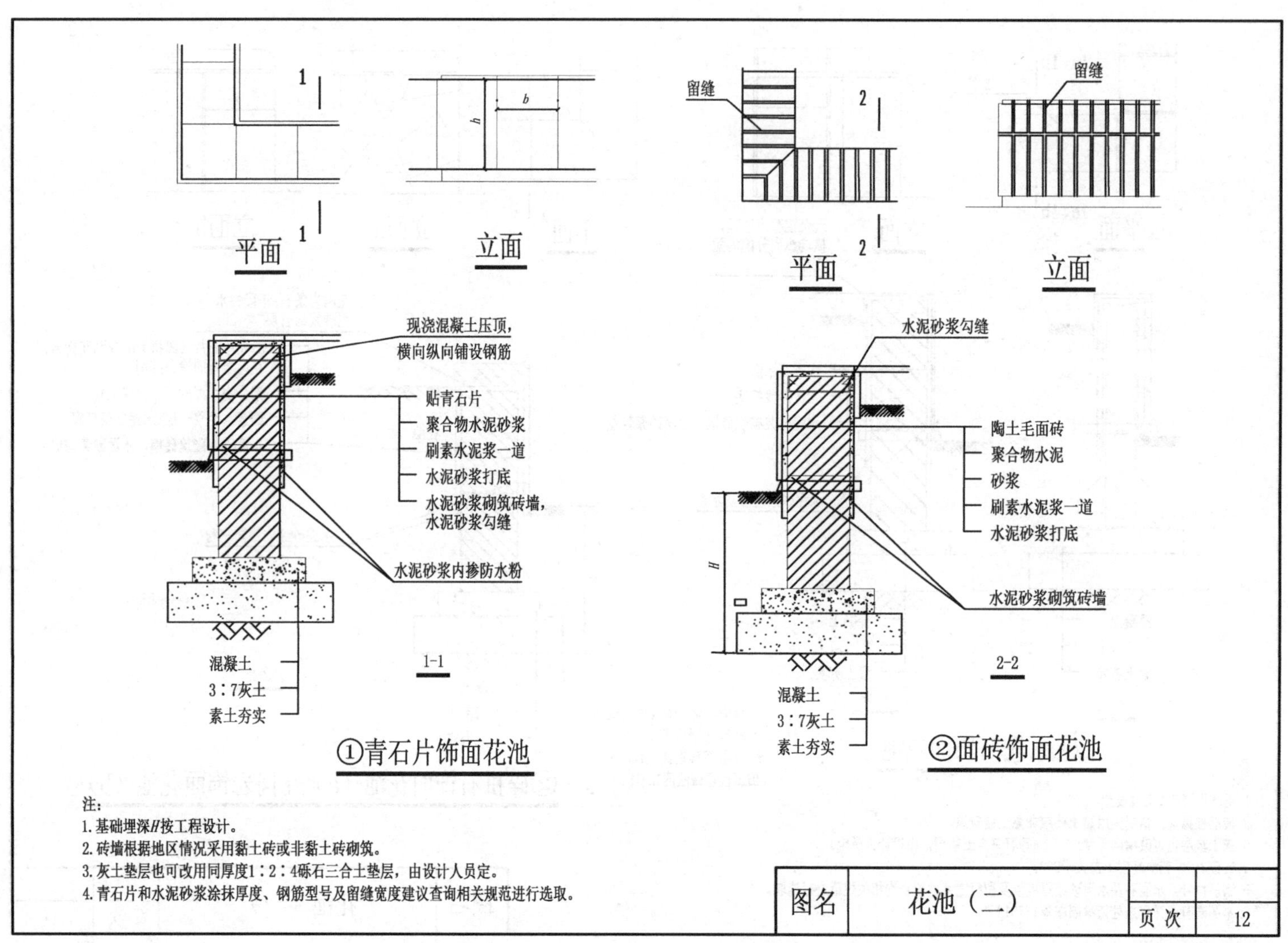

①青石片饰面花池

②面砖饰面花池

注：

1. 基础埋深*H*按工程设计。
2. 砖墙根据地区情况采用黏土砖或非黏土砖砌筑。
3. 灰土垫层也可改用同厚度1∶2∶4砾石三合土垫层，由设计人员定。
4. 青石片和水泥砂浆涂抹厚度、钢筋型号及留缝宽度建议查询相关规范进行选取。

图名	花池（二）	页次	12

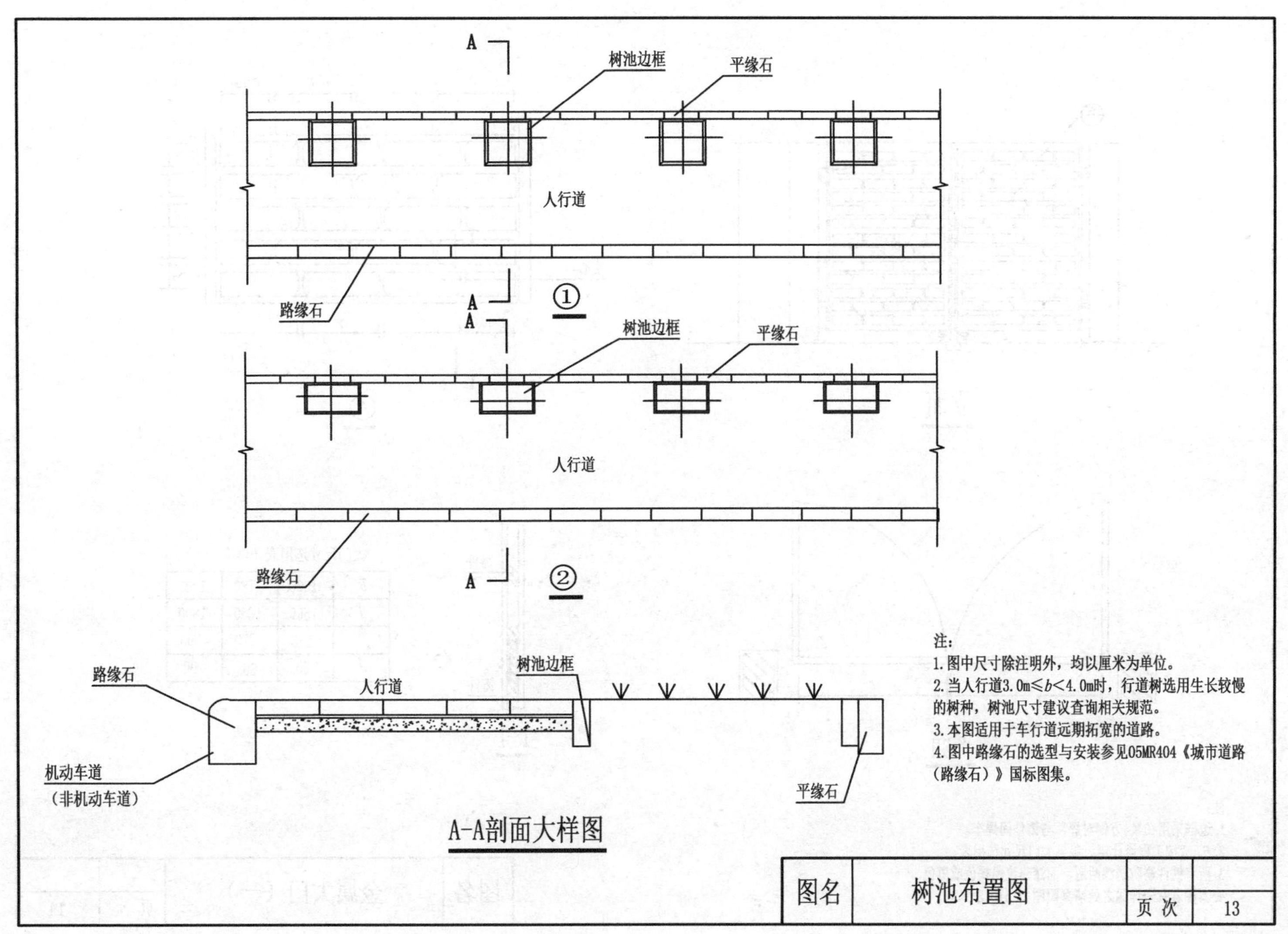

注：
1.图中尺寸除注明外，均以厘米为单位。
2.当人行道3.0m≤b<4.0m时，行道树选用生长较慢的树种，树池尺寸建议查询相关规范。
3.本图适用于车行道远期拓宽的道路。
4.图中路缘石的选型与安装参见05MR404《城市道路（路缘石）》国标图集。

图名	树池布置图	页次	13

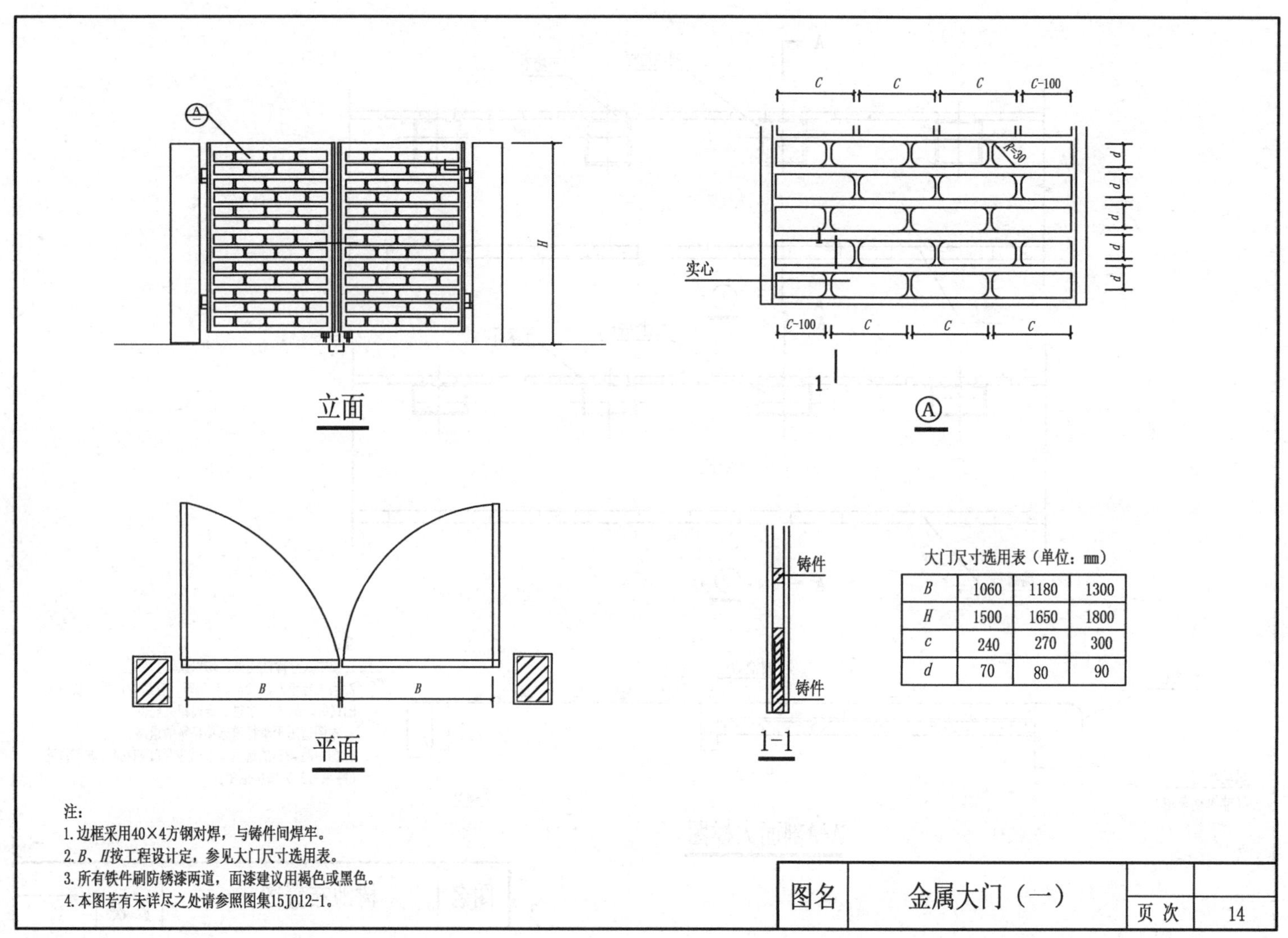

大门尺寸选用表（单位：mm）

B	1060	1180	1300
H	1500	1650	1800
c	240	270	300
d	70	80	90

注：
1.边框采用40×4方钢对焊，与铸件间焊牢。
2.*B*、*H*按工程设计定，参见大门尺寸选用表。
3.所有铁件刷防锈漆两道，面漆建议用褐色或黑色。
4.本图若有未详尽之处请参照图集15J012-1。

图名	金属大门（一）		
		页次	14

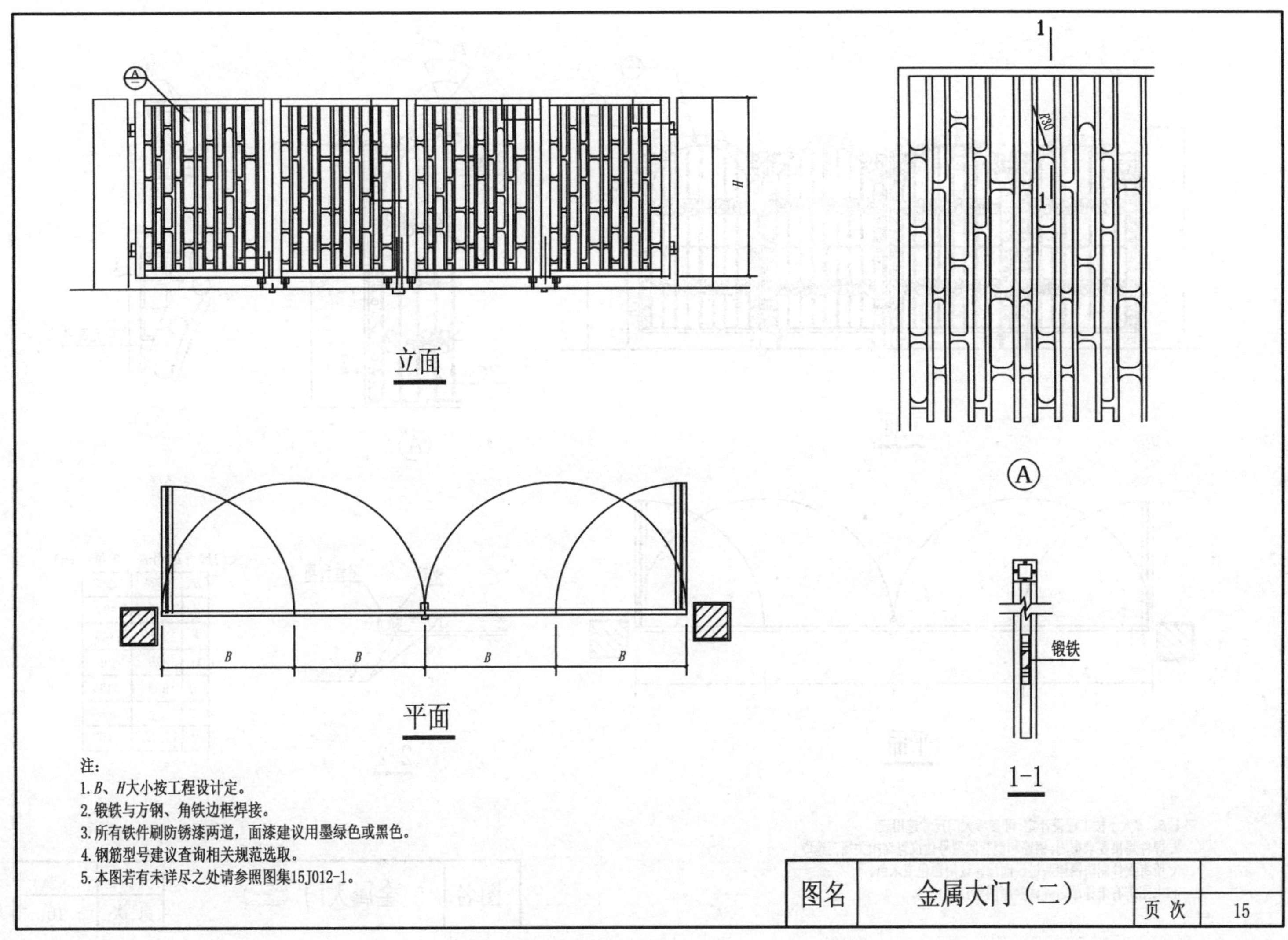

注：

1. B、H大小按工程设计定。
2. 锻铁与方钢、角铁边框焊接。
3. 所有铁件刷防锈漆两道，面漆建议用墨绿色或黑色。
4. 钢筋型号建议查询相关规范选取。
5. 本图若有未详尽之处请参照图集15J012-1。

图名	金属大门（二）	页次	15

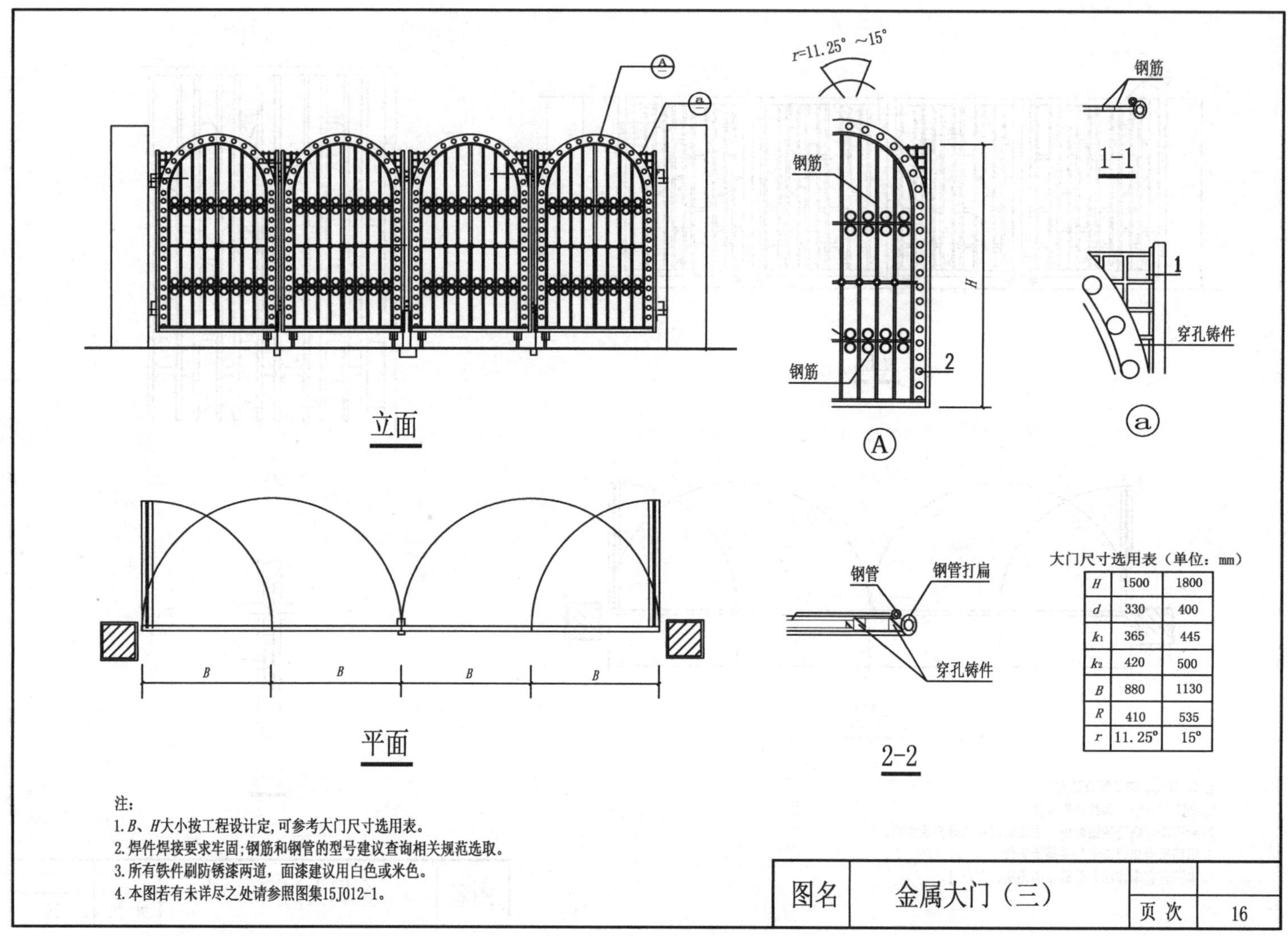

大门尺寸选用表（单位：mm）

H	1500	1800
d	330	400
k_1	365	445
k_2	420	500
B	880	1130
R	410	535
r	11.25°	15°

注：

1. B、H大小按工程设计定，可参考大门尺寸选用表。
2. 焊件焊接要求牢固；钢筋和钢管的型号建议查询相关规范选取。
3. 所有铁件刷防锈漆两道，面漆建议用白色或米色。
4. 本图若有未详尽之处请参照图集15J012-1。

图名	金属大门（三）	页次	16

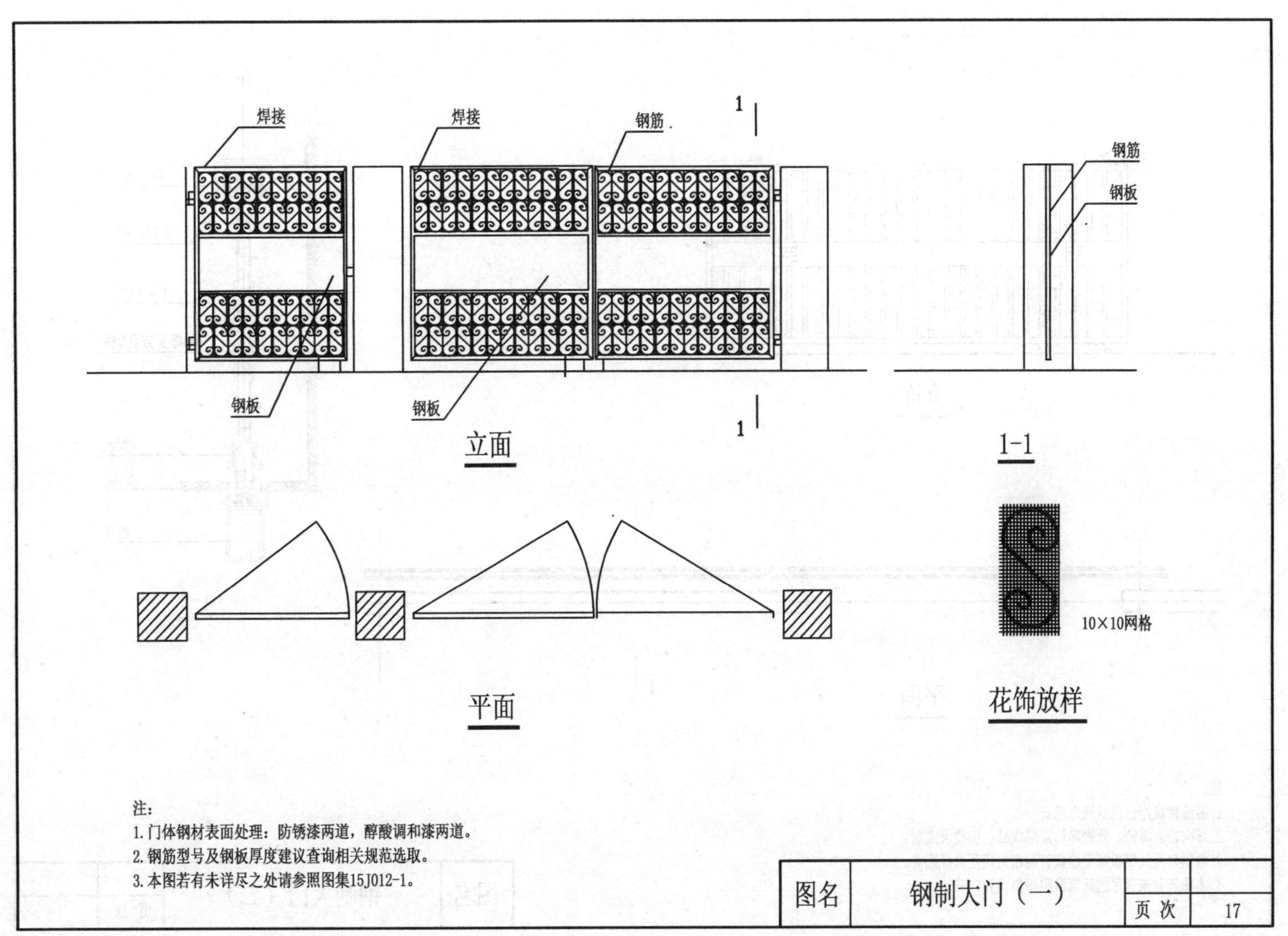

注：

1. 门体钢材表面处理：防锈漆两道，醇酸调和漆两道。
2. 钢筋型号及钢板厚度建议查询相关规范选取。
3. 本图若有未详尽之处请参照图集15J012-1。

图名	钢制大门（一）	页 次	17

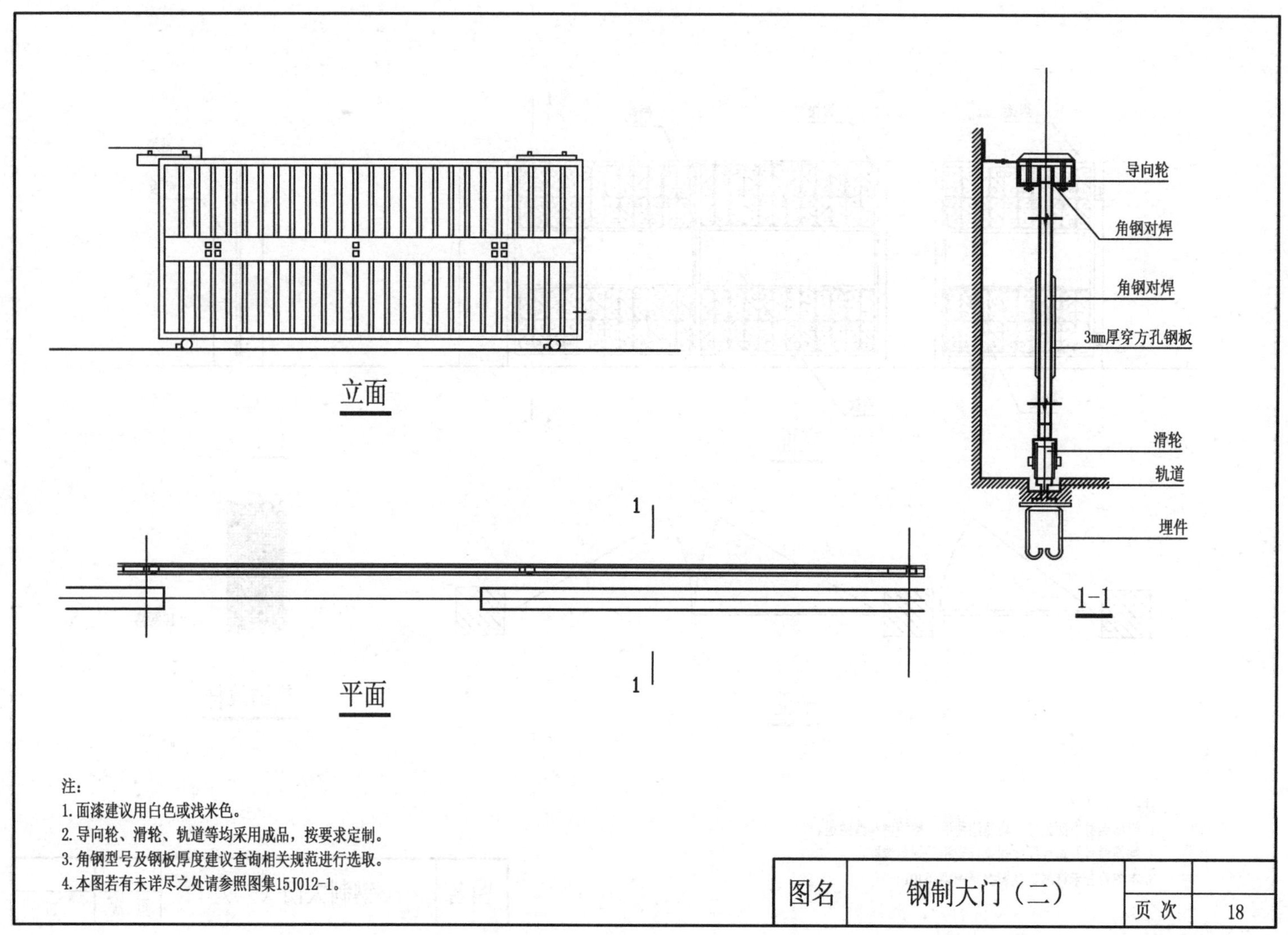

注：
1.面漆建议用白色或浅米色。
2.导向轮、滑轮、轨道等均采用成品，按要求定制。
3.角钢型号及钢板厚度建议查询相关规范进行选取。
4.本图若有未详尽之处请参照图集15J012-1。

图名	钢制大门（二）	页次	18

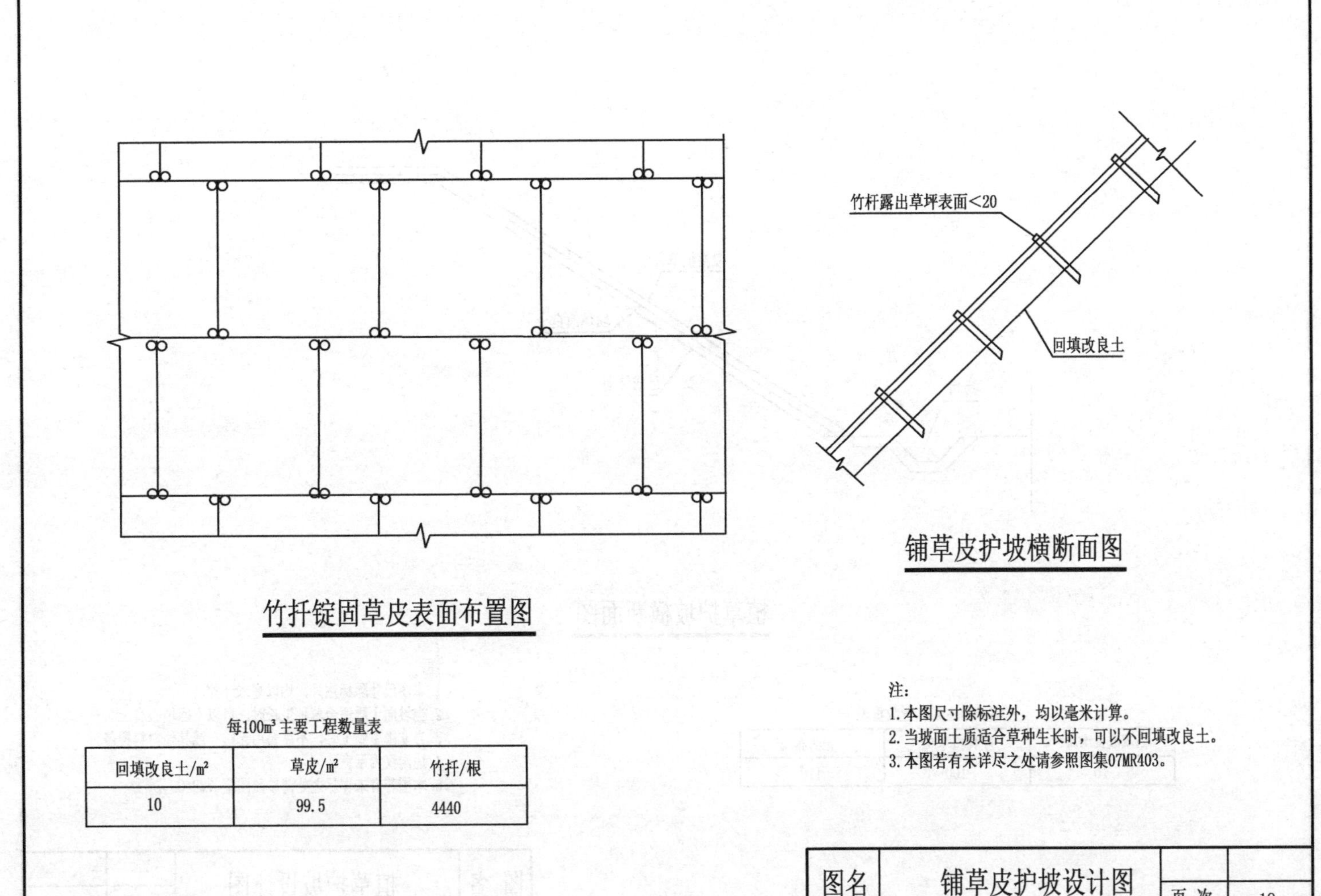

竹扦锭固草皮表面布置图

铺草皮护坡横断面图

每100㎡主要工程数量表

回填改良土/㎡	草皮/㎡	竹扦/根
10	99.5	4440

注：
1. 本图尺寸除标注外，均以毫米计算。
2. 当坡面土质适合草种生长时，可以不回填改良土。
3. 本图若有未详尽之处请参照图集07MR403。

图名	铺草皮护坡设计图	页次	19

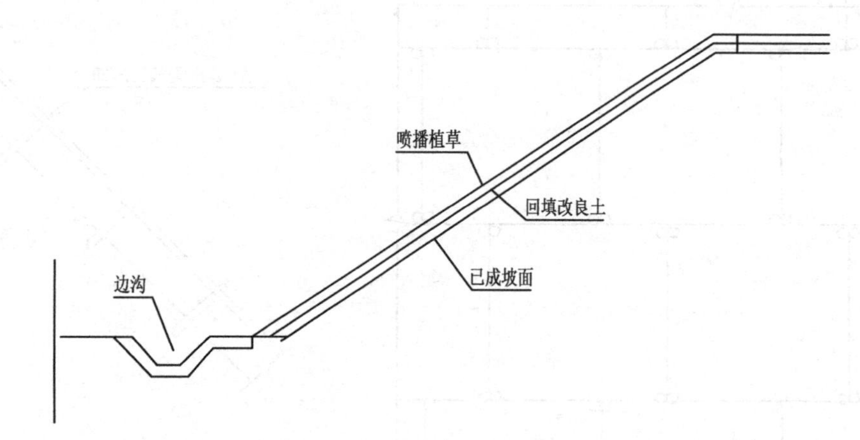

植草护坡横断面图

每100㎡主要工程数量表

回填改良土/㎡	喷种植草/㎡	无纺布/㎡
10	100	110

注：

1.本图尺寸除标注外，均以毫米计算。
2.当坡面土质适合草种生长时，可以不回填改良土。
3.当非雨季施工时，不需要用无纺布或其他材料覆盖。
4.边沟仅为示意。
5.本图若有未详尽之处请参照图集07MR403。

图名	植草护坡设计图	页次	20

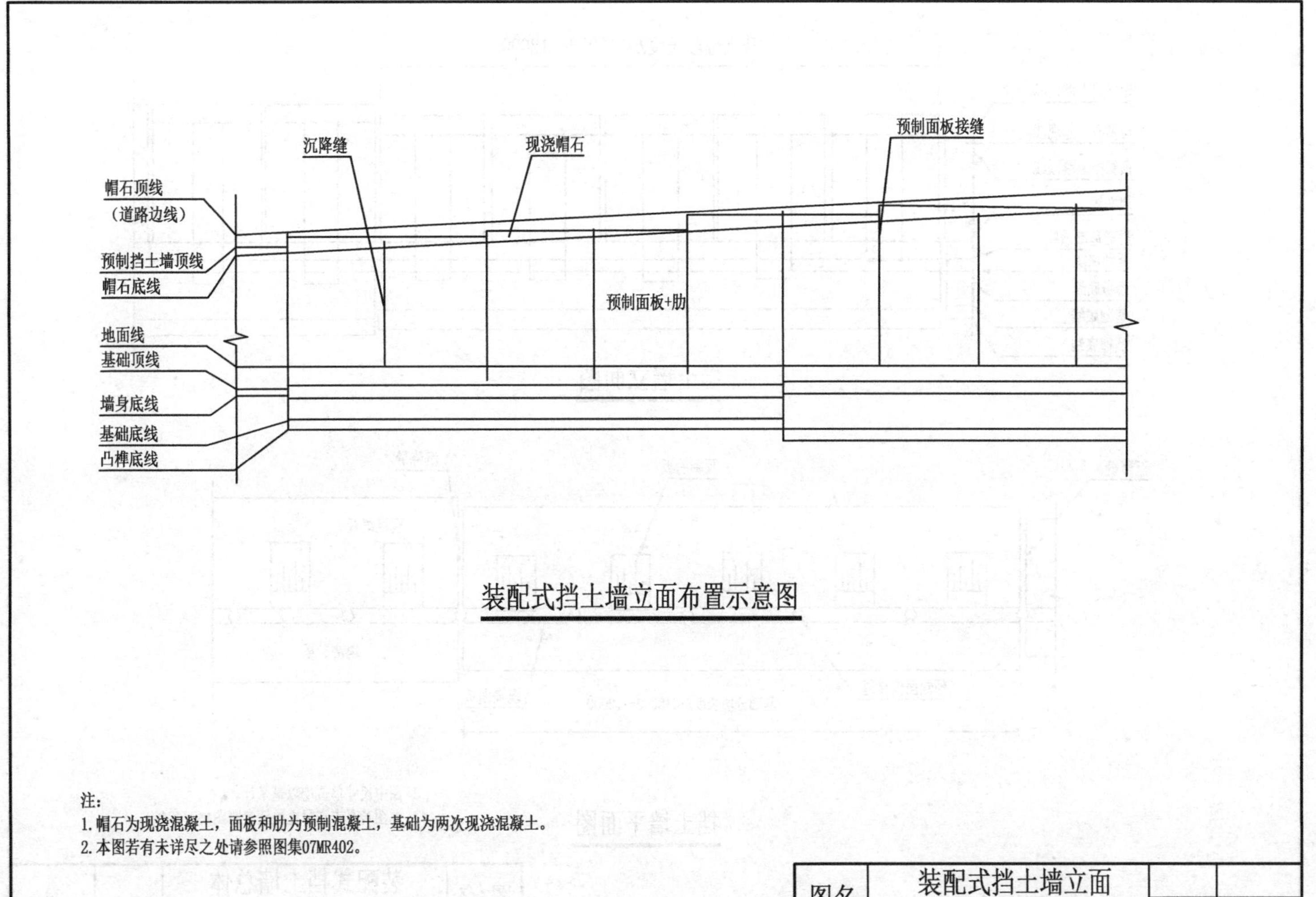

装配式挡土墙立面布置示意图

注:
1. 帽石为现浇混凝土，面板和肋为预制混凝土，基础为两次现浇混凝土。
2. 本图若有未详尽之处请参照图集07MR402。

图名	装配式挡土墙立面布置示意图		
		页次	21

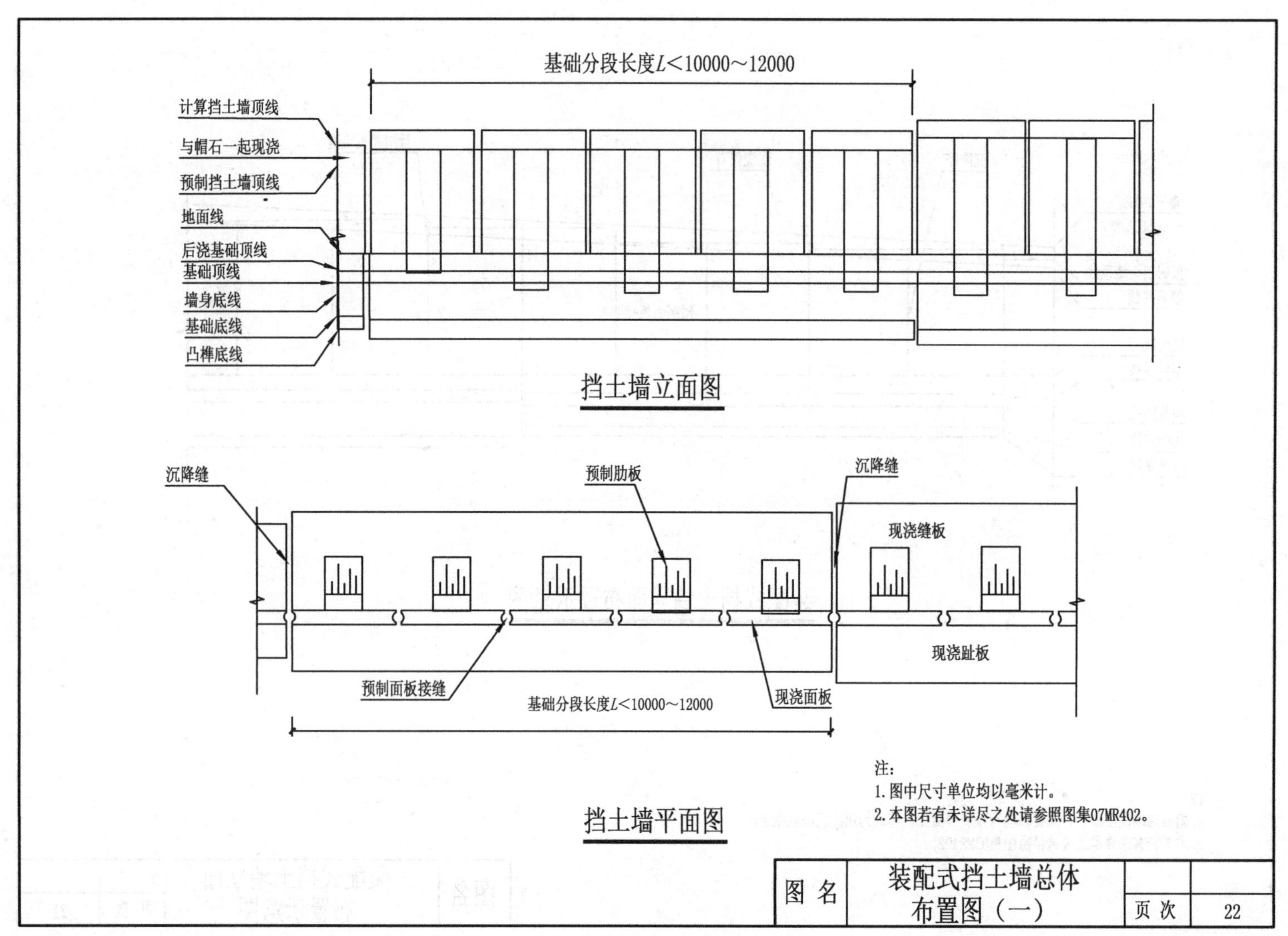

注：

1. 图中尺寸单位均以毫米计。
2. 本图若有未详尽之处请参照图集07MR402。

图 名	装配式挡土墙总体布置图（一）		
		页 次	22

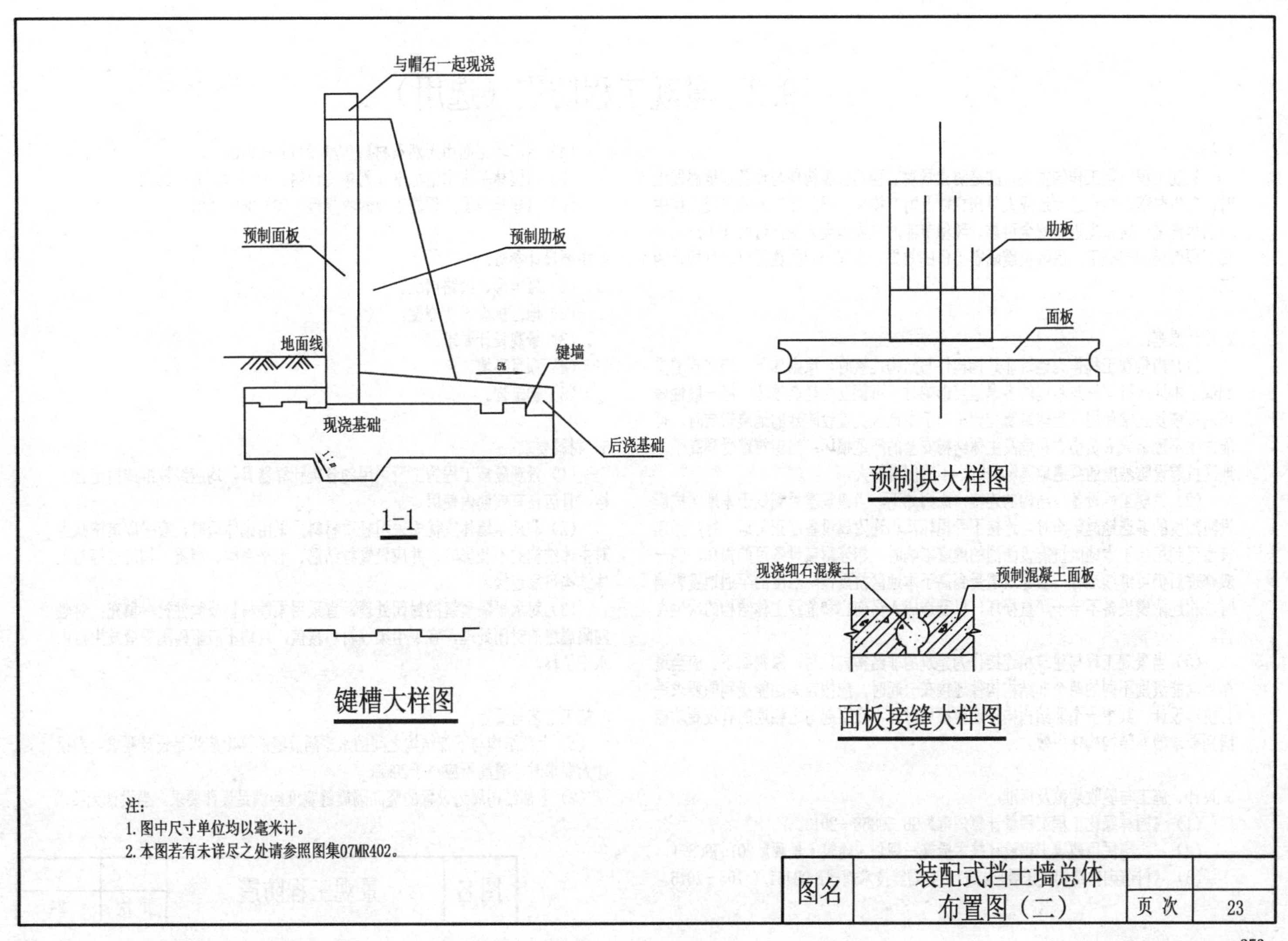
与帽石一起现浇
预制面板
预制肋板
地面线
键墙
5%
现浇基础
后浇基础
1-1
键槽大样图
肋板
面板
预制块大样图
现浇细石混凝土
预制混凝土面板
面板接缝大样图
注:
1.图中尺寸单位均以毫米计。
2.本图若有未详尽之处请参照图集07MR402。
图名
装配式挡土墙总体布置图（二）
页次
23

9.2 景观工程防震（选用）

1.特点：

景观工程抗震工作的主要目的是防止景观工程的各类构件与设备在地震发生时，发生脱落、断裂进而造成人员伤亡以及财产损失。因此在实际的隔震工作中应当尽量采取技术先进、安全可靠、环保节能的抗震隔震方法，进而在不影响景观工程效果的前提下，保障抗震隔震工作的效果。本部分相关数据以现行规范为准。

2.设计原则：

（1）当景观工程作为建筑非结构构件与结构连接时，原则如下。当建筑遭受到低于本地区抗震设防烈度的多遇地震影响时，可能发生轻微损坏，经一般性修理后可恢复正常使用；当建筑遭受到相当于本地区抗震设防烈的地震影响时，可能发生不致造成人员伤亡和危及主体结构安全的严重损坏；当建筑遭受到高于本地区抗震设防烈度的罕遇地震影响时，不致倒塌伤人。

（2）景观工程设备与结构的连接，原则如下。当建筑遭受到低于本地区抗震设防烈度的多遇地震影响时，连接不受损坏，相连附属设备能正常运　行；当建筑遭受到相当于本地区抗震设防烈的地震影响时，相连附属设备可能损坏，经一般修理后仍可继续运行；当建筑遭受到高于本地区抗震设防烈度的罕遇地震影响时，相连附属设备不至于严重损坏，以及造成人员伤亡和危及主体结构的次生灾害。

（3）当景观工程与建筑相连接作为建筑的非结构构件时，原则如下。应当遵循当功能级别不同的两个非结构构件连接在一起时，应按较高功能级别的要求进行抗震设计。其中一个非结构构件连接损坏时，不应引起与之相连的有较高功能级别要求的非结构构件失效。

3.设计、施工与验收规范及标准：

（1）《园林绿化工程工程量计算规范》GB 50858—2013。

（2）《全国民用建筑工程设计技术措施－规划·建筑·景观》2015JSCS-1。

（3）《村镇砌体结构民居叠层橡胶支座隔震技术规程》DBJ61/T 106—2015。

（4）《广场路面用天然石材》JC/T 2114—2012。

（5）《园林基本术语标准（附条文说明）》CJJ/T 91—2002。

（6）《建筑隔震工程施工及验收规范》JGJ 360—2015。

4.主要设计参数：

（1）微地形、园路情况。

（2）地区抗震设防烈度。

（3）景观设计要求。

（4）项目环境。

（5）构筑物。

5. 材料要求：

（1）景观隔震工程施工所采用的各类计算器具，均应经校准或检定合格，且应在有效期内使用。

（2）非承重墙体宜优先采用轻质材料；采用砌体墙时，应采取措施减少对主体结构的不利影响，并应设置拉结筋、水平系梁、圈梁、构造柱等与主体结构可靠连接。

（3）对水平隔震缝的封闭处理，宜采用柔性材料或脆性材料填充；对竖向隔震缝的封闭处理，宜采用柔性材料覆盖，且均不应阻碍隔震缝发生自由水平位移。

6.施工工艺与要点：

（1）上部结构与下部结构之间的水平隔震缝的高度应满足设计要求。当设计无要求时，缝高不应小于20mm。

（2）上部结构周边设置的竖向隔震缝宽度应满足设计要求。当设计无要求

图名	景观工程防震		
		页次	24

时，缝宽度不应小于各支座在罕遇地震下的最大水平位移值的1.2倍，且不应小于200mm。对两相邻隔震结构，其竖向隔震缝宽度应取两侧结构的支座在罕遇地震下的最大水平位移值之和，且不应小于400mm。

（3）景观隔震建筑应设置标识，并应标明其功能特殊性、使用及维护注意事项。

（4）景观隔震建筑的标识设置范围和内容应符合下列规定。

①门厅入口处应标明隔震情况，并应简单阐述隔震原理、注意问题，同时给出主要结构平面图、剖面图、隔震层布置图、隔震缝布置图以及隔震产品描述等。

②水平隔震缝处应标明此处为上部结构与下部结构完全分开的水平缝。

7.质量检验：

（1）隔震工程验收程序应符合下列规定。

①隔震工程的检验批及分项工程应由专业技术与质量负责人和设计人员进行验收。

②隔震工程完工后，应提交分部工程验收报告，并应组织相关单位进行验收。

（2）隔震工程施工质量验收应在自检合格的基础上，按检验批、分项工程、子分部工程验收，应符合下列规定。

①工程施工质量应符合规范和设计要求。

②参加工程施工质量验收的各方人员应具备规定的资格。

③隐蔽工程在隐蔽前，应由相关单位进行隐蔽工程验收，确认合格后，形成隐蔽验收文件。

④检验批的质量应按主控项目和一般项目进行验收。

⑤工程的外观质量应由验收人员通过现场检测共同确认。

（3）建筑隔震工程上部结构验收和竣工验收时，均应对隔震缝和柔性连接进行验收检查。

8.景观工程防震附图：

图名	景观工程防震	页次	25

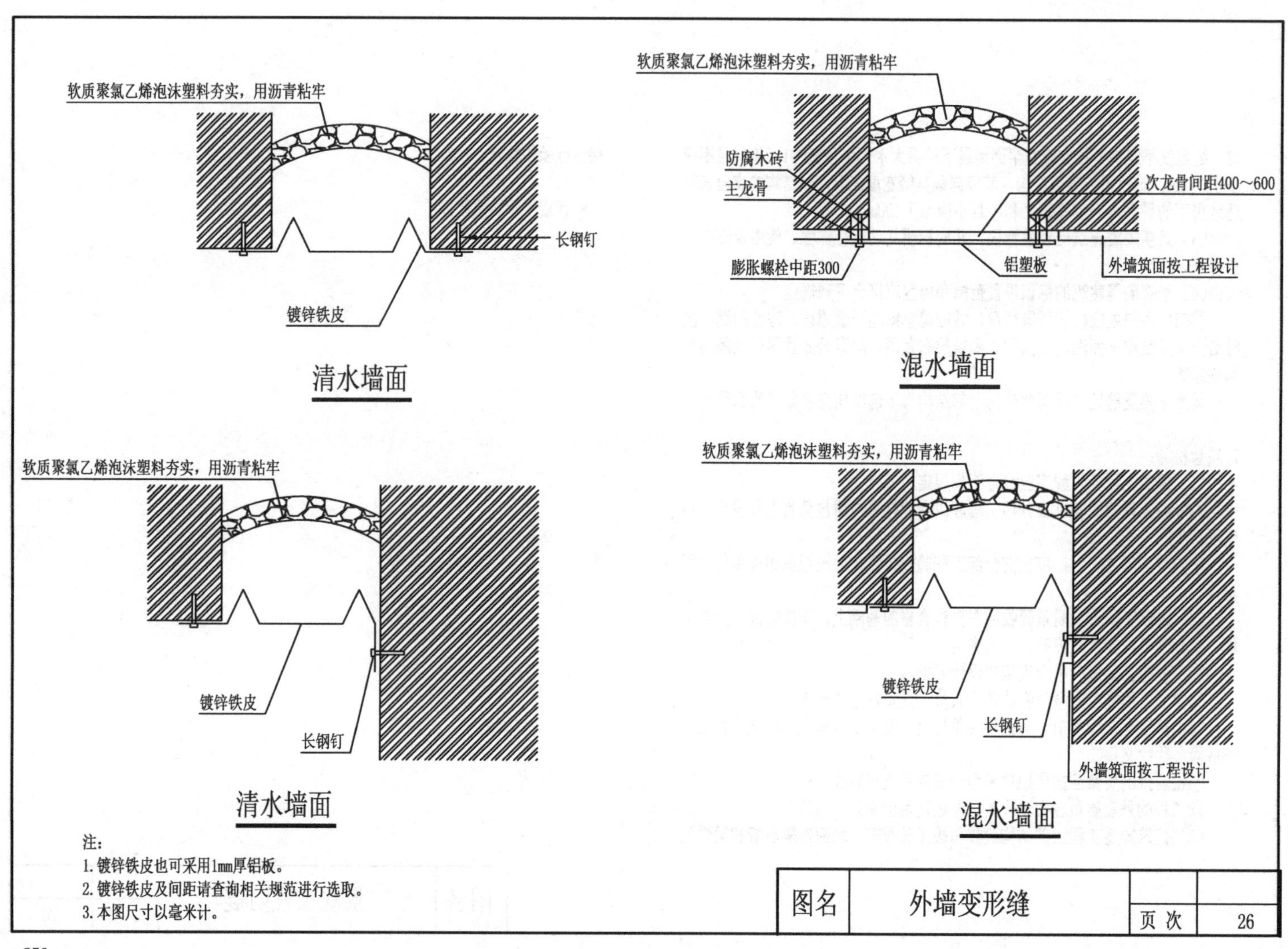

注：

1. 镀锌铁皮也可采用1mm厚铝板。
2. 镀锌铁皮及间距请查询相关规范进行选取。
3. 本图尺寸以毫米计。

图名	外墙变形缝		
		页 次	26

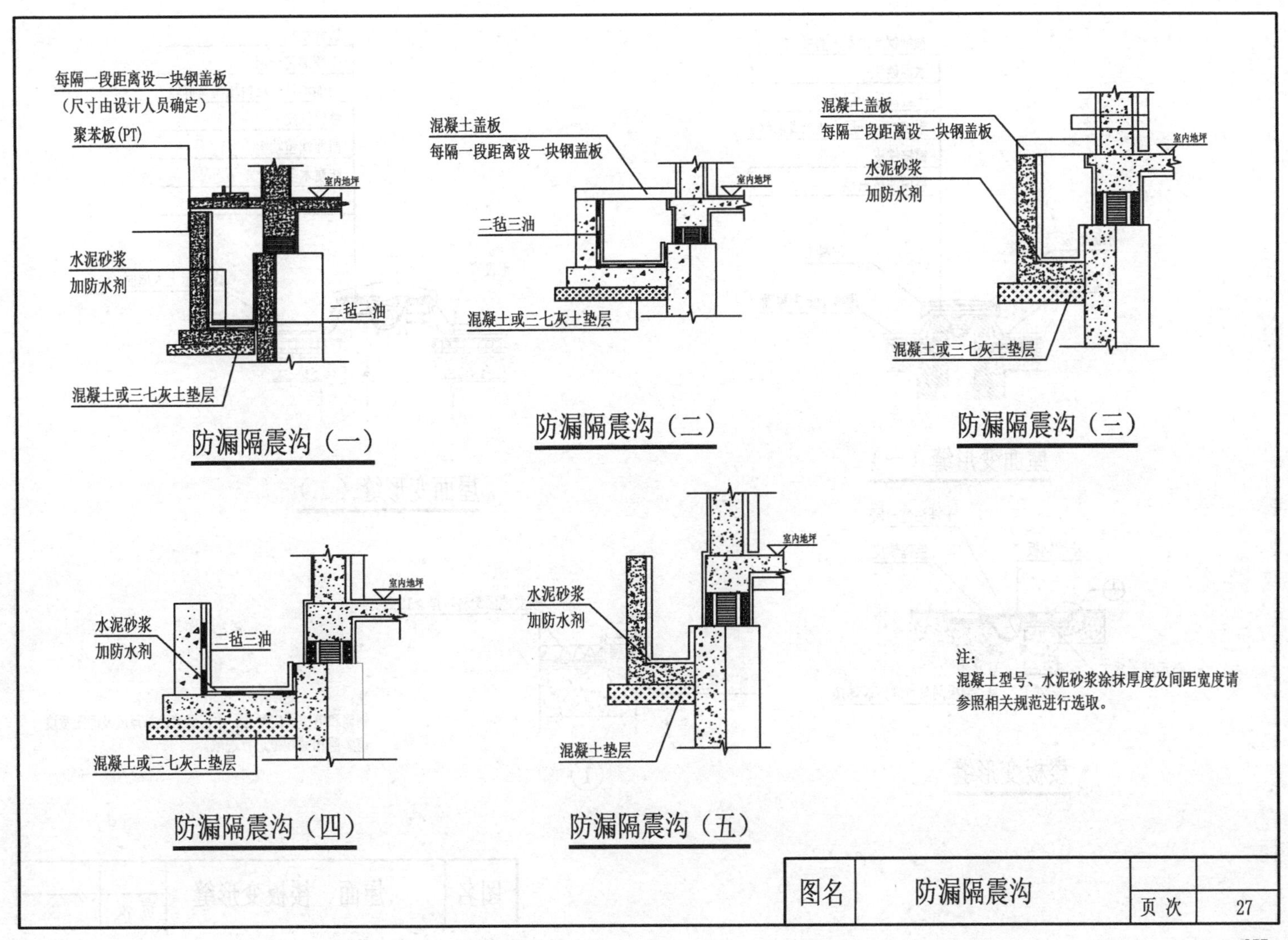

注：
混凝土型号、水泥砂浆涂抹厚度及间距宽度请参照相关规范进行选取。

图名	防漏隔震沟		
		页 次	27

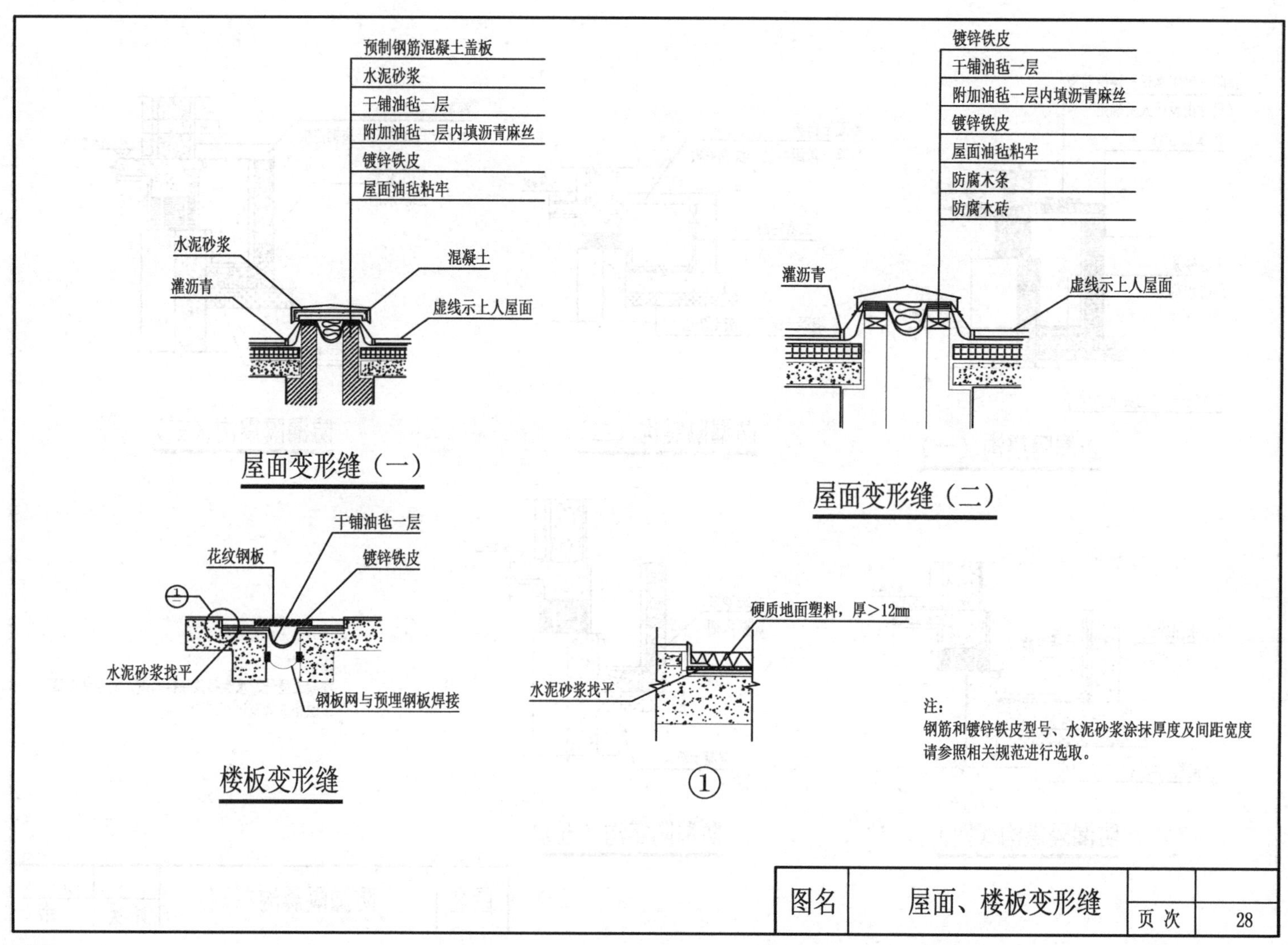
预制钢筋混凝土盖板
水泥砂浆
干铺油毡一层
附加油毡一层内填沥青麻丝
镀锌铁皮
屋面油毡粘牢
水泥砂浆
混凝土
灌沥青
虚线示上人屋面
屋面变形缝（一）
镀锌铁皮
干铺油毡一层
附加油毡一层内填沥青麻丝
镀锌铁皮
屋面油毡粘牢
防腐木条
防腐木砖
灌沥青
虚线示上人屋面
屋面变形缝（二）
干铺油毡一层
花纹钢板
镀锌铁皮
1
水泥砂浆找平
钢板网与预埋钢板焊接
楼板变形缝
硬质地面塑料，厚>12mm
水泥砂浆找平
①
注：
钢筋和镀锌铁皮型号、水泥砂浆涂抹厚度及间距宽度请参照相关规范进行选取。
图名
屋面、楼板变形缝
页 次
28

研究课题与参考文献

1. 研究课题

（1）国家自然科学基金项目“基于生态宜居理念的保障房住区规划设计与评价方法研究”.

（2）住房和城乡建设部科技项目“西部农村基础设施建设适用技术与评价体系研究”.

（3）住房和城乡建设部科技项目“西部宜居乡村基础设施研究”.

2. 书籍

李慧民，2014. 农村基础设施建设技术与管理教程[M]. 北京：中国建筑工业出版社.

李慧民，2016. 西部农村基础设施建设[M]. 北京：科学出版社.

3. 学位论文

马昕, 2011. 陕西省农村基础设施建设适用技术研究[D]. 西安：西安建筑科技大学.

付涛, 2012. 陕西省新农村基础设施建设标准体系研究[D]. 西安：西安建筑科技大学.

胡云香, 2013. 农村基础设施可持续发展潜力研究[D]. 西安：西安建筑科技大学.

张玉玲, 2009. 陕西省农村绿色基础设施评价指标体系的构建[D]. 西安：西安建筑科技大学.

王文欢, 2009. 农村公路建设技术及其造价控制[D]. 西安：西安建筑科技大学.

谭啸, 2010. 陕西省农村基础设施投资效果评价体系研究[D]. 西安：西安建筑科技大学.

卢秋萍, 2013. 陕西省农村基础设施建设建筑材料的择优研究[D]. 西安：西安建筑科技大学.

田颖, 2013. 陕西省农村道路基础设施项目使用后评价研究[D]. 西安：西安建筑科技大学.

晋芳, 2013. 陕西省农村垃圾处理设施选择评价研究[D]. 西安：西安建筑科技大学.

沙萌, 2014. 中水回用技术在陕北地区农村给排水建设中的应用研究[D]. 西安：西安建筑科技大学.

尹升星, 2014. 可拓物元法在陕北农村基础设施评价中的应用与研究[D]. 西安：西安建筑科技大学.

王敖君, 2014. 陕北地区农村住宅节能技术分析与评价研究[D]. 西安：西安建筑科技大学.

高欣冉, 2015. 陕西农村粪便处理设施建造适用技术评价研究[D]. 西安：西安建筑科技大学.

4. 学术论文

HU Y X, LI H M, SAI Y X, 2011. Study of the rural infrastructure project evaluation index system based on sustainable development[J]. Advanced material research.

HU Y X, SAI Y X, 2012. Study on rural infrastructure optimal portfolio[J]. Applied mechanics and materials, 209-211: 1694-1699.

胡云香，李慧民，赛云秀，2012. 农村基础设施最优投资比例研究[J]. 西安建筑科技大学学报（自然科学版），44（6）：865-869.

田颖，李慧民，胡云香，2013. 农村基础设施建设满意度与优先序的实证分析：基于陕西地区村庄的实地调研[J]. 建筑技术开发，40（2）：65-69.

马昕，李慧民，李潘武，等，2012. 农村基础设施可持续建设评价研究[J]. 西安建筑科技大学学报（自然科学版），43（2）：277-280.

李慧民，卢秋萍，薛建华，等，2013. DEA 法在农村基础设施适用建筑材料选择中的应用[J]. 西安建筑科技大学学报（自然科学版），45（5）：647-651.

马昕，李潘武，焦峙炜，等，2011. 农村基础设施可持续建设评价指标的选取[J]. 价值工程，30（36）：264-265.

张玉玲，李慧民，马昕，2010. 代建制在农村基础设施建设中的应用研究[J]. 建筑技术开发，37（1）：46-47.

马昕，李慧民，张玉玲，等，2009. 基于协调发展度的农村基础设施绿色施工评价体系的研究[C]. 2009 年全国土木工程博士生学术会议论文集.

马昕，李慧民，张玉玲，等，2009. 基于 CO_2 排放量的农村基础设施建设适用材料选择的研究[C]. 2009 年全国土木工程博士生学术会议论文集.

谭啸，李慧民，樊胜军，等，2010. 农村基础设施现状评价研究[J]. 陕西建筑，（5）：1-4.

卢秋萍，李慧民，马昕，2012. 基于 VE 的农村基础设施建设适用材料选择分析[J]. 建筑技术开发，39（4）：28-31.

晋芳，李慧民，2012. 新农村建设中基于基础设施联动作用的评价研究[J]. 建筑技术开发，39（7）：69-72.

沙萌，李慧民，王敖君，等，2014. 再生水利用项目的经济评价研究——以西安某住宅小区为例[J]. 建筑技术开发，41（3）：64-66.

LI H M, WANG A J，YIN S X, et al, 2014. A study on the energy-saving evaluation index system of rural residential buildings[J]. Applied mechanics and materials, 507: 469-474.

李慧民，王敖君，尹升星，等，2014. 农村住宅建筑节能评价指标体系的研究[J]. 建筑技术开发，41（5）：63-65.

尹升星，李慧民，王敖君，2014. 灰色-层次分析法在陕西农村基础设施建设评价中的应用[J]. 建筑技术开发，41（5）：71-73.